国家社科基金特别委托项目

本丛书由中国社会科学院世界社会主义研究中心编

世界社会主义研究丛书·参考系列 ⑤1

亲历苏联解体
二十年后的回忆与反思

КРАХ КПСС И РАЗВАЛ СССР: ВОСПОМИНАНИЯ ОЧЕВИДЦЕВ

李慎明／主编　张树华 等／译

社会科学文献出版社
SOCIAL SCIENCES ACADEMIC PRESS (CHINA)

编撰说明

2011 年是苏联解体、苏共亡党 20 周年。正如 2005 年俄罗斯总统普京所言，苏联解体对于绝大多数俄罗斯人来讲是一场悲剧。20 年来俄罗斯社会没有停止对 20 世纪 80 年代中后期所发生的那些重大事件的追问与反思，有政治人物的回忆录或自传，有当事人的访谈录，有档案材料的挖掘，有历史细节的揭秘，也有学者的解析，等等。为了便于国内理论界及时了解这些情况，我们搜集了近两三年俄罗斯出现的最新资料，如回忆录、访谈录、档案材料、研究分析资料以及尚未出版的手稿等。我们选择其中有代表性的材料译成中文并编选成册，供学术界研究参考。为了便于读者阅读，我们保留原文的编者按或增加了编（译）者注，补充了大量注释材料，对重要的文字或段落用黑体着重标注出来，敬请关注。

需要指出的是，囿于当事人的自身立场，一些访谈人对"改革"历史和苏联瓦解的原因有不同的阐释和解读，有些回忆和访谈中含有某些"自我辩解，甚至相互矛盾"的成分，但我们在编选或翻译过程中尽量不加删减，全文翻译，原话照登。我们认为，尽管如此，这些较新的材料仍将有助于不同程度地还原历史真相，展示相关历史细节，为深入思考和研究苏联解体的原因与教训等提供素材或佐证，希望读者在阅读时明辨。为帮助大家深入思考苏联亡国、苏共亡党的根本原因，我们在本书的末尾部分附了两篇文章，谨供各位参考。

"不畏浮云遮望眼，只缘身在最高层。"① "登高壮观天地间，大江茫茫去不还。"② 我们相信，随着时间的推移，俄罗斯境内外将会有更多的历史材料披露出来，国际上对这一重大历史事件的分析也将会更加深入和透彻。对此，我们将密切跟踪，及时搜集整理并翻译，供国内同仁参考。

编者

2011 年 12 月

---

① （宋）王安石《登飞来峰》。

② （唐）李白《庐山谣寄卢侍御虚舟》。

目 录

世界社会主义研究丛书·参考系列51

原苏共中央总书记、苏联总统

戈尔巴乔夫：
我应该更早些放弃共产党[*]

编者按："8·19"事件 20 周年前夕，戈尔巴乔夫接受英国《卫报》记者的采访。戈尔巴乔夫向英国报纸表示，他早在 1991年 4 月就该辞职，并成立一个民主政党推行"改革"，这是他最为后悔的事。第二件后悔的事是没有早些开始"改革"苏联，并赋予加盟共和国更多权力。而他最引以为豪的成就之一便是"改革"。

英国《卫报》原编者提要：在《卫报》的独家专访中，原苏联总统回忆了他在 20 年前苏联的覆灭中扮演的角色。

原苏联领导人米哈伊尔·戈尔巴乔夫说，他应该在 1991 年政变前几个月就离开共产党。

政客们很少承认自己的错误，但米哈伊尔·谢尔盖耶维奇·戈尔巴乔夫总是与众不同。因此，当他回首自己作为苏联领袖执掌权力的六个混沌年头时，能欣然承认自己的失误，就不足为奇了。

在《卫报》的独家专访中，他罗列出自己至少犯了五点错误。这些错误不仅导致他本人 20 年前的下台，也造成了苏联的解体，还引入了未加监管的自由经济，使少数俄罗斯人成为亿万富翁，而千百万人民却陷入贫困。

近来戈尔巴乔夫总是表现得很轻松、很高兴，但他的内心偶尔也会有刺痛，尤其是在讨论起他的主要对手叶利钦，或是描述 20 年前政变夭折时在

---

* 原文标题为《米哈伊尔·戈尔巴乔夫：我应该更早些放弃共产党》，记者为乔纳森·斯蒂尔，原载 2011 年 8 月 16 日英国《卫报》。

他克里米亚半岛的家里软禁他的阴谋策划者的时候。他说："他们想激怒我，让我和他们打架，甚至和他们枪战，以结束我的生命。"

当被问及最后悔的事情时，他不假思索地回答说："那就是我在试图改革共产党的道路上走得太久了。"他应该在 1991 年 4 月就辞职，并且建立一个民主改革党，因为共产党人阻碍所有必要的改革。

这个观点让历史学家们饶有兴趣，因为这是戈尔巴乔夫首次公开承认他应该在 1991 年 8 月政变的前几个月就退出共产党。在 1995 年出版的回忆录里他没有谈及这一点。

到 1991 年春天，戈尔巴乔夫深陷两股强大的势力当中，活动余地大大缩减。一方面，党内的保守派和反动派企图推翻他的政策；另一方面，"进步派"希望建立一个完整的多党制体系，并对国家进行市场改革。

1991 年 4 月的共产党中央委员会会议上，事态发展到了紧要关头。在中央委员会会议中，几位发言者要求宣布国家进入紧急状态，重启审查制度。根据戈尔巴乔夫的回忆录，当时的他反应激烈："这样煽风点火的行径我受够了，我要辞职！"

在《卫报》的独家访谈中，他解释了当时的细节："政治局（中央委员会的最高决策机构）召开了一个三小时的会议，我不在场。我听说他们在会上对我进行批评，讨论得滔滔不绝。三个小时后他们邀请我到会场，让我打消辞职的念头。其间，中央委员会里我的支持者们打开一个名单，有一百多个人签名倡导建立新政党。"

中央委员会再次开会时，形势有所缓和。戈尔巴乔夫撤销了辞呈，没人想为这事举办一次投票（因为即使他真的从党内离开，他也还是苏联总统）。在回忆录中，戈尔巴乔夫写道："如今，我常常在想，我到底应不应该坚持辞去总书记的职务。这样的决定对我个人而言可能更有益，但我觉得我没有权利去'放弃党'。"自 1917 年起共产党就一直统治着俄罗斯；而那时，对任何一个俄罗斯人，尤其是对那些整个职业生涯里都担任苏共党内职务的官员而言，很难想象让共产党放弃权力。

今天，戈尔巴乔夫的疑虑已烟消云散。"现在我觉得，我当时应该坚持退党，然后趁热打铁建立一个新的政党。尽管当时苏共推行了改革，但它自身已经成为了改革的障碍。他们都认为，改革只不过是用来装装样子罢了，粉饰外表已经足够了。然而事实是机构内部仍然是一团糟。"

第二件令他后悔的事，是没有尽早对苏联进行改造并赋予 15 个加盟共和国更多的权力。1991 年初正当他打算建立一个更宽松的苏联时，波罗的海沿岸三国便已经宣告独立。立陶宛和高加索地带的阿塞拜疆共和国流血事件频繁发生。联盟中最大的俄罗斯共和国，在其野心勃勃的领导人鲍里斯·叶利钦的领导下，显示出自己的力量，并要求进一步掌控苏联的财政。一些分析家称，整个苏维埃体系是不可改造的，任何改变都势必导致日益剧烈的、无法阻挡的转变。按照这一分析，戈尔巴乔夫丧失控制权便是不可避免的了。

尽管如此，戈尔巴乔夫仍然不改乐观本色。这与他慷慨的品质、阳光的性格和幸福的家庭生活（直到他的妻子赖莎·马克西莫夫娜 1999 年因白血病去世）有一定的关系。丧失控制权并未使他痛苦不堪或愤世嫉俗。他始终认为，苏联的所有主要问题都将得以解决，直到 1991 年 8 月的政变将权力纷争扭向了新局面。

苏共原定于 1991 年 11 月起草一个新的规划。议会通过了一项"抵抗危机"计划，以加速经济改革。波罗的海沿岸三国独立后，苏联剩下的 12 个加盟共和国接受了一项新的条约，这一条约会给予他们更多的政治与经济自治权，让苏联政府负责国防与外交事宜。条约原定于 8 月 20 日正式签订。

"这时我犯了一个错误——我去度假了。如果没有这 10 天假，我可能就大功告成了……我已经做好准备飞往莫斯科签订条约了。"戈尔巴乔夫说："然而 8 月 18 日那天来了一帮不速之客。我拿起电话，准备询问来的是什么人，受谁派遣，但电话不通。电话线已经被切断了。"

当时，戈尔巴乔夫正与夫人、女儿伊丽娜及女儿一家住在黑海海边小镇福罗斯的一座政府官邸内。官邸随即受到了长达三天的监控，直到政变土崩瓦解。叶利钦的顽强抵抗、军队的内部分化，以及十几位由部长和苏共高官组成的"国家紧急状态委员会"内部成员不和，导致了政变的失败。

有人称戈尔巴乔夫给这一阴谋开了绿灯，对此他强烈反对："人们信口开河，声称我当时仍然可以与外界联系，而且正是我组织了这一切。他们还说，无论发生了什么事情我都认为自己最终能取胜。这完全是胡扯，一派胡言！"他说："这些人想让领袖下台，维护以往古旧的体系。那才是他们想要的。他们要求我写一篇声明，请求以身体欠佳为由而放弃总统一职。"

被软禁期间，戈尔巴乔夫的妻子赖莎仍坚持写日记。她在日记中写道，戈尔巴乔夫警告看守说，要是他与外界还未恢复联系，他将不惜采取"极端手段"。

戈尔巴乔夫告诉我说，那不过是虚张声势。"那是我策略的一部分……我只是想给他们施压，但要避免激怒他们……我说的极端手段，不过是外交和政治上的策略。我能打赢他们。要是莫斯科没有什么运动，我的位子可能会被架空。但现在叶利钦正在领导莫斯科民众抗议，所以我要授予他应有的信任，并将信任亲自交付给他。他做得很对。"

作为政变期间英国《卫报》驻莫斯科的记者，我提醒他说，叶利钦号召全民罢工的呼声并未得到响应，而且许多俄罗斯人甚至失望地觉得政变将获得成功。老一辈人还清楚地记得，1964 年强硬派是如何抢夺赫鲁晓夫的权力，并使去斯大林化的时代宣告终结。我问戈尔巴乔夫，要是政变者像一开始软禁他一样逮捕了叶利钦，接下来将会发生些什么。他们会获胜么？

戈尔巴乔夫说，这种假设性的问题是没有意义的。无论政变者们做了什么，力量的均衡都会导致政变的结束。由于他坚决反抗，拒绝辞去总统一职，政变的策划者们反而陷入混乱。他还指出，当特种部队被派去攻击联邦政府大楼白宫时，由于成千上万的支持者簇拥着叶利钦，特种部队发生了兵变。

戈尔巴乔夫也列举了一些他最自豪的成就，第一个词便是"改革"。

1985 年 3 月戈尔巴乔夫掌权不久后便开始了苏联政治经济体制改革。perestroika，俄语意为改组与重建。除了政治经济体制外，改革还包括在核裁军的基础上调整国际关系、放弃武力干预别国事务、承认即便是超级大国也摆脱不了这个相互依存的世界——没有哪个国家是孤立的，也没有哪个国家可以单方面随意采取行动。

苏联新的不干预政策，使得东欧各国得以通过和平手段对内进行政权改革。戈尔巴乔夫说："我们在国内与国际舞台上所做的事情意义重大。这一政策预先决定了许多大事件的发展进程，比如结束冷战、建立世界新秩序，以及不顾一切地推动极权主义国家向民主国家过渡的渐进过程，等等。"

戈尔巴乔夫从未认同叶利钦的九年统治。他认为，这九年是一个充满混乱的时期。他对叶利钦在 1991 年 12 月与乌克兰和白俄罗斯领导人达成的宣布苏联解体的协定也不认同。他本应在叶利钦成为自己的直接对手前好几年的时候就把他处理掉。他说："对于叶利钦，我可能是太开明和太民主了。我应该派他去英国或者英国的某个殖民地去当大使。"

2006 年之前，他一直赞赏普京最初恢复国家稳定的措施。在戈尔巴乔夫看来，即使普京使用了一些独裁的方式，那也是可以接受的。"但是接下来，我发现他改变了选举的体系，废除了俄罗斯地方领导人的选举，取消了单议席选区。有 20 条改革我不认同。"戈尔巴乔夫说。

在这个长度为一小时的访谈的尾声，我询问了他对中国这个世界上最大的社会主义国家的改革的看法。戈尔巴乔夫对历史进行了回顾与前瞻，确信中国的改革是不可避免的。但他认为，所有那些建议他先从经济而非政治方面学习中国进行改革的建议都是错误的。

"在苏联，如果我们这么干的话，什么都不会发生。人民遭到了忽视，完全被决策层排除在外。我们的发展与中国不在同一阶段；对我们来说，要彻底解决问题，就不能将人民排除在外。"

"你认为中国人民最终能够避免在某个时刻面临这种艰难的选择吗？未来某一天，中国人民将不得不在政治变革面前抉择，他们离这一天不远了。"

2011年3月，戈尔巴乔夫在伦敦皇家阿尔伯特音乐厅的一场晚会上庆祝了自己80岁的生日。晚会由凯文·斯派西和莎朗·斯通主持。为他献唱的歌手阵容十分强大，其中包括雪莉·巴赛、保罗·安卡、米兰妮，以及德国摇滚乐队"天蝎座"。这支乐队是第二支在苏联表演过的西方乐队。

然而，这场晚会中最吸引人眼球的，还是戈尔巴乔夫演唱俄罗斯情歌的场景。观众们都为他清晰而有激情的声音所打动。我对他说，我以前并不知道他唱歌这么棒，不知道他居然有这样一个深藏不露的天赋。

他笑了起来："如果需要的话，我会成为一名流行歌手。"他说道："赖莎可喜欢听我唱歌了。"

（马秀钰 译）

原苏共中央总书记、苏联总统

戈尔巴乔夫：
我是一个社会民主主义者

——戈尔巴乔夫后悔没有及时对苏共进行"改革"*

译者按：2010 年 4～5 月，在戈尔巴乔夫发动"改革"① 25 周年之际，俄罗斯报刊先后采访了当年"改革"浪潮中的一些当事人，回忆"改革"的台前幕后，反思苏联解体的原因。这些"改革"当事人包括戈尔巴乔夫、利加乔夫、雷日科夫、卢基扬诺夫、克拉夫丘克、舒什克维奇、瓦·梅德韦杰夫、波波夫、亚佐夫、切尔尼亚耶夫等。此文是戈尔巴乔夫接受《独立报》主编列姆楚科夫采访时的谈话，全文翻译。

列姆楚科夫：最近，我重读有关改革的著作时，把什梅廖夫（Н. П. Шмелев）、谢柳宁（В. И. Селюнин）、利西奇金（В. А. Лисичкин）、切尔尼琴科（Ю. Д. Черниченко）等人所写的文章都找了出来。

戈尔巴乔夫：这些人我都认识，还有当年聚集在《新世界》、《旗帜》等杂志周围的那些人，正是他们形成了变革的舆论氛围，提出"再也不能这样生活下去了"。这也包括扎斯拉夫斯卡娅（Т. И. Заславская）……

列姆楚科夫：是的，塔吉娅娜·扎斯拉夫斯卡娅——她是位社会学家。

---

* 本文为俄罗斯《独立报》对原苏共中央总书记、苏联总统戈尔巴乔夫的访谈录，译自 2010 年 4 月 6 日俄罗斯《独立报·政治专刊》，原文标题为《戈尔巴乔夫：我不推卸责任》。

① 俄文"перестройка"实际上含有"改造、改建、重建"等意思，与通常使用的"改革"（реформа）不同。戈尔巴乔夫 1986 年 4 月在一次外出讲话中第一次使用"перестройка"一词，后来"改造"与"公开性、新思维"等词语成了戈尔巴乔夫自造和专属的政治名词。在英语、德语等文献中，"改造、公开性"等俄语词一般采用音译标注。20 年来，国内习惯将其翻译成"改革"。为便于阅读，这里也只好沿用这种译法，但提请读者注意其特指性。

他们的文章很有意义，指明了当时我国经济中存在的严重的比例失调问题。在读完这30多篇文章后，我有一种感觉，就是你们所有的言论可以归结为"寻找具有人的面孔的社会主义"。您并没有用资本主义和私有制的概念来想问题。在意识形态领域，您那句"我忠于我爷爷的信念"的话很有名。

戈尔巴乔夫：当别人问到我是个什么样的人的时候，我的回答只有一个："我是社会民主主义者。"如果要思考未来，思考我们朝什么样的社会目标努力，我不止一次论述过，我们面临的，绝不是在社会主义或是资本主义之间进行选择的问题。我们的未来是一个趋同的社会，具有趋同性的价值基础。在这种社会中融合了资本主义的经验，还有很多其他可以利用的东西。不光是市场，还有所有制问题，以及对所有制的态度。

当年在苏联企业里曾流行过一种"肖金诺经营法"。这是肖金诺联合化工厂实行的一种经营模式。这还牵扯不到所有制形式，只是一种承包关系。但回想一下，这种方法的效果有多大？重要的是，这种方式极大地激发了人们对劳动、劳动成果和劳动质量的兴趣。

而我对趋同性社会的理解是，这是一种与具有人的面孔的民主社会主义相似的制度。我在斯塔夫罗波尔边疆区工作时，非常支持当时苏联有名的、最大型的化工企业之一——"涅维诺梅斯基"化工厂——采用这种经营方法。

工业中采用"肖金诺经营法"，配合农业中的奖金制度，加上"柯西金改革"①——这些都是对经营管理方式的探索。这些举措唤起了人们对经营的热情，对自己劳动成果的责任感，并且对人们的心理产生了深刻的影响……

列姆楚科夫：是啊，那时我们一直在想办法，一会儿是承包制，一会儿又尝试建立正规的合作社制度。我想问，为什么您最终没有采纳私有制呢？

戈尔巴乔夫：这个问题很好回答。通往私有制的道路艰难而漫长，而我们采用的那些过渡形式恰好是朝这个方向努力的。需要做的工作很多。顺便提一下，改革初期那些承包者，虽然其中不少人取得了骄人的成绩，但得到社会的认可却是多么不容易啊！我们这里就跟炸了锅似的。

不只是民众对那些农场主、承包人和合作社开办人充满了嫉妒，得了"红眼病"，就连国家机关也敌视这些革新活动。

---

① 勃列日涅夫上台之初，苏共中央主席团委员（1966年4月苏共23大之后，主席团改称政治局）、苏联部长会议主席柯西金主持推出"计划工作和经济刺激新体制"的改革，通称"新经济体制"。推行"新经济体制"曾经使苏联经济出现良好的发展势头，之后这些措施逐渐淡出。

开展承包工程活动的先锋人物（胡加科夫），后来进了监狱。"肖金诺经营法"被人想尽办法扼杀了。这其中，化工部部长真是功不可没。我在遇到这种情况时，尽力保护了那些进行探索的先行者。这些优秀的先行者常常陷入困境。比如想要整修养殖场和厂房，因为这是计划外的项目，不仅找不到建筑队和贷款，连道义上的支持都没有。他们只好到黑市上去搞建材，因此不免最后被列入违法乱纪之列。我不得不出面保护这些人。多么荒谬啊，那些优秀的先行者变成了行政机关和司法部门迫害的对象！

列姆楚科夫：一种制度出于自卫常常自相矛盾。不了解这个制度的力量的人，难以想象，我们当时是在一种什么样的情势下寻找出路，以摆脱20世纪70~80年代的社会困局的。

戈尔巴乔夫：我讲讲安德罗波夫时期的一件事。有一天，他忽然打电话来告诉我，说他将提议，由我在列宁的诞辰纪念大会上作报告。顺便说一下，以前都是由安德罗波夫亲自作报告。于是我极力想搞清楚，在苏维埃政权成立之初，也就是当建设一种新制度——社会主义——提到日程之时，列宁最关心什么问题。

我首先仔细地研究，为什么要实行新经济政策。列宁就这个问题的讲话很多，有时甚至重复过两三遍。我通过深入研读和思考列宁的言论，得出了一定的结论。您还记得吗，列宁起先说，新经济政策是暂时的行为，然后又说，这项政策是严肃的和长期的。事实上，他把新经济政策看成了建设新制度的方法①。

最让我吃惊的是——列宁认为，布尔什维克犯了一个重大错误，他们走

----

① 为此，我们特意查阅了列宁的原话。列宁在 1921 年 10 月 14 日《十月革命四周年》一文中指出："为了做好向共产主义过渡的准备（通过多年的工作来准备），需要经过国家资本主义和社会主义这些过渡阶段。不能直接凭热情，而要借助伟大革命所产生的热情，靠个人利益，靠通过个人利益的结合，靠经济核算，在这个小农国家里先建立起牢固的桥梁，通过国家资本主义走向社会主义；否则你们就不能到达共产主义，否则你们就不能把千百万人引导到共产主义。"

　　我们还查阅了那一时期列宁有关新经济政策的论述。可以看出，列宁一方面在向全党同志解释采取新经济政策是局势所迫，是必要的；另一方面也反复强调，新经济政策是不得已的"退却"，是"迂回的措施"，目的是利用国家资本主义，再"过渡"到社会主义。列宁在《论粮食税》（1921 年 4 月 21 日）中指出："……不仅由于上述一些原因，而且由于合作社便于把千百万居民以至于全体居民联合起来，组织起来，而这种情况，从国家资本主义进一步过渡到社会主义的观点来看，又是一大优点。"列宁接着强调，之所以实行新经济政策，是"为了使'我们'能顺利地完成我们直接向社会主义过渡的任务，就必须懂得，需要经过哪些中间的途径、方法、手段和辅助办法，才能使资本主义以前的各种关系过渡到社会主义。关键就在这里"。在《关于俄共策略的报告提纲》［1921 年 6 月 （转下页注）

的路不对，由此应该从根本上改变对社会主义的看法。他还提出了下列观点：社会主义建设的基础不是靠热情和主动，而是借助主动和热情，依靠个人利益和物质刺激，允许发展私人贸易，成立了租让形式的企业，等等，这样到了1926年，经济发展就得以恢复到了1913年的水平。

列姆楚科夫：喀琅施塔得叛乱改变了许多人的观念。

戈尔巴乔夫：还有坦波夫州和其他一些地区的农民起义。事实上，列宁的思想成了我起草列宁诞辰纪念报告的关键。

应该说，正是这些思想使我现在依然维护列宁，并承认他在历史上的伟大作用。直到今天，我仍然在思考列宁后期著作中的某些论断、他制定的政策及其对现代政治的重大意义。这已经成了我在思索改革的宗旨和发展道路等问题时的座右铭。

我想说，发动改革前，还在准备阶段，领导层决定要在全国恢复合作化运动。合作化政策不仅仅局限在农业部门，还有工业领域。但后来有一种看法占了上风，认为工业领域的合作化会扩大私有权。

我们发展农业的潜力巨大。应该利用包括扶持农场经济在内的所有手段。但我倾向于在农村发展合作经济。这并不排斥吸引大资本和利用高新技术建立私人企业。我特别关注一项调研成果，这是俄方和西方专家共同开展的有关我国农业发展潜力的调研。结果显示，以俄罗斯联邦现有的耕地面

（接上页注①）13日]一文中，列宁指出新经济政策是"通过国家资本主义走向社会主义"。列宁在《新经济政策和政治教育委员会的任务》一文中指出，新经济政策是"退却"，但绝不是投降，而是资本主义与共产主义之间的"竞赛"和"殊死斗争"。在《在莫斯科省第七次党代表会议上关于新经济政策的报告》（1921年10月29日）一文中，列宁鲜明地指出："1921年春天的政治形势向我们表明，在许多经济问题上，必须退到国家资本主义的阵地上去，从'强攻'转为'围攻'。"其间，列宁还批评了布哈林在新经济政策和国家资本主义问题上的"文人气"、自由主义和自作聪明。对于当时"路标转换派"把"新经济政策看成向恢复资本主义方向演变，指望苏维埃国家蜕化为资产阶级国家"的说法，列宁予以严词批驳。

可见，在此，号称"列宁的学生"的戈尔巴乔夫在断章取义，片面理解了列宁关于新经济政策的论述和思想。列宁始终强调对社会主义美好未来的追求，认为新经济政策是布尔什维克党通过国家资本主义利用资本主义商业办法向"社会主义过渡"的措施。列宁在施行新经济政策的时候特别强调："我们现在退却，好像是在向后退，但是我们这样做是为了先后退几步，然后再快跑，更有力地向前跳。仅仅是在这样一个条件下，我们才在施行我们的新经济政策时向后退却……以便在退却之后开始极顽强地向前进攻。"列宁在《论黄金在目前和在社会主义完全胜利后的作用》（1921年11月5日）一文中指出："我们已经退到了国家资本主义……这次必要的退却进行得越自觉，越协调，成见越少，那么，我们就会越快停止退却，而随后的胜利进击就会越有把握，越迅速，越波澜壮阔。"——编者注

积，如果采用新的农艺和育种等先进科技，我们完全可以养活 8 亿～10 亿人。这可是我们今后多少年的财富来源。我们现在应当把资金往这里投。

其实在苏联政权最后那几年，这样的做法已经出现了。举一个例子。为实施粮食纲要，我们在 3500 万公顷麦田采用了英国小麦种植技术。第一年这些地里的平均产量就比别的地多出了 1 吨。人们迅速接受了这种技术。现在人们还了解这个。除了采用类似的技术外，我认为，应当恢复我们过去的做法。当然，我已经远离这些事了。

列姆楚科夫：我很能理解您的怀旧情绪，这 20 年里您经常提到这一点。可是很多人认为您在推行改革时并没有经过深思熟虑，认为我们当时应该走中国式的道路。

戈尔巴乔夫：我对待变革的态度有很大不同，因为中国人有自己保守的一面。是的，我们从"加速"、从经济入手，探索如何提高物质刺激。在农业和工业生产中引进最先进的工艺，为的是提高效益。

列姆楚科夫：但结果却是短缺，而中国却没有短缺，而是国内外市场的充裕。你们为什么会是这样的结果呢？

戈尔巴乔夫：说到短缺经济，这可真是一言难尽。短缺实质上是我国经济制度的问题。这是首要的原因，也可能是最主要的原因。因此，我们才从科技进步着手。我们当时把大量资金投向了机器制造业，就是想借此促进整个经济的全面提升。这其中也包括农业。也许，应当走得慢一些，多积累些经验，用成功的例子来说服人，让他们认识到必须进行结构改革，必须对整个经济来一场技术和经济的更新换代。

短缺对于苏维埃政权来说，犹如如影随形的诅咒。一个资源丰富的国家，一个在 20 世纪下半叶成为工业强国的国度，却无法满足本国居民最普通、最必需的物质需求。

首要原因在于体制和经济制度本身缺乏效率。其次是需要大量的投入。这一点应当讲明白，为的是从中汲取历史教训。我们在军备竞赛上投入了巨大的资金。我们为军备竞赛耗费了 10 万亿卢布。美国也花了相同的钱。但是美国承受这笔费用绝不像我们那样艰难，因为当时我们的经济正需要现代化改造。

改革的最后一年，就在我们实施粮食纲要，准备解决短缺问题，为居民提供可靠的食品供应的最后关头，发生的事毁掉了我们的发展计划。当然，有人也会说，粮食纲要是无果而终的。

许多事情都与军备竞赛有关，军费在持续增长，而国内经济尤其是农业却陷入了困境。美国一直不满苏联领导层的所作所为。1986 年，美国让沙特阿拉伯王国国王在国际市场上尽可能地抛售大量的石油。这样一来，我们每桶石油只能换取 10 美元（想想现在我们的石油收入是什么情况？），我们减少了 2/3 的外汇收入。但是我们还得继续实施第十二个五年计划。国家的财政状况日益恶化。

还有一个原因是反酗酒运动所造成的损失。在讲那时怎么作出决议、压缩烈性酒生产和全面整顿经济部门之前，我必须先说说这个计划的来龙去脉。这些年，我对这个问题的解释引起了某些反应，而大家把全部责任都推到了我头上。好吧，这里我并不急于为自己开脱。但这段历史确实要从勃列日涅夫说起，起先他非常反对酗酒，但后来在来自社会和政治局的压力下妥协了。

这个计划实际上是在安德罗波夫和契尔年科时期就开始酝酿成型了。等计划制订出来，全社会都知道了这回事，正好轮到我们来付诸实施。我们就这样陷进去了。所有这些给经济带来沉重的负担。尽管如此，粮食纲要还是取得了成绩。"十二五"期间，粮食生产实现了增长：粮食年均产量比上个五年计划增长了 2660 万吨。牲畜肉产量增加了 250 万吨，奶产量增加了 1000 多万吨。经营亏损企业的数量从 25000 家下降到 4000 家，不到 10%。

列姆楚科夫：我对您的回答还是不太满意。您是怎么导致 1990～1991 年那种全面短缺的局面的？

戈尔巴乔夫：我刚才讲的东西中还应该加上一点，这就是：在经济矛盾不断深化的同时，国家的财政也出现严重困难。我们在五个国民经济部门进行了经济核算的实验，之后我们决定，从 1988 年 1 月 1 日起在国民经济的所有部门都推行经济核算。

财政问题在政治局会议上引起的争论越来越尖锐。在此情况下，我与政府总理尼古拉·伊万诺维奇·雷日科夫就此专门谈话。他直截了当地向我提出一个问题："怎么办？我们是修正经济政策、修正'十二五'指标和预算，还是继续执行既定的政策？财政状况已经到这个地步了，只怕会产生更大的危险。"这是我们之间不同寻常的、持续时间很长的一次谈话。

还有一个重要问题：我们刚通过了提高教师、科技文化工作者工资的决议和退休奖励法案。这需要 450 亿卢布的资金。工业、建筑、贸易和其他领域的工资已经涨过了。在此之前，商品缺口已达到 500 亿卢布，而上述决策实施后，这个数字将上升到 1000 亿。我们的国民经济完全不堪重负，需要采取非常的措施。

当然，我们采取了一些补救措施来增加日用品的生产。我们可以向境外购买商品，但国家已经没有外汇了。我们只能动用黄金储备，这也没能奏效。

如今我想，我们原本可以找到一种方法来减轻商品供应不足的压力。不管有多么困难和危险（这已经是公开性的问题了），我们应该向人民说明情况的复杂性。或者推迟两到三年再实施退休法，或者从军费中抽出 150 亿 ~ 200 亿卢布用于购买商品。但我们没敢这样做。我觉得，主要责任在我。我应该有所决断。

但是，对当时作为国家领导人的我们来说，那样的事简直不可想象。

现在我的想法是：那又有什么呢？即便是失掉权力，我们至少也能避免一场灾难。我们认识到了，但决心不够。我们的反对派——主要是党内的官僚集团——对政府展开了猛烈的攻击，1989 年选举期间他们更是变本加厉。至于 1989 ~ 1990 年诞生的新俄罗斯联邦政府，正是他们导致了苏共中央分裂和 1991 年 8 月改革反对派闹事反击的局面。这之后发生的很多事情为叶利钦夺权创造了条件。叶利钦的行为是一种叛变，他从背后下了黑手。其实这个时候，各项旨在摆脱危机的措施已准备就绪，反危机计划和联盟条约新草案也已拟好，而新草案还有叶利钦的亲手签字。

列姆楚科夫：对您个人来说改革意味着什么？您如何评价改革？

戈尔巴乔夫：我这辈子从来没有伸手讨要过一份工作。但常常是我恰好处于事件的中心。这也体现在我的政治仕途上。15 年间，我从斯塔夫罗波尔边疆区团委的一个处长做起，先后担任团委书记、市党委书记，直到边疆区第一书记、中央委员和苏联最高苏维埃代表。您会觉得，我提升的速度很快吧。我为斯塔夫罗波尔办了不少好事。最主要的事情有：让工业发展步入新的轨道，引进高效技术，实行农业专业化和集约化，改造城市和度假设施，扶持轻工业和食品工业，大量建设工厂——这是遵照苏共 23 大关于发展中小城市的决议进行的。这些对我来说是最大的学校。我把在这里开展的活动称为"小改革"。

后来，三位苏共中央总书记接连病逝这段时期，我正好进到了苏联领导层——在费·达·库拉科夫①去世之后。因此，我与勃列日涅夫、安德罗波夫、契尔年科都曾共过事。尤里·弗拉基米罗维奇（安德罗波夫）生前就要提拔我。他逝世后，这个问题又引起了大家的关注。病中的安德罗波夫曾

---

① 费·达·库拉科夫（1918 ~ 1978 年），苏共和苏联领导人。曾任苏共斯塔夫罗波尔边疆区委第一书记、苏共中央书记、苏共中央政治局委员，是苏共负责农业问题的领导人。1978 年库拉科夫由于心脏病突发逝世后，同样来自斯塔夫罗波尔边疆区的戈尔巴乔夫接任其职权。

致信苏共中央全会，建议在他重返工作前由我暂时主持政治局和书记处的工作。但这封写给全会的信被契尔年科和他的手下隐藏了起来。我想，老一辈国家领导人由于自然规律不断退出，该年轻的新生代登场了。正是在这个进程的框架下，1985 年 3 月 11 日，我成为苏共中央总书记。

我们迈出了最初的步伐，开启了民主进程和公开性运动，在苏联高层和各级领导班子都进行了大量的人事变动。

全社会行动起来。苏联社会准备对整个历史进行严肃的政治评价，特别是对这些年来的历史给予评价。这一切都是在公开、直接、不看脸色的气氛下进行的。

我补充一点，在这个时期我们还采取措施，实现了与西方国家，首先就是和美国的关系正常化。我们与中国的关系也在中断 30 年之后得到恢复。推动裁军进程，这一政策体现在 1986 年 1 月 15 日苏共中央总书记的声明中。在核威胁笼罩全球的形势下，这对我们国家乃至世界都有着深远的意义。这些决定对结束冷战起到了重要作用。无论是对我国，还是对欧洲乃至全世界，都产生了影响。

我们还处理了一个重大问题，那就是严格划分共产党与苏维埃政权机构之间的权力。

列姆楚科夫：有人指责您把关于苏共领导地位的条款从宪法中删除了，而且您却没有把国家管理现代化的工作进行到底。您同意这些说法吗？

戈尔巴乔夫：我以为（我看成自己首要的错误），就是因为没有及时改革苏共，才导致苏共后来实际上变成了一系列至关重要的进程的障碍。当我着手做这件事的时候，我已丧失了许多机会，而我的对手却团结在了一起。而且叶利钦及其亲信当时想尽了办法，以便尽快摆脱我。

当然，我在叶利钦身上耗费的精力可能太多了，其实完全可以把他调到另一个岗位上。但请您注意，因为我自始至终都坚持民主的立场，所以没能斗得过叶利钦。我脑子里根本没有考虑过要采取血腥的暴力手段，尽管有时候这在某种程度上不能避免。请注意，总体来说是没有流血的，一切都是通过民主途径。

列姆楚科夫：非常感谢。1/4 个世纪过去了，现在我们明白，只要不加考虑，其实很容易发生流血事件。

（许华 译）

原苏共中央书记处书记、苏共中央政治局委员

利加乔夫：
有两种不同性质和方向的改革

——利加乔夫评价苏联改革的成败[*]

       原《独立报》编者按： 利加乔夫是改革时期复杂而评价不一的人物之一。最初他是戈尔巴乔夫的亲密战友之一，而后成为政治局内戈尔巴乔夫最主要的反对者之一。经利加乔夫的批准，在《苏维埃俄罗斯报》刊登妮娜·安德烈耶娃的公开信《我不能放弃原则》之后，利加乔夫几乎被视为"改革"的主要敌人。利加乔夫向《独立报》政治版的责任主编罗莎·茨韦特科娃讲述了当年与戈尔巴乔夫如何分道扬镳和反酗酒运动。

       利加乔夫①曾经说过一句名言："鲍里斯②，你错了！"

    茨韦特科娃： 叶戈尔·库兹米奇，今天经过半个世纪以后，您如何评价"改革"这一概念。

    利加乔夫： 首先，改革指的是什么？有两种观点和两种立场。关于第一种，我绝对赞成并因此在政治局和中央委员会辛勤工作。我们认为社会主义改革，就是在不消除苏维埃制度下的社会主义社会复兴。要知道在 1980 年以前，国家仍具有强大的经济和社会文化能量，对世界发展进程有着巨大的影响力。

    茨韦特科娃： 难道改革以前不是所谓的勃列日涅夫的停滞时代？

---

* 译自 2010 年 5 月 18 日俄罗斯《独立报》政治版，原文标题为《利加乔夫：我们不再让领导用公款喝酒》。

① 叶戈尔·库兹米奇·利加乔夫，苏共党员。改革时期任苏共中央书记（1983～1985 年），苏共中央政治局委员（1985～1990 年），苏联人民代表，第三届国家杜马议员。

② 指叶利钦，此句话出现在一次党的会议过程中，利加乔夫与叶利钦在大会主席台上的公开辩论。

利加乔夫：我们的敌人和反对者是这样认为的。但这是一派胡言。**勃列日涅夫当政长达 18 年，在这期间国家的工业潜能增长了 2 倍，农业经济增长了 50%，人均工资几乎增长了 50%。在这 18 年间建立了 5 座大型核电站和 2 个汽车制造工厂——卡马斯汽车厂和瓦兹汽车厂**①。

这一时期不仅创立了几千个企业，而且建立了一些区域性生产综合体。例如，我曾经积极参与建造了西西伯利亚煤气天然气化工综合体。

在勃列日涅夫上台的第一年，我们开采出 100 万吨石油，而在其去世的那年，1982 年，国家共开采了 3.25 亿吨石油。此外，在西西伯利亚煤气天然气化工综合体内建立了多个世界上领先的大型石化联合工厂，兴建了几十座新兴城市，铺设了几千公里的道路和输电网。这怎么能是停滞？而现在的建设能力仅仅是那个时代的千分之一。

茨韦特科娃：但苏联经济仍有不少问题？

利加乔夫：是的，在那之前就已经积累了很多困难，应该解决。例如，与西方发达国家相比，劳动生产力的增长速度和民用产品生产效率之间的差距一直在扩大，我们越来越落后。在社会主义民主制度的发展方面也明显落后，这同样很重要。不能满足居民消费支付能力和对优质消费产品的需求，商品短缺现象极其严重。联盟中央和加盟共和国之间累积了大量问题。所有这些都需要改变。类似的改革在苏联也曾出现过——从战时共产主义体制向新经济政策的过渡，从新经济政策向工业化的过渡等。因此改革过程本身没什么令人惊奇的。

茨韦特科娃：我明白您是怎么认识和理解改革的了，那么对改革的第二种立场呢？

利加乔夫：另一种立场是戈尔巴乔夫、叶利钦及其追随者的立场。为了为其背叛社会主义、出卖党和人民的行为辩护，他们想出以下解释：**苏维埃体制功不可没（众所周知，她曾经创造了光辉的历史业绩），但是它无法改革和完善，只能打碎并且应用资本主义体制取而代之。**这就是他们的观点。

人们常说，改革确实曾有过，但是没有目标，没有纲领，没有资源，此种结局早已注定。这完全不正确。改革曾有过明确的目标：建立新的现代高效经济，继续改善人民物质生活和切实扩大劳动人民参与苏联国家管理。改革的经济纲领是：加快发展机器制造综合体及其现代化，在机器制造综合体现代化的基础上扩大国民经济总量，调整产业发展方向，在科技快速发展的

---

① 前者主要生产自动装卸卡车，后者主要生产"拉达"、"日古利"等品牌小轿车。

基础上满足人民的需求。那么在物质上如何得以保证呢？在第十二个五年计划期间（1986～1990年），即改革年代，国家为机器制造综合体的现代化、加速发展机器制造业和车床制造业划拨了2000亿卢布。此外还为建设现代食品工业和优质日常消费品划拨了700亿卢布，明显多于战后40年。我负责食品工业、轻工业及机器制造业的现代化。那时，美国整个食品工业有48%采用计算机，而我们只有1%。

茨韦特科娃：我们严重落后于发达国家……

利加乔夫：非常严重。但是改革是有目标、纲领和一切必不可少的物质资源的。

我认为，改革经历了两个阶段。第一阶段——1985～1988年——在社会主义框架内进行改革的积极阶段，只是改善，而不是拆毁党和苏维埃体制。这一阶段我们成功制止了社会和经济发展以及国家总体上的消极发展趋势，保证了经济和人民生活实现新的飞跃。在"十二五"计划期间，工业生产从"十一五"计划期间（1981～1985年）的3%增加到5%，农业经济由1%增加到3%。在这期间，我们获得了整个俄罗斯历史上最好的收成。但重要的是社会领域所取得的成就。这期间所建设的住宅面积最多——6.25亿平方米。与"十一五"计划时期相比，住宅建设增加了20%。学校、幼儿园、医院、俱乐部和体育场馆的建设从15%增加到51%。

第二阶段——1989～1990年，改革开始衰落。这是一个经济瓦解、物价飞涨、商品短缺尖锐化、罢工和民族冲突频发的时期，最终以摧毁苏共而告终。

茨韦特科娃：如果如您所说，改革整体上是积极的，改革的思想及目标为何遭到失败？

利加乔夫：第一个原因——国家领导集体和加盟共和国领导人的政治蜕化。他们本来就是领导，也拥有一切，为什么还会变质？为了掠夺广大人民的财产让自己肥起来。可是在苏联，无论是苏维埃政权还是苏共，都不允许他们这么做。当时的共和国领导人在国外银行没有任何存款，没有任何不动产，不像今天的掌权者和寡头。因此，拥有大量的财产和不受约束地独掌大权的欲望动摇了这些人。

第二个原因——非常遗憾，我们忽视了人民、党和国家的历史教训，停止了与资产阶级和民族分裂主义作斗争。戈尔巴乔夫任总书记职位时最后也承认了这一点。在各共和国内，特别是在20世纪80年代末，民族分裂情绪发展迅速。

　　第三个原因——国家计划管理的严重削弱。普京不久前说，苏维埃体制是由于计划管理而毁灭的。这完全不正确，苏维埃政权是因为国家拒绝计划管理才被断送的。这里存在两个因素。第一，1988 年开始施行自由协议定价，这意味着不是计划机构，而是生产者和消费者定价。协议定价是必须实行的，但应逐渐实行……戈尔巴乔夫、雅科夫列夫和其他人坚持，应立刻有30％的产品实行协议价格。

　　这导致了什么？我们的企业几乎垄断式地生产某种产品——一个或两个工厂为全国生产一种产品。当有计划的时候，这并不危险，因为价格由国家制定。而当生产者自己定价时，他们可以从消费者身上剥下三层皮。生产者获取了巨大的利益，可以进行技术更新，但是他们并没有这样做，收入全被有限的个人所瓜分。

　　所谓的工业合作社也产生了这样的影响。根据苏维埃部长会议的建议，苏共通过了建立工业合作社的决定。它们大部分不是在小型的商品生产者联合的基础上建立起来的，而是在租赁或者购买国有资产的基础上建立的。然后这些产品并没有卖给人民，而是以更高的价格卖给企业。合作社开始运行后，很多企业成为影子经济和影子资本的避难所，成了古辛斯基①、别列佐夫斯基②之流的避难所，这就催生出寡头。实际上这是将国有财产瓜分后又装入个人的口袋，因为合作社只是一个外壳，其内隐藏着三四个摄取财富大头儿的主人，其他人都是雇佣工人。

　　商品短缺的蔓延严重撼动了经济。五年间人们的工资增加了65％，而

---

　　① 弗拉基米尔·古辛斯基，俄罗斯传媒大亨，俄罗斯联邦金融寡头的七巨头之一。古辛斯基出身俄罗斯的犹太民族，1952 年生于莫斯科，曾先后就读于古布金石油天然气工业学院工程技术专业和国立卢那察尔斯基戏剧艺术学院导演专业。1989 年，古辛斯基的咨询公司与美国阿尔诺尔德·波特尔法律公司联合成立著名的传媒集团——"桥"传媒公司。古辛斯基持有该公司50％的资本。普京上台后，古辛斯基流亡西班牙。

　　② 别列佐夫斯基，集数学家、金融家、媒体大亨和"政坛鬼才"各种身份于一身，是一个颇具传奇色彩的人物。别列佐夫斯基在石油部门赚黑心钱也比较顺利。1995 年 12 月，以他的银行财团为首，由他的"罗卡瓦斯"、"国家金融公司"和斯摩棱斯基的"首都储蓄银行"一起，以抵押拍卖的方式收购了51％的"西伯利亚石油"公司控股公司的股票。而这家公司是在拍卖前几个月按总统令建立的。别列佐夫斯基在俄罗斯公共电视台的股份也是构成其金融帝国的一部分。1996 年，俄罗斯总统换届选举，各金融、工业集团在别列佐夫斯基的撮合下，联合起来支持叶利钦竞选。叶利钦竞选成功后，别列佐夫斯基被任命为国家安全会议副秘书。别列佐夫斯基曾说，由其本人、波塔宁、古辛斯基、霍多尔科夫斯基、阿文、弗里德曼、斯摩棱斯基等七人创立和领导的六个金融及工业集团控制着俄罗斯经济的50％左右。普京政府上台后，霍多尔科夫斯基锒铛入狱。金融巨头别列佐夫斯基、媒体大王古辛斯基流亡国外。

商品生产只增加了19%。应该采取相应的措施。戈尔巴乔夫前不久也说，当时应该从国外购买商品。我们有资金有机会。但是尼古拉·雷日科夫领导的政府没有那样做，这导致了商店空虚和排队现象。

还有一个原因是政治功利主义。党内形成了不同的政治派别，党的意识形态基础和结构基础被撬动，最终导致国家瓦解。书记处停止了工作，这是党纲规定的机构，这里集中了一些力量，准备阻止国家的解体。而此时整个政治局被更换了。例如我，一年半之前实际上已经被逐出政治局、最高苏维埃和中央委员会。戈尔巴乔夫当时坚持，不要干涉选举，不要干涉经济，党就被挤出政治领域和经济领域。这一切在1991年12月导致了国家的反革命政变，导致了苏联解体。这就是改革的最后结局。

茨韦特科娃：为什么在这种复杂的条件下开始了大规模的反酗酒运动？

利加乔夫：反酗酒斗争有两个原因。第一，在1985年以前的20年间，酒精的生产和消费增长明显。在这期间纯酒精人均消费为8～10升，而其他国家只是我们的1/3或1/4。第二，在人民、劳动团体和协会中越来越强烈地要求阻止酗酒现象蔓延。当安德罗波夫1982年被选为总书记时，他收到了几万封信和电报。几乎每封信都提到了一个要求——抑制酗酒现象。我不止读过一封信，妻子和儿童发自肺腑地想要从酒精中拯救自己的丈夫、父亲。这两个情况促使我们开始了反酗酒运动。

人们说，我们没有任何目标，只是一味地反对。不是这回事。我们有着清楚的目标——珍爱人民。许多人认为，"珍爱人民"是索尔仁尼琴的话，实际上这句话是罗蒙诺索夫①说的。我们提出这个口号，就是为了强化道德原则，为了巩固家庭和健康。

茨韦特科娃：您当时准备用什么方法推进这项运动？

利加乔夫：第一种方法，我们努力改善人们的生活条件：住宅、社会文化设施和工资。第二，我们让伏特加的生产急剧缩减了40%，香槟的产量提升了60%，保留白兰地——亚美尼亚人劝我们保留，停止了廉价葡萄酒

---

① 米哈伊尔·瓦西里耶维奇·罗蒙诺索夫（Михаил Васильевич Ломоносов，1711年11月19日至1765年4月15日，俄历1711年11月8日至1765年4月4日），俄国科学家、教育家、语言学家、哲学家和诗人，出生于阿尔汉格尔斯克亚省杰尼索夫卡村的一个渔民家庭。1730年，他到莫斯科考入斯拉夫—希腊—拉丁学院，1735年转入圣彼得堡科学院附属大学学习，1736年又被送到德国留学，1741年回圣彼得堡科学院任物理学副教授，1745年8月成为圣彼得堡科学院院士和化学教授。1748年秋他按照自己的计划创建了俄国第一个化学实验室，1755年创办了莫斯科大学，1760年他当选为瑞典科学院院士，1764年当选为意大利波伦亚科学院院士，1765年4月15日卒于圣彼得堡。

的生产。第三，宣传和组织健康的人民生活方式。还有，非常重要的是，为在生产和生活中克服酗酒，我们大幅度提高了州、区、共和国和大小劳动集体的领导人的责任。我想直接说，那些不能克服这一点的人，被从工作中开除，被开除党籍，甚至居高位者。

茨韦特科娃： 反酗酒运动的结果如何呢？

利加乔夫： 现在人们认为，没有结果，然而并不是这样。无论我们的反酗酒运动存在多少错误，还是拯救了 50 万～100 万人。酒水产品的人均生产和人均消费从 10 升降到 6 升。统计说明，在这期间每年新生人数都增长 50 万，即出生率超过了死亡率，这是主要成就之一。此外，在许多家庭第一次出现了头脑清醒的丈夫。在给我们的来信中人们写道，喝醉的人害怕出现在街上。在这段时间，工伤、犯罪现象和旷工下降了 25%～30%，银行存款增加了 450 亿卢布，非酒精类饮品的销售增加了 60%。

很重要的是，在这一运动过程中消除了所有领导用公款喝酒的现象。很多人喜欢白吃白喝，聚在一起喝酒，讨论重要的干部问题，然后记到国家账上。这一现象被坚决消除，尽管因此我们也引来了不少反对者。

茨韦特科娃： 但是在这一运动中仍存在很多严重缺陷？

利加乔夫： 负面影响之一是刺激了私下手工酿酒。我们在以下两个方面被指责：我们砍光了葡萄园，并让大家排起长队。排队现象是因为我们急剧缩减了酒精饮品的生产。我想问问那些指责我们制造了排队现象的同志们：酒精这种产品，没有它你们就不能活了？一个人的生命难道比排队还廉价？众所周知，酒精就是毒药。

说到砍光葡萄园，直到反酗酒运动前，全苏联葡萄园的面积有 126 万公顷，运动之后为 123 万公顷，数字说明一切。我记得，在一次最高苏维埃会议上，索布恰克①先生——一个典型的反苏人士，总是发表一些攻击苏维埃的言论，没为人民做任何好事。他站起来指责克拉斯诺达尔代表说："你们砍葡萄园。"在他讲完后，克拉斯诺达尔代表要求发言，说道："索布恰克，

---

① 阿纳托利·亚历山德洛维奇·索布恰克（Анатолий Александрович Собчак，1937 年 8 月 10 日至 2000 年 2 月 20 日），20 世纪 80 年代中期至 90 年代苏联民主派的代表人物。1989 年进入苏共，两年后苏共败亡之前退出苏共。他生前称，加入苏共是其一生中"最大的错误"。他曾任列宁格勒大学法律系主任。在戈尔巴乔夫发动"公开性、民主化"运动的浪潮中，索布恰克先后当选人民代表和列宁格勒市苏维埃主席。在他的支持下，列宁格勒市改名为圣彼得堡市，他担任首任市长。正是在这一时期，自东德回国后的普京在他的提携下走上了当地的政治舞台。

我们买票请您到我们那儿去，你指出来，我们哪里把葡萄园都砍光了。"之后，索布恰克哑口无言。

今天没有对酗酒进行严肃的斗争，一切都归零。为什么？原因一目了然：酗酒肆无忌惮地发展，酒鬼很多，如果说在苏联时期有几百个酒鬼，那么现在有几百万。如果想让人民远离抗议行动，那么酒鬼更好管理。此外生产酒品可以获得巨额收入，是贪污和贿赂的窝点，是喂养政治家的巢穴。

我为我和其他同志一起进行了最积极的反酗酒政治运动而感到骄傲。5月15日是苏共中央、苏联部长会议和最高苏维埃分别一致通过反酗酒重要文件的25周年。

茨韦特科娃：尼古拉·雷日科夫说过，包括在接受我报的采访时，他反对反酗酒运动……

利加乔夫：他投了"赞成票"，这有证明。这是选自1986年雷日科夫作为苏联部长会议主席在苏共27大的报告："党正实行毫不妥协的反酗酒运动，坚持和推进降低酒精饮品的生产和消费的路线。"你相信哪一个雷日科夫，前一个还是后一个？我们当时的立场是一致的，发现了不足便开始认真纠正它们：更多地关注职工的闲暇时间，更多做解释工作和劝说工作。

茨韦特科娃：为什么这一运动停止了？

利加乔夫：主要原因是国家开始了解体的进程。需要拯救祖国，使其远离悲剧。如果这一进程不发生，那么我们当然会继续反酗酒运动，戒酒应成为生活准则。关于利加乔夫喝不喝酒，什么荒诞的传言没有啊——如果我们现在有两瓶葡萄酒的话，我会和您喝，但不是一杯，而是半杯。前天为庆祝卢基扬诺夫80岁寿辰，我们去了12～15个人，我喝酒了。但是我从来不会沉醉于伏特加、白兰地和香槟。

茨韦特科娃：您是否试图阻止苏联解体？

利加乔夫：我们试图阻止过，但是缺乏组织性，也缺乏协调行动。成立了俄罗斯共产党和农民（农业）联盟。我，作为唯一的政治局委员，参加了这些组织的创建并在代表大会上发言，但这些措施都为时已晚。我在苏联解体前两年给政治局写了两封信，要求召开非常代表大会和全会，还邀请党的积极分子参与以扩大影响。遗憾的是，无人响应，而政治局也阻挠。但这不是主要的。重要的是别洛韦日森林阴谋！对于普通人，这些领导的话还是很有影响力的。他们口头上宣告：我们将实行改组，进行改革……但是将有一个统一的经济空间、统一的武装力量和外汇，人们来往自由。普通民众认为，一切将恢复正常，只不过上面站着的不是戈尔巴乔夫等人。而这些言论是对人民的欺骗。

茨韦特科娃：您的一句著名的话"鲍里斯，你错了"留在了史书中，您现在确信，叶利钦是错误的吗？

利加乔夫：所有人只记得我这句话的开头。整句是："鲍里斯，你错了，你精力充沛，但是你的精力不是建设性的，而是毁灭性的。"如果我说错了，国家就会繁荣，苏联仍将强大和牢固。可惜，生活证明，我是对的。我对叶利钦的看法，仍像他成为莫斯科市党委书记时一样。我看到，他如何压制干部和人民，迫害他们，他整天醉醺醺的。我们之间有过冲突，我是唯一在第19次党代会上反对叶利钦的人，因为当时我明白，这是一个非常危险的人物。会后我们完全分道扬镳。最终，我认为，我的立场是正义、正确和光明正大的。

茨韦特科娃：您和戈尔巴乔夫的关系怎样？

利加乔夫：我和戈尔巴乔夫的关系一开始非常好。他是提议我进入苏共中央来工作的人。后来我们进行过友好而积极的工作。首次分歧始于对勃列日涅夫时期的评价问题。我不能同意这是停滞时期。开垦荒地是一个伟大的工程，就像科学院西伯利亚分院和西西伯利亚石油天然气综合体的建立一样。我怎能同意这是停滞？而戈尔巴乔夫是想巩固自己的地位，借贬低过去来突出自己。个人品质问题也很重要。改革是必要、可能和可实行的——这是我一贯的观点。如果改革换成由安德罗波夫领导，他坚定、英明、目标明确和谦逊，那么国家会继续存在。另外，让我们比较一下戈尔巴乔夫和现在的梅德韦杰夫。两个人都是在建设资本主义。当梅德韦杰夫提出"俄罗斯，前进！"口号时，这是向资本主义前进。但这不是前进之路，而是倒退的路。我们想起列宁说过的那句著名的话：如果不走向社会主义，就不能前进一步。而戈尔巴乔夫和梅德韦杰夫就是要把俄罗斯带向西方的旧社会。

（康晏如 译）

原苏共中央政治局委员、苏联部长会议主席

雷日科夫：
政治斗争打乱了经济改革部署

——雷日科夫回忆改革时期的明争暗斗*

　　《独立报》原编者按："生于 1929 年 9 月 28 日，苏联国务和党务活动家，在戈尔巴乔夫执政的大部分时间任苏联部长会议主席职务"——尼古拉·伊万诺维奇·雷日科夫①在著名的资讯网"维基百科"中被这样介绍。在他日常担任自然垄断委员会主席的联邦委员会办公室内，居然没有看到电脑。尼古拉·伊万诺维奇在与《独立报》政治版责任编辑罗莎·茨韦特科娃的座谈中仍能轻松回忆改革时期的重大事件和政治精英之间的斗争，似乎 25 年前这些事件未曾发生。

　　雷日科夫称："我们在经济问题未解决时，就着手解决政治问题。这是巨大的错误。"

　　茨韦特科娃：尼古拉·伊万诺维奇，在社会意识中，"改革"一词总是和戈尔巴乔夫的名字联系在一起，他真的是改革的唯一发起者吗？

　　雷日科夫：在人们的印象中，如果有新的领导上台，然后宣布改革，便有了改革。实际上，确立改革过程本身也是后来的事。"改革"一词是戈尔巴乔夫在陶里亚蒂的演讲中第一次说出来的。重要的当然不是这一词语本

---

* 本文译自 2010 年 4 月 20 日俄罗斯《独立报》政治版，原文标题为《庞大的工作始于戈尔巴乔夫的倡议之前》。

① 尼古拉·伊万诺维奇·雷日科夫，1982～1985 年任苏共中央书记，同时任苏共中央经济部领导。1985～1990 年任苏共中央政治局委员和苏联部长会议主席。1991 年退休后，他被推选为俄罗斯苏维埃联邦社会主义共和国总统人选，名列叶利钦之后。1990～2003 年，任国家杜马议员，领导着"人民政权"议员团。2003 年 9 月被任命为俄罗斯联邦议会上院别尔哥罗德州代表，享有国家杜马议员全权。

身，就像今天出现的类似词语——"现代化"一样。重要的是对国家是否需要变革的理解。我作为一个过来人，曾经生活在乌拉尔，在同一工厂工作了 25 年，接着在莫斯科，在部委、国家计划委员会和党中央相继工作过。像许多人一样，我也认为变革是必要的，然而这是经济上的变革。当时我们甚至想都不能想到去改变社会制度和党的体制。

我属于任何时候都不想贬低过去和历史的那类人，这类人在国内还不是少数。我们认为，国家经历了异常复杂的阶段，这是历史造成的。我们根据时代的要求，作出的决定符合当时国家所面临的形势。所以当有人企图贬低过去，说，你们是傻瓜，应该在 20 世纪 30 年代就实行市场经济，我认为这不正确。就是在多年以后的今天，也不可以对 30 年代所采取的方式提出批评。但是，要考虑到当时国家应在 10 年内实现工业化，以摆脱农业困境，需要采取特殊的方法。因此，那时实行的是严格的计划体制，这是历史的必然。

茨韦特科娃：计划体制什么时候开始出现故障，并让执行者背上沉重的包袱？

雷日科夫：战后有人对我们讲，你们需要 50 年的时间，才能恢复被战争摧毁的东西。我们进行了动员突击，只用了 7 ~ 8 年的时间。计划体制在其中功不可没。但后来我们也感到，这一体制开始失去动力，人们不能总是生活在动员行动中。

我们明白，必须按另一种方式来运行经济。首先是我们，还有工厂职工，感觉到了这一点，这一曾发挥过自己特定作用的体制，今天已不再是经济的推动力。

例如，我曾担任过乌拉尔重型机械制造厂①厂长。在主体工厂中工作着4.3 万名工人，加上 9000 名分工厂工人一共有 5.2 万人。当时我接受上级下达的计划并被告知，你有权接收多少工人和多少工程师等。而我们的收益则自动地流向莫斯科。之后我去莫斯科，伸出双手直接请求："看在上帝的面上，求您哪怕只归还我们一小部分用来建造住宅、幼儿园及其他设施的资金也行啊。"为什么要绕一大圈？要知道当时许多城市都依托于工厂，例如，我们的工厂里就生活着 20 万人。几百万平方米的住宅、供暖和排水，所有这些，自然需要资金来维护。最初你的所有东西都被拿走，然后你来到莫斯科又纠缠着要回自己的钱。当然，对此他们非常不满。我们作为工厂和

---

① 全名为乌拉尔谢·奥尔忠尼启泽重型机械制造厂，是全苏最大的重型工业制造业基地之一。

企业的厂长，如果把那么庞大的集体信任地交给我们，如果我们能够管理那么庞大的职工队伍，并且掌握和能够运用独一无二的技术，那为什么不能赋予我们其他的职能。

从这个意义上讲，第一个报春燕是 20 世纪 60 年代后半期的柯西金改革。按当时的情况，这是向前迈出了一大步。这次改革提供了这样的可能：你可以用自己赚的钱建设住宅。我们自己可以决定把钱用到哪儿——或是建设房屋，或幼儿园，或音乐学校。出现了激励机制——如果你按计划完成了利润指标之后仍有盈利，那么这部分就成为物质奖励。基于这些激励机制我们奋力工作，希望多赚些钱。但遗憾的是柯西金改革很快销声匿迹，几年之后一切又回到了老路。针对这一结局存在各种各样的说法。我对此的看法是，高层政治领导人和党的领导人害怕了，怕的不是我们，不是我们这些（用现在的话来讲）有创业精神的商人，怕的是 1968 年在捷克斯洛伐克所发生的事件。我们的高层党领导担心这类事件、这类民主势头在我们这里重演。害怕这样会导致严格的管理制度从此失控。

当然，厂长们也是各种各样的。有这样的厂长，只是听命于上级：让他向东，他不敢向西。但是很多人意识到，不能再这样继续下去。国内气氛和形势开始逐渐成熟，而此时西方在科技方面取得了非常重大的进步。我们感到在这方面开始落后了。如果说在国防方面我们仍保持先进，因为那里集中了最优秀的干部、工程师、设计师和学者，那么在其他领域我们逐渐落后了。这一体制已经不能吸收科技进步，而是离它越来越远。

茨韦特科娃：人们明白是明白，但是一切仍要服从计划至上原则。

雷日科夫：1982 年 11 月我被选为中央经济书记。我要强调，在此之前，没有专门负责经济的中央书记。在安德罗波夫刚刚继任党的总书记仅 10 天之后，他直接召见我、戈尔巴乔夫和多尔吉赫一起座谈。他讲道："现在很多人都说，体制老化失效，需要改变，在经济中需要新的东西……但我的印象是，人们都在说，可是没有谁能清楚地说出，究竟怎么做。出版了很多书和学术论文，可是没有谁能够从官方政策的角度指出前进的方向，提出改革的具体内容。"我们三个人被委托在不脱离基本工作的前提下（戈尔巴乔夫掌管农业经济和轻工业，多尔吉赫掌管重工业，而我负责整个经济）制定整套经济改革的建议。

茨韦特科娃：尤里·弗拉基米尔洛维奇给你们规定了期限吗？

雷日科夫：没有，他没有设置什么具体的期限。他说，你们自己确定要做的事，但是要马上着手。于是我们着手开始，进行了大量的工作。我们与学者们进行了几十次会面与协商。学者们很高兴——他们终于开始有了用武之地。他们的知识和建议可以被采纳。这些人是著名的院士，一部分至今还在，不过有的现在已经年纪很大了，一部分已经去世。我们和西塔良、阿巴尔金、阿甘别吉扬①及其他一些人一起研究基本原则。我们与各个部门、物资供应部门和财政部门的官员进行了大量的会面，每次会面都形成详细而具体的文件。安德罗波夫对此很有兴趣，他没有忘记此事。当我们或多或少确定出什么可以在国民经济中实施的时候，我们就向他作了报告。

茨韦特科娃：这在你们三人组被委托这一任务之后过了大概多长时间？

雷日科夫：一年左右。他要对整个国家负责，因此他比我们这些相对年轻也较为热血的人更加谨慎。他说道："不，我们不能这么走，即使你们是正确的，我们也不能一下子这样走。"

茨韦特科娃："这样走"是怎样走？

雷日科夫：引入一些市场元素。安德罗波夫建议从进行经济实验开始。我们选择了五个部门，其中一些是共和国一级的，一些是联盟一级的，开始实施我们的建议。这是一项规模庞大的实验。但是安德罗波夫随后便去世了，他在职15个月，实际工作了10个月，其余时间都在病榻上。后来的继任者上台时完全是一个病人——这就是契尔年科。我们几次向他报告我们的工作成果，但是他完全对此不感兴趣，这让我们心灰意冷。老实说，我那段时间情绪低落。戈尔巴乔夫级别比我们高，因为他是政治局委员，多尔吉赫是政治局候补委员，而我只是中央书记。但我仍不能无所事事。我不习惯这些，甚至打算退出中央机关，光是占个位置没有什么意义。可能戈尔巴乔夫比我知道更多幕后的事情。他劝我别着急，不急不躁，等待着时机到来。的确，一年之后，契尔年科去世，戈尔巴乔夫时代来临。

茨韦特科娃：您当时和他用"你"相称吗？

雷日科夫：我对他称"您"，他几乎对所有人都称"你"。我们不是不可或缺的朋友，没有互相做过客，没有一起喝过酒，只是正常的同事关系。

茨韦特科娃：您当时相信他作为领导人的潜力吗？您和他如何一起共事？

雷日科夫：当契尔年科还是总书记的时候，我们仍共同研究概念构想，研究如何走，朝哪个方向走，怎么构建我们的经济。我们对这一战略构想研究得很充分。契尔年科在某个时期决定给我们的三人组再增加一位吉洪诺

---

① 以上三位均为苏联著名经济学家、科学院院士，是戈尔巴乔夫改革时期倚重的经济智囊。前两位还在20世纪80年代中后期一度出任俄罗斯政府副总理。

夫——当时的苏联部长会议主席，当然他不参加我们的协商会，但是当需要签署文件的时候，自然也需要他的签名。在整个改革构想文件中有这样一段话，提出俄罗斯苏维埃联邦社会主义共和国的管理十分困难，因为这里既没有共和国一级党的机构，也没有共和国一级的管理部门。实际上，俄罗斯涵盖了全苏联 90% 的工业和重要的联盟一级的龙头企业。我们认为不能继续这样下去，因为管理会失控。我们建议在俄罗斯联邦建立 10 个大区，在保留州和边疆区的边界基础上建立联邦区。

茨韦特科娃：这一关于建立联邦区的思想居然是在苏联改革之前就有了！

雷日科夫：我对普京谈论过此事。我说，您能做这些应感谢我们。他将俄罗斯划分为 7 个大区，我们曾建议划分为 10 个大区。我们撰写好文件，三人署名后去找吉洪诺夫签名。我们感到，他已经准备好了，因为我们提前两天就向他提交了我们的文件稿。我们三人坐下，他翻了翻我们的建议后说："我不会签署这一文件，除了关于建立专区的条件外，其他的我都同意，我不签。"要知道，没有他的签名谁都不会研究我们的构想文稿。我们看出难以说服他就走了。我们三人很明白，如果吉洪诺夫不签署这一文件，我们的整个构想就白花时间了。我们找出那些分析俄罗斯联邦的区域管理体制的文稿，撤换掉，写上了简单的几句话：俄罗斯联邦管理体制的情况十分特殊，必须对这一问题进行专门研究并作出决定。在去掉了这些所谓尖锐问题后，吉洪诺夫签署了文件，我们的建议在政治局被通过。

这就是我们在改革之前进行的大量的准备工作。后来戈尔巴乔夫上台，这个月恰逢其在中央全会上讲话提出改革 25 年。实际上他发表的报告是我们两人一起起草的。在他位于莫斯科老广场的苏共中央办公室里，文件堆积如山，在他长长的会议桌上甚至地板上都散落着文件，我们脚下到处是稿件，我们一面阅读，一面修改，连续几天准备报告。这就是他作的那篇报告，后来被称为"改革"。

茨韦特科娃：您感觉到自己是他的团队成员吗？后来你们对改革的态度有哪些改变？

雷日科夫：当然，这是一个团队：戈尔巴乔夫、多尔基赫和雷日科夫。但是随后出现了战略性错误。我说的是重大的失误，不考虑细小的错误。改革自安德罗波夫时期开始就被设想为经济改革。而这样的改革大约只有两年的时间，1988 年召开的苏共第 19 次代表会议作出了进行政治体制改革的决议，党的州委员会的第一书记们应成为苏维埃主席等。我认为，这是我们失败的开端。经验证明，那些进行类似改革的国家，例如从 1979 年直到现在的中国、日本和韩国等，这些国家在整个改革阶段都没有触动政权，因为在复杂的改革阶段应保证强有力的政权。

当政权轮廓不清时，它开始东摇西摆。此时有谁还进行艰难的探索？何况改革有时还会带来消极的后果。当经济改革还未结束时，我们同时开启了政治改革，这是重大的错误。接下来的情况，您也清楚，出现了人民代表大会这一机构。坦白地说，直到现在我也不知道为什么需要一个由两千多人组成的苏联人民代表机构。第一次代表大会之后，我问戈尔巴乔夫：我们出于什么考虑，非要建立人民代表大会？因为在苏共第 19 次代表会议之后，各种变化纷至沓来，令我们应接不暇，忙于应付。

这是一个重大的错误。一些人对戈尔巴乔夫讲，现行的党政体制不能容纳我们设想的经济改革。应该改变上层建筑，如果不推动上层建筑改革，那么经济基础就不能改变。本质上，这一错误道路注定了我们的改革构想终将功亏一篑。我坚信，所有这些是那些鼓动戈尔巴乔夫走这一步的人有意而为的。他们很清楚，这一切将如何结束。可能当时我们并不明白，但是他们却心知肚明。当时戈尔巴乔夫已经有些晕头了，国外给予他的英雄的光环围绕着他——亲爱的戈尔比、戈尔比，你的表现真是非常出色。有了这些，也就有了后来这一切。这些情况也很重要。

茨韦特科娃：为什么您没有尝试说服他，让他相信您个人的改革观点是正确的？为什么后来不能像同志之间那样开诚布公，毕竟你们共同经历了很多。

雷日科夫：我们尝试过。直到 1987 年以前我一直很支持他，我们那时是志同道合者。1987 年以后，我发现，在经济问题上有些不对头。我试图同他争论，说服他。我说："把政权的全部都交给一个机构——人民代表大会——是错误的。您可能也记得，曾有一张著名的萨哈罗夫在莫斯科的照片，他脖子上挂的牌子上写着'一切权力归苏维埃'。应该实行执行权、立法权和司法权的三权分立，它们之间互相制衡，要知道这不是我们凭空臆想的，这是一百多年来世界强国的经验。为什么我们要把一切权力交给苏维埃？那执行权、司法权呢？这样的结果是，苏维埃可以代替一切，这是完全错误的。我们刚刚经历过，又突然要一切权力归苏维埃。"而他对我说："你总是只会批评……我只好一句话：我们等着瞧吧！"

我讲这话没有超过 8 个月，便应验了。半年之后他对我说："整个国家被胡侃、胡搅完了！"我说："这就是您想要的！""您，党的总书记，领导着被赋予一切权力的最高苏维埃和人民代表大会，挤压政府的执行权。是您转交的所有的权力，现在又有什么可惊讶的？"当时又冒出了总统制的想法，由于对现行政治状况的不满，又出现了设置总统的想法。**1990 年 3 月，我们选举戈尔巴乔夫当总统。**但此时此刻，我感觉到，无论是他还是整个苏联国家都已经病入膏肓，岌岌可危。此时他已经没有任何退路，走上了一条绝路。

茨韦特科娃：但是您在 1990 年也一意孤行。当时宣布了维持谷物和面包的最低价格。这导致了食品急剧短缺。

雷日科夫：今天当价格向上攀升的时候，为什么所有人都沉默不语。我们当时可能太天真了。今天我不会这么做。实际上是怎么回事呢？统计显示，我们每年扔进垃圾池的食物达 500 万吨（不是去喂猪和牛等牲畜）。我们当时还要从国外买大量的粮食，人们却把它们扔进垃圾池。价格太低廉了，我们计算着，有多少粮食可以满足四口之家，有多少会被浪费。我们天真地推测，通过粮食低价能够补偿人们去买些其他的商品，例如冰箱等。但现实中正发生着激烈的政治斗争，所有事情都牵涉其中。

茨韦特科娃：您想说，短缺是人为煽动的？

雷日科夫：当然是这样的。比如，烟草的短缺就是这样形成的。戈尔巴乔夫给我打电话问："你能否来一下？"我到他那里去，看到他身边坐着叶利钦。戈尔巴乔夫对我说："鲍里斯·尼古拉耶维奇来了，他十分生气，俄罗斯因为烟草要发生暴动。怎么会这样，为什么没有烟草卖？"我说："米哈伊尔·谢尔盖耶维奇，为什么您问我这些？您去问他。要知道所有的烟草厂都从属于共和国，俄罗斯联邦的情况也是这样。鲍里斯·叶利钦，您有 **26 个烟草厂，您一下子对 24 个烟草厂进行全面大修，为什么？**我明白，需要维护，但是您可以今天停产 2 间工厂，明天停产 5 间，为什么要全部停产？然后您来找总统说是我们的失误……"

茨韦特科娃：反酗酒运动也是如此吗？在《独立报》的采访中戈尔巴乔夫确信地说，他并不想这么做，而是别人强加给他的。

雷日科夫：简直是胡说八道！别人怎么强加给他？应该坦诚，错了就是错了，为什么要对后人故作姿态？他心知肚明。当时戈尔巴乔夫成为总书记，他开始邀请中央书记，听取新的建议和倡议。我和自己的副书记也被叫去，我们当时一起提出两个建议，第一个是提高最低退休金到 70 卢布。应当说，他马上就抓起这件事。我们和财政部核算好一切后，很快通过了决定并提高了退休金，这在国内很受欢迎。第二，我们建议坚决废除苏共中央和苏联部长会议关于建造别墅和菜园的限制。我对法规的起草者说："同志们，你们在干什么呢，你们不觉得羞愧吗？不能建地窖，别墅绝对不能盖两层，露台不能封闭，不能安桑拿房……这有什么意义？如果人们有很好的宅旁园地，我们在实施生活保障计划时将很轻松。"戈尔巴乔夫知道这一法规，在此之前这一法规已经实行好几年了。我们建议废除这一法规，允许人们做他们想在别墅内做的事情。他当时就同意了，我们在两个月的时间内很快准备好了新的文件。

其他提建议者，叶戈尔·利加乔夫和米哈伊尔·索洛缅采夫想起来了，以前中央有一份关于酗酒情况的报告。讲国内酗酒者众多，应该采取行动。过了几年，这两位老兄决定重提这份报告。他们找到戈尔巴乔夫说，人们都成酒鬼了。他就让他们就该问题的道德层面进行研究。我当时参加讨论这些文件时表示惊讶："你们准备推行禁酒法令？""不"，他们说："我们将一步一步地来。"他们相信，如果柜台里没有伏特加，人们就不会喝酒了。我在中央书记处对此表示强烈反对，可以与酒鬼作斗争，但不是用这种方法。他们俩简直疯了。要知道实行严厉限制饮酒的尝试从未有好的结局。讨论来讨论去，争论得没完没了，最后还是通过了利加乔夫和索洛缅采夫提出的建议。很遗憾，形势陡转直下，甚至比美国 20 世纪 30 年代的情况还要糟糕：吸毒现象急速蔓延，人们开始喝变性酒精，甚至吃牙膏等其他东西。戈尔巴乔夫很清楚这些，不要装傻。犯了错，就直说。

茨韦特科娃：您仍然认为自己是"改革"派吗？您有时被认为是戈尔巴乔夫之后"改革派"的第二号人物。

雷日科夫：我从不摆架子、故弄玄虚。但是 1985～1987 年期间，我认为自己是改革的共同参与者，认为这对我和国家都是需要的。我感到荣幸，认为自己是参与者，但是后来发现其中很多措施我并不同意。**应该从一开始先建立起一种机制，而后再从旧轨道过渡到新轨道。但是在这方面却没进行任何准备。所有人都希望在 500 天之内改变一切，然后开始一种全新的生活。有一位不记得姓名的女记者在采访叶利钦时问："鲍里斯·尼古拉耶维奇，您最幸福的一天是哪一天？"**您猜猜，叶利钦怎么回答？他说："**我最幸福的一天是第 501 天。**"可是这一天在哪里呢？

（康晏如 译）

原苏共中央书记处书记、苏共中央政治局委员

梅德韦杰夫：
党不应管理国家

—— 瓦·梅德韦杰夫认为改革的失败缘于保守派的阻挠*

《独立报》原编者按：起初，我们《独立报》编辑部收到了一封信。这是戈尔巴乔夫改革的理论家瓦季姆·梅德韦杰夫①寄来的一篇商榷文章，商榷的对象是尼·雷日科夫在接受本报记者采访时的一篇题为《大量的工作早于戈尔巴乔夫倡议之前》的访谈录（见 2010 年 4 月 20 日《独立报》政治版）。瓦季姆·梅德韦杰夫认为，在雷日科夫访谈文章中，有不少与当时的实际情况不符的地方。《独立报》政治版决定把瓦季姆·梅德维杰夫的这些辩驳公之于众，同时，我们又在梅德韦杰夫的电话访谈中请他再展开一下，谈谈有关改革的情况。这样一来，本文先是商榷言论，接着是访谈录。

在改革开始之前，的确在党中央委员会领导层进行了大量的经济改革的准备工作。

关于尼·雷日科夫所说的这一点，我还可以补充一下：还是在契尔年科执政的时候，在 1984 年底，戈尔巴乔夫和雷日科夫就已经在酝酿召开一次中央委员会全会，主题是讨论加快科学技术进步的步伐。这一思想在勃列日涅夫时期就已经形成了，但最后还是没有实现。当时，有一班人马，他们特

---

* 本文译自 2010 年 5 月 18 日俄罗斯《独立报》政治版，原文标题为《实行民主是必然的》。

① 瓦季姆·梅德韦杰夫，经济学博士，1992 年起在戈尔巴乔夫基金会工作，俄罗斯科学院通讯院士。1986～1990 年任苏共中央书记处书记，1988～1990 年任苏共中央政治局委员。

意被安排驻扎在银松林①，就筹备即将召开的中央委员会全会的报告文本和全会的决议草案作准备。但是，当一切似乎都准备得差不多的时候，雷日科夫来到我们住地宣布说，已经决定暂时不召开中央全会，原因是不要让这些在即将召开的党的代表大会上能用得上的材料"被泄露和被攻击"。

与此同时，像雷日科夫在访谈中重点强调的那样，把在改革之前开展的这一切研究分析性的工作都描绘成"给戈尔巴乔夫的改革倡议开了先河"，这是没有根据的，因为这些分析性的工作恰好是戈尔巴乔夫一手来抓的。现在我们来谈一下改革以及经济改革在改革中的位置。雷日科夫在接受采访时所表述的观点，如果说得客气一些，是让人摸不着头脑的。

改革时期的政府首脑认为，主要错误就是"我们在经济问题未解决时，就着手解决政治问题"。

在他看来，这是"我们失败的开始"。他甚至还暗示说，在他看来，一些人好像是有一场阴谋，"他们很清楚，这一切将如何结束。可能当时我们并不明白，但是他们却心知肚明"，也是这些人"鼓动戈尔巴乔夫走这一步"。

但是，就在当时，我们大家已经很明白，如果不对政治体制进行民主化改革，当代意义上的经济改革是不可能的。顺便说一下，雷日科夫所引用的例子，即日本和韩国在第二次世界大战后的发展实例可以为此作证，我们本国的包括柯西金改革在内的痛苦经验也是例证。

况且，关于党的第19次代表会议所确定下来的政治改革内容让雷日科夫在接受采访时给说得相当随意。他将政治改革内容归结为"执行权和司法权全都服从于苏维埃"，实际上也不正确。其实，当时政治改革的主要实质在于把所有三种权力也包括执行权，从党的直接管制下解脱出来，在于社会各个领域和各种层级的管理民主化。

雷日科夫与戈尔巴乔夫的分歧与其说是在于政治和经济改革的关系，不如说是在于经济改革的实质。在访谈中雷日科夫对此只是顺便提了一下，也没有明说。他说："1987年以后，我发现，在经济问题上有些不对头。"大概，他指的是1987年6月中央全会，在这次会议上通过了激进经济改革的构想。

在准备经济改革的过程中，我也有机会积极地参与其中。对怎么进行经济改革形成了两种不同的意见：一种观点坚持保留中央集中计划管理经济的基本原则和杠杆，仅对现有体制进行修正；另一种观点认为，要进行彻底的

_____

① 位于莫斯科市的一处风景别墅地。

变革，即把企业和联合体变成实际的商品生产者，他们按照市场价格购置生产资料并销售自己的产品。捍卫第一种观点的是政府和政府首脑，支持第二种观点的是受到戈尔巴乔夫支持的一批经济学家。

在沃伦斯克进行的中央全会的筹备会对此进行了激烈的辩论。后来政治局决定，以第二种意见为基础，加以某些修改，调整了改革的顺序和期限。从整体上来说，经济改革是极为激进的。经济改革把经济引到了生活所要求的那个"方向"，这也就是要提高效率的那个方向。

遗憾的是，在接受记者采访的过程中，雷日科夫没有回答一个问题：1987 年的改革实际上为什么没得到实施？首先是，为什么没有完成价格和价格体系的改革，没有完成用生产资料批发来替代物资技术供给等等？这是不是因为，雷日科夫从一开始就反对进行激进的经济改革呢？

他对采访的最后一个问题的回答让人吃惊。在问及他是不是认为自己是"改革者"的时候，他是这么回答的："……1985～1987 年期间，我认为自己是改革的共同参加者，认为这对我和国家都是需要的。我感到荣幸，认为自己是参与者，但是后来发现其中很多措施我并不同意。应该从一开始先建立一种机制，而后再从旧轨道过渡到新轨道。但是在这方面却没有进行任何准备。"

那么，他这里所说的是要建立什么样的体系？是建立现实的社会体系还是建立这一体系的理论模式？但是，要建立一个模式并且要把它付诸实现，如果不考虑社会—政治和社会经济要素之间的有机联系，那是不可能的。

在接受采访的过程中，关于反酗酒运动这一问题也是绕不开的。从我这一方面，我可以确认一点，雷日科夫，特别是在他担任政府首脑之后，极力反对过火地开展这一运动，而利加乔夫和索洛缅采夫在这方面已做了工作。理由有一个，不要大幅度减少国家财政收入。

有一种观点认为，戈尔巴乔夫不想进行反酗酒运动，反酗酒也是"别人怂恿的"。对此，雷日科夫是这么回答的："戈尔巴乔夫很清楚这些，不要装傻。犯了错，就直说。"雷日科夫如此说，我想对此作道德评价。至于说法能否成立，我想请读者和雷日科夫本人去看一看戈尔巴乔夫在《生活与改革》一书中关于反酗酒运动是怎么说的。在这本书中专门有一章就是《反酗酒运动》，其中，戈尔巴乔夫承认自己对反酗酒运动"有很大的责任"，并对这段历史作了详细的和自我批评式的分析。

这么来看，是谁在"装傻"？

（李俊升 译）

梅德韦杰夫：
对改革的抵制在党和国家
管理机关内部已经成熟

——苏联第一位总统班子的代表深信：如果没有"8·19"
事件，俄罗斯的民主可能是另外一种路径

记者：瓦季姆·梅德韦杰夫，在改革的过程中，为什么最终还是没有实施经济改革？

梅德韦杰夫：起初，在第一阶段，也就是 1985～1986 年的时候，对于经济改革究竟是要在多深的层面进行，我们还没有一个足够准确和明确的认识。这种认识不是一下子形成的。在 1987 年初也就明白了，不进行经济改革就不能生活下去了。1987 年的六月全会就为改革开辟了道路。当时看上去，将有一个好的开局。但是，实际上又没有得到切实实施。政治和经济部门，还有社会舆论本身没有准备好。到后来，越是往前走，两种极端力量的对立就越突出：一方面是教条主义和党的保守主义，另一方面是正在增长的极端情绪的政治和思想影响。不过，相当进步的和现实的思想原则已经充实到这场改革中。

记者：这么说，这些思想原则的实质是什么？

梅德韦杰夫：简单地说，这些思想原则的实质是把经济的初级环节——即企业和联合体——变成相对独立的商品生产者，把它们从死板的行政命令体制下解放出来，把它们变成商品货币关系的现实代表，但是，要做到这一点，就必须进行价格改革，因为当时的价格中一些是过高，一些是过低，固定的价格不能反映实际经济形势。企业都被完全地纳入了行政体制的框架。企业的物资技术供给、对技术进步的管理、企业的收支状况与其经济活动结果没有关系。国营企业就应该变成独立的商品生产者。

当然，这些思想在某种程度上有理想化的成分，但也有相当务实的成分。

记者：可是，在这种情况下，是不是就必须克服一些思想障碍？

梅德韦杰夫：是的，当然啦。这些与对社会主义制度的教条主义理解是不相容的。但是，问题的关键就在于，要形成社会主义新观念，那就是：企业作为商品生产者具有独立性、企业需要引入领导人选举制、生产民主。当时，社会主义商品生产的定义还被看成一种意识形态谬论，要放弃那些多年来根深蒂固的成见，那时的社会还没有准备好。

记者："社会主义"这一概念当时在社会意识里是怎么理解的？

梅德韦杰夫：当时对社会主义已经有了各种理解。一些人认为，社会主义是一种威权制度，在这种制度下，国家所有制占有统治地位，一切都由国家计划来确定，劳动者受国家雇佣而工作，而由党来领导一切。另一些人对社会主义持另一种观点，他们根据自己的经验和感受（无论是正面的还是负面的经验），结合西方发达国家的经验来认识。这些分歧在 1987 年六月全会的筹备阶段已经表现出来。一些学者，包括安奇什金、阿甘别吉扬、阿巴尔金在内，他们坚持进步的、现代的观点。他们得到了戈尔巴乔夫的支持。政府的领导人捍卫对社会主义的传统理解。以此为基础，展开了激烈的辩论，辩论一直持续到最后时刻。最终达成了妥协，妥协的结果是以学者的观点为基础。

最终，中央全会作出的决议是相当进步的。但是，当时机来临的时候，当需要付诸实施的时候，特别是在价格体系、物资技术供给等领域开展改革的时候，实施起来就阻力重重。过了一年半、两年，改革也就被拉了刹车。

记者：在这一方面谁应该承担主要责任？你怎么看？

梅德韦杰夫：在我看来，总体来说可以这么回答：承担主要责任的应该是党和国家高层领导的保守势力，首先是政府的保守势力。

在中央全会的决议中，党的观点得到了明确的表述。本着这一决议的精神，通过了一整套一揽子国家法律和政府决议。应该让这些法律和决议落到实处。

应该指出的是，1989 年，在党的第 19 次代表会议决议的基础上，实施了国家政治体制的深层改革，实现了党和国家的权力分立，后来这就反映在修改宪法的第六条。党开始不再实施对经济的直接领导。在党的机构里，包括苏联共产党中央委员会，除保留农业部门外，撤销了所有的行业和经济部。

当然，这并没有让党和党的领导对国家的总体经济局势承担责任，这一责任现在全部落在了政府的肩上。而政府开始拖延实施改革，主要是拖延价格体系和物资技术供给方面的改革，允许过剩的货币流动到市场，使市场失去平衡，尽管 1988～1989 年生产还在持续增长。当然，也存在一些客观的经济困难，这主要是由世界石油价格下跌引起的。如果启动改革，是有助于克服这些困难的，但改革却遭到阻碍。

在企业成立合作社进行经营的结果令人沮丧。为合作社打开所有限制，这是一个正确的决定。把合作社引向市场轨道，这本应该渐渐来实施。而结果呢，却变成了为非现金支付套现的做法开了绿灯。当时这是一个很敏感的话题。合作社有权从账户上提取资金并把它们变成现款。这就对消费市场造成了负面的影响，使本来短缺的消费市场雪上加霜。这在 1988 ~ 1989 年就已经能够感觉到，到 1990 年就更为严重。银行的监督作用降低了，但这不能全归咎于政府，尽管这主要是政府的责任，因为政府应该及时地预警并采取措施。政府领导对市场失去平衡也要承担责任。在 1988 ~ 1990 年的时候，增加并提高退休金，这些措施看来实施得有些过早。生产的速度相对比较低，但是，用于退休金的开支却大幅度增长。雷日科夫反对这么做，没钱。他说，即使没钱还可以印钱，但是在市场上怎么用商品来填充呢？

记者：也就是说，对改革的抵制情绪在增加？

梅德韦杰夫：这种情绪在党和国家机构的内部已经成熟，而且越来越浓厚。所有的困难和失误都纠结在一起，呈现出来的就是，人们认为这是改革带来的负面结果。在第一次人民代表大会召开之后，（我们）也想重新启动改革，但是现在，国家和党的功能分开了，经济全部转到了政府的手里。阿巴尔金被任命为部长会议副主席。起草了新的改革纲领，这一纲领在人民代表大会和最高苏维埃讨论过几次，但最终都没有被通过。

记者：1990 年叶利钦掌权后对局势是不是有什么影响？

梅德韦杰夫：他上台后，围绕经济改革纲领的斗争就更加激烈了。极端自由主义者的势力也经常参与其中，这也表现在关于改革的辩论中。**1990年底，雷日科夫政府宣布辞职。在帕夫洛夫**①**担任政府首脑的时候，最终还是实施了价格改革，但此时价格改革为时已晚，只是在短期内让市场形势正常化，而且也不稳定。1991 年夏天，戈尔巴乔夫参加了"七国首脑"会议，**

---

① 瓦连京·谢尔盖耶维奇·帕夫洛夫（В. С. Павлов, 1937 ~ 2003 年），原苏联共产党党员，经济活动家，曾任苏联内阁总理。"8·19"事件的参加者之一。毕业于莫斯科财经学院。经济学博士。毕业后主要从事经济管理工作，曾经当过税务稽查警察，1962 年参加苏联共产党，1979 年调任到苏联财政部，成为经济师，担任财政部的财务以及成本和价格科科长，1986 年 8 月当选苏联财政部第一副部长。1989 年 6 月 7 日，当选为苏联国家价格统计委员会主席，并宣布放开苏联物价，宣布以新纸币兑换旧纸币的经济措施，使得群众的积蓄一无所有，遭到群众强烈抗议。1989 年 7 月 17 日至 1991 年 1 月 14 日当选苏联财政部部长，1990 年 7 月当选苏共中央委员，1991 年 8 月 19 日加入"国家紧急状态委员会"，希望取得政权后，重新实行新的经济政策，但随后"国家紧急状态委员会"失败，8 月 19 日晚宣布因"高血压"住院。随后被逮捕并且被雅可夫列夫把持的苏共中央监察委员会开除，关押在莫斯科水兵寂静监狱，1994 年被特赦。1996 ~ 1997 年在莫斯科一家商业银行担任经济顾问。曾任俄罗斯经济协会副主席，2003 年 3 月 30 日因病去世，享年 73 岁。

向会议提交了"扩大苏联的对外经济联系纲领"。这像是在隧道的尽头露出一线希望，但"8·19"事件把改革成功的最后一线希望也给化为乌有。

记者：那戈尔巴乔夫当时想达到什么样的目的呢？

梅德韦杰夫：他希望经济就像全社会一样，能够依靠民主原则、人的首创精神和主观能动性，依靠强有力的经济刺激，做到市场方法和社会调控相结合。他认为，一个党或者几个党应该只能发挥政党本身的思想和政治功能，不要用党来代替国家机构。

记者：也就是说，他并不准备消灭苏联共产党。

梅德韦杰夫：这样的问题是不存在的。问题在于把苏联共产党变成真正的现代政党，也就是说，把党从国家权力的支柱变成一个能够施加政治影响的政治—思想机构，但这一机构不要承担管理国家的功能。对党的改革已经开始，但没能完成对党的改革。党对改革的垄断被动摇，但没有完全被取消。1991年8月，当时党的领导人，除了总书记之外，都支持叛乱，因此也就让党很不光彩地走向了终结。

改革在我国政治、经济和思想领域的影响已经积淀在社会的根基中，在对外政策和国际关系领域的深刻影响就更不用说了。改革的现实意义在今天就更为突出，这是因为当今生活中出现了许多严重背离民主原则的现象。这实际上是在恢复一党制，代替各个权力机构的职能，在限制人的权利和自由。

（李俊升 译）

原苏共中央书记处书记、苏联最高苏维埃主席

卢基扬诺夫：
"8·19"事件是挽救苏联的绝望一搏

——卢基扬诺夫认为戈尔巴乔夫是地道的"两面派"*

《独立报》原编者按： 在接受《独立报》政治版编辑祝贺80高龄寿辰之时，阿纳托利·伊万诺维奇·卢基扬诺夫①正在日记本上写着日记。也许正因为如此，卢基扬诺夫与《独立报》政治版执行编辑罗莎·茨韦特科娃谈论苏联"8·19"事件时不只精确到天，甚至精确到小时②。例如，英国前首相玛格丽特·撒切尔在"别洛韦日森林"事件前两周就近乎详细地描绘了苏联的真实崩溃。卢基扬诺夫对此并不感到惊奇。在这些事件发生几个月前，在与卢基扬诺夫在克里姆林宫谈话时，铁娘子已经显示出对当时两位领导人戈尔巴乔夫和叶利钦优缺点的惊人洞察。

《独立报》： 阿纳托利·伊万诺维奇，我们很想向您请教，作为20世纪80年代末到90年代初的国家领导人，什么是"改革"？您怎样理解那场改革？您当时和现在怎么看待那个过程？您对那些事件的评价是否有所改变？

---

* 译自2010年5月18日俄罗斯《独立报》，原文为记者罗莎·茨韦特科娃对卢基扬诺夫的访谈，原文标题为《卢基扬诺夫：这曾是拯救苏联的绝望一搏》。

① 阿纳托利·伊万诺维奇·卢基扬诺夫，俄共中央顾问委员会主席，法学博士、莫斯科大学教授，原苏共中央政治局候补委员、中央书记处书记、苏联最高苏维埃主席。卢基扬诺夫1930年生于俄罗斯斯库拉斯克。他毕业于莫斯科大学法律系。1987~1988年当选为苏共中央书记，1988年当选为政治局候补委员，同年当选为苏联最高苏维埃主席团第一副主席。1989年5月当选为苏联最高苏维埃第一副主席。1990年8月当选为苏联最高苏维埃主席。1991年8月，因被指控参与"8·19"事件而辞去主席职务，被逮捕受审。1994年2月根据国家杜马决议获大赦。

② 卢基扬诺夫把他在1991年8月19~22日期间对所发生事件的笔记拿给我看，这些笔记不是以天，而是以小时和分钟来记录的。——译者引自麦德维杰夫《苏联的最后一年（增订再版）》，社会科学文献出版社，2009。

卢基扬诺夫：我是 20 世纪的人，我所有的热情都留在了那个时代。至于改革，在研究和实施改革过程中，我很快意识到，我们是走错了方向。关于这一点，我们有过许多严肃的争论，但没有人想到这一切会以资本主义复辟而告终。于是人们谈论他们的关切：所谓的"改革"带来了什么？我以"所谓的"称之，是因为真正意义上的改革是安德罗波夫及与其共事的同志们最先构想的。因此，当时许多人已经预感到可能会发生无法弥补的风险。

所有这些及后来国内的一系列事件引发了我在 1991 年苏共中央六月全会上的尖锐发言。这次发言旨在挽救苏联和指出国家岌岌可危的局面。它不仅引发了各种意见，也遭到了戈尔巴乔夫支持者的警告：威胁我，称我会对自己的言论后悔的。但我至今问心无愧，我仍坚持自己的立场。这是我对这些事件的态度。

至于发生了什么事，什么是改革等问题现在都可见诸媒体出版物。我很关注《独立报》上是怎么说的。因为你们将不同流派的人聚到一起，其中许多人发表的看法与其过去的看法大有不同。例如，我注意到，有人的观点变化很大。此人曾在苏联人民代表大会上代表跨地区民主议员团发言，建议要引入私有制；建议出台政策，将加盟共和国从中央的管制中解放出来；建议实行自由市场，等等，此人便是尤里·阿法纳西耶夫。值得注意的是，当时他的意见十分尖锐，引起了广泛关注，他的意见也代表了跨地区民主议员团多数人的意见。如今我读了《独立报》对他的采访，他却说，这原来是"虚幻的希望"。这很能说明问题。

《独立报》：您当时还坚持哪种观点？

卢基扬诺夫：当时对我来说，这种向自由市场的转变不是什么惊人的步骤。实际上，那些密切关注事态的人看到，当时不少外国人包括国内支持者都在谈论市场经济以及停止国家调控和计划经济体制。如今有一些人站出来谈论"真相"。例如，我在《结论》杂志上很惊讶地读到一篇现任俄罗斯中央银行第一副行长阿列克谢·乌柳卡耶夫的回忆文章，他谈到了所有内情：当时那些报告和建议是怎么出台的、内容如何、由谁撰写的，等等，在圣彼得堡和莫斯科都有那些秘密写作研究小组。他说，"芝加哥小子"① 不只是

---

① "芝加哥小子"，又称"芝加哥男孩"，指一群在芝加哥大学学习过的经济学家，货币政策深受米尔顿·弗里德曼（Milton Friedman）影响。在推翻阿连德政府两年后，皮诺切特独裁政权无力控制通货膨胀，"芝加哥小子"开始在军政府里真正发挥影响。他们推荐采用弗里德曼所谓的"休克疗法"，即立即停止用货币印刷来解决预算赤字、政府支出削减 20～25 个百分点、裁掉数以万计的政府工作人员、停止工资和物价控制、实行国有工业私有化并解除对资本市场的管制。

一个后来出现的名称。不，事实证明，我们的所有"小子"，包括目前叫得上名字的一些政治活动家，当时曾前往智利皮诺切特研究所①，在那里学习所谓"休克疗法"，学习真经。然后赶往芝加哥拜访市场经济教父米尔顿·弗里德曼②，并在他那里继续钻研市场经济理论。

如今出现了转变，这就是转向公开透露，并且不仅仅在《独立报》上披露。例如，在刊登阿列克谢·乌柳卡耶夫饶有兴致的回忆录的同时，《结论》杂志也刊登了时任中央银行行长的维克托·格拉先科很有意义的回忆录。一切都公之于众，水落石出。列昂尼德·伊万诺维奇·阿巴尔金③也有回忆录。尼古拉·伊万诺维奇·雷日科夫④，这是一个我十分喜欢而且志同道合的人，也同样发表了自己的看法。所以，我只能说：尽管关于改革已有诸多描述，现在人们都在试图对改革进行实事求是的评价。依我看来，过去的事，曾经的事实，当今的评价与真相，这些都很能够说明问题。因此，《独立报》这样做是正确的。

《独立报》：您现在怎么看改革和戈尔巴乔夫？毕竟您年轻时就和他熟识。

卢基扬诺夫：关于我几乎从小就认识戈尔巴乔夫的说法绝对是一个谣

---

① 奥古斯托·何塞·拉蒙·皮诺切特·乌加尔特（卡斯蒂利亚语：Augusto José Ramón Pinochet Ugarte，1915年11月25日至2006年12月10日），1973～1990年为智利军事独裁首脑。在美国支持下，他通过流血政变推翻了民选总统阿连德，建立军政府。在任期内，他进行资本主义的新自由主义经济改革，同时残酷打击异己，造成大量侵犯人权的事件。皮诺切特反对者认为其破坏了智利的民主政治，实行了导致数千名反对者死伤的国家恐怖主义政策，攫取个人利益，经济政策迎合富人而中下阶层利益受损。

② 米尔顿·弗里德曼，美国经济学家，以研究宏观经济学、微观经济学、经济史、统计学，以及主张自由放任的资本主义而闻名。1976年获得诺贝尔经济学奖。弗里德曼是《资本主义与自由》一书的作者，该书提倡将政府的角色最小化以让自由市场自发运作，以此维持政治和社会自由。皮诺切特上台后开始用强力手段推行市场经济改革，改革方案是由萨克斯等一批美国青年经济学家策划的，这些人中不少曾受教于弗里德曼。这种经济转型引起智利国内失业与贫穷现象严重，遭到左翼人士反对，皮诺切特对他们实施镇压，国内矛盾激化。于是，一些人指责弗里德曼同智利问题有牵连，设在瑞典的智利委员会则把弗里德曼称为"要对智利的失业饥饿政策负有罪责的经济学家"。

③ 列昂尼德·伊万诺维奇·阿巴尔金（Леонид Иванович Абалкин），男，1930年5月5日生，博士，教授，院士，俄罗斯科学院经济研究所所长。1962年在俄罗斯莫斯科普列汉诺夫国民经济管理学院获博士学位。曾任苏联部长会议副主席、苏联部长会议经济改革委员会主席。

④ 尼古拉·伊万诺维奇·雷日科夫（Н. И. Рыжков），1929年9月28日生，俄罗斯联邦委员会自然垄断委员会主席。曾任苏联部长会议主席，苏共中央政治局委员。

传。罗伊·麦德维杰夫[①]曾说过此事，他在莫斯科大学校报上看到法学系共青团委员会书记是卢基扬诺夫，戈尔巴乔夫是副书记，这是事实。但实际上，法学系共青团书记是另外一个卢基扬诺夫，他叫安德烈·卢基扬诺夫，只是当时校报文章没有用全称。所以，完全不是那么回事。当时我是国立莫斯科大学的共青团委员会副书记。所以，虽然我早就认识戈尔巴乔夫这个人，当时我们住一个宿舍。而到了1978年因为工作关系在一起，他当选为苏联最高苏维埃一个委员会的主席，而我当时是苏联最高苏维埃机关主任。我们压根儿就没有从小认识。

《独立报》：您认为苏联改革有没有必要，或者苏联可以不要改革也能过得去？

卢基扬诺夫：我只能说：你今天交谈的人是这样一个人：我总是将过去与现在相比较的人。现在和过去无法相比，虽然过去有错误（政策严厉、计划经济等）。如果你看看现在所发生的一切，你会发现，正在上演着资本主义的复辟，正在复辟那种世界已经放弃了的市场资本主义。因为叶利钦和盖达尔领导下被出售和掠夺的苏联式的国有制在世界上突然得到加强。瑞典国有部门占60％，国有经济部门在英国和意大利占40％。也就是说，世界认识到，市场并不是万能的，自由竞争不能解决很多问题。也就是全世界到处都在谈论加强国家的作用，强化国家杠杆。但在我们这里，在俄罗斯，至今还宣扬非国有化为主体。据官方数字显示，国家所有制在我国只占11％。

在起初的一个时期，尼古拉·雷日科夫和我同意改革计划，但我再重申一遍，这个计划完全不是戈尔巴乔夫最先提出来的。我亲自见证了类似的经济政策改革方案还在柯西金[②]时期就制定出来了。我至今仍认为，柯西金是

---

① 罗伊·麦德维杰夫（Р. А. Медведев），1925年生，苏联著名历史学家和持不同政见者。1991年，麦德维杰夫出任苏联最高苏维埃代表、苏共中央委员。作为局内人，麦德维杰夫与1991年苏联和俄罗斯的高层亲身接触，直接参与了一些具有决定意义的会议，甚至持有一些重要人物如卢基扬诺夫关于"8·19"事件的笔记。麦德维杰夫出版了《让历史来审判》（1981年）、《赫鲁晓夫的执政年代》（1981年）、《论社会主义民主》（1982年）、《政治日记》（1983年）、《论苏联的持不同政见者——与意大利记者皮尔罗·奥斯特林诺的谈话》（1984年）、《斯大林周围的人——六位苏联政治领导人的政治传记》（1986年）、《布哈林的最后岁月》（1988年）、《斯大林和斯大林主义》（1989年）、《赫鲁晓夫政治生涯》（1991年）、《普京时代——世纪之交的俄罗斯》（2001年）、《俄罗斯向何处去——为什么不能走资本主义道路》（2003年）以及《苏联的最后一年》（2004年）等多部著作。

② 阿列克谢·尼古拉耶维奇·柯西金（1904年2月21日至1980年12月18日），苏联部长会议主席、苏共中央政治局委员。以经济专家和务实派著称。1946年，柯西金（转下页注）

我们国家最值得称道的政治家之一。他懂得什么是经济，特别是计划经济，他认识全国所有大企业的领导者。柯西金就是这样一个人。

《独立报》：但他在国内的改革也没有搞成……

卢基扬诺夫：柯西金的"改革"已经做好了准备，但随后因为捷克斯洛伐克事件①而"夭折"。但是，提高企业的地位、加强物质利益刺激、重视利润等，这些都是来自柯西金。所有这些观点吸收到苏联领导人组建的改革委员会的工作中。最初该委员会由安德烈·基里连科领导，他主管这方面的工作长达11年。

《独立报》：可是为什么改革最后瓦解了苏联。是不是不可能有其他的结局？

卢基扬诺夫：摧毁苏联的形势愈演愈烈，否则苏联还能维持一段时间。要知道，叶利钦曾颁布法令规定，只有经过共和国的同意才能实施全苏联邦法律。也就是说，法律之战已经打响，这导致了严重的后果。此外，已经宣布将所有国有企业属地化，归属加盟共和国。叶利钦甚至出台了第三个法令，规定如果为执行联邦法律而不遵守共和国的法律，将承担刑事责任，这在法学史上还是第一次。

因此，主要问题出现在财政制度方面。苏联的税收制度构成如下：联邦收税，然后按共和国拨款。叶利钦在乌克兰支持下（当然尽管并不是所有的共和国都支持）坚持实行另一种税收制度。他们要求实行单一渠道税收制度，规定由各个共和国留下所有税收，然后视其意愿再向联盟拨款。这个问题在新奥加廖沃举行的各共和国首脑会议上谈论很多，那时我不得不挺身而出，慷慨陈词："同志们，你们不了解历史。历史上美国曾经有些州拒绝向联邦国库缴纳税收时，就爆发了内战，约150万人因此丧生。"必须指出，在此阶段，连戈尔巴乔夫也倾向于建立一个松散的邦联。虽然有三个非常重要的专家小组之前已经提交报告提醒他，绝不能这样做，否则单一的联盟国家就不存在了。所以说，一切随着俄罗斯宣布主权宣言开始了，随后通过类似的声明的有许多加盟共和国，甚至有自治共和国。

（接上页注②）成为苏联共产党中央政治局候补委员，1948年成为正式委员。1964年赫鲁晓夫下台后，柯西金继任苏联部长会议主席一职，直到1980年去世前夕方才卸任。勃列日涅夫上台之初，苏共中央主席团委员、苏联部长会议主席柯西金主持推出了"计划工作和经济刺激新体制"的改革，通称"新经济体制"。推行"新经济体制"曾经使苏联经济出现良好的发展势头。

① 指1968年捷克斯洛伐克的所谓"布拉格之春"事件。

这一系列全体参加的谈判结束后，1991 年 7 月 29 ~ 30 日，叶利钦、戈尔巴乔夫和纳扎尔巴耶夫在新奥加廖沃举行三人闭门单独会谈。在这一过程中，戈尔巴乔夫同意实行单一税收制度。因此，苏联的财政预算权和企业、银行被剥夺。所有这一切都违背了 1991 年 3 月 17 日全民公决的结果。当时投票的苏联成年人口的 76.4% 坚决主张保留苏联。在此之后，苏联最高苏维埃通过了关于公民投票结果生效的法律。

在新奥加廖沃会议之后，他们提出要签订新的联盟条约，而苏联最高苏维埃之前作出的决议将在 9 月通过，如今违背这一决议的时间提前到了 1991 年 8 月 20 日。并且他们决定新的条约无须提交人民代表大会，即国家最高权力机构的审议。对最高苏维埃几乎下了最后通牒。

《独立报》：成立"国家紧急状态委员会"就是为了阻止这一图谋？

卢基扬诺夫：叶利钦坚持要尽快签署《新奥加廖沃协议》①。之后无须多言：政府官员与苏维埃代表团赶往福罗斯找到戈尔巴乔夫，试图让其同意以下立场：你不能做这种事情，我们必须推迟至 9 月，等等。5 个人去找过他，这是众所周知的，但对两件事情讳莫如深。第一，"国家紧急状态委员会"是由戈尔巴乔夫一手成立的。这是早在 1991 年 8 月之前做的事，该决定是在"核桃厅"② 作出的——该房间在政治局会议室的后面，我当时也在场。筹备一个委员会，准备实行紧急状态，委员会包括哪些成员等，都是在戈尔巴乔夫主持的一次会议上决定的。这次会议召开的日期是 1991 年 3 月 28 日，正如有个人非常准确地描述这一切：会议是如何召开的，哪些人进入了整个委员会等。这个人就是苏共莫斯科市委第一书记尤里·阿纳托利耶维奇·普罗科菲耶夫③。当时由亚纳耶夫负责的"国家紧急状态委员会"成员，也就是后来参与"8·19"事件的那些人。当时建议委员会委员起草了一份紧急状态法，而克格勃将军小组负责起草《国家紧急状态委员会告人

① 新闻界称《新奥加廖沃协议》为"文明的离婚"，但此事并非如此简单。我同戈尔巴乔夫突然都清清楚楚地感觉到，我们两者的利益终于相互一致了，这些角色让我俩完全满意。戈尔巴乔夫保住他最高的职位，我则保住自己的独立。这对于我们两人而言乃是理想的决策。新联盟条约的最后文本刊登在 1991 年 11 月 27 日的《消息报》和《真理报》上。——译者引自叶利钦《总统笔记》。
② "核桃厅"在克里姆林宫，与总统会客室相邻，这个房间历来是苏联政治局常委"小范围"商讨最重大、最敏感问题的地方。——译者注
③ 尤里·阿纳托利耶维奇·普罗科菲耶夫，1939 年生于卡拉卡尔巴克自治共和国。1989 ~ 1991 年任苏共莫斯科市委第一书记。1990 ~ 1991 年任苏共中央政治局委员。1991 年 8 月作为苏共莫斯科市委支持"国家紧急状态委员会"活动案证人被传讯。

民书》——他们做到了。甚至委托他们准备印章。所有这些都完成了，普罗科菲耶夫对此描绘得很详细。

现在我可以确认这些事实，因为我也参加了会议，但是，由于我的议会领导人的身份，不能也不应作为成员参与其中。当新的联邦条约草案和告人民书起草完毕后，"国家紧急状态委员会"接连召开了三次会议，后来几个人去福罗斯告诉戈尔巴乔夫绝不能通过《新奥加廖沃协议》。理由是：首先，这是个邦联条约；其次，必须等到9月召开人民代表大会，商定好，这样通过该协议，毕竟还有最高苏维埃。戈尔巴乔夫听他们陈述，和他们握手，说道："你们采取行动吧，见鬼去吧。"这有后来的法庭记录为证。根本没有对戈尔巴乔夫进行什么隔离，你试想，他们去的只有5个人，而戈尔巴乔夫大约有100名警卫。

后来法院也确认，所有的通信、飞机和一切设施都正常运行。这就是"国家紧急状态委员会"72小时内的全部故事，整个莫斯科只有一个师——对这个市来说这点部队根本不算什么。根本没有尝试冲进克里姆林宫，一个师的部队只是在一些街道行进。那一天首都所有的企业照常营业，而莫斯科城里当天只有一个游行，由一些银行的经纪人组织的游行，他们举着100米长的俄罗斯国旗。死了3个年轻人，但谁也没有开枪，这是一起道路交通事故，后来法院也已认定。戈尔巴乔夫当时可以制止这一切，但他没有行动。

《独立报》：所以您确定没有什么政变，是吗？

卢基扬诺夫：这一直有争议，这是一个什么性质的"国家紧急状态委员会"：叛乱、阴谋或政变？让我们一起辨析。如果这是一个阴谋，那么哪有阴谋家们一起前去会见他们要合谋的人？如果这是一场叛乱，那么这意味着改变了整个国家制度。但是，所有都被保留了：苏联最高苏维埃、政府和其他所有一切。所以它不是一场叛乱。也许这是政变？但是，你看到过有旨在保卫现行制度的政变吗？无论怎么想象也不能将其称为政变。

《独立报》：那到底是什么？

卢基扬诺夫：这是一些人前去国家领导人那里，商谈要他绝不能签订破坏苏联的协议，要求他出面干预的尝试，是一次组织不好的行动。当时前去的人有博尔金、舍宁、克留奇科夫、瓦连尼科夫大将和普列汉诺夫将军。戈尔巴乔夫与他们所有人都握手，然后他们就离开了。现在人们应当知道，这是几位孤注一掷的国家领导人，组织不良，但尝试着挽救苏联，他们之所以采取这样的行动，是因为他们相信总统会支持他们，相信他会推迟签署联盟条约草案，避免从法律上将苏联瓦解。

《独立报》： 为什么我们的国家领导人中会有如此软弱的组织者呢？

卢基扬诺夫： 现在一些人在讲，没有人对他们施压，外部没有人反对苏联。这样说简直是胡说八道。一切都是事先计划好的，对此我毫不讳言。美国大使马特洛克当时这样写道："苏联的日益严重的混乱为美国提供了影响苏联的内部和外部政策绝佳的机会。"再如奥尔布赖特所言："我们的任务是掌控苏联帝国的崩溃，因为这符合我们的利益。"布什在得到了有关别洛韦日阴谋的消息后表示，这不仅是民主的胜利，而且也是中央情报局的胜利。

我以前经常出席与许多国家领导人的会晤。我也曾跟玛格丽特·撒切尔会面。这是一个漫长的会面，她非常直接和坦率。而且她非常详细地询问我各共和国退出苏联的程序。这次会见发生在 1991 年 5 月 28 日的克里姆林宫。后来，1991 年 11 月，她在美国休斯敦发表了演讲。

互联网上有这个演讲的记录，以下是撒切尔夫人的演讲内容：

苏联是一个对西方世界构成严重威胁的国家。我讲的不是军事威胁。从本质上讲，军事上的威胁并不存在。我们这些国家装备精良，包括核武器。

我指的是经济上的威胁。借助计划政策，加上独特的精神上和物质上的刺激手段相结合，苏联的经济发展指标很高。其国民生产总值增长率过去比我们高出一倍。如果再考虑到苏联丰厚的自然资源，如果加以合理运营，那么苏联完全有可能将我们挤出世界市场。

因此，我们一直采取行动，旨在削弱苏联经济，制造其内部问题。

主要的手段是将其拖进军备竞赛。我们知道，苏联政府遵守苏联和其北约对手军备均等的原则。结果，苏联装备花费占去了预算的 15%，而我们这些国家是 5% 左右。这自然就造成了苏联要紧缩在生产居民大众消费品上的投入。我们希望借此引发苏联居民大规模的不满。我们使用的方法之一就是"泄露"我们拥有武器的数量。有意夸大，以诱使苏联加大军备投入。

我们的政策的另一个重要方面是利用苏联宪法上的漏洞。苏联宪法在形式上允许任何一个加盟共和国（只需凭着共和国最高苏维埃的简单多数）只要有意即可迅速脱离苏联。当然，由于共产党和强力部门的凝聚作用，长时间里这一权利实际上很难实现。但这一宪法漏洞还是给实施我们的政策留下了未来的可能。

遗憾的是，无论我们如何努力，苏联的政治形势长期保持十分稳定。后来我们（主要是美国）出台了一项重要政策，就是建立反导弹防御体系。应当承认，当时大多数的专家反对建设反导弹防御体系。理由是其投入巨大，且不太可靠。而苏联可以以更少（1/5~1/10）的投入即可以"矛"刺穿反导之"盾"。但不管怎样，我们提出发展反导弹防御体系，目的是希望苏联同样建造类似高造价的系统。令我们十分惋惜的是，苏联政府没有采取行动，只是限于发表政治抗议。

我们由此陷入了困境。不过，很快便得到情报，说苏联领袖逝世后，经我们帮助的人可能继任，借助他能够实现我们的想法。这是我的专家智囊的评估意见（我周围始终有一支很专业的苏联问题智囊队伍，我也根据需要促进和吸引苏联境内对我们有用的人才出国移民）。

这个人就是戈尔巴乔夫。我的智囊们对此人的评价是：不够谨慎，容易被诱导，极其爱好虚荣。他与苏联政界大多数精英关系良好，因此，通过我们的帮助，他能够掌握大权。

"人民阵线"（指20世纪80年代末至90年代初，也就是戈尔巴乔夫执政的苏联后期，在波罗的海沿岸加盟共和国境内兴起的、以"求主权、谋独立"为旗号的民族政治势力组织）的活动不需要太大的花费，主要是一些复印、印刷设备的开支和对骨干的资金支持。而支持苏联矿工长时间罢工的花费要多得多。

专家智囊中间围绕以下一个问题争论激烈、分歧很大：是否推举叶利钦作为"人民阵线"的领袖，进而推选其进入俄罗斯联邦最高苏维埃，接下来成为俄罗斯领导人（以和苏联领导人戈尔巴乔夫对抗）。智囊团多数人的意见是反对叶利钦的提名，考虑到他的过去经历和个性特点。

不过，后来经过多次接触和约定，我们还是决定"推出"叶利钦。叶利钦费了很大的力气，勉强当选俄罗斯最高苏维埃主席。随即便通过了《俄罗斯主权独立宣言》。有人不禁会问，俄罗斯独立于谁？整个苏联当时不都是以俄罗斯为中心构成的吗？苏联的解体真正开始了。

在1991年"8·19"事件期间，我们也给了叶利钦极大的支持。当时苏联上层少数人隔离了戈尔巴乔夫，企图恢复维系苏联统一的制度。叶利钦的支持者坚持住了，这应当归功于他们控制了强力部门的绝大部分（虽然不是全部）实权。

其余所有的苏联加盟共和国，借机宣布自己的主权。当然，其他多数共和国采取的形式有所不同，有的在形式上并未排除在苏联中的地位。

这样一来，事实上现在苏联已经解体了，不过在法律上苏联还存在。我负责任地告诉诸位，不出一个月的时间你们就会听到法律上苏联解体的消息。

请注意！撒切尔夫人的这次演讲要比签署《别洛韦日协议》的消息还要早两周！有些人说她没有做过那样的演讲，说这个记录是伪造的。我不知道，但是如果回忆起她与我的谈话，我只能说，所有这些说法都非常符合她言辞的特点。

众所周知，普京将苏联瓦解称为我们人民最大的悲剧。因此，人们必须知道这场悲剧的全部真相，无论这个真相有多么的痛苦。

（程春华 译　张树华 校）

谢瓦尔德纳泽：
我和戈尔巴乔夫商量好要抛弃民主德国[*]

11月9日是柏林墙倒塌20周年纪念日。这座长106公里、平均高度为3.6米的高墙矗立了28年之久，把东西两个（社会主义和资本主义）德国分隔开来。1989年11月，德意志民主共和国政府取消了与西柏林往来的限制。1990年7月，边境控制完全解除。又过了3个月，德国统一了。

当时这些事件的主要参与者之一是2009年已经81岁的格鲁吉亚前总统、曾担任苏联外交部部长的爱德华·谢瓦尔德纳泽^①。现在谢瓦尔德纳泽居住在第比利斯的一处总统官邸，自2003年他自愿辞去格鲁吉亚领导职

---

* 本文译自2009年10月22日俄罗斯《新闻时报》，原文为该报记者米哈伊尔·维格南斯基对谢瓦尔德纳泽的一篇专访，原文标题为《我和戈尔巴乔夫商定不让苏联介入》。

① 爱德华·谢瓦尔德纳泽（Эдуард Шеварднадзе），1928年1月25日出生于格鲁吉亚黑海沿岸的一个教师家庭。1946年，年仅18岁的谢瓦尔德纳泽就出任共青团库塔伊西区委部长，后任区委第二书记。1957年任格鲁吉亚共青团中央第一书记。1959年毕业于国立库塔伊西师范学院。1972年当选为格鲁吉亚共产党第比利斯市委第一书记，同年当选为格鲁吉亚共产党中央第一书记。1985~1990年，出任苏联外交部部长。1992年，他从莫斯科回到已宣布独立的格鲁吉亚，出任格鲁吉亚国务委员会主席。同年10月，当选为格议会主席（国家元首）。1993年11月任新成立的格鲁吉亚公民联盟主席。1995年11月，他以压倒多数票当选为独立后的格鲁吉亚首任民选总统。在2000年4月举行的总统选举中，他以多数票再次当选总统，在结束国内政治纷争和平息内乱方面发挥了积极作用。2003年11月2日，格鲁吉亚举行议会选举，支持谢瓦尔德纳泽的力量获得绝大多数，但反对派以当局在选举中舞弊为由，拒绝承认选举结果，并组织大规模示威游行，要求谢瓦尔德纳泽辞职，从而引发政局动荡。谢瓦尔德纳泽被迫于2003年11月23日宣布辞去总统职务。谢瓦尔德纳泽因满头银发、办事圆滑和老练而被家乡人称为"白狐狸"。他在执政期间曾数次遭到行刺，但都幸免于难。他育有一子一女。

务之后，他一直住在此处。他正在撰写回忆录。办公桌上放着一盏绿色灯罩的台灯，台灯下放着一叠文件和材料。还可以看到来自世界主要媒体的采访邀请，要求他回忆那些转折性年代。抬头不远处，摆放着谢瓦尔德纳泽和他5年前去世的夫人的合影照片。而书架上有一部《圣经》，和《圣经》一起还摆放着一块柏林墙的碎片。周围的墙上还挂满了谢瓦尔德纳泽和美国前总统老布什、法国前总统密特朗及其他一些世界政要的照片。在这个房间里，谢瓦尔德纳泽接受了《新闻时报》记者的采访。

《新闻时报》（以下简称"问"）：1989年11月9日柏林墙开始被逐步拆毁，这最终导致了1990年10月德国统一。这其中有哪些事件让您记忆犹新？

谢瓦尔德纳泽（以下简称"答"）：1989年11月初，苏联驻德国大使馆传来消息，称苏联驻德部队中出现了情绪骚动，当时驻民主德国的苏军人数有50万。得知此消息后，我和戈尔巴乔夫探讨了形势，并商定不让我们的军队介入。要知道，这可能会导致新的世界大战爆发！后来，我和他很快来到柏林，戈尔巴乔夫以最高统帅的身份下令，不许介入。如果我们没有飞过去，苏联军队就有可能介入此事。

问：您一直保存着德国人赠送给您的刻有"谢谢，爱德华"的柏林墙残片。柏林墙倒塌时您个人内心的感受是什么？

答：当时我不认为，这是社会主义体系的终结。苏联解体是因为戈尔巴乔夫和叶利钦之间的相互敌对。无论怎样促使他们俩相互妥协、和解，但都无济于事。而德国的问题对我来说并不意外。我对发生这种事情已经做好了思想准备。我觉得，总有一天会发生的。

问：对于德国来说决定命运的决定又是如何作出的？

答：1990年2月，北约和华约国家外长在加拿大渥太华举行的"开放天空"① 会议上作出了合并德国的决定。该会议结束后，美国国务卿詹姆

---

① 1990年2月13日在渥太华举行的北约和华约外长关于"开放天空"的会议上，苏、美、英、法外长达成了举行就德国统一问题进行谈判的"2+4"会议（即民主德国、联邦德国和四国外长会议）的协议，使德国统一进入新的阶段。"开放天空"的建议最早是由美国前总统艾森豪威尔提出的。1955年7月，在美、英、法、苏于日内瓦举行的高级会议上，艾森豪威尔向苏联提出了开放天空的建议，即美苏相互允许对方利用侦察机对己方军事设施进行空中侦察，以避免由于猜忌而造成的紧张。经过多年的协调，包括美国和俄罗斯在内的25个国家于1992年3月24日最终在赫尔辛基签署了这一条约。在所有签署国的议会陆续批准后，该条约终于从2002年1月1日开始生效。

斯·艾迪生·贝克三世①单独问我，是不是到了考虑德国合并的问题的时候了。我回答，我考虑这个问题已经很久，但我们国家还没有对此作出决定。我问他，联邦德国外长汉斯－迪特里希·根舍②对此的意见如何，贝克告诉我，根舍并不反对。

问：那有没有反对者呢？

答：英国和法国，但贝克承诺将说服他们。贝克说，重要的是戈尔巴乔夫的态度。我立刻给戈尔巴乔夫打了电话。在此之前，我们从未讨论过德国合并的方案，他本人也没有直接回答过这方面的问题。那一次，戈尔巴乔夫沉默了大概两分钟，然后他对我说，这个问题早晚要决定，既然外长们已经提了出来，我们就同意吧。就在那时，联邦德国、民主德国、苏联、法国、英国和美国决定成立"2＋4"委员会。

问：哪些问题是最难解决的？

答：时任民主德国领导人的埃里希·昂纳克③是个麻烦，他反对变化，

---

① 詹姆斯·艾迪生·贝克三世（James Addison Baker III），1930年4月28日生，美国政府官员、政党竞选活动家和律师。曾经是福特、里根、老布什、小布什四任美国总统的竞选顾问，曾任美国白宫办公厅主任（1981～1985年，1992～1993年）、美国财政部部长（1985～1988年）和美国国务卿（1989～1992年）。他和法国财长皮埃尔·贝格伯、英国财长尼格尔·劳森、日本财长竹下登等五个发达工业国家财政部部长及五国中央银行行长在纽约广场饭店举行会议，达成五国政府联合干预外汇市场的协议，使美元对主要货币有秩序地下调，以解决美国巨额的贸易赤字。这就是有名的"广场协议"。1990年使美国和苏联达成两德统一协定。1990～1991年帮助协调反对伊拉克侵略科威特的国际联盟，同年获总统自由勋章。2006年国防部部长唐纳德·亨利·拉姆斯菲尔德辞职后，他成功推荐罗伯特·盖茨继任。

② 汉斯－迪特里希·根舍（Hans-Dietrich Genscher），1927年3月21日生于萨克森－安哈尔特州，他是德国自由民主党（FDP）内的一名重要人物。1969～1974年担任德国内政部部长以及1974～1992年（有间隔）担任德国外交部部长、德国副总理。1974～1985年任自民党（FDP）主席。

③ 埃里希·昂纳克于1971年5月3日作为瓦尔特·乌布利希的继任者当选为德国统一社会党（SED）中央委员会书记，随后在1976年当选为德国统一社会党总书记。埃里希·昂纳克从1975年10月29日同时担任民主德国国家领导人。20世纪80年代冷战形势发生变化，西方国家加紧对苏联东欧阵营推动"和平演变"政策。在戈尔巴乔夫"新思维"的带动下，东欧国家时常出现骚动。最后，迫于内外形势，在戈尔巴乔夫等人的压力下，埃里希·昂纳克于1989年10月18日辞职（官方的说法：由于健康的原因）。1989年11月民主德国最高法院展开了针对昂纳克滥用职权和叛国罪的调查，他为此被关押，一天后又被释放。1991年3月13日他们夫妇飞往莫斯科。"8·19"事件后，俄罗斯总统叶利钦不再保护以前的盟友，因此埃里希·昂纳克流亡到智利大使馆，当时民主德国在萨尔瓦多·阿连德倒台之后收留了大量智利政治流亡者。由于联邦德国的逮捕令，埃里希·昂纳克于1992年7月29日被遣返回德国。尽管他患有肝癌，但是由于他对两德边界的逃亡者开枪射（转下页注）

不认可戈尔巴乔夫的"改造"，还对戈尔巴乔夫有怨气。但德国人民的态度是"支持"。此外，德国的北约成员资格和军队人数的问题也经过了很多次讨论。但最终我们找到了折中方案。我们苏联方面同意保留德国在北约的成员国资格，德国人则保证他们的军队人数不会超过 37 万。苏联领导层中也有不少人反对德国合并。有人说，我们怎么能失去德国？要知道，有 2000 万的苏联人在第二次世界大战中牺牲（最新的资料表明，苏联在第二次世界大战中伤亡的人数超过 2600 万人）。但随着时间的推移，支持德国合并的人成了大多数。

问：您的接班人、格鲁吉亚现任总统萨卡什维利表示，俄罗斯正在阿布哈兹和南奥塞梯建造新柏林墙。您同意这种观点吗？

答：这不是一个完全正确的类比。当时的柏林墙分割了整个欧洲和整个世界。解决这两个问题的难度是可以比较的，但问题的大小无法相提并论。

问：您认为如今有可能爆发新冷战吗？

答：我在短期内无法预测。但我想请大家注意中国。当中国人向苏联索要被占据的 400 平方公里的领土时，他们告诉我，他们可以等待。

问：您对美国反导系统问题有何看法？

答：美国总统决定不在波兰和捷克部署反导系统是明智的。我认为，美国人也可以首先倡议全面销毁核武器。

问：改善俄格关系的前景如何？

答：现在很难说。去年①两个国家都有过失。格鲁吉亚没必要向南奥塞梯派兵。而俄罗斯人承认阿、南主权独立也是一个愚蠢的错误。他们开了一个自己无法接受的先例。现在，车臣、印古什、达吉斯坦和鞑靼斯坦都可以考虑独立了。

问：您会参加推倒柏林墙 20 周年的纪念活动吗？

答：如果身体允许的话，我希望在 2010 年德国庆祝统一 20 周年时去柏林。

（接上页注③）击的命令，还是对他进行了法庭审判。为埃里希·昂纳克辩护的是著名的东柏林律师弗里德里希·沃尔夫（Friedrich Wolff）。鉴于埃里希·昂纳克的健康状况，对他的审判没有最终结束，而是于 1993 年由柏林宪法法院搁置。1993 年 1 月 13 日埃里希·昂纳克飞往智利，与他的女儿一家团聚。埃里希·昂纳克于 1994 年 5 月 29 日因肝癌在智利圣地亚哥去世，终年 81 岁。

① 指 2008 年 8 月持续 5 天的两国战争。

问：12 月 21 日是斯大林 130 周年诞辰。您认为应该纪念这个日子吗？

答：官方不会庆祝，谁怀念和尊敬斯大林，谁会纪念。您还年轻，我可活不到官方庆祝他 200 周年诞辰了（微笑）。

（张树华 译）

原苏联外交部部长、格鲁吉亚前总统

谢瓦尔德纳泽：
苏联领导人曾竭力摧毁苏联 *

《莫斯科新闻》原编者按： 建立民族国家的道路以悲剧告终。谢瓦尔德纳泽向《莫斯科新闻》记者米哈伊尔·维甘斯基阐述了对以下问题的看法：当时有没有可能挽救苏联？为何格鲁吉亚独立20年后依然没有恢复平静。

1991年3月31日，89.9%的格鲁吉亚选民在公决投票中支持脱离苏联。两个星期前，格鲁吉亚曾拒绝参加关于保留苏联的苏联全民公决。3月17日只在南奥塞梯①举行了投票，南奥塞梯为争取从格鲁吉亚分裂出去的战争已经是第二个年头了。南奥塞梯44000人中只有9人投票反对保留苏联。而阿布哈兹②超过60%的选民参

---

* 本文译自2011年3月31日《莫斯科新闻》。原文为该报记者米哈伊尔·维甘斯基对谢瓦尔德纳泽的采访，http：//www.mn.ru/world/20110331/300789353.html。

① 南奥塞梯（Южная Осетия）位于高加索国家格鲁吉亚北部，曾为苏联时期格鲁吉亚苏维埃社会主义共和国管辖下的一个自治州。南奥塞梯于20世纪90年代与格鲁吉亚的冲突中宣布独立，成立南奥塞梯共和国，该国到目前为止只得到了俄罗斯联邦和委内瑞拉等少数国家的承认。

② 阿布哈兹（Абхазия），本是格鲁吉亚的自治共和国，首府在苏呼米。阿布哈兹事实上处于独立状态，但不被格鲁吉亚及国际社会承认。1992年7月23日阿布哈兹宣布独立，格鲁吉亚军队于同年8月进入阿布哈兹，但在1993年9月被击败。1994年，在联合国的监督和俄罗斯主导的独联体的干预下，双方停火，随后俄罗斯军队以独联体维和部队的名义进驻阿布哈兹。但主权问题仍然悬而未决。阿布哈兹83%的领土被位于苏呼米市受俄国保护的分离主义势力控制，剩余17%的领土受阿布哈兹自治共和国政府管理。阿布哈兹问题是格鲁吉亚和俄罗斯联邦的主要纠纷之一和两国之间一系列紧张局势的源头之一。2008年8月，在南奥塞梯战争爆发之后，阿布哈兹在俄罗斯军队的帮助下驱逐了领土上的所有格鲁吉亚军事力量，完全控制了他宣称的全部领土并再次宣示它的独立地位。目前承认其独立地位的有俄罗斯、尼加拉瓜、委内瑞拉、瑙鲁、德涅斯特河沿岸共和国和南奥塞梯。

加了格鲁吉亚的公民投票，几乎所有人都支持格鲁吉亚的主权。但一年后却爆发了格鲁吉亚与阿布哈兹的冲突，导致第比利斯失去了对该自治区的控制权。1991年12月，在格鲁吉亚首都就开始了反对加姆萨胡尔季阿①的武装行动，使加姆萨胡尔季阿1992年1月初逃往了车臣。1992年3月，苏联前外长谢瓦尔德纳泽从莫斯科回到第比利斯，开始了他对格鲁吉亚长达11年的领导。

《莫斯科新闻》记者：当时到底有没有可能保留苏联，或者说这种想法注定要失败？

谢瓦尔德纳泽：当时苏联领导人的所作所为都是摧毁，而不是捍卫联盟。这主要缘于戈尔巴乔夫和叶利钦两位领导人之间的对抗。究竟给身为苏联总统的戈尔巴乔夫留下多少权力，就这一问题争论了很长时间。针对他能做什么、不能做什么，怎样限制他的权力等问题，叶利钦与戈尔巴乔夫讨价还价，结果恰恰相反，情况每况愈下。当时我已辞职了，但对苏联今后的命运却用了很多脑子。我同亚历山大·雅科夫列夫谈得最多。至于我自己，我内心早在苏联解体的四年前就认定，苏联解体肯定会发生，因为任何帝国迟早注定要崩溃，但没预测准具体发生时间，当时认为苏联至少还能再持续11年或12年。总体来说，所有的主观和客观条件都在集聚，使得最后无法保住苏联。

尽管在命运攸关的20世纪90年代初期，格鲁吉亚发生了一系列大事，但1991年的公决总体上较为平稳，甚至阿布哈兹大多数选民也参与其中。而这个公投及其结果具有一定的历史合理性。那时第比利斯当局采取了明确的要求独立的政策。这实际上是反映了人民的意愿。而至于如果格鲁吉亚参与了全苏的全民公决，会是什么样，结果很难说。现在这只是一种理论推测了。

《莫斯科新闻》记者：西方在苏联解体中起了什么作用？

谢瓦尔德纳泽：还记得在我莫斯科家里会见美国客人亨利·基辛格的情

---

① 兹维阿德·加姆萨胡尔季阿（Звиад Гамсахурдиа，1939年3月31日至1993年12月31日），格鲁吉亚第一任总统。1939年生于第比利斯，毕业于国立第比利斯大学西语系。在民族独立运动中脱颖而出成为国家元首，1991～1992年任格鲁吉亚总统。他被公认为极端排外的民族主义者，曾经提出"格鲁吉亚属于格鲁吉亚人"这一激进口号，并坚决镇压阿布哈兹的独立运动。他的独裁作风导致国内动荡，在任不到一年，他就被迫下台流亡国外，曾经试图重返政坛未果，最终于1993年12月31日开枪自杀身亡。2007年，他的遗体在车臣地区被发现。

形。基本上是基辛格在讲。当时他说道：我们在美国始终认为，苏联是一个敌对的国家，希望不惜一切代价促使它崩溃，而现在苏联解体了，却不知道怎么办了。

《莫斯科新闻》记者：也就是说，他们对所有事情发生得如此之快还没有准备？

谢瓦尔德纳泽：是的，没有。

《莫斯科新闻》记者：可不可以指出，究竟从哪一时刻起苏联解体已经是不可避免的了？

谢瓦尔德纳泽：在赫鲁晓夫之前，所有苏联领土上的百姓生活得比现在都要好。是赫鲁晓夫把所有事情都搞坏了。人们开始挨饿——在俄罗斯、格鲁吉亚及其他所有共和国。这就是赫鲁晓夫"天才"领导活动的结果。如果不是赫鲁晓夫，而换一个正常的人，苏联或许仍然能够保留，保留的年代就像赫鲁晓夫之前苏联那样长的时间。简单举赫鲁晓夫的几个例子：禁止有自留地，不允许牲口私有，甚至禁止养羊！这是苏联瓦解的开始。当时格鲁吉亚共产党领袖瓦西里·姆扎瓦纳泽①以某种方式成功地捍卫了农民的一点财产权。因为当时基本上靠的就是房前屋后所种的那点东西。我对此很了解，我自己也在农村生活过。

《莫斯科新闻》记者：您有没有对苏联的怀旧情绪？

谢瓦尔德纳泽：没有，也许戈尔巴乔夫有。我始终感到，这迟早会发生。

《莫斯科新闻》记者：戈尔巴乔夫表示，西方曾承诺不进行北约东扩，后来欺骗了他。难道这是苏联外交的错误？

谢瓦尔德纳泽：没有谁欺骗了谁。这全都是谈判的结果。

《莫斯科新闻》记者：1991 年 3 月 31 日苏联举行公民投票的几天后，4 月 9 日格鲁吉亚通过了法律宣布独立。但"8·19"事件时，加姆萨胡尔季阿实际上支持远在莫斯科的"国家紧急状态委员会"的决定，解散了国民卫队，这也招致了反对他的武装起义。是不是加姆萨胡尔季阿的错？

谢瓦尔德纳泽：是的。这是一个致命的决定。但他的主要错误还不在这儿。1993 年 9 月，当我们在守卫苏呼米市的时候，其中也有不少过去他的

---

① 1972 年原格鲁吉亚共产党第一书记瓦西里·姆扎瓦纳泽因贪污事件辞职，谢瓦尔德纳泽成为他的继任者。

支持者。这些人不错，会打仗。我当时的作息时间表是这样的：每天晚上，我与指挥人员会面商讨局势，早上六点起床时亲自查岗。一天晚上，有人对我说：没什么可怕的，我们继续战斗。但早上我却发现，加姆萨胡尔季阿一伙的人没有一个在岗！原来，在这之前，加姆萨胡尔季阿从车臣返回到格鲁吉亚西部，住在奥恰姆奇拉并从当地召回了他的支持者。最后我们丢掉了苏呼米，然后是阿布哈兹。这对我和他都是一个悲剧。

《莫斯科新闻》记者：现任的格鲁吉亚总统萨卡什维利有哪些失误？

谢瓦尔德纳泽：我不能说。

《莫斯科新闻》记者：您有什么主要失误？

谢瓦尔德纳泽：就是让萨卡什维利当了总统（笑）。

《莫斯科新闻》记者：20年前的谢瓦尔德纳泽的梦想是否已经实现？

谢瓦尔德纳泽：格鲁吉亚如今已经独立，这是一件好事。尽管有些不足。另一个问题是如何管理这个国家，有什么失误，哪些问题正在解决或尚未得到解决。

《莫斯科新闻》记者：过去几年高加索地区局势一直难以保持稳定。20年后该地区局势会往哪里发展？

谢瓦尔德纳泽：很难说。况且格鲁吉亚有很大部分被俄罗斯占领。我相信，阿布哈兹和南奥塞梯①迟早将回归格鲁吉亚，尽管何时实现还不清楚。这一切都取决于俄罗斯。承认阿布哈兹和南奥塞梯的独立，俄罗斯犯下了最愚蠢的错误，为自己开创了非常危险的先例。如果南奥塞梯和阿布哈兹有权独立，那么车臣、达吉斯坦、鞑靼斯坦为何不可？这些都是国家。

《莫斯科新闻》记者：格鲁吉亚封杀俄罗斯的歌曲，这也是反击"侵略者"的一种方式？

谢瓦尔德纳泽：这完全是白痴一样的做法。

《莫斯科新闻》记者：到底为什么俄罗斯和格鲁吉亚打起仗来？谁应该负主要责任？

---

① 北奥塞梯于1767年开始就被俄罗斯统治。今日的南奥塞梯连同格鲁吉亚其他地方，于1801年被沙俄吞并。俄国二月革命之后，奥塞梯人成立国家委员会，主张奥塞梯人自治。国家委员会很快就被呼吁将南奥塞梯并入苏维埃的布尔什维克党人所控制。十月革命发生后，南奥塞梯成为了孟什维克派的格鲁吉亚民主共和国的一部分，但北奥塞梯却成为布尔什维克派的泰历克苏维埃共和国的一部分。1918～1920年，南奥塞梯成为格鲁吉亚政府与受到苏维埃联邦政府支持的奥塞梯反抗军的战场。

谢瓦尔德纳泽：欧盟特别调查委员会主席、瑞士外交官海迪·塔利亚维尼①有一份正式声明。按他的评价，格鲁吉亚军队进入茨欣瓦利②首先开火，然后俄罗斯军队通过罗克斯基隧道③进入南奥塞梯，赶走我们的军队。但是我认为，俄罗斯随后的行动是不对等的。至于未来与莫斯科的关系，则必须通过对话来恢复。俄罗斯是我们最大和最强的邻居，在任何时候都可能对我们发动进攻，所以应该学会与之进行谈判。这就是为什么我乐于看到我们的政治家访问莫斯科进行谈判，但是这还不足以解决问题。顺便说一句，我同普京总统关系很好。2003 年 3 月我们在索契会过面，我同意恢复从索契到萨姆特丽佳（Самтредиа）的铁路，以方便格鲁吉亚难民返回阿布哈兹的加利地区（Гальский район）。作为回报，普京总统决定保证他们安全返回，而在这之前难民返回完全没人管。

《**莫斯科新闻**》记者：但后来您为什么反对北高加索的居民在没有签证的情况下进入格鲁吉亚？萨卡什维利最近透露，2008 年他和普京最后一次见面时，普京说"要将北高加索的抵抗者像蟑螂一样碾死"。另外，格鲁吉亚总统说，格鲁吉亚取消签证 5 个月期间，共有 95000 人自北高加索地区来到格鲁吉亚，并且这些人都很体面，遵纪守法。

---

① 海迪·塔利亚维尼，安南格鲁吉亚问题特使。

② 茨欣瓦利，格鲁吉亚所属南奥塞梯自治州首府，位于格鲁吉亚中北部，也是未被国际社会承认的南奥塞梯共和国的首府。距离首都第比利斯约 100 公里，地处大高加索山中部南麓。1922 年建市，1989 年有 42934 人，其中 74% 是奥塞梯人，格鲁吉亚人只占少数。茨欣瓦利在 1990～1992 年的纷争时，因为成为当地的分离主义集团和政府军交战的战场遭到了很大破坏。1994 年后茨欣瓦利在欧洲安全与合作组织（OSCE）的监督之下，由格鲁吉亚、奥塞梯和俄罗斯维和部队管理。2008 年 8 月 7 日深夜，格鲁吉亚出兵突袭南奥塞梯，并宣称包围了茨欣瓦利。支持南奥塞梯的俄罗斯随后与格鲁吉亚军队在边境展开激烈的战斗。格鲁吉亚 8 月 10 日下午表示，在俄罗斯猛力轰炸下，格鲁吉亚部队已撤离茨欣瓦利，重新部署在其他地点。

③ 罗克斯基隧道是一条属于外高加索公路、穿越大高加索山脉的高山隧道，是唯一一条连接俄罗斯北奥塞梯和格鲁吉亚南奥塞梯的通道。1985 年由苏联建成，隧道大约高 2000 米，长 3660 米，在靠近罗基山口处，高 3000 米，并只能在夏季使用。南奥塞梯当局把这条隧道的过境费当成他们的主要收入来源。美国支持下的格鲁吉亚政府呼吁在南奥塞梯一端的隧道交由国际监督员控制，而不是南奥塞梯分裂势力与俄罗斯维和部队。自从俄罗斯 2006 年 6 月封锁了卡兹别吉海关检查站后，罗克斯基隧道成为连接南奥塞梯和俄罗斯的唯一通道。该隧道在整个格鲁吉亚和奥塞梯冲突中起到重要作用，被当成俄罗斯的重要补给线。2008 年 8 月 8 日普京出席北京奥运会开幕式期间，格鲁吉亚军队与南奥塞梯自治州武装人员在南奥塞梯首府茨欣瓦利市附近再次发生武装冲突。8 月 9 日俄新网称，俄罗斯装甲部队已经进入南奥塞梯首府茨欣瓦利，有近百辆装甲车通过罗克斯基隧道进入南奥塞梯境内。

　　谢瓦尔德纳泽：谁又能保证，在车臣、达吉斯坦或印古什一些人抱成一团，带着某种目的来到格鲁吉亚?! 取消对俄罗斯上述地区居民签证的决定是不够慎重的。

　　《莫斯科新闻》记者：作为苏联前外交部部长，您认为阿拉伯世界的一系列闹事会导致什么样的结果？

　　谢瓦尔德纳泽：暂时很难预测。这些革命仍可能持续。我最担心，千万别在伊朗也发生。伊朗几乎是我们的邻居。我最近公开反对美国一些参议员在格鲁吉亚布置雷达的计划。如果美国和伊朗之间发生冲突，在格鲁吉亚却有雷达，格鲁吉亚极有可能会遭到攻击。

　　《莫斯科新闻》记者：您前不久已经年逾 83 岁高龄，可您仍辛勤工作。

　　谢瓦尔德纳泽：正在为出版第六本新书作准备。这本书是对我的访谈录，收录有 20 世纪下半叶以来最有趣的访谈文章。

（程春华 译）

原苏共中央委员、乌克兰首任总统

克拉夫丘克：
我宁愿砍掉自己的手，
也不签署瓦解苏联的协议

——乌克兰首任总统认为，当时作出了太多
仓促的、超前的决定*

　　《独立报》原编者按："还有 1 分钟，苏联就消失了。"——当
时很多媒体都是这样评论的，这一历史时刻确实为强大帝国的一去
不返画上了句号。《独立报》政治版的责任编辑罗莎·茨韦特科娃
与两位"别洛韦日三驾马车"成员——乌克兰第一任总统列昂尼
德·克拉夫丘克①和白俄罗斯最高苏维埃主席斯坦尼斯拉夫·舒什
克维奇——进行了访谈。他们至今仍时而被称为阴谋家，时而又被
称为革命的解放者。但有一点毋庸置疑：1991 年 12 月 8 日这一天
震惊了全世界。那一期《独立报》政治版的某些评论员断言，美
国曾斥几万亿巨资使苏联垮台。而这场历史事件的两位参与者却坚
持说：他们会晤的主题一开始完全是经济方面的，从未想过有关联
盟国家解体的事情。一切都源于根纳季·布尔布里斯所说的有关苏
联"政治期限"的一句话。究竟是这样或并不完全是这样呢？如

---

　　* 本文译自 2010 年 4 月 20 日《独立报》，原文标题为《列昂尼德·克拉夫丘克：如果我们那
　　　时都更民主、更文明的话……》。

　　① 列昂尼德·克拉夫丘克，乌克兰人，1934 年 1 月出生于乌克兰罗夫诺州。1958 年毕业于基
　　　辅大学，获经济学副博士学位。毕业后任切尔诺维茨财经学校政治经济学教师。1960 年开
　　　始做党务工作，后在乌克兰共产党中央机关做秘书工作。1970 年当选为乌克兰共产党中央
　　　委员会委员。1980 年起先后担任乌共党中央宣传部部长和州党委书记。1988 年晋升为乌克
　　　兰党中央第二书记，负责意识形态工作。1990 年 7 月当选为乌克兰最高苏维埃主席，并成
　　　为苏维埃联邦委员会成员。在苏共第 20 次代表大会上当选为中央委员。1991 年 9 月任苏联
　　　国务委员会成员。1991 年 12 月 1 日当选为乌克兰首任总统。12 月 12 日任乌克兰武装部队
　　　总司令。他主张推行市场经济，发行本国货币，扩大对外贸易。但是生产不断下滑，通货膨
　　　胀率居高不下，人民生活困难，1993 年下半年乌克兰政治和经济危机恶化，为避免发生动
　　　荡，议会根据总统建议，决定缩短议会和总统任期，于 1994 年 6 月举行大选，克拉夫丘克落
　　　选。

果读完这两页材料，包括领悟一些字里行间的东西，大家自己也许可以明白。

5 年前，也就是戈尔巴乔夫启动改革进程 20 年后的 2005 年，列昂尼德·克拉夫丘克公开承认，如果早知事情的结局会是这样，他宁愿让人砍掉自己签署《别洛韦日协议》的那只手。今天，独立后的乌克兰第一任总统在回答《独立报》政治版记者的采访时却承认，他对此从不后悔，而在 2005 年，这只是一种形象话语。

问：列昂尼德·马卡罗维奇，您曾直接参与的那场改革，对您来说意味着什么？

答：稍年轻一些的人非常乐观地对待改革的启动，我当时也是其中之一。我们厌倦了总是旁观，苏共中央政治局的老朽们总是让我们对未来的前景感到不安。这时出现了一位精力相当充沛的年轻领袖[①]，他提出了自己的雄心壮志。他不仅说出来了，而且开始逐步去实现。比如，公开性就这样诞生了。在全会上多多少少出现了一些直接面对民众的自由发言，国家内部仿佛出现了光明。全世界都相当乐观地看待这些现象，于是戈尔巴乔夫开始了与西方民主的实际接触。他甚至还写了一本书《改革与新思维》，这本书不仅让我印象深刻，而且令我十分惊讶。

但当事情真正开始实施之后，很多人便产生了怀疑，看上去还是只有空谈、声明、激情，一切不还和从前一样吗？于是戈尔巴乔夫本人也开始批判地对待自己最初的想法，开始改变自己的观点。他一开始认为，改革的基础将只是技术性的改动。后来他决定改变干部政策，再后来又下定决心要彻底改变党的政策。于是在党内，包括在乌克兰共产党中，都出现了反对派。共产党员分成两个阵营：民主派和保守派。他们之间出现了激烈的辩论。所有党的地方机关几乎都属于保守派，而那些代表中央、学术圈和党的精英人物开始组建党内民主派。在苏共代表大会上，与会人员也分为两派：民主改革者与坚持保守发展道路的拥护者。

这样，戈尔巴乔夫推行这些改革的仓促本身就表明，这是不现实的。党内很多强势的老干部不同意戈尔巴乔夫的路线。因此，尽管作为个人，我欢迎改革，但我知道，要用戈尔巴乔夫所使用的方式来完成它是不现实的。

---

① 指戈尔巴乔夫。——译者注

问：您认为戈尔巴乔夫的方式是什么？

答：他的所作所为经常是这样的：比如，他讲，所有的保守主义者都在地方上，而他在上面提出新的运动、思想和实行方式。他来到基辅，把人们召集起来说："你们从下面给他们，也就是给我们施压，而我们将从上面给他们施压。"当然，这使民众和党的领导人都非常紧张。他们不接受这种革命的方式和经常针对毫无过错者的批评，要知道旧的体制还在继续运作。谁也没下决心撼动体制本身，该体制在原有的框架内支撑着一切。全民公决后没有结果，什么也没有改变。他还在全民投票时提出一个问题："你们想改变尊重人权的联邦吗？"当然，人们都去投票了，但这之后什么也没改变。中央政权忙于自己的事情，巩固了自己的中心地位。下面那些明白情况的人又无法实现这一切，因为除了说和写的自由，没有任何民主。而根据党章和党纲，最高权力仍为共产党所有。而当第六条"关于党的领导作用"从宪法中删除后，党就失去了对局势的实际控制。

问：您曾尝试同戈尔巴乔夫谈论这件事吗？

答：是的，他到我们这儿来过。我们召开政治局会议，他出席了。大家的发言各式各样。当然有阿谀奉承者，这种人永远都有，永远都说一切正确。但很多人的发言尽管很委婉，却是批评性的，认为地方情况与上面的想法不相符，地方上有很多需要解决的实际问题。因为经济没有任何好转，生活甚至变得比以前更糟糕，那为什么还要"改革"呢？

问：米哈依尔·谢尔盖耶维奇对批评意见的反应如何？

答：他根本不听。他已经被定义为改革家了，西方支持他，把他看成西方模样的当代领导人，开始同他商讨德国统一的问题。西方人觉得，可以和他解决很多自己的问题。而如何解决我们的问题、共和国的问题，包括乌克兰的问题，这些在当时是第二位的，都要从属于苏联的当权者。戈尔巴乔夫宣布了一些想法，却把原来的人留用，所以什么结果也没有。他没有能力更换干部，因为这一切根本无法在一两年内解决。

如果说戈尔巴乔夫身上有什么值得肯定的东西，那就是他使人们产生了希望，以为可以改变现状。在这之前，人们甚至害怕触及那些他们面临的问题。而他做到了这一点，于是我们明白，可以用新的方式解决很多问题。

问：是否正是这种"新方式"导致了苏联的解体？您是何时认为必须签署《别洛韦日协议》的呢？

答：当我们聚集在新奥加廖沃讨论新联盟的方案时，曾经提出这样一项任务：应当有一部新宪法、一个新联邦，也就是说，应当对 20 世纪 20 年代签署的条约进行彻底更新。于是，我们这些来自地方的人，和当时很活跃的叶利钦，带着将真正建立一个新联邦的希望去了那里。但当我们开始讨论这项条约时才知道，谁也不提建立新联邦的任务。目的只是改头换面，其他一切照旧，包括政权和人。于是我们就产生了再开一次会，不让戈尔巴乔夫参加的想法。休会期间，我们在新奥加廖沃公园散步时商定了会晤时间。只是在哪儿合适？就在莫斯科吗？这里一切都被压制，乌克兰又太大了。"那就在白俄罗斯吧"，舒什克维奇建议说。于是，我们就在白俄罗斯的别洛韦日会面了。

问：你们当年的会晤有何议题？

答：我们相信能改变现状。议题一开始是这样提的：开会通过某项宣言或声明，宣布新奥加廖沃会议的进程走入死胡同，我们需要寻找某些新方法，作出新的决定。而在确立新思想、民主标准和共和国的权利方面却什么也没做，一切还和从前一样。根据"赋予各共和国更多权利、自治、民主和公开性"这一口号，我们开始起草文件。我们也相信，按照原先设想的宣言是行不通的。

问：为什么是这样的组成，而不是各共和国代表的扩大小组？

答：这三个共和国是 20 世纪 20 年代签订联盟条约的创始国。因此我们有理由批评地看待那份条约，并为新条约提出建议。但当我们开始工作时才明白，还应该邀请一些人参加。我们电话通知了纳扎尔巴耶夫和其他人，但都没来。纳扎尔巴耶夫显然被戈尔巴乔夫说服了，别的人也找了某些理由不来。

问：舒什克维奇在访谈中告诉我们，他对您后悔签署《别洛韦日协议》感到非常吃惊。多年之后，您确实认为自己受骗了吗？

答：不，我从来没后悔签署《别洛韦日协议》。我永远认为，自由是任何民族的基础。每个人都应当追求更多的自由与民主。如果是因为由人民选举产生的政权不能实现这些，不能改善人民的生活并影响正在发生的过程与国际关系，那自由与民主在此没有任何过错。这只是由于人没有能力做到这一点，即他们还不能用民主的标准来思考问题，还不能通过民主来做一切事情，而不是用一些意外荒唐的举动。

问：但正是《别洛韦日协议》使苏联的解体成为必然。

答：它当时已经在解体过程中了。如果一切还好的话，我们就不举行这次会议了。若是没有卡拉巴赫战争①、阿塞拜疆和德涅斯特河沿岸②的冲突，没有战争和流血该多好啊。我们当时已经看见，这一切正在发生。矿工们开始行动起来，举行群众大会，提出要求，走进州党委书记们的房子里，看他们冰箱里装的是什么东西，然后把这些东西搬到大街上。您已经知道顿巴斯发生的事情了吧？……我们感到一切都开始动摇了。人民代表大会也意识到了这一点。俄罗斯的代表和苏联政府的代表来过我们乌克兰。连他们都说，不能继续再这样管理国家了，不能再以这样的方式保留苏联了。

不是我们开始着手解体的，我们做的一切都是为了不让这种解体自发进行，希望它能采取民主与宪法的形式。我们是根据宪法办事，那上面写着，每个加盟共和国都拥有包括脱离联盟在内的自决权。由于我们的行动，人们才感受到，独联体是代替苏联出现的。他们明白了，这是我们联合的新形式；在保持联合的同时，每个共和国都拥有了更多的权利、自由和自主。这有什么不好吗？但后来又开始了相反的运动，试图回到过去，回到强大的联合。我总是说，让我们就生活在这种状态中吧，每个共和国都将成为名副其实的国家。随后也可以联合——如果每个国家都强大了，在联合中不会丧失独立自主的话。一旦弱国与强国联合，就什么也不会改变，一切将会照旧。

问：为什么独联体没变成您设想的那种联合？

答：因为开始了一些要求新联合的活动，海关的、经济的和政治的联盟开始建立，开始出现俄罗斯与白俄罗斯之间的联盟（统一经济空间）。他们不是解决国与国之间的相互关系问题，而是开始建立新的联合或联盟。但我们对此却没有做好准备。而且，我是这样理解的，叶利钦及其追随者希望维护自己的领导地位。这种领导权现在仍体现在各种文件中，原苏联各个国家应保留在俄罗斯的势力范围内。这一点无论当时还是现在都被写入俄罗斯的文件中。俄罗斯给我们提出了一些条件："你们想要廉价的天然气吗，那就

---

① 纳戈尔诺－卡拉巴赫战争，简称"纳卡战争"或"纳－卡战争"，是一场于1988年2月至1994年5月发生在阿塞拜疆西南的狭小飞地——纳戈尔诺－卡拉巴赫地区——的由亚美尼亚共和国支持的纳戈尔诺－卡拉巴赫主要民族亚美尼亚人和阿塞拜疆共和国之间的武装冲突。

② 1990年6月，摩尔多瓦最高苏维埃通过共和国主权宣言。德涅斯特河沿岸的俄罗斯人反对摩尔多瓦共和国从苏联分裂，同年9月宣布成立"德涅斯特河沿岸共和国"，但未得到国际社会承认。1992年初，摩当局与德涅斯特河沿岸主张脱离摩尔多瓦的俄罗斯人发生武装冲突，俄罗斯第14集团军也参与其中。自此俄摩两国关系紧张。1998年，摩尔多瓦、德涅斯特河沿岸地区、俄罗斯、乌克兰签署了《摩尔多瓦和德涅斯特河沿岸地区采取信任措施和发展关系协定》，1999年俄摩签署了《伊斯坦布尔协议》。

好好表现，加入关税同盟，建立一个类似于我们和白俄罗斯建立的那种联盟吧。"普京就公开这样说。他们对乌克兰提出的不是经济层面的问题，而是像从前一样，提议解决的是政治问题。也许还在签订《别洛韦日协议》时，以及后来我们几位国家首脑和政府首脑开会时，叶利钦就总是强调这一点，公开宣称俄罗斯具有领导权，它想要多少就拿多少，说一切都取决于俄罗斯。他一刻也没放过让领导权属于自己和俄罗斯。

问：当您成为独立后的国家首脑时，您有些什么感受？

答：难以表述。新的生活、新的形式、新的人和秩序产生了。要知道这之前乌克兰从未独立解决过某些问题。我记得以前我与谢尔比茨基①多次讨论过一系列问题。我说，乌克兰在这方面应当实行更清晰的政策，他纠正我说："乌克兰从不制定政策，它只执行决定。纲领性的政策由莫斯科、代表大会、政治局和苏共提出，我们只是执行者。"甚至在改革时期也能感受到这一点。如果你是在这种思想方式中培养起来的，你不作决定，只执行决定。而现在你获得了政权和新的方式，那么这会非常困难。这不是害怕，政治中没有恐惧，只有怀疑和搞清楚，如果你不被理解，不受支持，你很难解决问题。你要寻找和找到支持自己的人。产生了强烈的责任感，你就不能犯错，不能作出错误的决定。

问：这种理解首先应从哪儿开始呢？你们相互间通电话、交流过吗？

答：我们当然交流过。我们不仅常通电话，部长们和各国政府在独联体理事会框架下还经常开会、讨论，寻求一些方案。但每个国家都有自己的问题。我提议设立过渡卢布，因为我们知道，当时一切都在莫斯科，各国很难发行自己的货币，而叶利钦拒绝了。也许，他有自己的理由，并表示怀疑。谁也怪不着。从一个中央集权国家中脱离出来是非常复杂的，原先的一切都是计划好的，一切都常常是愚蠢地相互联系着。乌克兰的矿井能在地下延绵数千公里，而基辅飞机的翅膀却在乌兹别克斯坦生产，也就是说，如果没有联合，我们就无法自己制造飞机。要在保持联合经济的同时，还要建立以市场原则为基础的独立经济。这完全是一门新的哲学。

问：您后悔当时还可以做些什么吗？

答：重新恢复是不可能的。这是不可实现的任务。但是，如果我们大家

---

① 弗拉基米尔·瓦西里耶维奇·谢尔比茨基（1918～1990年），乌克兰共产党领导人。1971～1989年，任乌克兰共产党第一书记；1971～1989年为苏共中央政治局委员。作为苏共传统派的代表，谢尔比茨基坚持苏共原则立场，维护苏联统一，所以被戈尔巴乔夫和克拉夫丘克等人视为"政治障碍"而遭到免职。

都更文明、更民主、更市场化一些，不光考虑自己的利益，也顾及所有共和国的利益，那就可以相互配合得更好，那就是另一回事了。比如，我和鲍里斯曾决定建立自由贸易区。打个比方，今天作出了大家都同意的决定，明天俄罗斯就会突然开出一张自己的商品清单，要求将之从自由贸易区中取消。而这正是那些对于我们，对于乌克兰来说最重要的商品。如果有 100 种商品都被取消了，那自由贸易还有什么意义?! 俄罗斯说，这些商品进入自由贸易区后，对他们不上算，那某些东西对我们而言也是吃亏的。于是就开始了⋯⋯

我想说的是，我们还不会协商。我们还不是民主的一代人，不是新人。公元前，在欧洲就产生了国家。是赫拉克利特①还是西塞罗②说过，人们应当遵守法律，为了成为自由人，我们应当成为法律的奴隶。这种遵守法律、崇拜宪法的思想至今活跃于欧洲。您说什么，在乌克兰和俄罗斯也存在这种思想吗？我们还没为这场运动做好准备。重要的是，要让我们明白这一点并朝此努力，不能公开干涉乌克兰的内部事务，不能突然跳出来说，俄罗斯在某方面不是这样做。我们应当学会在相互关系中使用文明、民主的国际规则。

（粟瑞雪 译）

---

① 赫拉克利特（Heraclitus，约公元前 530 年至公元前 470 年）是一位富有传奇色彩的哲学家。他出生在伊奥尼亚地区的爱菲斯城邦的王族家庭里。他本来应该继承王位，但是他将王位让给了他的兄弟，自己跑到女神阿尔迪美斯庙附近隐居起来。据说，波斯国王大流士曾经写信邀请他去波斯宫廷教导希腊文化。

② 马库斯·图留斯·西塞罗（Marcus Tullius Cicero，公元前 106 年 1 月 3 日至公元前 43 年 12 月 7 日），古罗马著名政治家、演说家、雄辩家、法学家和哲学家。出生于古罗马阿尔皮努姆（Arpinum）的奴隶主骑士家庭，以善于雄辩而成为罗马政治舞台的显要人物。从事过律师工作，后进入政界。开始时期倾向平民派，以后成为贵族派。公元前 63 年当选为执政官，在后三头政治联盟成立后被三头之一的政敌马克·安东尼（Marcus Antonius，公元前 82 年至公元前 30 年）派人杀害于福尔米亚（Formia）。

原白俄罗斯最高苏维埃主席

舒什克维奇：
我什么也不后悔*

  《独立报》原编者按：1991 年 12 月 8 日，苏联三个加盟共和国俄罗斯、乌克兰、白俄罗斯的领导人在白俄罗斯别洛韦日签署成立"独立国家联合体"的协议，这直接导致苏联的解体。白俄罗斯最高苏维埃主席斯坦尼斯拉夫·舒什克维奇①作为这一重大事件的亲历者，在接受俄罗斯《独立报》采访时，回顾了其对戈尔巴乔夫改革和新思维运动认识态度的转变过程，披露了《别洛韦日协议》出台的原因及过程，并对该协议签署的必然性和合理性进行了申辩。白俄罗斯最高苏维埃最后一位主席讲述了《别洛韦日协议》出台的内幕。

  斯坦尼斯拉夫·舒什克维奇本人毫不掩饰地说，三位加盟共和国首脑的会晤是他倡议的。时至今日，他仍然确信，自己不后悔在 1991 年 12 月邀请了鲍里斯·叶利钦和列昂尼德·克拉夫丘克到别洛韦日来。至于后来包括白俄罗斯在内的这些共和国发展如何，那是另外一回事。

  问：斯坦尼斯拉夫·舒什克维奇，25 年过去了，您现在如何评价那个

---

 * 本文译自 2010 年 4 月 20 日俄罗斯《独立报》，原标题为《舒什克维奇：我什么也不后悔》。

 ① 斯坦尼斯拉夫·斯坦尼斯拉沃维奇·舒什克维奇，物理数学博士。1934 年出生于白俄罗斯明斯克，1956 年毕业于白俄罗斯国立大学，1959 年在白俄罗斯科学院物理所研究生班毕业后留所工作。1961 年起在白俄罗斯国立大学工作，1986 年起任该校副校长。1989 年当选苏联人民代表，1990 年当选白俄罗斯最高苏维埃代表，1991 年当选白俄罗斯最高苏维埃主席。1991 年 12 月与俄罗斯总统叶利钦、乌克兰总统克拉夫丘克共同签署宣布苏联解体和成立独联体的《别洛韦日协议》。1994 年 1 月辞去白俄罗斯最高苏维埃主席职务，1994 年 6 月参加总统选举失利。——译者注

时期呢？

答：首先让我受到震动的是，戈尔巴乔夫在举行新闻发布会时，脱稿回答外国记者的提问。这在电视上播出了。我们大家都看见了，这次出来的终于不再是某个老傻瓜，而是一个完全正常回答这些问题的正常人。这绝对是国家政治生活中的新现象，此前没有过的，大概我也因此对戈尔巴乔夫尤为尊敬。

但这种情况持续时间不长。1986 年发生了切尔诺贝利事故①。我当时正是核物理教研室的负责人，因此知道发生了什么情况。但在 1986 年 5 月初，戈尔巴乔夫发表电视讲话时，却满嘴瞎话，说什么我们的核能是世界上最安全的，说什么事故地区情况很好。结果是，他所代表的党的利益高于了理智，高于了科学。于是我对他的喜爱与尊敬到此结束。

问：您后来还是不得不与他接触，尽管是作为白俄罗斯共和国的首脑。

答：在这场改革开始后，出现了公开性。我当时总在想，为什么出现的是公开性，而不是真理呢。切尔诺贝利事故在某种意义上对我来说是一个转折点。我再说一次，我当时有一份很好的工作，我没有把注意力转移到任何不相干的尤其是与政治有关的事情上。但在切尔诺贝利事故发生后，我不得不跟党的领导和其他一些人接触，那些不想与苏联的蒙昧主义妥协的人同样在与他们作斗争。而且，真理被公开性所掩饰。于是，在某种程度上，我也成了一名反苏分子。确实，我的意识转变是相当克制的。因为我认为，共产主义思想仍然具有生存的权利，尽管此前我曾对它表示强烈的怀疑。最初，我十分真诚地以为，入党的都是一些正派人，在许多情况下也是这样。但我很快明白，政府中还有另一帮人——一群纯党务工作者，他们是不考虑任何其他问题和麻烦、只想党的利益之人。

自从当上人民代表，我就陷入了政治的旋涡。然后又担任跨地区民主议员团成员……每当共和国的领导试图向我施加影响时，我总是骄傲地说，我只对我的选民负责，我有 20 万选民。

但后来各地都出现了这种倾向——先是立陶宛，然后是整个波罗的海地区，再后来其他共和国也发表独立宣言。瓦连京·拉斯普京在人民

---

① 1986 年 4 月 26 日，位于乌克兰境内的切尔诺贝利核电站第 4 号核反应堆发生爆炸。——《独立报》编者注。

代表大会上的发言①让我触目惊心。因为他不仅仅对我来说是最高权威。他突然说，俄罗斯不要再供养所有依附于它的国家了，俄罗斯应当退出苏联……

但这些都是很情绪化的言论，是暂时的感觉。我想，这不仅是我的错，也是大部分执政的人民代表的错。遗憾的是，我们不明白，旧的共产主义大军为何总能通过那帮当选者找到自己的存在方式。

从这个意义上讲，现在的统一俄罗斯党和苏联共产党对我来说没有任何区别，这只是苏共的新形式。对我来说，以 98.2% 的选票当选的纳扎尔巴耶夫只是旧思维方式的化身，这种思维方式至今仍在起作用。当我看到，我们这儿或你们那儿的牧师、马克思主义者，或者打着什么其他招牌的人，在哈萨克斯坦、吉尔吉斯斯坦重新占统治地位时，我才懂得，我们对改革的理解是多么幼稚。

问：您什么时候产生了召开别洛韦日会议的想法呢？

答：当对戈尔巴乔夫的狂热开始消退时，尤其是推倒柏林墙之后，当戈尔巴乔夫同意合并德国，或直接打个比方，他开始"掉价了"，这时我才明白，他只是一个寻常的共产党领袖，是被时代推上了很高轨道的。从 1991 年 10 月他在新奥加廖沃提出的新联盟条约草案上也能看到这一点，他所提

---

① 拉斯普京珍视民族的历史文化传统，关心民族的前途命运，但是不接受共产主义，对十月革命抱否定的态度。他在失望之余，于 1991 年 7 月在针对戈尔巴乔夫等人的《告人民书》上签了名，这标志着他的政治立场的转变。对苏联的解体，拉斯普京的思想感情是很复杂的。1989 年，当苏联国内民族矛盾日益激化，俄罗斯人受到其他民族越来越多的责备时，他在第一次人民代表大会上对其他民族的代表说："要是你们大家都不喜欢俄罗斯，那么你们退出苏联好了，没有你们，我们照样能活下去。"（1989 年 6 月 14 日《文学报》）他这样说，似乎带有某种意气用事的味道。1990 年，他又在总统委员会会议上针对波罗的海沿岸三国要求独立的问题发表意见说："我认为，如果他们想走的话，谁也不应强迫他们留下，但是需要按照分离的法律程序行事。"（1990 年 4 月 4 日《文学报》）尽管他口头上这样说，但是内心是不愿意苏联解体的。他在 1993 年底的一次谈话中深感惋惜地说："当年是不应该按照美国的苏联问题专家们的计划把苏联搞垮的……历史学家们到时候将会努力弄清这样的奇怪现象：几个微不足道的骗子居然轻易地进行了一场世界规模的交易，把我们变成他们的政治投机的牺牲品。"他还说，当务之急是"不要让俄罗斯进一步瓦解"（1993 年 12 月 29 日《真理报》）。拉斯普京一方面多次谈到共产主义思想的传播和在它的影响下爆发的十月革命没有给俄罗斯带来好处；另一方面，他不能不看到共产主义思想的传播给俄罗斯大地带来的深刻变化，不能不承认十月革命的胜利和社会主义制度的建立使苏联成为世界上最强大的国家之一的事实。这使他陷入自相矛盾之中。为了自圆其说，他提出了俄罗斯"消化"了共产主义和社会主义与过去的传统"融合"了的说法，并作了说明（分别见 1992 年 11 月 6 日《文学俄罗斯报》和《我们的同时代人》1997 年第 5 期第 4 页）。

出的共和国未来联合的形式让人大失所望。还有，当所有这些院士们，库德里亚夫采夫、沙赫纳扎罗夫①等，当着我和其他人的面说："米哈依尔·谢尔盖耶维奇，您只管给我们道出理念或想法，说出您怎么想的，我们来负责提供法律的框架"时……

但是，即使是应我邀请，我们到别洛韦日开会时，一开始也没打算作出脱离苏联的决定。我和我们的代表团均没有作这种准备，我想别人也没有。只是由于非常简单的原因，我成了别洛韦日会晤的倡议者。我们想讨论在过渡时期能否通过非市场的方式获得能源。在乌克兰大选前我邀请了克拉夫丘克，他们那儿也有同样的问题。我们没有任何政治冲动或计划。尽管这也很幼稚：结果是，我们只能请求戈尔巴乔夫下令给我们提供石油和天然气。而当时他已经不太能驾驭这个被称为联盟的机构了。他想拥有苏共中央总书记的权力，但他不能控制中央政治局。

于是，当布尔布里斯在会晤时突然说，苏联作为地缘政治实体终止存在时，我们就都同意了。我说，我同意签署这个协议，我有这种宪法权利，列昂尼德·马卡罗维奇·克拉夫丘克也表示同意。既然根纳季·布尔布里斯提出这一建议，那就是说，叶利钦也是同意的。这是 1991 年 12 月 7 日发生的事，后来发生的一切都以此为轴心。

我想以前我们自己内部就很清楚，我们想为我们的共和国争取真正的独立，但相互间从未谈过这件事。现在已经谈开了……尤其是在八月事变后，苏联已经开始崩溃了。保持从前的联盟关系已经不可能了。只是我们还有智慧和冷静承认并向世界宣布这一点。

问：为什么只是局部的会面，只有三个共和国的领袖参加，尽管这是经济上主要的共和国？记得你们发表三方声明之后，哈萨克斯坦总统努尔苏丹·纳扎尔巴耶夫的样子看上去慌张而惊恐。他极力表明，你们的协议是秘密的，并不是无可非议的。

答：当我们在别洛韦日开会时，纳扎尔巴耶夫却飞到了莫斯科。我们联系他的飞机，鲍里斯·叶利钦作为老朋友对他说："努尔苏丹，来吧，我们

---

① 前者为苏联著名法学家、苏联科学院主管社会科学工作的副院长，20 世纪 90 年代中期曾访问中国社会科学院，并被首批授予"中国社会科学院外籍研究员"。后者于 1924 年生于巴库，毕业于阿塞拜疆大学，俄罗斯科学院通讯院士，曾任苏共中央副部长和第一副部长，1988 ~ 1991 年间任苏共中央总书记助理，1991 年任苏联总统顾问，曾担任苏联政治学会会长，从 1992 年起任社会经济和政治研究基金会（即戈尔巴乔夫基金会）综合问题研究组负责人。

要开会解决重要的问题。"通话声音很大，我们全都听见纳扎尔巴耶夫说："好，现在就来，我们去加油，然后我就飞过来。"但后来在莫斯科，戈尔巴乔夫在电视辩论上说（我本人听过他的电视讲话），纳扎尔巴耶夫到他那里去了。纳扎尔巴耶夫很犹豫，不知谁会占上风，是戈尔巴乔夫，还是我们，即承认苏联原来的加盟共和国独立。戈尔巴乔夫很希望纳扎尔巴耶夫和他站在一起，并许诺事成之后让他担任苏联最高苏维埃主席。纳扎尔巴耶夫是一个聪明的东方人，于是避开与我们会面。他后来多次说，他永远不会签署像别洛韦日这样的协议。幸亏他没参加，否则他可能会把我们的事态推向南斯拉夫的方式发展。

至今我仍认为我们当时的决定是非常正确、符合时宜的。因为其他的方案都可能会导致内战。就像在南斯拉夫发生的情况，六个共和国没能寻求到这一方案，即立刻宣布南斯拉夫不存在。这之后发生了些什么呀？太可怕了，背叛！

问：很多人至今还认为，苏联的崩溃也是背叛。你们为什么希望分化和独立呢？难道是因为你们在各共和国身处权力的顶峰吗？

答：我不是这样自命不凡的人。我只是在之前搞清楚了我们白俄罗斯的历史。我清楚地知道，白俄罗斯过去只是俄罗斯的殖民地，俄罗斯像老大哥一样把自己的原则强加于人，硬要别人接受俄罗斯的秩序。我们全都是在俄国文化中培养起来的，过去、现在都热爱俄国的作家、音乐家，在白俄罗斯从未出现过反俄情绪。但俄罗斯的政权并不总是为俄罗斯尤其是白俄罗斯的知识分子所接受。事实上正是苏联帝国消灭了优秀的白俄罗斯干部……枪毙，或是流放到西伯利亚。也许，我明白得太晚了，因为我们太会坚持和忍受了。所以我们决定尝试平静地独立生活，同时还是在独联体的框架内。

我后来读到很多关于《别洛韦日协议》的无稽之谈，包括你们、乌克兰人和我们白俄罗斯人都不止一次地胡诌过那些过程。我不和类似说法的支持者们争论，因为他们即使没有任何事实证据也要坚持自己的观点。但我再重复一下，这是一次应当的、诚实的会议。

问：会议的形式是什么样的？谁主持的呢？

答：来了一些不错的代表团。协议所有条款的提案都分发给了他们。每条我们都以六人一致同意的方式通过。来自俄罗斯的有国务秘书布尔布里斯、叶利钦，来自乌克兰的有列昂尼德·克拉夫丘克、总理弗拉基米尔·福金，我们这边是我和白俄罗斯总理维亚切斯拉夫·克比奇。那次会议最重要的一位当事人是叶戈尔·盖达尔①。在我的眼里，他是代表俄罗斯在经济领域最优秀的权威，是一位能够将苏联改变成正常国家的能手。不过，盖达尔几乎从不参加讨论，经常是沙赫赖②来转达他的几乎总是最终的说法：我们不停地讨论、讨论，但有时卡住了，原地不动。沙赫赖一来，我甚至感到惊讶，一切便马上各就各位了。正如我所指出的那样，俄罗斯代表团是很优秀的。

问：这件事持续了多长时间？

答：**12 月 7 日晚上，我们同意签署一句话：苏联作为地缘政治现实和国际法的主体将要停止其存在。**之后，我们的专家组受命起草一份条约，这句话应成为该条约的主要内容。他们第二天就提出了一份有 18 个条款的方案。我们逐条讨论、合并，第二天早上 10 点开始到下午 4 点才结束。因为要使所有条文的提法变得精练，需要相当长的过程。我为此很骄傲，因为今天，如果有谁在提到这份协议的内容时企图对我提什么要求的话，很清楚的是，这份协议在法律上完成得无可指责。

问：戈尔巴乔夫当时知道你们会面吗？

答：他当然知道我们在那儿开会。也许，他不了解细节，或者后来才知道这些。当我打电话给他时，他以非常好为人师的口气开始给我提建议。那里也发生了一件可笑的事。当我们协商好这份协议后，决定电话告知戈尔巴乔夫和布什。鲍里斯·尼古拉耶维奇作为布什的好朋友给布什打电话，而我受托给戈尔巴乔夫打电话。我拨了他的号码后就等着连线，等的时间之长，哪怕坐直升机也到了，而这当中叶利钦已经把一切通告了布什。戈尔巴乔夫当时愤怒地斥责我："你们在那里发疯了吗？美国人又会说什么了。"我告诉他，美国人已经知道一切并对此表现正常⋯⋯

问：你们就这样获得独立自主了。但是，很快您就不再是国家头号人物。人们不相信您吗？

---

① 到白俄罗斯参加会议的俄罗斯代表团，除了叶利钦之外，还有根纳季·布尔布利斯、谢尔盖·沙赫赖、叶戈尔·盖达尔、安德烈·科济列夫以及叶利钦的助手维克托·伊柳申。白俄罗斯总统维亚切斯拉夫·克比奇和乌克兰总理弗拉基米尔·福金也出席了会议。三方都派了记者到会，但人数不多。

② 谢尔盖·米哈伊洛维奇·沙赫赖，1956 年生于辛菲罗波尔，毕业于国立罗斯托夫大学法律系。1991～1992 年任俄罗斯苏维埃联邦社会主义共和国法律政策国务顾问。1991～1994 年任俄罗斯政府副总理。1992～1994 年任俄罗斯联邦国家联盟和民族事务委员会主席。从1994 年 1 月起任俄罗斯联邦民族和地区政策事务部长、国家杜马议员、俄罗斯统一和谐党议员团主席。

答：您知道吗，我再说一遍，如果他们不把问题解决好，我会永远努力依法工作，为完善法律而工作。但在我们的最高苏维埃中，大部分人是经过布尔什维克考验的。他们下定决心要工作得更好，在八月事变后本来就是出于恐惧选上我，然后又出于同样的热情把我撤掉。大概，我们的政治精英们的基因断裂了，只好委曲求全。我对自己所做的事情不后悔，即使现在我也会那样做。看来，只是还不够有水平能够反抗某些幕后的手段。我当时不太清楚这种共产主义的政治，而今天它通过电视节目和其他方式已经广为人知。我当时有点把共产党理想化。

问：您再也没参与到这样的组成当中吗？您是否还记得？

答：是的。1996 年，叶利钦对我很遗憾地说他很懊悔签署了《别洛韦日协议》。这是因为他明白了，他领导的俄罗斯帝国失去了某些东西。但对我而言，更可怕的是，2005 年 6 月 5 日，列昂尼德·克拉夫丘克在乌克兰议会上发言说，如果他知道乌克兰将发生什么情况，他宁愿砍掉一只手，也不签署《别洛韦日协议》。这太让我震动了。当然，这可以理解。我认为，在乌克兰，民主活动开始反对他，他对此很不满意。但我没什么可后悔的，尽管我们的共和国也有蒙昧主义，报复思想凌驾于法律之上。您能想象吗，我们全民选出的总统给我定的退休金是每月 1 美元 10 美分?! 也就是说，我的退休金比最低社会养老金还低 50 倍，但既然总统签字了，那就什么都是对的。在白俄罗斯只有最高苏维埃、内阁和议会才能提出关于这项决定是否合法的问题，但没有人能挑战总统法令是否符合宪法。但终究我什么也不后悔。

（粟瑞雪 译）

71

原苏联元帅、国防部部长

亚佐夫：
苏联是被里应外合地摧毁的

—— 亚佐夫坚信是第五纵队将苏联引向绝路[*]

《独立报》原编者按：德米特里·亚佐夫①——苏联最后一位元帅（1990 年），曾任苏联国防部部长（1987～1991 年），1991 年"8·19"事件期间的"国家紧急状态委员会"成员，后被特赦。他也是少数还健在的原苏联领导人之一。作为苏联后期的国防部部长，他参加了所谓的"国家紧急状态委员会"阴谋，失败后苏联这一超级大国随之瓦解。历史学家至今仍在争论：苏联解体在多大程度上是必然的？所以《独立报》观察员弗拉基米尔·穆辛对这些事件当事人的当面访谈就显得十分珍贵。

问：德米特里·季莫菲耶维奇，美国人认为苏联解体是 20 世纪最大的事件。您是怎么看的呢？

答：不对，这不是 20 世纪最重要的事件。全世界最重要的事件是我们的人民战胜法西斯。这不仅是俄罗斯历史学家的看法，也是欧洲学术界的意

---

* 本文译自 2010 年 4 月 20 日俄罗斯《独立报》，原标题为《亚佐夫："苏联是从内从外有意识地被摧毁的——苏联元帅坚信是第五纵队将国家引向绝路"》。

① 德米特里·季莫菲耶维奇·亚佐夫（Дмитрий Тимофеевич Язов），苏联元帅、国防部部长。1923 年 11 月 8 日生于鄂木斯克州奥科涅什尼科沃区，1987 年任苏联国防部部长。1986 年当选为苏共中央委员。1987 年 6 月当选为苏共中央政治局候补委员。1990 年 4 月晋升为苏联元帅。1991 年 8 月 18 日，亚佐夫等人宣布组建"国家紧急状态委员会"，将正在休假的苏联总统戈尔巴乔夫软禁，同时宣布接管国家权力，并命令军队开进莫斯科。次日，叶利钦及其支持者走上街头，爆发了著名的"8·19"事件。事后，亚佐夫等人被捕。8 月 21 日亚佐夫被解除国防部部长职务，并以"国事罪"被捕受审。8 月 23 日被苏共中央监委会开除出党。1994 年，俄罗斯国家杜马通过大赦决定，亚佐夫获释出狱。2004 年 11 月 17 日，俄罗斯总统普京向德米特里·亚佐夫元帅授勋，作为他的生日贺礼。亚佐夫已婚，有 4 子 7 孙（女）。——译者注

见。

问：可是为什么那么坚固的社会制度经过几十年后会遭受失败？苏联解体是不是必然的呢？

答：当然不是。这里还是那些主观因素起作用。苏联境内外的敌人有意识地用尽浑身解数促使苏联灭亡。如果您还记得，**1989～1991年故意造成苏联国内买不到最基本的东西：肥皂、洗衣粉、香烟，酒也短缺；故意制造革命性紧张：人们堵塞道路，等等。苏联是从内部和外部毁掉的。**

问：那么您认为是谁组织的呢？

答：**美国前总统克林顿说过："为瓦解苏联，我们花费了几万亿美元。"**可我认为，不光是美国人参与其中。有一支所谓的第五纵队，这些人依靠美国人吃饭。这些人不多，但正是他们打残了苏联。

问：有人说，戈尔巴乔夫曾在美国学习过，这与西方特工部门有没有联系呢？

答：不对。他没有在美国学习过。在美国学习的是亚历山大·雅科夫列夫。同时与他一起学习的还有后来当过苏联克格勃将军的奥列格·卡卢金①。此人现在生活在美国，他因叛国罪被俄罗斯判处15年徒刑②。根据我掌握的材料，雅科夫列夫和卡卢金是在那时被策反了的，他后来就是第五纵队的思想家。后来有一段时间克格勃开始调查雅科夫列夫。戈尔巴乔夫说："不能动雅科夫列夫！"这件事我清楚记得。为什么？因为戈尔巴乔夫本人也是被做好工作的。我想，这就源自他与撒切尔夫人那次众人皆知的会面，那次他们两人秘密交谈。伦敦会面后，戈尔巴乔夫直接飞往雅科夫列夫所在地，当时他正在加拿大担任苏联大使。那次出国之后，戈尔巴乔夫本人变化很大。

当时的苏联农业部部长瓦列金·卡尔波维奇·梅夏茨也在那个代表团。后来他亲口对我讲，雅科夫列夫同他谈起说，加拿大生活很好，而我们还在那里搞这样的社会主义制度，搞这些集体农庄……据我了解，这次出访的代

---

① 卡卢金在苏联时期曾是克格勃少将。1990年，卡卢金透露了克格勃在戈尔巴乔夫执政时期拒不接受改革的情况，因而被克格勃除名并取消退休金。1994年，卡卢金逃到美国，成为华盛顿一家咨询公司的顾问。此后他和前中央情报局官员威廉·科尔比合作开发了一种计算机间谍游戏。几年前这位曾为苏联情报事业奉献几乎一生精力的将军获得了美国的绿卡。现在，卡卢金在美国的电视访谈节目中担任嘉宾，并为一些咨询机构做顾问。俄罗斯方面曾让卡卢金回国"证明他的清白"，但他表示拒绝。

② 2002年6月22日，俄罗斯莫斯科法院对流亡美国的前克格勃反间谍情报局局长奥列格·卡卢金进行了缺席审判，认定卡卢金犯有叛国罪并判处他15年监禁。

表团其他成员也被做了类似的工作。**那时候，雅科夫列夫已经逐个地对每个人进行洗脑。他说："加拿大没有集体农庄，没有国营农庄，可他们生活得很好。我们也这样多好啊。"雅科夫列夫根子上就是一个敌人。一句话，我们对他、对戈尔巴乔夫都看走眼了。**

问：都说起初你也是戈尔巴乔夫的朋友？

答：当然不是，我从来不是他的朋友。你可能听说过，葛罗米柯曾经这样评论过戈尔巴乔夫："是的，我犯了错误，提议戈尔巴乔夫担任苏共领导职务。他却是个叛徒。"这已经无需多说了。

问：您认为，苏联首任总统犯了哪些错误？他大搞政治，和各加盟共和国纠缠，是不是应该先将经济搞上去？

答：他也干了一些。可是却与常人不同……当我被任命为部长的时候，戈尔巴乔夫找我过去说，应该削减军队。5个大军种司令部减员。削减了2个军区司令部——沿伏尔加军区和中亚军区。还削减了几个师。代之而起的是军队组建了一些建设性公司和集团。戈尔巴乔夫建议说："组建一个军来建设非黑土地带吧。"于是就组建了一个军。除此之外，还有4个铁路部队在搞经济建设。2个军在搞跨西伯利亚"巴姆"大铁路①。还有4个铁道部队在秋明地区，铺设铁路到油井。一个铁道部队在蒙古，还有一个在阿塞拜疆。可是戈尔巴乔夫还是觉得少。戈尔巴乔夫建议，我们来组建一些水稻连队。后来组建了几支水稻连队，总共有几个师在远东地区。我们特别组建了2个军用国营农庄，为航天员，为列宁斯克（现称拜科努尔）居民生产水稻。还有500个营在各类工厂中做工，特别是集中在化工企业。

问：是不是那时候这种做法也是正确的？

答：不是，我不这么想。之所以组织军人劳动队伍，是因为非军人没人愿意在条件危险的工地上干活。遥远蛮荒、抛家舍业，人们没有积极性。这些地方只有服刑的罪犯和军人在干活。他们不是在建设社会主义，而是在恢复封建制度。这样是不能长久的。这引发了人民的不满。有谁还希望生活在这种国家？几十年来千百万人建设国家，而现在却是一小撮人在享受他们创造的成果。榨取我们国家的财富，把它们变卖到境外：这就是我们现在的情

---

① 贝阿铁路全称贝加尔—阿穆尔铁路，又名西伯利亚铁路（Siberian Railway），俄语缩写为称为"巴姆"（俄语：Байкало – Амурская Магистраль，罗马化拼写：Baikalo-Amurskaya Magistral'，BAM），全长4234公里。这条铁路是宽轨铁路，轨距为1.524米。该线与原西伯利亚大铁路相距380~480英里。

况。国家却日益衰败。人口在减少。过去我们担心，在远东地区范围内总共只有 650 万人。服役的士兵都是来自俄罗斯中部地区。现在那里加上雅库特一起人口才不到 400 万。而这与中国那些有几亿人口的省份相邻。

问：在这种情况下俄罗斯能够维护自己的独立吗？

答：你自己亲眼看看。现在是雇佣的无产阶级，就像大家至今都认同的马克思的说法那样，他们是没有祖国的，在国家财富基础上，在全体苏联人民创造成果的基础上建设资本主义。美国的资本是逐渐积累的。人们靠双手劳动，发现人才。一些人致富靠的是聪明才智和创造，比如福特。正是他们创造和增加了美国的物质财富。而我们呢？对于普通俄罗斯人来说，祖国是什么？石油、森林、财富落在了寡头手中。不必再说了……

问：苏联解体后军队起了什么样的作用？车臣、北高加索和其他热点地区的战争是必然的吗？

答：我不想做什么结论。不过让我们回忆一下，叶利钦刚刚掌权，6 个月的时间里根本没有给军官发工资。这一点任何一个军人都可以证明。不仅是俄罗斯联邦，而且也包括其他独联体国家的军人也会证明。保尔·格拉乔夫那时候是国防部部长。再后来在车臣打起仗来。愚蠢！

问：有一种说法，正是他将驻扎车臣的一个完整的教练师的武器转交给了杜达耶夫。这些武器当时能够武装整个军……

答：完全正确。1989 年，由于在巴库实行紧急状态，加上亚美尼亚大地震，这两个共和国的武器全都转移到了车臣。那里集中了 4 个整装师的武器。这不只能够武装一个军，足够一个方面军！所有武器全都被杜达耶夫夺去了。

问：可是有不少人讲，您也为杜达耶夫在车臣掌权提供了支持？

答：随你怎么想，你自己判断……情况是这样的。1991 年冬天，车臣长老们来找我。找到我之后，他们请求我任命杜达耶夫少将为车臣军区司令。我回答道："不行！"当时杜达耶夫是塔尔图（爱沙尼亚）航空师的师长。他是一个优秀的指挥员，有章法。这支部队有条不紊。而整个航空师装备的是图－22M3 掠翼超音速轰炸机①，美国人称为"逆火超

---

① 图－22M"逆火"（Backfire）是苏联图波列夫设计局在图－22"眼罩"（Blinder）基础上进行了极大的改进设计出的超音速变后掠翼中型战略轰炸机，图－22M 既可以进行战略核轰炸，又可以进行战术轰炸——尤其是携带大威力反舰导弹，远距离快速奔袭，攻击美国航空母舰编队。因此，图－22M 曾经是美苏之间裁军谈判的主要焦点之一，目前图－22M3 是俄罗斯战略轰炸及反舰艇作战的核心组成部分之一。

音速轰炸机"①。飞机还携带鱼雷，这是为了支援波罗的海和北方舰队配备的。

问：杜达耶夫自己想去车臣吗？

答：是的。可是车臣对他的压力是巨大的。车臣长老们在找了我之后又去找戈尔巴乔夫。戈尔巴乔夫便给我打电话并说服我答应他们的请求。我对他说："不能派杜达耶夫去那里，他是一个好师长。需要他留在部队。"戈尔巴乔夫继续施压："你怎么了？再也不能找到一个好师长了吗？"简短地说，这样的谈话没有结果，最后还是同意将杜达耶夫交出去。当时应当授予他中将军衔，那么他就不会起来干什么了。就像在印古什那样，授予了鲁斯兰·奥舍夫②中将军衔……

问：那时格拉乔夫正担任俄罗斯国防部部长。难道他自己不了解，车臣有那么多的武器吗？

答：自相矛盾！车臣积聚了那么多的武器。开始格拉乔夫并不知道。他没有接触过征兵和后勤工作。这些工作都是野战军司令、军分区司令管的事。当我们向车臣转交整师的武器装备时，他还是第 103 空降兵师的师长，这是从阿富汗撤回来的。后来他才当了空降兵司令，接着是国防部部长……

1991 年春天，叶利钦到驻扎在图拉的第 106 空降兵师演讲。时任航空兵司令的格拉乔夫同弗·阿恰洛夫（格拉乔夫在航空兵的前任，后任苏联国防部副部长）找到我，对我讲："我们给他（叶利钦）表演一下他从来没有看过的跳伞，然后给他灌酒，他也就不讲了。"这是他们俩，准确说是格

---

① 北约组织给图 - 22M 的绰号是"逆火"（Backfire），研制工作始于 1962 年，原型机于 1969 年首飞成功，生产型于 1974 年开始正式交付部队使用。1982 年夏，在维也纳美苏最高级会议上，前苏联当局提供的材料中称"逆火"是中程战术轰炸机。图 - 22M 是苏联的第一种航程较远的超音速轰炸机，可以攻击除葡萄牙和挪威以外的所有欧洲国家，如果经空中加油，还可以直接对美国本土目标进行攻击。冷战时期对以美国为首的资本主义阵营产生过巨大震慑。

② 奥舍夫于 1954 年出生于哈萨克斯坦一个名叫弗拉达丝克叶的小村庄。毕业后，奥舍夫 1975 ~ 1980 年担任一个机械化步兵排的排长，后来又升级为机械化步兵连的连长。1980 ~ 1982 年，奥舍夫被派往阿富汗参战，他所指挥的机械化步兵营善打硬仗，战功显赫；奥舍夫本人也被称为阿富汗的战斗英雄。1982 ~ 1985 年是奥舍夫本人一生的转折点，他被国防部选派到著名的伏龙芝军事学院进修，毕业后再次被派往阿富汗。1992 年 11 月，奥舍夫被任命为印古什共和国的临时行政首脑，他于 12 月辞去这一职务，竞选印古什共和国总统。1993 年 2 月 28 日，奥舍夫当选为印古什共和国总统。1998 年 3 月，奥舍夫获得连任。2001 年底，奥舍夫主动辞去了印古什总统的职务，此后进入俄罗斯议会上院——联邦委员会，担任国防与安全问题委员会委员。在 1994 ~ 1996 年的第一次车臣战争中，奥舍夫和前俄罗斯将军列别德一道参与莫斯科与叛军之间的和平谈判。第二次车臣战争开始之后，奥舍夫成功地避免了车臣危机蔓延到印古什共和国。

拉乔夫个人的主意。后来就是这么办的。一些姑娘表演跳伞，跳下来后给叶利钦献花。格拉乔夫接着便提议叶利钦要为此喝一杯，并给叶利钦倒了酒。他一口气干了一杯。接着便摆上吃喝，叶利钦喝得酩酊大醉。当时是 5 月，还很冷，这些人喝完酒竟然下到湖里游泳。洗完了，又开始喝酒。格拉乔夫的所作所为好像是出自好心，灌醉了叶利钦不让他演讲。叶利钦的确对这样的酒场十分满意。自那时开始，他明白了，格拉乔夫是他的朋友。

当所谓的"国家紧急状态委员会"开始行动之后，格拉乔夫打电话给我，向我报告说，叶利钦要求他派兵保护"白宫"。我告诉他："请吧，从图拉派 106 空降兵师一个营到白宫附近。"这个师的师长是列别德①，虽然他那时候已经是伞兵部队副司令，是格拉乔夫的副手。空降兵营到了。但是那里的人都喝醉了，给军人灌酒了。列别德走向叶利钦，报告说，他是来"执行保护"的。总体说来，实际上是叶利钦把他们俩（格拉乔夫、列别德）都策反了。唉，随他们去吧！不想再多提……

（张树华 译）

---

① 亚历山大·伊万诺维奇·列别德（1950～2002 年），苏联解体以后的地方军政强人，在政坛上风云一时，以解决德涅斯特河沿岸共和国和车臣纠纷而出名，1996 年和 2000 年曾两次参加总统竞选，分别败给叶利钦和普京。2002 年在克拉斯诺亚尔斯克边疆区长官任上因飞机撞山而亡。

原苏联元帅、国防部部长

亚佐夫：
戈尔巴乔夫早就背叛了苏联？

—— 亚佐夫后悔军队未能保护苏联国家*

编者按：2006 年，中国社会科学院世界社会主义研究中心策划和主创的八集教育参考片——《居安思危》——经内部播出后在广大党员干部中引起了强烈反响。军队一些老领导观看后建议，应当深刻分析：为什么强大的苏军在紧要历史关头没能够挺身而出保护苏共，反而在分裂势力面前败下阵来？的确，军队在苏联解体特别是在 20 年前的"8·19"事件中的作用十分关键。通过原苏联国防部部长亚佐夫的反思，我们或许能够从中体会到，由列宁等布尔什维克党领袖亲手创建的、有着光荣革命历史和功绩的苏军最后是如何被削弱、被消解、被招安、被收编的。

《俄罗斯报》原编者按：苏联元帅、原苏联国防部部长德米特里·季莫菲耶维奇·亚佐夫，经历了光荣的军旅生涯。他在伟大的卫国战争中受过伤，伤愈后继续战斗，直至战争的胜利结束。如今亚佐夫没有被人们遗忘，在其 80 岁高龄时，被授予"荣誉勋章"。亚佐夫脑力不衰，他不顾耄耋之年，尖锐批评他的前政治对手。其中包括一人，即苏联总统戈尔巴乔夫，就是最近在美国被老布什授予自由奖章的那位……

《俄罗斯报》：请问您某个时候是否曾想到俄罗斯与格鲁吉亚会发生武装冲突呢？

---

* 本文译自 2008 年 9 月 24 日《俄罗斯报》，原文为记者亚·萨尔金对亚佐夫的访谈，原文标题为《亚佐夫：戈尔巴乔夫在当总书记之前就背叛了苏联？》，http：//versia. ru/articles/2008/sep/24/dmitriy_ yazov。

亚佐夫：当然没有。但是，顺便说一句，在苏联解体之际，我马上意识到，掌握格鲁吉亚大权的加姆萨胡尔季阿①可能会铤而走险。后来在狱中我在报纸上看到加姆萨胡尔季阿提出的口号，如"格鲁吉亚只属于格鲁吉亚人！"如果格鲁吉亚只属于格鲁吉亚人，那么阿布哈兹人和奥塞梯人在自己的土地上就变成多余的了。

《俄罗斯报》：而在苏联时代，这种对立是完全不可想象的……

亚佐夫：是的，想都想不到。但是现在，格鲁吉亚似乎已经明白：如今俄罗斯已经成了独立国家，它不会再养着他们。坦率地说，苏联时期免费供养他们，为了换取橘子、葡萄酒、歌曲和他们无耻的笑脸。而格鲁吉亚现在清楚，一旦俄罗斯不能像苏联时代那样，供给他们面包、肉等一切东西，格鲁吉亚应清除它多余的部分——奥塞梯和阿布哈兹。格鲁吉亚除去了阿布哈兹、南奥塞梯和阿扎尔②，还有什么？如果把它们去掉，只留下第比利斯及山区，其他什么都没了。我曾服役于外高加索军区，走遍了整个格鲁吉亚，熟悉那里都有什么。如果说那儿是否有可带来什么收入的东西，那得去阿布哈兹、南奥塞梯和阿扎尔找了。再说了，当时那里只有一个码头和一个航空制造厂，实际上只有两家公司能生产产品，有些收入。

《俄罗斯报》：我们的军队是常胜之军，但现在有所谓的政治技术手段。比如，美国在格鲁吉亚不费一枪一弹就任命了一位总统，在乌克兰也安插了自己的人，即使是病态的两个人也不在乎。这说明了什么？政治操纵比整个军队更强大吗？

亚佐夫：也许你说得对。我们的军队已经被诋毁、被抹黑……唉，算了吧，要是一个称得上政治家的人物指挥它也罢了。我不认识我们现在的国防

---

① 兹维阿德·加姆萨胡尔季阿（Звиад Гамсахурдиа，1939 年 3 月 31 日至 1993 年 12 月 31 日），格鲁吉亚第一任总统。1939 年生于第比利斯，毕业于国立第比利斯大学西语系。在民族独立运动中脱颖而出成为国家元首，1991~1992 年任格鲁吉亚总统。他被公认为极端排外的民族主义者，曾经提出"格鲁吉亚只属于格鲁吉亚人"这一激进口号，并坚决镇压阿布哈兹的独立运动。他的独裁作风导致国内动荡，在任不到一年，被迫下台流亡国外，曾经试图重返政坛未果，最终于 1993 年 12 月 31 日开枪自杀身亡。2007 年，其遗体在车臣地区被发现。

② 阿扎尔是格鲁吉亚的一个自治共和国，地处格鲁吉亚西南部，紧靠黑海，是格鲁吉亚的旅游胜地。首府巴统是黑海重要港口。阿扎尔面积虽只有约 3000 平方公里，人口不足 40 万，但地理位置十分优越。它不仅是格鲁吉亚通往土耳其的主要门户，也是里海石油进入国际市场的过境之地。阿扎尔与俄罗斯关系密切。苏联解体后，俄罗斯在巴统保留了一个军事基地。虽然格鲁吉亚政府多次要求俄罗斯撤除其基地，但遭到阿巴希泽和俄方的反对。

部部长①，也许他是个好人。但当俄罗斯需要与美国和欧盟进行强硬谈判时，他在政治上是否足够强势？……

《俄罗斯报》：看起来，任命他是因为他懂经济，为的是整顿我们的军队，是出自这样的考虑。

亚佐夫：也许，也许……但是，在军事方面，他不能胜任。有这样一个规律：猫在屋里，老鼠便躲起来；猫上了屋顶，老鼠就开始跳舞。所以，随便委派一个人，也不征求每个人的意见，可能谁也没问。可是，我们还有情报总局（格鲁乌）②局长，他应该看到整个独联体国家在做什么，对俄罗斯采取什么样的政策。我们在每个国家都有一个武官。他们是干什么的？这些人首先是情报人员。既然格鲁吉亚独立了，就应该知道，那里现实局势是怎样的！削弱并干掉加尔萨胡尔季阿，但又出来个谢瓦尔德纳泽，此人憎恨俄罗斯。

《俄罗斯报》：您经常与谢瓦尔德纳泽打交道吗？

---

① 阿纳托利·艾都阿尔德维奇·谢尔久科夫，俄罗斯国防部部长。1962年1月8日生于克拉斯诺达尔边疆区阿宾斯基区哈尔莫斯基镇。1984年毕业于列宁格勒苏维埃贸易学院，2001年毕业于圣彼得堡国立大学，专业为经济、法律。1984～1985年在苏联军队服役；2000～2004年俄罗斯联邦税务部圣彼得堡税务监察局副局长，税务管理局副局长、局长；2004年俄罗斯联邦税务部副部长、代理部长；2004年7月27日被任命为俄罗斯联邦税务局局长；2007年2月15日根据俄罗斯总统令被任命为俄罗斯联邦国防部部长。谢尔久科夫有两大优势：其一，进入圣彼得堡大学攻读法律和经济学，并于2001获得经济学博士学位，而普京和梅德韦杰夫这两任总统也都在该大学就读过。其二，娶了俄罗斯副总理维克托·祖布科夫的女儿。支持者认为谢尔久科夫的从商和在财税部门的工作经历可以用在更好地管理俄罗斯日益增长的军费开支和发展国防工业上。——译者注

② 格鲁乌（ГРУ，Главное Разведывательное Управление的缩写，英语缩写为GRU）是俄罗斯武装力量总参谋部情报总局的简称，是俄情报机构中最机密的一个部门。1918年11月5日，苏联红军组建了从事间谍侦察与协调军队各侦察机构活动的战地司令部注册局，后来演变成为俄军事侦察兵部队，又称俄武装力量总参谋部情报总局（格鲁乌）。苏联时期，格鲁乌总部设在莫斯科阿尔巴特街苏军总参大院里，称为总参谋部第四局，代号44388。后来总部搬到莫斯科老霍登卡区霍洛舍夫斯基路的新楼里。在这幢9层高的楼体外，一扇扇玻璃窗错落有致，楼房外墙与玻璃窗浑然一体，因此格鲁乌人员将大楼戏称为"玻璃缸"。1987年，叛逃西方的格鲁乌军官苏沃洛夫干脆将描写自己格鲁乌经历的传记命名为"玻璃缸"。苏联解体后，格鲁乌总部大楼被俄罗斯继承，成为俄武装力量总参谋部情报总局所在地。2006年5月31日，俄总统普京颁布总统令将每年11月5日定为"格鲁乌"的专属节日——俄罗斯军事情报兵日。2006年11月5日军事情报兵日来临之际，普京乘坐俄空军直升机视察了格鲁乌新建总部大楼。大楼位于莫斯科霍罗舍沃公路地区，地上建筑9层，地下数层，楼顶有两个直升机坪，普京乘坐的直升机就在其中一个机坪上着陆。总部大楼防卫森严，建有汽车、装甲运输车都无法撞破的特殊防护墙与外界隔开。2009年4月24日，俄联邦总统梅德韦杰夫签署总统令，任命亚历山大·瓦西里伊奇·什利亚科特里夫（Александр Васильевич Шляхтуров）中将为俄联邦武装力量总参谋部军事情报总局局长。

亚佐夫：瞧你说的，那是自然。我们曾在苏共中央政治局共事。顺便提一下，谢瓦尔德纳泽是苏联外交部部长，是美国国务卿舒尔茨的好朋友，他与美国谈妥将我们的"奥卡"导弹列入《中程和短程导弹削减条约》范围内。不知舒尔茨是怎么说服他的。而"奥卡"作为一种只有400公里射程的短程导弹，不能射到法国和德国，更没法射到美国，绝对不需要列入这个条约限制范围内。

确实，该导弹非常准确高效，他们的情报人员有很好的了解，美方的情报工作很有成效。当时我们的总参谋长阿赫罗梅耶夫和国防部部长索科洛夫对此表示反对。但是，外交部提交戈尔巴乔夫在条约上签字时，对他撒谎说，总参谋部和国防部都同意。顺便说一句，我认为，这导致了撤掉索科洛夫，接着任命我为国防部部长。

《俄罗斯报》：是的，削减导弹条约及其履行等话题，是不是等另找机会再谈。

亚佐夫：当我们开始削减中程和短程导弹，甚至刚刚开始为其作准备时，美国人便开始派遣自己的代表深入几乎每个旅。我们只在美国的两家导弹工厂和另外两个地点派出自己的观察员，而美国人却向我们的117基地派驻了观察员！

《俄罗斯报》：这就是所谓的出卖自己的国家！自那之后，美国人怎么不喜欢亲爱的戈尔比（戈尔巴乔夫）呢……

亚佐夫：没错。总共组建了18个装备"奥卡"的导弹旅，其中卖给民主德国和保加利亚各一个。苏联解体后，保加利亚人将"奥卡"导弹交给了美国……

对军队的诋毁开始于赫鲁晓夫。他骂将军为寄生虫，削减军队，并发动了一场敌视军队的运动。当时甚至有一个口号："每个人都要向奇日少校学习！"当时削减军队人数，一名叫奇日的少校退役后到集体农庄养猪场工作。戈尔巴乔夫从赫鲁晓夫那里首先学到的便是对军队的态度。当我出任国防部部长时，听到的都是一句话："你们部队太庞大。""要削减……"我当时告诉他："米哈伊尔·谢尔盖维奇，让我们先搞清楚——要削减什么!?军队正在建设贝加尔-阿穆尔铁道干线，建房屋、道路、桥梁，收获粮食、稻米，所有这些都是为国家经济服务。"

《俄罗斯报》：请问，说实话，从历史上看，西方到底从我们这里要什么？看看我们的周围四邻，格鲁吉亚、乌克兰……真是都因为能源管道吗？

亚佐夫：他们需要的不仅是管道，他们要的是把俄罗斯四分五裂。为的

是俄罗斯不再是西方的竞争对手。

《俄罗斯报》：可是这要流血啊！

亚佐夫：这正是美国和英国的政策："分而治之！"你看看，他们想让斯拉夫民族最主要的成员之一、有 5000 万人口的乌克兰，和我们分开，将其夺走。

《俄罗斯报》：现在，美国的进攻性正在减弱……

亚佐夫：我相信，德米特里·阿纳托利耶维奇·梅德韦杰夫作出了一个很正确和足够大胆的决定。他们不能把我们怎么样！

《俄罗斯报》：可以这样理解吗，这是在恢复苏联，也许以稍微不同的形式？

亚佐夫：我可不这样认为。如果更早些时候就实行另一种政策的话还可以。但是，戈尔巴乔夫把一切都搞坏了。1991 年 3 月 17 日，在全民公决中人们投票选择保留苏联，但过了些时候，戈尔巴乔夫在新奥加廖沃召开会议，不仅召集加盟共和国，而且自治共和国的领导人都来了，开始有关组建主权国家联盟的谈判。我和克留奇科夫也被邀请。我当时说："米哈伊尔·谢尔盖维奇，你是知道的，如果成立主权国家联盟，那么统一的军队就不复存在了。每个国家都想拥有自己的警察、警卫和军队……"

《俄罗斯报》：还是发生了。所以不得不参加"国家紧急状态委员会"。但是，"国家紧急状态委员会"是完全没有准备好的。哎，德米特里·季莫菲耶维奇·亚佐夫，哪有这样阴谋谋反的呢？……

亚佐夫：紧急委员会之所以没有准备好，就是因为没有人想发动什么政变。把我们当成傻子，以此找理由解释苏联的解体。而克格勃事先也根本没有什么计划。要不为何要在 1991 年 8 月 19～21 日委托帕维尔·格拉乔夫① 去拘留自由派人士，并让他与驻扎在熊湖的空降团保持通信联系？要知道克

---

① 帕维尔·谢尔盖耶维奇·格拉乔夫（Павел Грачев），俄罗斯国防部部长（1992～1996 年）。1948 年生于图拉州列宁格勒区尔瓦村，1969 年毕业于列宁共青团梁赞高级空降指挥员学校。1972 年加入苏联共产党，1981 年毕业于伏龙芝军事学院。在阿富汗战争时当过伞兵团副团长和团长，获得过苏联英雄称号，后任空降兵师参谋长和师长，1986 年被授予少将，1990 年 6 月总参谋军事学院毕业后任苏联空降兵第一副司令、司令。1991 年被戈尔巴乔夫总统破格提升为国防部第一副部长。在"8·19"事件时，身为苏军空降兵司令的格拉乔夫中将观察风向，拒不执行国防部部长亚佐夫元帅的命令，调转枪口，倒向叶利钦，成了叶利钦的恩人，1992 年被叶利钦任命为俄罗斯国防部部长，取代叶夫根尼·伊万诺维奇·沙波什尼科夫空军元帅。他主张军队不参与政治，在政治斗争中保持中立。但在 1993 年炮打白宫事件中声名狼藉，受到各方谴责。1996 年第一次车臣战争失败后应亚历山大·伊万诺维奇·列别德的要求被解职，转任国防产品进出口公司总经理顾问这一肥缺，2007 年叶利钦病逝不到两天，他就被解除顾问职务。——译者注

格勃和内务部都有自己的监狱！当时要是逮捕了搞垮国家上层的那一小撮人，可能情况便会消停下来。

《俄罗斯报》：您指的那些人是谁？

亚佐夫：在最高苏维埃有一个所谓的跨地区民主议员团，由尤·阿法纳西耶夫①、加夫里尔·波波夫等人领导。他们经常为美国人推车拉磨，而戈尔巴乔夫在当总书记之前就出卖了苏联。他曾拜会撒切尔首相，前往加拿大与苏联驻加大使亚历山大·雅科夫列夫会面。后者是一个毫不遮掩的反苏分子。后来戈尔巴乔夫总是单独地"策反"每个人，但人多时从不谈。苏联农业部部长瓦·卡·梅夏茨告诉我，戈尔巴乔夫一次召见他，不停地讲，在加拿大生活有多好，而我们在社会主义制度里受苦……

《俄罗斯报》：德米特里·季莫菲耶维奇，我读到，您在监狱中也没有吸烟，是您自己不喜欢抽一口，还是下决心不允许自己抽烟？听说，为此甚至连监狱看守都尊敬您。

亚佐夫：我不喜欢抽烟。我总有自己的爱好和追求。

（程春华 译）

---

① 见《阿法纳西耶夫：我们欺骗了自己》，2010 年 4 月 6 日《独立报》。

原苏共中央政治局委员、最后一位莫斯科市委第一书记

普罗科菲耶夫：
苏联解体：谁之罪？*

> **译者按：** 苏共莫斯科市委最后一任第一书记在文章中指出，导致苏联解体的罪魁祸首是三类人：一是苏联党政精英，他们无力应对时代挑战，一些人甚至走上了背叛的道路；二是以美国为首的外部势力，他们从自身政治和经济利益出发，目的是要摧毁苏联；三是包括创作知识分子在内的人民，他们不清楚社会政治体制更替会造成何种后果，没有奋起捍卫国家免于分裂。

20 年前，在广袤的欧亚大陆上爆发了一场地缘政治灾难，几乎彻底地改变了世界历史进程，顷刻间亿万人民跌入了另一世界，并被新生国家的边界线分割开来。

1991 年 12 月 25 日，苏联国旗从克里姆林宫顶上降下，而升起的是俄罗斯的三色旗。为此俄罗斯山河破碎，失去了数百万平方公里的土地，以及近半数人口。

20 周年之际，俄罗斯两大电视台相继播放了多集纪录片《苏联崩溃》和《帝国瓦解》。我深信，后一名称更符合历史真实。

---

* 尤里·普罗科菲耶夫（Юрий Анатóльевич Прокóфьев），出生于 1939 年 2 月 20 日。苏共被禁止之前在 1989～1991 年间任苏共莫斯科市委第一书记，1990～1991 年担任苏共中央政治局委员。1991 年"8·19"事件中虽名义上没有加入"国家紧急状态委员会"，但积极参与并支持，而后遭到叶利钦政权的调查。曾出版《苏共被禁前后——苏共莫斯科市委第一书记的回忆》（2005 年）、《杀死苏共——苏共莫斯科市委第一书记的证词》（2011 年）两部书，在俄罗斯颇有影响。苏联解体后，先后领导几家大型高科技军工企业，并从事社会政治活动，担任"'祖国'全俄社会主义人民运动"主席团主席、战略文化基金会主席等职务。此文刊发于 2011 年 12 月 25 日俄罗斯战略文化基金会网站，原标题为《苏联解体 20 年：谁之罪？怎么办？》。

苏联是什么？从地域上说，这是一个俄罗斯帝国，是国民经过数世纪的艰辛，打造出的从波罗的海到太平洋，从北极到帕米尔高原的强大国家。这个曾占据全球 1/6 陆地面积的帝国，其精神血脉不仅包括数世纪以来积淀的俄罗斯文化，也包含居住在这片国土上的其他众多民族的文化。

苏联的解体是否无法避免？倘若相信斯瓦尼泽①或姆列钦②等人的说法，他们极力武断，说什么苏联解体是命中注定的，计划经济应该瓦解，民族矛盾并非人为蓄意制造，而是天生原因造就的。

然而事实终究是事实。依据客观事实，一些著名经济学家、历史学家、政治学家得出了与斯瓦尼泽或姆列钦之流完全相反的结论。的确，经济改革和政治体制的更新是必需的，当时缺少及时应对时代挑战的能力。然而，这并不意味着非要打碎社会政治制度，破坏一个历时千年才成型的俄罗斯帝国，毁掉在 20 世纪的大多数年月里得以延续的地缘政治实体——苏联。

俄罗斯经济研究院副院长、《俄罗斯经济发展 100 年》一书的作者瓦西里·西姆切拉在书中列举了如下事实：**在戈尔巴乔夫改革之前，苏联经济的年平均增长率为 4%～5%。而在戈氏改革的 1986～1990 年期间，GDP 的年度增幅骤降至 2.4%。但即便如此，如果维持这么低的增长速度，20 年后的今天，GDP 总量也绝不是现在的 1.6 万亿美元，而是 4.3 万亿美元。这样也能保证工人的平均月薪能够达到 2000 美元左右。在 80 年代，苏联的生产部门投资充足，技术领先。20 年之后，即使按 2% 的年增长率计算，俄罗斯的人均 GDP 也能达到 2 万至 2.2 万美元，与日本相当，而不是像现在这样，只能幻想赶上葡萄牙。**

我有必要重申一下，当年苏联的经济体制无疑亟须结构性调整，农业、轻工业、贸易领域也应当引入市场机制。而且也需要加强科学技术成果的转化。只是不应当摧毁整个经济和政治制度，而是实施现代化改革，利用资源潜力，如此一来，年经济增长达到 8%、10% 是极有可能的。但事与愿违，党和政府却无所作为。**按美国中情局分析人员的计算，在 20 世纪 80 年代中期，苏联经济占全球 GDP 的比重为 15%～16%；而如今，俄罗斯的份额还不足 3%。**

---

① 尼·卡·斯瓦尼泽（Никола́й Ка́рлович Сванйдзе），生于 1955 年 4 月 2 日，俄罗斯人文大学历史教授，一些历史题材的电视节目主持人。但斯瓦尼泽的历史观点遭到俄罗斯社会一些人的批评，认为他是在"戏说历史"，宣传"有选择的历史记忆"。

② 姆列钦（Леони́д Миха́йлович Млéчин），出生于 1957 年 6 月 12 日，当今俄罗斯历史类、政论类电视节目制作人，出版过多部通俗历史类书籍。

随着社会制度改弦易辙，人民的道德准则被破坏。不管怎样说，共产主义理想毕竟体现的是人们数千年来对公正、互帮互助的美好追求。而如今这些理想与苏联一起随风而逝。目前，人们只留下一条路：任金钱牵着鼻子走。

当然，苏联解体木已成舟，由此两大永恒的俄罗斯经典之问："谁之罪？"和"怎么办？"随之而来。

谁之罪？原因很多，众说纷纭。拥有1900万党员的苏共和超级大国苏联为何一夜间轰然倒下，土崩瓦解？此间仁者见仁，智者见智。

首先，苏联解体并非一朝一夕之事，此前已经有为期数年的准备过程。倘若非得找出罪人，我想主要有如下三组毁灭者。

首先是苏联党政精英层，至少是其中的大多数。他们中的一些人行事愚蠢，轻率；另一些人则是有意地充当叛徒，心里十分清楚自身所作所为及利害关系。苏共在严峻的考验面前毫无准备，党和国家领导层未及时更新社会政治体制。这为戈尔巴乔夫推行所谓的"改革"提供了土壤。而正是在戈尔巴乔夫"改革"时期（1985～1991年）出台的一系列政策，导致了苏共乃至国家的毁灭。下面简要列举如下：

其一是取消宪法第六条，剥夺了苏共在国家和社会生活中的领导地位。如此一来，权力和管理便出现了真空。接下来俄罗斯联邦共产党在1990年夏天宣告成立，这又破坏了苏共的统一性。从此，苏共变为各加盟共和国共产党的联合体，而不再是苏联国家凝聚力的核心。

苏联政府、苏共中央在经济领域通过了一系列决议，对经济造成了非常严重，甚至堪称无法补救的损害。其中影响最大有《企业法》，这引发了企业乱涨价；《合作社法》的出台导致了卢布现金流泛滥成灾，造成严重的通货膨胀；《经济核算法》的出台导致了各共和国以邻为壑，各自为政。

导致苏联解体的第一步，也是最严重的一步便是俄联邦人民代表大会通过的《俄罗斯主权宣言》。宣言明确提出，俄罗斯社会主义苏维埃联邦的法律要置于苏联法律之上。而这份文件的出台其实是叶利钦与戈尔巴乔夫权力争斗的直接后果。

还要提到，当时有些当权派官员直接从事了破坏活动，否则，在计划经济情况下，无论如何都不可能出现一下子同时关停所有烟草企业或是洗涤用品生产企业的情况。甚至出现了这种怪事：莫斯科和其他城市的商店中货架空空，而在通往首都的公路上却滞留着数百辆满载肉类、食用油和奶酪的货车。

到了 1991 年 8 月，类似的破坏活动已经几乎大功告成：一是削弱苏共，二是搞乱国家管理，三是通过急剧降低物质生活水平挑起民众的普遍不满。这并非外部势力所为，当然，或许他们施加了压力。这是党和国家的领导人在三四年间一手酿成的，正是上述所作所为导致了最后的灾难。被称为政变的 "8·19" 事件是最后一个节点，结果是苏共遭禁、社会政治制度被翻天覆地地改变。

如果谈到党政最高领导层的叛变行为，那就应当点到这些人名：戈尔巴乔夫、雅科夫列夫、谢瓦尔德纳泽，加上签署《别洛韦日协议》的那几位：叶利钦、克拉夫丘克、舒什克维奇以及他们的帮凶：布尔布里斯、盖达尔、沙赫赖、科济列夫。

当然，此处不能不强调戈尔巴乔夫的作用，戈尔巴乔夫是党和国家的掘墓人。他才是破坏国家统一和社会政治制度的那些行动的倡议者和实施者。正是他在雷克雅未克和马耳他向美国总统承诺，要解散华沙条约组织和经互会，允许波罗的海三个共和国退出苏联，承诺不干涉摩尔多瓦的内部事务。他本应预先制止《别洛韦日协议》的签署，当时白俄罗斯克格勃组织已经通报给他这次秘密会议，也准备可以随时 "将其做掉"。白俄罗斯总理科比奇后来坦承："当时心存疑惑：这从法律上讲是叛国罪，因为我们违背了宪法。"他接下来讲道："如果我是戈尔巴乔夫，我就会派一个连的阿尔法特种兵，把我们这些人全都抓到莫斯科监狱里去。"戈尔巴乔夫故意按兵不动，无所作为，放任签署《别洛韦日协议》，为瓦解苏联画上了最后的句号。

参与瓦解苏联的第二组力量是外部势力。西方一向对庞大的俄罗斯帝国感到恐惧，但又觊觎其自然财富。在先是与俄国、后来与苏联对抗的过程中，西方大国尤其是美英两国，始终一贯的目的是：过去是消灭俄罗斯这个竞争敌手，现在则是防止俄罗斯重新成为竞争对手。为达此目的，西方采用了多种手段。

首先是中情局艾伦·杜勒斯纪要[①]，后来又有中情局凯西计划[②]，后者

[①] 一般指的是 1948 年 8 月 18 日美国国家安全委员会提出的《美国的对俄任务》（NSC 20/1 1948）文件。俄罗斯方面通常认为，针对苏联进行思想文化渗透以瓦解苏联的计划是由后来的美国中央情报局局长艾伦·杜勒斯秘密实施的。

[②] 指的是 1982 年 1 月 30 日美国中情局推出的针对苏联的一系列秘密行动计划。俄罗斯方面认为，20 世纪 80 年代初期威廉·凯西任中情局局长的六年间，是冷战时期中情局在世界各地反苏活动最猖獗的时期。俄罗斯方面认为，除美国总统里根外，凯西和中情局是造成苏联迅速解体的直接外部原因。

被里根和老布什总统积极推行。美国人深知苏联经济因为冷战对抗而高度紧张，于是趁势炮制了"星球大战"的神话，目的是将苏联拉入新一轮的军备竞赛，彻底拖垮苏联经济。这一伎俩最后得逞。

其二是美国对产油国施加压力，首先是沙特阿拉伯，旨在大幅增加全球石油产量，从而压低石油这一对苏联经济而言具有重要战略价值的原料价格。苏联一直通过石油收入在境外购买消费品，弥补本国轻工产能的不足。由于石油产量大增，每桶油价从 35～40 美元迅速下跌至 10～11 美元，这几乎接近苏联石油开采的成本。这重创了苏联经济，外汇匮乏令莫斯科无法正常进口，导致商店货架空空，居民不满情绪高涨。

其三是西方大国情报机构齐心协力，利用各种活动团体和非政府组织，在苏联成功组建了"第五纵队"。苏联内部的"第五纵队"来自于知识分子代表。对此，作家谢尔盖·扎雷金有一句准确的名言：知识分子应当明白，自己都干了什么，明白自己的所作所为，明白自己言行的后果。

在雅科夫列夫领导的苏共中央宣传部的支持下，当时苏联几乎所有的传媒都落入那些鼓吹"必须派"手里。这些人极力鼓吹"不惜一切代价必须全面替换经济和社会政治制度"。当时大约有 50 名这样的"吹鼓手、传声筒"，让这些人在报刊上发声，在电视屏幕上出镜，用激进改革的思想蛊惑煽动民众。这其中就有波波夫、什梅廖夫、利西齐金、谢留宁等人。

如此一来，反对苏联政权的思潮终于占据了主流。

最后，毋庸讳言，埋葬苏联的第三组力量正是苏联人民自己。大部分苏联百姓，尤其是大城市居民，对所发生的变化盲目跟从，其实根本不明白其本质，也意识不到后果会是什么。一些人为此感到欢欣鼓舞，还推波助澜。在中小城市和农村，大多数人则摆出漠不关心的姿态。

当时的人们已经为生活所迫，无暇关注到戈尔巴乔夫和叶利钦之间的权力争斗及其危害。套用匈牙利经济学家雅诺什·科尔奈的话来讲，"人们对国家未来的社会体制完全无所谓，对他们而言，能够采购些香肠更为重要"。大家欢迎变革，在他们的头脑里，资本主义就是意味着在商店里应有尽有，而人们的福利仍然会像在社会主义制度下那样得到国家的关注。但他们大错特错。苏联制度提供了最高水平的社会保障，赋予人们社会乐观主义精神，而这正是现今俄罗斯大多数公民所缺乏的。

综上所述，导致苏联解体的罪魁祸首包括：

- 苏联党政精英，他们无力应对时代挑战，一些人甚至走上了背叛道路；
- 以美国为首的外部势力，他们从自身政治和经济利益出发，目的是要

摧毁苏联；

    ●包括知识分子在内的人们，他们不清楚社会政治体制更替会造成何种后果，没有奋起捍卫国家免遭分裂。

    接下来是第二个永远的俄罗斯之问："怎么办?"。如今，我们自然无法回到苏联，人不能两次踏进同一条河流。然而，俄罗斯也不能再像现在这样苟且生存下去，要保住并开发横跨九个时区的广袤领土，仅靠目前的1.4亿人口是远远不够的，至少需要2亿~2.5亿人。而从人口现状来看，即便形势在未来出现好转，这一数字在21世纪的100年内也是注定无法实现的。

    只剩下一条出路，这便是联合一部分昔日的苏联加盟共和国——如今的新独立国家。

    这像是在漫长隧道的尽头，曙光已在闪现。这便是由俄罗斯、哈萨克斯坦和白俄罗斯组成的关税同盟——统一经济区，我相信未来还将有其他国家加入，最终形成欧亚联盟。哪怕刚开始不是全部，哪怕只是俄国—苏联历史疆域的一部分。

（张树华 译）

原苏联最高苏维埃跨地区民主议员团领导人

阿法纳西耶夫：
我们欺骗了自己*

    《独立报》原编者按：尤里·尼古拉耶维其·阿法纳西耶夫，历史学博士，教授，俄罗斯自然科学院院士。1989 年在莫斯科州诺金斯克第 36 选区当选苏联人民代表。曾是戈尔巴乔夫时期苏联人民代表大会中跨地区民主议员团领导人之一。1990 年为"公民行动"运动的成员、"民主俄罗斯党"共同主席。1991 年参加"民主进步"运动。

    今天可以清楚地看到，"改革"年代（1985～1991 年）是一个宏大、长期、内容丰富的过程。那个时代完全还可以理解为俄罗斯作为一个体系退出历史舞台。对今天的我们、对当时的苏联而言，1917 年以及帝国的崩溃、灭亡、解体，是全球性危机的重要关口。此后有一个重建，而后再次发生在 1991 年。这是原苏联境内发生的翻天覆地的巨大变化。1986～1987 年的事件如 1986 年 4 月苏共 27 大、1987 年 1 月苏共中央全会、戈尔巴乔夫上台，当时所说的话、声明、改革和公开性一类的宣言等，在那些宏大事件的背景下，这一切今天看来是那么的琐碎而又杂乱无章。

    1986 年前夕，情况已经很清楚了——首先是经济的明显崩溃。商店里空空如也，食品紧缺。财政状况非常糟糕，因为这时恰逢石油价格下跌——从每桶 30 美元降到 10 美元。政府急于向外国借钱。而外方不再提供借款。当时的局面已经难以为继了。发不出工资，企业停产。各加盟共和国此时也开始分崩离析。曾经扮演强有力的纽带角色、苏共所维持的思想体系也破灭了。甚至于苏联存在的基础也是山穷水尽了。

---

* 本文译自 2010 年 4 月 6 日《独立报》。

在改革时期提出的概念中，最有效的当属"公开性"。因为如果要想谈真理，必然会首先谈到斯大林和斯大林主义，然后谈列宁。人们开始谈论那些以前不允许谈的事物。戈尔巴乔夫是变革的推动者。他运用这些概念，并试图赋予其具体的内容。但他大量发表冗长的演说，不仅没充实真理，却起了相反的作用。如果想一想这种崩溃、破灭的过程，它到底是什么？它是苏联作为一个国家、政治体的逐步退出。是宪法第六条规定作为领导力量并发挥主导作用的共产党退出历史舞台。是社会主义作为一种社会制度的消失。直到 1991 年戈尔巴乔夫从福罗斯返回莫斯科之前，在整个改革的期间，他都想拯救苏联、保留共产党、挽救社会主义。

但最主要的是，20 世纪 80 年代中期前，苏联专制力量已经酝酿成熟，要想把实际已经做完的事情变成现实，确切地说，就是不仅在事实上，而且在名义上占有苏联的全部财富，使之成为私人财产，并且这个过程在当时是全面推进，公开进行，只是它有另外的叫法罢了。20 世纪 80 年代后半期的一些决议完全是由苏共中央和部长会议正式通过的：关于合作社、租赁、个体劳动、建立合资企业和银行等。但这才是当时一切变化的主要决定性因素。这也就是说，我所说的经济危机、苏联经济制度和社会制度的危机等，都表现在这些决议及其执行的过程中。

在合作社和股份制的名义下实际上搞了什么呢？将国家财产实行了股份化，但在国有与私有的划分问题上，尤其是涉及预算经费和固定资产的划分时，却没有清晰的法律和权利的概念。1992 ~ 1994 年，也就是发行私有化证券和抵押拍卖之前，在合作社、个体劳动和企业等决议的执行过程中，国家财产实际上已经被苏联官僚占有了。

这一切都是按照当时的法律进行的。比如，企业法只规定了合作社的财产，并未明确固定资产的投资主体。此外，还允许将投资和改造经费转化为消费基金——工资和奖金。而整个过程由厂长说了算。在这件事上我看不出有什么党政官僚的阴谋。它只不过是对自然过程赋予假法律和假权利包装而已。

苏联时期，军工生产几乎占国内总产值的 80%。厂长们和有关部委负责人都以为他们实际掌管着全部的国家财产。关键是如何能将其变现。于是就有了变现。它成为合法的现象。那么问题就出来了：怎样支配这些钱？不能带回家，更不能继承。不可能使妻子和孩子有保障。于是就出现一些想法：必须私有化，必须使这整件事情合法化。时任政府要职的盖达尔和丘拜斯是改革的领头人。这里并没有什么大的计划。

俄罗斯是一个喜欢模仿、没有主动精神的国家。我们的政党是木头人，杜马有名无实，只会附和。所谓的选举、法院和检察院都是如此……国家机关是贪污、诈骗和抢劫的机构。也就是说，国家机关在职能上变成了完全相反的东西。而今，又有人企图用一些复制品在俄罗斯继续保留苏维埃体制遗留下来的一些东西。

与此同时，很多人都经受过的那种情绪的激荡，本身就是积极现象，尽管没有结果。很多事物借助公开性被揭露出来。那些再去读了一遍阿赫玛托娃的《安魂曲》、特瓦尔多夫斯基和格罗斯曼的书，再去看了一遍某些电影的公民，找回了自我。这也是积极的现象。现在很多人开始明白，什么是与叶利钦、盖达尔和丘拜斯的名字有关的民主化，那里根本没有任何自由主义——这也是积极的现象！确实，人们现在变得越来越疏离，离整个国家的事务越来越远，从政权中慢慢淡出……不一定去进行某种诈骗和肮脏勾当，但却是疏离。这成了人们行为的普遍动机。为什么现在人们不出来参加抗议活动呢？他们在问自己：还要受骗多久啊……丧失人性的几十年没有白白过去。

1992 年，我脱离了民主俄罗斯党。我弄清楚了，那些曾经和我在一起的人，绝没有想要搞改革。他们就是要加入当权集团。最初是加入戈尔巴乔夫集团，索布恰克就是这么做的。索布恰克极其顺利地进入了政坛，而且这样的人远不止他一个。政权更替以后，他又进入叶利钦的政府。到头来，我们这些浪漫的民主派，成了鼹鼠们挖洞的幌子。

现在很多为政权服务的批评家在继续散布幻想。他们往民众的头脑和意识中灌输巨大的谎言。瞧瞧，这个"硅谷"到底是什么。这才是真正的模仿。这是彻头彻尾的骗局，因为住宅和公用事业的状况在恶化，还有与收入、工作、企业倒闭、社会冲突有关的情势也日益严峻。

问题在于，现实就是这样展现的——随着共产主义思想的消逝，我们赖以生存的凝聚剂也被摧毁了。因此，人们现在正试图重新发明这些能起凝聚作用的事物，但必须有一种伟大的思想，一个宏伟蓝图。当局看不到这个蓝图的未来，因而试图在过去的历史中寻找。似乎一切最好的事物还留在某个地方。由此而来的是——借着庆祝伟大卫国战争胜利 65 周年而发出的狂热"爱国主义"、不许篡改历史的法律等。这也是巨大谎言的一部分。民众的意识和政府的意向在该谎言中合在了一起。我们已经承受过很多，但在不确定性和混乱面前，民众仍然感到极其恐慌。人民需要某种可靠的东西。当局这时候跳出来说：我正是你们期待的可靠和稳定，只是你们要知道，我把自己和我们的过去，包括苏联之前的过去连在一起。所有人都息息相通，产生了双重欺骗和虚幻。可惜的是，我们的社会就在这种幻象中继续存在。

我唯一能做的，只是让人们在现实生活中能明白和认识自己。（戈尔巴乔夫的）**改革是幻想和迷惘的时代。正因为如此，改革与我们今天的现代化尝试极其相似。**

我想指出，现政权已经会使用现代政治手段，能比苏联政权更巧妙地操纵意识。此外，它有能力调节财源，让俄罗斯居民生活在权力的保护伞之内。实际上，这个政权不需要老百姓。因为拥有能源管道和原料，政府没有居民也能应付。因此，普京的全部政策不过是把居民圈进保护区：不许参加任何政治活动，不许参加任何经济活动。你们的位置就在这个保护区之内，而我们将保护你们（这是索尔仁尼琴的用语）。

还不曾有人提出改变制度这种任务。可以按另外的方式表述：应当改变俄罗斯的发展模式，改变其实质。能做到这一点吗？谁也不知道。但请设想一下：我们现在大声呼喊——打倒普京！突然普京没有了。什么会改变呢？我们仍将面对同样的问题。但是办法还是有的，应当努力保持自我，应当思考并寻找问题的答案，应当站在符合自己良心的立场上。

（粟瑞雪 译）

原苏联人民代表、苏联总检察院特别事务侦查员

尼·伊万诺夫：
戈尔巴乔夫的改革与反腐败[*]

《独立报》原编者按：尼古拉·维尼阿米诺维奇·伊万诺夫，
莫斯科市律师公会律师。1984～1990年任苏联总检察院特别事务
侦查员。1989～1991年担任苏联人民代表，是俄罗斯人民党的创
始人之一。

这是一个充满希望、浪漫激情和迷茫的时代。同时，这种迷茫是群体性
的，人们觉得似乎只差一点就会改变一切，如同神奇的童话一般。俄罗斯人
是爱讲童话的人，很容易进入这种状态。然后，已经发生的现实终结了所有
对未来的希望。我和格德良作为一个相当大的侦查小组的成员，当时在乌兹
别克斯坦调查腐败案。当时重大的腐败案件主要是在护法机构和党的机关。
这不只是"棉花案"①，我们调查的是政府高层的腐败事件，我再说一次，
这并不仅仅是乌兹别克斯坦。

后来，上面觉得对我们的定性还不够严厉，越来越多地指出我们冒进，
尤其是在人民代表大会上明确讨论这个话题，开始指责我们越权，并成立委
员会，对我们进行立案调查等。但实际上并没有一个完整的"棉花案"。约
有1000起类似的案件，为此投入大批当地侦查人员，为协助他们还从全国
各地增派了数百人。通常，调查涉及的是低层的生产者：队长、集体农庄主
席、棉花验收员等。1983～1988年，在乌兹别克斯坦共有约3万人被追究

---

* 本文译自2010年4月6日俄罗斯《独立报》，原文标题为《大路上走来的浪漫主义者》。

① 指当时发生在苏联乌兹别克加盟共和国的贪污案件，案值高达80多亿美元。"棉花案"涉
  案人员最高的是苏共中央政治局候补委员、乌兹别克党中央第一书记夏·拉·拉希多夫。
  1983年10月31日，乌兹别克共产党第一书记、苏共中央政治局候补委员拉希多夫因侵吞
  数十亿国家资金的乌兹别克"棉花案"而自杀。

刑事责任。我们小组反对如此大规模整治。因为要知道登记棉花产量和相关的侵吞都带有官方性。因此，多年来形成了一个相当严密、无法脱离的体系。那些掌权者的姓名，像拉希多夫或乌斯曼霍贾耶夫①，已经不重要：造成这种局面的制度才是关键之所在。

我们也相信：腐败的关键是那些能作决定的领导，是位高权重的人。我们是要根除组织者，而不是执行者。因此，我们办案的声势才如此浩大。尤其是 1984 年，在国家现代历史上，我们首次对一位州党委现任第一书记追究刑事责任②。这种情况迄今没有过——以后也不会再发生，除了可以任意追究任何人的斯大林时期以外，这种级别的领导是不会被调查的。1985 年，我们的调查更加深入，这项艰苦工作的结果是我们起诉了 62 人，这些人都是精英，实际上是乌兹别克斯坦的整个领导层。

此外，我们还把苏联内务部搅得天昏地暗，收集了大量证据，涉及许多部长、最高法院院长、苏共中央工作人员甚至中央书记。如果我们没有被阻止，我们会查出比那五年多出千万计的赃款。但在这个阶段，我们遭到了压制。

常有人说，这一切都是安德罗波夫整顿秩序的方针。我想指出，安德罗波夫还在担任总书记时，拉希多夫就打算将异己分子驱逐出该共和国，我们能坚守在那里只是因为他本人去世了，否则我们很快就会被撵出乌兹别克斯坦。而且，安德罗波夫执政期间，拉希多夫就已经开始反击了。事实上这起事件的所有发起者（案情首先在布哈拉开始反复），共和国安全委员会，从克格勃主席、副主席、侦查部长开始，更别说侦查员，全部被拿下：有的被降职，很多侦查员被送到阿富汗的战场上接受"再教育"。从某个方面来讲，我们还算幸运，因为当时党和国家的领导人更换得太过频繁。每次新领导上台，我们的工作就出现明显的停顿。接任者哪有工夫管我们侦查小组的事，他需要熟悉自己的位置并安顿好自己人。**小组濒临解散是在戈尔巴乔夫时期，我们一再呼吁戈尔巴乔夫中止对"棉花案"的随意调查，停止追究大多数人的刑事责任。而他并不采取坚决的行动，只是把材料转给总检察长。而总检察长不止一次冲我们发火："为什么背着我去找呢？"**

---

① 伊纳姆容·布兹鲁科维奇·乌斯曼霍贾耶夫，20 世纪 80 年代初期曾任苏联土库曼加盟共和国领导人。因巨额受贿，被判处监禁。

② 指乌兹别克斯坦加盟共和国。——《独立报》注

那么结局是怎样的呢？严格地说，破坏我和格德良①调查腐败案件的罪魁祸首就是戈尔巴乔夫。因为在 1989 年，当我们接近莫斯科主要的腐败堡垒时，他和他的战友们认为，这是在给党的机关抹黑，就开始公开压制我们。而我们认为，找出党和国家机关中的腐败分子是巩固国家制度的主要任务。但在 1989 年 3 月，捷利曼·格德良被叫到中央委员会，被告知："行了，伙计们，你们自作主张到此为止了。把所有的材料交出来，我们就既往不咎。"显然，格德良当时的反应强烈。他始终一句话也听不进去，对上级不够尊敬，把自己想的全说了。因此，比如，他今天就只是一位俭朴的退休人员，而不是总检察长。后来一切都表现在党中央政治局的决议中，迫害开始了。我们知道，我们只剩下几个月时间了。需要保存好案卷，保护好已占领的阵地，从政治上巩固这一切。虽然我是一个从不对政治抱幻想的人，但也决定竞选代表。我当时结果还不错——有 150 万张选票，尽管我是莫斯科人，却是从列宁格勒市选出来的。

这就是当时那种矛盾重重的情形。一方面，改革时代的某些现象无疑帮助了我们。比如，新闻媒体记者对我们的帮助就很大。1988 年，我们就成功地借助过媒体。首次披露案情后，记者们开始关注我们办案的情况，比如扣押财产等。这一切都公开报道了。我们首次在总检察院举行了新闻发布会。当然，此事的结果是当时的总检察长亚历山大·列昆科夫丢掉了自己的位子。1988 年 5 月该发布会召开之后，所有的电视频道都播放了节目，报纸公布了照片，魔鬼从瓶子里被放出来，所有的事实被公开。苏共中央对此极为不满，一个月后就直接任命了新的总检察长——亚历山大·苏哈列夫。

当时反腐败斗争的标准是非常高的，20 多年来无人能逾越。它给了很大的希望，国内将终于出现某些级别的官员不再是碰不得的局面。这些年来，我们越走越高，感受到社会的需要和渴求。突然间，不仅砍掉你的翅膀，还说要把你关起来……

在 1989 年 5 月 25 日人民代表大会召开的这一天，我和格德良被立案调查提起了刑事诉讼。代表资格审查委员会未通过解除我们代表资格的提案，随后发生的事件也没有结果。因此，针对我们俩成立了由罗伊·麦德韦杰夫

---

① 捷利曼·霍列诺维奇·格德良，1940 年生于格鲁吉亚苏维埃社会主义共和国阿哈尔卡拉基区，毕业于萨拉托夫法学院。1983～1990 年先任侦察员，后任苏联总检察长重大案件高级侦察员。1990 年 4 月按照苏联最高苏维埃给苏联检察长的指令被清除出检察机关。因缺乏犯罪证据，1991 年 8 月苏联检察院停止对侦查员捷·格德良和尼·伊万诺夫的刑事起诉。从 1993 年起任俄罗斯人民党主席，现为"新俄罗斯"党团领导人。

领导的委员会，他也是一位改革者。但当检察院向最高苏维埃起诉我和格德良时，整个跨区代表小组都支持我们。五次投票，只有卢基扬诺夫[①]和戈尔巴乔夫主持的唯一一次投票时，代表们同意将我们开除出检察院，而且作出了非法的、措辞不合法律的规定。

我们都知道，事情朝坏的方向发展的可能性很大。我们不是生活在真空中，我们见过很多同事因为说得过多、做得太多而被迫害。尽管如此，目标的意义仍比个人安全重要。现在大概很难相信这一点，但我们相信，还能够达到一个高度，它将成为一个标志，告诉人们，世间还有不分高低贵贱的正义。这已经开始具备国家政策的某些形式、特点等，当然尚不十分明确。

我们当时就是这样的感觉，很多人帮过我们，比如，我至今对尼古拉·伊万诺维奇·雷日科夫仍很尊敬，他当时是部长会议主席。我们几次通过他把我们的报告递交给政治局和戈尔巴乔夫。因为很多事情没有最高层批准是不能解决的。今天说共产党什么也没干预，这是在讲故事。没有党的批准，那真是寸步难行。而雷日科夫毕竟知道，这仍是有益的工作——肃清国家机关中的腐败。叶利钦当中央委员会书记的时候也帮过我们很多，他那时来过一趟乌兹别克斯坦，我们后来才知道，他严肃批评了共和国的领导，当时就建议乌斯曼赫扎耶夫[②]辞职。后来当我们需要解决一系列将丘尔巴诺夫（1980~1983年任内务部第一副部长）绳之以法的组织问题时，他也帮过我们。丘尔巴诺夫今天在电视上声称，似乎他因为一两件衣服被关进监狱，但他忘记了经手的钱数额巨大。要知道甚至在开庭时，他都当场承认自己个人敛财9万卢布。考虑到当时卢布和美元的比值几乎相同，这一数额并不小。在英国，任何一位首相收受9万美元都会被撤职，但我们这里不管任何情况都没这样执行过。应当对叶利钦给予应有的评价，他解决这个问题和其他有关几位配角的问题都相当有效。在一次政治局会议上，他非常尖锐地提出了这个问题，要求不干涉我们工作。我们都已经计划好，如果可以这么说的话，法办几位苏联的部长，为此已经收集到大量重要的证据。要实现这样的结果，必须无私地工作，对当受到坐牢、退休和解职的威胁时不予理睬。这不是说大话，只是我们不会别的。当时给我们设置了多少障碍，我们付出了多少努力呀！但我们也作了准备。比如，我们撰写了一篇名为《对峙》的文章，文中指出，在第19次党代表会议的代表中，有一些被上层官员包庇

---

① 1989年任苏联最高苏维埃第一副主席。——《独立报》注
② 1983~1988年担任乌兹别克斯坦中央委员会第一书记。——《独立报》注

的贪污分子。显然，写作是一回事，发表又是另一回事。最初这些都是为《共青团真理报》撰写的，但该报领导断然拒绝发表。《星火》杂志的总编维塔利·科罗基奇承担了责任。我们和他会面后，出示了许多材料和证据。在那次党代表会议的前一天，《星火》杂志发表了这篇由我和格德良署名的文章，自然，掀起了轩然大波。代表团愤怒了，这是怎么回事，怎么搞成这样了！于是开始攻击这家在某些人看来违反纲常的刊物。但我们声明，我们对每个字负责。我们还引用了列宁的话："执政党维护'自己的'恶棍是最大的耻辱和丑行！"鉴于这是党的代表会议，我们当时还是苏共党员，于是我们被开除出党，但这是后来的事。与此同时，成立了一个委员会，我们的新检察长苏哈列夫开始忙活起来。怎么办呢，包不住了。确实，这全组的人，包括乌斯曼赫扎耶夫，都收过贿赂，我们向中央委员会提交过关于他们的报告，要求对这些人追究刑事责任。这一丑闻的曝光，使我们的工作推进了一大步。也就是说消息传遍了全国，却没有任何反应。但我们的人民是聪明的，大家议论纷纷，开始猜测这些受贿人是谁。首先指出的有安德烈·葛罗米柯（1985～1988 年任苏联最高苏维埃主席团主席），米哈依尔·格奥尔加泽（第四届至第十届最高苏维埃代表），叶戈尔·利加乔夫（1983～1990年任苏共中央书记），还有很多当时政府的现职人员。**我们都是浪漫主义者，出于某种原因，相信普世价值，大概是因为没有深入理解某些事情。现在，当我游历了世界各地，多年来与不同的人交往，读过很多书之后，才与那个时代和当时我们的态度及期望有了比较。现在我知道得很清楚，全人类的道德这种东西并不存在。每个民族都有自己的概念，每个国家都有自己的心态、原则和概念，试图人为地引进某些模式。如果社会不接受它们，那么这些东西就会消退，并变成对立现象。第二点，今天深感遗憾的是国家的领导，我指的是戈尔巴乔夫、叶利钦和其他当时作过决定的人，他们没有行动计划。没有计划什么也不可能做，应当看到，什么更重要，什么不太重要，什么可以牺牲，而什么不能，因为这对改革来说是致命的。因此，尽管我们没有一下子演变，却也在一点点地挥霍国家的财产。对老百姓来说，这些剧变的后果就是灾难。**这些事后我回到了司法系统。后来我和格德良一样，被开除出了检察院，但忘记了给我们恢复工作。我和格德良找到宪法法院，那里的人讲，我们的问题过于政治化。而已任俄罗斯联邦总检察长的瓦连京·斯捷潘科夫以俄罗斯联邦检察院不是苏联检察院的继承者为由拒绝恢复我们的职务。荒唐腐化到这种程度。1993 年，我亲自和叶利钦交流了这个问题。我说："我什么都不要，也不想在检察院工作，但请恢复我们的名誉，让人们知道，我们没被踢走，我们工作出色。"

　　但很显然，没有人愿意在检察机关中见到为了维护法律可以把自己的头放到断头台上的、独立自主的人。结果我们今天看到，法律部门是多么混乱不堪。无论这听起来是多么令人惋惜，尽管我们听到各种各样的说辞，但却没有任何系统性改变的意思。严格说来，那时我们又经历了一次革命，这场革命的损失最小，这是优点。另外，正是在那时我们失去了信仰，使国家发展陷入绝境。这种绝境现在已经清晰可见。智者逐渐逝去，年轻人正在逃离俄罗斯，国家日益丧失生活的吸引力——这非常令人难过。

（粟瑞雪 译）

原苏联人民代表、苏联总检察院特别事务高级侦查员

捷·格德良：
改革就是浑水摸鱼[*]

　　《独立报》原编者按： 捷利曼·霍列诺维奇·格德良①，
1983～1990 年苏联总检察院特别事务高级侦查员。1989～1992 年
担任苏联人民代表，1995～1999 年任俄罗斯联邦国家杜马议员，
俄罗斯人民党创始人之一。

　　捷·格德良提出，改革的思想其实是安德罗波夫提出的，戈尔
巴乔夫只是开始着手。但他异常积极地反对侦查小组调查腐败案
件，执政末期已不从国家利益的角度出发解决问题。格德良认为，
戈尔巴乔夫开始的改革是政治冒险，他将国家和多数民众带入了
25 年都无法走出的旋涡。

　　一直以来都认为改革思想出自戈尔巴乔夫。直到（20 世纪）90 年代
初，从安德罗波夫儿子的讲话中才得知，其实是尤里·弗拉基米洛维奇
（安德罗波夫）提出的改革思想。不久前，原苏共中央总书记戈尔巴乔夫也
同样表示：安德罗波夫曾组建旨在探寻改造社会最佳方案的工作小组，其成

---

　　*　本文译自 2010 年 4 月 6 日俄罗斯《独立报》，原标题为《在改革的浑水中许多人为自己摸
　　　到了金鱼》。
　　①　捷利曼·霍列诺维奇·格德良（Тельман Хоренович Гдлян），生于 1940 年 12 月 20 日。
　　　1959～1962 年在军队中服役。1964～1968 年在萨拉托夫法律学院学习。1968～1990 年期间
　　　任检察官办公室的多个职务。1990 年，他因参与苏联党和政府高层腐败调查，特别是调查
　　　苏联总检察长等重大案件后，被非法解雇。他当选为苏联和亚美尼亚的人民代表，曾是苏
　　　联最高苏维埃成员。他是"民主平台"协调委员会、区域间议会团体和"民主俄罗斯"运
　　　动等理事机构的成员。出版有关于有组织集体犯罪的 3 本著作，期刊文章数十篇。http：//
　　　gazeta. aif. ru/online/aif/1278/15_ 01。

员包括戈尔巴乔夫。

安德罗波夫因健康原因辞世，没能实施这一思想，即选择最佳的、最有效的国家发展方案。结果是戈尔巴乔夫后来选择了最糟糕的改革道路，对社会、体制，最主要是对经济进行大改造。刚开始时许多人都对戈尔巴乔夫上台表示欢迎，这是因为出现了一个活生生的人，他可以脱稿讲话，他能够平易亲切地与民众交流，他许诺在其执政期内创造苏联的黄金时代。甚至在国际舞台上，不会令人难堪地看到一个发令员——20 世纪 80 年代大家都这样形容那种说不了几句话的人。大家看到的是个完全符合现代外交规则的人。所有这些吸引了外界对新任总书记的注意。

我作为一个曾积极参与社会生活的人，可以断言：苏联绝大多数老百姓都是欢迎这种新气象的。**然而后来我才明白：这是一种冒险，因为大家都知道想要什么，却不知道如何去做。一个不懂行的人，某种意义上说是肤浅的人，走上了国家领导岗位，他承诺的是其无法实现的东西。而国内的情况是越来越糟。正因为如此，对苏联新领导人的全体欢迎逐渐转为沮丧，然后是不满，后来是强烈的抗议——国家该走向何方，是否最终又会将其引入另一个死胡同？**

这种运动开始蔓延，刚开始是缓慢的，然后越来越多的人卷入口水战，即我们是不是沿着正确的方向前进，或者这种所谓的改革是否会导致社会生活质量以及整个国家新的恶化。

后来出现了新的力量，他们提出另外一种解决国内紧迫问题的机制。而这导致在全体不满和寻找国家今后发展道路的高潮时期出现了一个完全不同的领导人。我指的是叶利钦，他最终彻底完成了国家的毁灭。

而戈尔巴乔夫在自己执政末期只专注个人的事情，他在解决问题时已经不是从国家利益的角度出发，而是考虑这样做西方是否高兴。而我们外交和国防政治中的最根本利益都被他毫无缘由地拱手交出。现在我们才知道，为实现德国的统一，德国人当时准备在我们财政和经济最困难的时期提供4000 亿～5000 亿美元。而我们联盟的总统只开口要 100 亿～120 亿美元。后来知道，格尔穆特·科尔对自己的亲信曾非常难听地说，他从头到脚都被震惊了。"我没想到会这样，"德国总理承认说："当然，也只能同意如此可笑的数目。"美国国务卿贝克在自己的回忆录中也写过同样的内容，他吃惊苏联竟然会有这样的领导人，他们会这样放弃国家的利益。这就是戈尔巴乔夫的时代。

说到当时我们和有关我们的事情，我们通常半开玩笑半认真地说：不是戈尔巴乔夫开始了改革，而是我们，我们的侦查小组在苏联开始了改革。谁也没有发出全力打击腐败的信号。后来有人想到了反对"特殊供应"，说是安德罗波夫邀请格德良，并责成他揭露、曝光并追究犯罪者的责任等。很遗憾，我并不认识尤里·弗拉基米洛维奇（安德罗波夫）。总检察院的领导邀请了我，并且说："是这样，格德良，您该去塔什干调查苏联检察院对某个中校、布哈拉州打击盗窃社会主义财产处处长的刑事诉讼。"我感到震惊，苏联检察院要负责这样的小事，他们说，那里没收了大笔的黄金和现金，金额在150万卢布左右。

那是在1983年，我受命去乌兹别克斯坦，很快调查清楚，差不多用三四个月的时间将案件移交了法院。没有任何人会事先预见，事情将会如何发展。我们来到塔什干，空降到那里，初期我们只有三个人。但是案件因大量的细节和证据而迅速展开，逐渐有越来越多的新人被吸收到侦查小组。我们发现，这不是一起孤立的中校受贿案，而是一个完整的、有分支的体系。该体系远远超出州的范围，扩展到塔什干、乌兹别克斯坦其他州，然后更远，到其他共和国，而且不只其相邻的共和国。而最主要的是与莫斯科的犯罪联系。当秋天来临时，我们仍在热火朝天地工作，对案件的调查也越来越深入。我被总检察长召见，第一个问题就是："格德良同志，为什么你们调查的案件仍未结案，没有移交法院，那里还一点动静都没有？"他迅速向我下达了指示，要求在此收尾和立即结案。现在很难相信这一点，但我说了，我不能结案，因为这样不合法。我们怎么能这样结案，如果出现新的线索涉及乌兹别克斯坦中央领导、其他多个共和国和莫斯科的部委等。这样就开始出现混乱，因为他们没想到我会不服从上级的指示。

在老百姓中产生了这样的印象，即格德良和伊万诺夫及其侦查小组是一路绿灯畅行，到处都欢迎和接待他们，当局都喜欢他们，亲切地对待他们，因为他们正在执行针对沙拉夫·拉希多夫及其团队的特殊任务。所有这些都是谎言，就像我们总理所说的，一派胡言。根本不是这样，有人给我们使绊，给工作制造大量的障碍，甚至我们时常受到解职或各种不听话就制裁的威胁。鬼知道我们在总检察院和国家领导人眼里是什么样的人——有这样一些莫名其妙的人，他们总是吹毛求疵，不听从于任何人和事，不想接受领导的指示等。

在我们工作的整个过程中都是这样：一切都是在违背，而不是依靠总检察院和党机关的指示——整个高层都不想触动这些。那些不想深入调查腐败的人，其实都完全知情，他们知道，到处都是这样干的。**而我们曾相信戈尔**

巴乔夫，我们想，来了个年轻的，与这些事情都没有瓜葛的国家领导人，现在我们将获得政治决心，我们将进行下去并调查到底。但后来我们看到，他恰恰是最积极反对调查这些事情的人。我当时对此长久地思考，要知道实际上已经把剑递到他手中，这把剑可以让他摆脱那些不诚实的腐败领导人，似乎他应该欢迎这些，而相反他却坚决不喜欢这些。这样，我得出结论，戈尔巴乔夫有自己的顾虑。我们那时在克格勃大楼里工作，自然，一举一动都记录在案。所有一切当时都被非法记录下来，并汇报给上面。在小范围里我经常说，应该继续向外高加索的三个共和国进展，然后是沿北高加索、克拉斯诺达尔和斯塔夫罗波尔边疆区推进，最后在莫斯科收尾。要知道戈尔巴乔夫曾经是在这三个边疆区之一的斯塔夫罗波尔工作。有可能，他在领导边疆区的时候并不是完完全全的干净。

我们的事业是完全建立在思想信念之上的，现在的读者根本无法理解这一点，很多改革派人士都有将所有寄生虫从国家机制中清除的想法。国家在当时已经失控，没有责任感，已经毫无顾忌地做着丑事，因为已经有了逍遥法外的感觉。我记得，当我们第一次抓住这样级别的人物、布哈拉州党委第一书记阿卜杜拉希德·卡里莫夫时，我们问他："您为什么要数百万的钱，我们在您那儿找到了120多克的黄金制品，难道您不害怕会败露？"他说："现在没什么可隐瞒的，没有任何恐惧感，因为甚至在做噩梦时也不会梦到，会有人来送我去监狱，然后还会审讯和没收一切。"党的机关控制着一切，在地区一级发生的一切汇报给区第一书记，在州党委一级的汇报给州委第一书记以及更高的共和国一级等。当圈子里所有的人都相互关联时，这自然就保护了他们，也使得他们一般没有可能维持安全的办法，如果可以这样说的话。

我们是党员，因此无论如何不能同意党受到玷污。我们是国家公仆，因此不能同意国家机关腐化。现在对此有一种说法，叫爱国主义。我们那时候没有这样的目标，我们只是无法按照其他方式生活。后来这些全部被改头换面，开始在黑屋子里找黑猫，寻找背后支持格德良和伊万诺夫的人。我们的批评者压根儿不会想到，这些普通的苏联侦查员，虽然来自苏联检察院，那里有着严密的上下级关系，他们却可以不听从检察院领导，不听党的，甚至不听苏共中央的。而我们做着自己的事情，坚守自己的理念。有人甚至当面对我们说，你们怎么了，是蠢货还是疯子，要知道给你们提供了这么多好处（我把话说到前头）——升职、肩章上加星、给钱和其他等。顺便说一下，后来是有一些反复无常的人，他们利用了这一切并获得任命和其他所有的东西。当然有这样的人，怎么可能没有背叛者。但我是国家的人，我过去和现在都永远以此为出发点（这种怪念头深植于我内心深处）。你们记得《高加索女俘》中的主人公吗？他曾说过："你们不要把自己的毛皮和国家的搞混了。"但那时和现在很多的贪污分子把一切都搞混了。而我所受的教育、我的世界观等一切都告诉我，最关键的问题的是权力应该为所有人服务，包括我、我的家人、亲朋等。这很重要，正是基于这样的理念，**我认为，戈尔巴乔夫开始的改革，从其实施的形式来说，是政治冒险。似乎是为人民进行改革，却没有给人民带来任何东西。可是许多人在改革的浑水中捞着了自己的金鱼。但我们大多数人，要知道戈尔巴乔夫曾获得2/3以上民众的信任票，却被带入陷阱和旋涡，过了25年都无法从中走出来。**

（粟瑞雪 译　薛福岐 校）

德罗兹多夫：
苏联领导层中曾有国外奸细[*]

《俄罗斯报》原编者按：俄罗斯有句著名的谚语："知道得越少，越能睡个好觉。"但这句话可能对尤里·伊万诺维奇·德罗兹多夫[①]不太适用。他知晓所有苏联对外情报系统的秘密特工。多年来，他一直担任局长职务，这个局的任务就是负责对外派遣特工。

85 岁的苏联对外情报老将尤里·德罗兹多夫在接受《俄罗斯报》采访时认为，某些苏联领导人是担负特殊任务的外国奸细。在任何情况下都不能让这些人了解我们的工作和情报。所谓的"克留奇科夫名单"[②]来自美国情报机构，不是空穴来风。

《俄罗斯报》：尤里·伊万诺维奇[③]，首先，感谢您寄给我您的新书——《行动代号："总统"——从冷战到重启》。我特意来祝贺您 85 周岁生日，您还一如既往地工作。

德罗兹多夫：我的老伴至今还在试图说服我："干够啦，离开吧。"我总是晓之以理："如果要我离开，不如让我死。"我像以前一样管理着一个

---

[*] 本文摘译自 2010 年 9 月 17 日《俄罗斯报》（全俄版第 5289 期）。原文为该报记者尼古拉·多尔戈波洛夫对德罗兹多夫的访谈。原标题为《资深特工：苏联领导层中曾有外国代理人》，http://www.rg.ru/2010/09/17/razvedka.html。

[①] 尤里·伊万诺维奇·德罗兹多夫（Юрий Иванович Дроздов），苏联少将，克格勃功勋成员，国家安全问题研究院院士。1925 年 9 月 19 日生于明斯克一个军人家庭。他有两个儿子、一个孙子、两个孙女和三个曾孙。目前在莫斯科生活和工作。

[②] 前苏共中央政治局委员、苏联国家安全委员会（简称"克格勃"）主席 B. A. 克留奇科夫给自己的副手列别捷夫一个必须受监视的人员名单，以便在必要时逮捕他们。参见鲍里斯·叶利钦《总统笔记》，李垂发等译，东方出版社，1995，第 54 页。

[③] 德罗兹多夫的名和姓，是俄语中通用的尊敬称呼。

独立的调查和咨询机构，此外写写书。

《俄罗斯报》：写那些严肃的，讲历史、讲政治甚至是有关俄罗斯发展战略方面的书。可我还是想和您谈谈另一些方面的东西…

德罗兹多夫：关于情报的那些事儿，只要是允许的，我都讲过了，几乎是全部讲过了。

《俄罗斯报》：几乎所有的，有的事情是要过了 100 年也不能讲，可有些事情可能用不了等那么长，可能是 5 年，也可能是 10 年。要知道时光不饶人。

德罗兹多夫：我们可以借助历史分析出许多新的信息和情况。好，我们试试吧。经过我办理的人和事很多。

《俄罗斯报》：我写了一本关于阿贝尔 – 费舍尔①秘密谍报的书。

德罗兹多夫：阿贝尔是不错的人。而且，是一个相当棒的艺术家。他送过我他的画，至今还挂在我家里，就在我的座椅旁。你这一来，我们提起他的画，马上就会吸引眼球。你不信，明天网上就会有人抬高他的画，会出现这样的广告词："在莫斯科出售著名间谍阿贝尔的绘画，价格 120000 卢布。"

《俄罗斯报》：真会赚钱。这毕竟是他在亚特兰大画的画。现在有很多人在回忆和谈论阿贝尔。比如说，后来派出了另一个秘密特工格里高利②去代替被逮捕的阿贝尔。如果谈到阿贝尔，怎样评价他在美国的秘密工作？后来的格里高利是否超过了他？

---

① 鲁道夫·伊凡诺维奇·阿贝尔（Рудольф Иванович Абель，1902～1971 年），真名维利亚姆·亨利霍维奇·费舍尔（Вильям Генрихович Фишер），苏联克格勃上校，有"当代王牌间谍"之称。生于苏联高加索地区，1927 年加入苏联国家政治保卫局，从事谍报工作。他博闻强记，精通数国语言，同时又是个摄影艺术家，对绘画、音乐和文学也有较高的造诣。第二次世界大战期间，他巧妙地打入纳粹德国的情报部门，为苏联红军提供了许多非常重要的情报。1947 年潜入美国从事核情报工作，1957 年被助手雷诺·海赫伦出卖被捕，用其已故老友"阿贝尔"为自己的化名，被判刑 30 年，1962 年被苏联以俘获的美国 U2 飞行员加瑞·鲍尔斯（Gary Powers）换回，重返工作岗位，从事青年间谍培训工作，被苏联授予最高荣誉列宁勋章，1971 年 11 月 15 日因肺癌病逝于苏联。——译者注

② 格里高利·科瓦尔（Георгий Коваль，1913～2006 年），苏联间谍。1913 年，科瓦尔出生在美国艾奥瓦州，当地有一个很大的犹太社区和一些犹太教堂。1934 年，科瓦尔在莫斯科的门捷列夫化学学院学习。以优异的成绩毕业后，他进入了苏联军事情报局，接受训练后被派回美国。1943 年，科瓦尔被派到曼哈顿的城市大学接受特别训练。1944 年，科瓦尔来到美国橡树岭国家实验室，那里是美国秘密的原子弹燃料生产基地。1945 年，科瓦尔的职权范围扩大到代顿附近的几处绝密工厂。2006 年，科瓦尔在莫斯科去世。此后他的名字开始为世人所知，历史学家称他可能是 20 世纪最重要的间谍之一，成功地获取了美国制造核弹的曼哈顿项目的绝密情报。普京评价说："科瓦尔是唯一一位成功渗透进入'曼哈顿计划'秘密工厂的苏联情报人员，他的工作帮助苏联大大加快了核弹的研制进度。"——译者注

德罗兹多夫：这个问题不恰当。他们的工作领域不同。阿贝尔某种程度上的工作在核领域。1940 年底到 1950 年间是世界历史的最艰难时期，麦卡锡主义猖獗。阿贝尔恢复了我们在美国被破坏掉的系统。准确地说，把所有的都重新建好，是不可能的，他没有那么多的时间。他招聘、招募了新的情报人员。他挽救了很多东西。他的情报工作既通过合法情报途径，也通过秘密情报员继续开展工作。所有这些成果，都是花费了多年的心血和努力。是的，要培养一个秘密线人，通常需要花 5 ~ 7 年的时间。1962 年阿贝尔被交换回国，5 年后我与他在我们的餐厅见面了。我们走向前，热情问候。他是很阳光开朗的人。

《**俄罗斯报**》：后来你们继续交往了吗？

德罗兹多夫：没有。他对我说："我总想感谢一下你，可总没机会。"而我那时被派驻到中国了。只留下了他送的画作为纪念。

《**俄罗斯报**》：现在咱来谈谈他的换班人——大名鼎鼎的情报员格里高利。

德罗兹多夫：我怕你太强调字面意义上的"换班人"。他做了大量工作。哎，被派到那里时，格里高利已经是上了年纪的人了。

《**俄罗斯报**》：过去我们谈话时，我还以为他是外籍苏联人。

德罗兹多夫：不，他就像我们普通的、上了年纪的俄罗斯男子，说德语时，仍然会犯外国人常犯的严重语言错误，不得不经常提醒他这一点。于是他保证，他会克服这一切，会做得完美无缺。就这样，我们努力坚持训练和准备，再加上格里高利本人就是一位很出色的专家。

《**俄罗斯报**》：我能否问您一个敏感的问题——他是哪个领域的专家？

德罗兹多夫：他是搞技术的。用今天的话来讲，就是与那些创新领域密切相关的技术。而且，考虑到他的特点和德语水平，我们为他配备了一名助手。要一个德语好、发音地道的德国女子来弥补他的语言缺陷。

《**俄罗斯报**》：但联邦德国人对去他们那里的人很警惕，可以凭借某些迹象巧妙地分辨出来。

德罗兹多夫：所以我们不得不下工夫。我们开始与她解释一些应当注意的场合，她开始用德语对你讲："这是荒谬的。"她将所有这些与报刊和书上讲的，或者是很久以前发生的事件联系起来。不得不采取一些特殊的安全防范措施，使用安全信号，她明白这一切。然后，我们适时介绍他俩认识。开始他们互相认真打量，用挑剔、审视的眼光相互打量。而且，你知道，一开始他们出现了争吵。但后来一切都改变了，整个期间相安无事。

《俄罗斯报》：她有丈夫吗？

德罗兹多夫：没有。她没有结婚。格里高利的家人留在俄罗斯。但他还是秘密谍报生涯中最幸运的。他后来回到了家，是在圣彼得堡的家里逝世的。他得了腹膜炎，在那里挺了很多年。而她也不错，活生生的，可爱的女人，中等偏上的身高。

《俄罗斯报》：是金发碧眼那种类型的？

德罗兹多夫：不是金发女郎，她头发是暗棕色。居家型妇女那种的，外观上很配格里高利。她是很能干的女子。当我在纽约工作时，有时到过他们家附近。我曾开车经过他们家窗口，瞧了瞧……

《俄罗斯报》：但是没有瞧见，没见过面？

德罗兹多夫：上帝保佑。这还不够吗？我坚持一个原则，即工作时不与任何情报员接触。在工作的最后阶段，成为部门负责人时，我遵循这样的规矩：只保持非个人联系。而且绝不与任何情报员接触，绝不！经过这对搭档的长期工作，绕过中间部门和单位，他们只向我报告。这是为了充分保证他们的安全。克格勃的同事们同意了我的意见，虽然有些人开始对我表示生气和抱怨，甚至包括那些能力很强的情报分析师等人。但我完全有理由保护秘密情报员，因为他们的工作已经取得成效，并且开始有明显的效果。而当时的条件很危险。当时的处境，用我们的行话来说，就是"违反苏联公职人员在美国居住的准则"。这些违规行为一旦暴露，我便向莫斯科发回材料。联合国副秘书长舍甫琴科①就曾是违反规定的人之一。

……

《俄罗斯报》：我不太清楚：格里高利是不是一个专业的特工？

德罗兹多夫：是的。他是我们培养的特工。而他的专业也很好，是一位很好的、有教养的工程师。正好苏联时期在研究解决最新的电子产品问题。因此，我们不得不把他放在那儿。关于他的记忆至今还印在我的脑海里。他有些自己的仪器——微晶片等其他一些玩意儿——留给了我。后来，我还给

① 阿尔卡季·尼古拉耶维奇·舍甫琴科（Аркадий Николаевич Шевченко, A. N. Shevchenko），1930 年出生于苏联乌克兰的一个医生家庭。1954 年于莫斯科国际关系学院毕业后作为研究生继续进修。1956 年进入苏联外交部国际组织公司工作。因颇受葛罗米柯赏识，很快出任苏联驻外使团中的高级职务，曾任葛罗米柯的顾问。1973 年出任联合国副秘书长。1975年，他在联合国副秘书长任内投靠美国中央情报局，为美国窃取了大量有关苏联内政外交的机密情报。1978 年，舍甫琴科正式叛逃，在美国定居。他著有回忆录《与莫斯科决裂》。参见《舍甫琴科：背叛苏联逃到美国的联合国副秘书长》，http://news.china.com/zh_cn/history/all/11025807/20080908/15074783.html, 2008 – 09 – 08。

了他。现在这些物品应该在我们对外情报局博物馆里存放着。是的，格里高利很能干。他曾喜欢上了摄影，是一个出色的摄影师。只是在美国不是每个人都喜欢他，不是每个人。他的妻子告诉我：在纽约，他被当成前纳粹分子之一。但不管怎么讲，他做了大量工作。那些情报材料是非常有价值的。

《俄罗斯报》：对美国人来说，格里高利仍然是一个谜。也有种种迹象表明，他们也可能了解不少情况。

德罗兹多夫：在与时任情报局局长的克留奇科夫①的一次谈话中我说过这样一句话：弗拉基米尔·亚历山德罗维奇，你知道，我们需要尽可能谨慎地对待我们的情报材料。周一，你看到了来自某个国家的材料，周二，来自另一个国家，周三、周四、周五、周六和周日——所有人都休息，而我们照常工作，处理我们收到的东西。而下周是同样的工作，但这些别人都不应该知道。

《俄罗斯报》：您害怕出现叛徒？

德罗兹多夫：确实曾经有过。权力高层有一些人，在任何情况下都不应让他们了解我们的工作和情报。所谓的"克留奇科夫名单"来自美国情报机构，不是空穴来风。

《俄罗斯报》：您认为，这些人是……？

德罗兹多夫：我不认为，但确信这一点。证据就是我们内线提供的材料。

《俄罗斯报》：尤里·伊万诺维奇，还有没有一直到今天，仍在隐姓埋名的人？

德罗兹多夫：是的，有的。17年光阴荏苒，一个人走了一条与原来完全不同的生活轨迹。将一个非法移民、无业游民派出去，后来变成一个城市的荣誉市民。后来他被授予红星英雄勋章，又召开庆功会。然后我们两人又坐在他的公寓里。那时正是我国最困难、最危急的历史时期。他对我说："如果17年前，你对我说，会有这样的结果，我永远不会相信。"他吃尽了苦头，知道上面是谁，有什么样的机会，该做什么。他是个英雄啊。有一次，我们专门带他儿子到一个西欧国家，他那时正好从他的永久居住地被派往那里出差。我们为的是让孩子亲眼看看，他有一个多么值得尊敬的父亲。他们谈得还好。可是后来发生了不幸。儿子在夏令营时溺水而亡。父亲参加了儿子的葬礼，只有一天时间，然后就急忙返回去了。

---

① 后来担任苏联克格勃主席。——译者注

《俄罗斯报》：妻子当时也与丈夫在一起？

德罗兹多夫：没有。当时我们不能让他们在一起。首先，她语言不通。其次，是性格原因……再加上斯拉夫人的外貌。她前不久去世了。

《俄罗斯报》：丈夫是俄罗斯英雄？

德罗兹多夫：是苏联英雄。他回来后奇怪地死去，出了车祸……

《俄罗斯报》：您如何看待未来的特工间谍事业？在电脑时代间谍还有未来吗？

德罗兹多夫：对特工间谍的未来，我是乐观的。因为整个世界历史上一直伴随着间谍工作。当一个小孩子第一次透过锁孔观察时，它已经开始进行侦察。因此，看看圣经原典，就知道一个社会如果没有情报工作是不可能的。所有的国家都需要情报工作。至于我国，我们更加需要它。我们想与世界正确相处，向前迈进。要做到这一点，必须具备一个准备全面充足、训练有素的秘密情报系统。

《俄罗斯报》：有人说，现在不再需要秘密情报系统，因为可以通过电脑，还有其他公开手段获取情报……

德罗兹多夫：当然，这是实情。但还有许多人在为别国的情报机构服务。我们为什么要放弃所有大国都正在使用的手段？我们必须了解世界政治面貌，研究设计未来的战略。这能够离开情报工作吗？

《俄罗斯报》：尤里·伊万诺维奇，谢谢您接受采访。祝您85周岁生日快乐。也许再过5年、10年，很多事件和细节会解密。那时我相信，您会给我们讲更多鲜为人知的秘密。

（程春华 译）

原苏联部长会议副主席、苏联科学院院士

阿巴尔金：
苏共应当一分为二

——戈尔巴乔夫的经济智囊回忆改革[*]

　　25 年前发生的改革今天已经成为历史研究的对象。对于改革及改革领袖的评价褒贬不一，争论仍将继续。这是难免的。一种声音才是民主的敌人。

　　1985 年 3 月，选举米·谢·戈尔巴乔夫为苏共中央总书记是一件大事。一位会与机关工作人员、积极分子和劳动群众交谈的、年轻的领袖接替了一帮衰老的领导人，而且他还能脱稿讲话。

　　人们对他充满希望，更重要的是，期盼立刻改善现状。此前人们已经厌倦了等待。人们曾经期待的共产主义没有建成，国力日益落后于西方，军工综合体极度膨胀，国内消费市场的短缺还在恶化。人们不仅期待，而且要求提高生活质量。

　　三个月后，1985 年 7 月 11 日，戈尔巴乔夫在中央委员会的会议上，就加速科技进步问题作了一个长篇报告。难道可以在这么短的期限内就制定出改革的纲要吗？当然不可能。报告的草案依据的是俄罗斯学者们优秀的研究成果。因此，改革不是一个人的事，它表现了当时国内人们较普遍的情绪、要求和希望。

　　会议相当清楚地勾画了产业结构政策、投资政策、加速科技进步以及完善经营机制的总体原则。如果在会议阐述原则基础上，制定出国家社会经济发展的长期战略，那一定会收到明显的成效。

　　但那时要求改革马上见效、立竿见影，当时企图找到某种"救命棒"。于是，一场又一场的运动开始了：先是争取把所有人都转到承包队，然后又

---

　　* 本文译自 2010 年 4 月 6 日俄罗斯《独立报》，原文题为《社会替代理论永远不变》，作者为曾任苏联部长会议副主席、苏联科学院院士、经济所所长的列·阿巴尔金。

提出了实行生产"租赁制"的口号，之后又改为"提高人的因素"的口号。还没来得及应付这个，又决定寄希望于干部政策。人们忙于评价和更换口号，完全忘记了进行激进改革所必需的条件，首先忘记了必须彻底改善农业关系和复兴消费市场。

1988 年开始筹备苏共党的第 19 次代表会议。参会代表的选举是在公开性的新条件下进行的。我不得不去很多人文研究所发表演说，听取并总结学者们的意见。会议的第一天我就得到了发言的机会。在我之前所有的发言都是关于自己工作的汇报，不存在争议，不具有真正的公开性。但我代表着庞大的学术团体的意见，站在学术代表的立场上。戈尔巴乔夫很不喜欢我的发言。当天他就针对我进行了尖锐的批评。

我坐在大厅里考虑后果。可能是过上一段时间，党史作家们将会这样写道："在第 19 次党代会上又出现了一种'倾向'。"休息后我来到户外抽烟，感觉很孤独。那时有很多出来抽烟的人，但我一个人站在那里，谁也不走近我。

会议的材料每天都发表在《真理报》上，为全社会所共享。当我回到研究所后，"专机电话"几个月都没有用。那时的风气就是这样的。

代表会议快结束时，尼·伊·雷日科夫走到我面前，希望能与我再见面。此后我就定期参加部长会议主席团的会议。

1989 年开始选举代表参加第一届人民代表大会的工作。选举按规定的规则进行，我是按党的指标当选的。全国人民都蜂拥到电视机前，激动地收看会议。大多数代表都想在会上发言，但不可能都冲到讲台上。

当我们离开会场时，数百人围着我们提问。如果你不把代表的标志从外衣上取下（很多人都这样做了），就不得不耗上约 1 小时来讲述大会的工作，评价国内的局势，提出改进的希望。

在大会工作期间，雷日科夫又来找我，请我去他那儿谈话。他建议我到政府中担任他的副手，支持国家经济改革委员会的工作。我请求给我时间考虑，他说："就一天。"我只和妻子商量了一下，第二天就表示同意了。我认为，在祖国经历磨难时，能够帮助它是自己的学术职责和公民责任。

表示愿意之后，我提了一个问题：我能否保留经济所所长的职位？当然，是社会兼职。尼古拉·雷日科夫同意了。当时便确立了第一副所长的职务，由鲍·扎·米尔纳担任。研究所成了改革委员会的科研基地，起草分析报告和建议，参与研究和制订各种规划和方案。

确定后的政府构成被大幅度缩减。原来的部长中只留下 5 个人。部长人

数从 52 人减少到 32 人，也就是减少了 40％。政府成员变得年轻化：50 岁以下的有 5 人，51～55 岁的有 21 人，56～60 岁的有 31 人，60 岁以上的有 13 人。总理领导的政府主席团成员包括总理、办公室主任和 3 位科学院院士。

逐步开始经济的非国有化，首先是管理的非国有化。取消了一些部，在其基础上成立了国家康采恩：维·切尔诺梅尔金领导的"天然气工业公司"、尼·米·奥利尚斯基领导的"农业化学公司"。

大量成立合作社开始得更早。"合作社"的起草极其困难。该筹备委员会由院士谢·亚·西塔良领导。1988 年 5 月，雷日科夫在最高苏维埃作了一份《关于合作社在国家经济发展中的作用和苏联"合作社法"草案》的报告。正是在这个报告中，首次对市场与竞争在激进经济改革理念中的作用予以原则性的肯定。这项法案的通过不仅破除了国家所有制的垄断，而且推动了企业的经营活动。其中很多企业就是在合作社过程中发展起来的。遗憾的是，今天人们忘记了合作社，而合作社能够消除资源配置过程中的隔阂。而现行宪法中已经不再提合作社了。

当时非常需要尽快通过决策，允许成立股份公司，但没有相关的法律。有一天晚上，尼古拉·雷日科夫给我打电话，提到申请建立"卡玛斯汽车制造厂"股份公司的事情。我请求给我两个小时的时间，要与改革委员会的同事们商量一下。然后我告知他：我们赞成他的公司把一半股票分给中央和鞑靼斯坦，另一半给劳动集体。"卡马斯"汽车在汽车拉力赛中的成绩证明了这一决策是合理的。

接下来的问题是解除中央银行对政府的隶属关系，把它变成一个独立的主体。在这个问题上我们争论了很久，最终作出了决定。而后来的俄罗斯政府直接重写了这部法案，中央银行至今仍按当时制定的规章发挥职能。

1989 年 11 月前，委员会编制了长期的改革方案。这项方案发表在发行量很大的《经济周报》上。11 月 13 日在圆柱大厅召开了全苏科学实践代表大会的全会。会上研究了"激进经济改革：首要的和长期的措施"这一主题。米·谢·戈尔巴乔夫、尼·伊·雷日科夫、政治局委员、部长和著名学者都参与了大会的工作。于是，激进改革就这样开始了。

这项激进经济改革构想的主要特点在于它的权衡性和实施的阶段性。改革包括三个阶段：1990 年、1991～1992 年、1993～1995 年。根据改革方案，到 1995 年，国有企业比重应占 30％（按固定资产价值计算），股份企业和其他经营公司占 25％，租赁企业为 20％，合作社占 15％。这样可以不

给苦难深重的俄罗斯人民造成震荡。

到 1990 年底，雷日科夫的政府里已经有了一切：清晰的行动纲领和一些积累了经济改革经验、知道应该做什么、怎么做的人。只缺一样东西——信任。最高苏维埃的每次会议一开场都要求内阁辞职。在会上总是讨论这一问题，但总也通不过。

事态要求政府具备强大的执行权。于是出台了一个方案，取消部长会议，组成部长委员会代替它。行使执行权的首脑自然是米哈依尔·戈尔巴乔夫。相关的宪法修正案实际上未经讨论就通过了。

后来发生的事件本文不可能详细阐述。**但说到戈尔巴乔夫的命运，我们应当回忆一下 1991 年 4 月举行的苏共中央委员会全体会议。米哈依尔·戈尔巴乔夫在会上提出辞职。之后宣布暂时休会，中央委员会成员决定支持他。他们起草了一份书面的声明，请亚·伊·沃尔斯基宣读（他是发言人之一）。大约有 70 人在上面签名。**

但在中间休息之后，辞职的问题被搁置了。沃尔斯基也就没宣读申请，却讲道："如果有人指望新的总统和总书记会让国家重新恢复铁腕统治并让人民服从的话，他应当明白，这种变动将面临整个社会的对抗。中央委员会全体会议作出这样的决定，将无异于国家政变，意味着将重新用'铁幕'把苏联包围，但这是我们首先发起的。"

正是在那时提出了要将党分开，建立社会民主党。我和党的领导人、中央委员会的成员们谈过这个问题。他们原则上同意我的意见，但认为为时尚早。今天国内没有任何社会民主党。

我说不出，苏共分开后党员人数的情况会是怎样：一方是 800 万人，另一方大约是 600 万人。但知识分子群体、社会改革的拥护者都集中在社会民主党内。之前，就曾因为谢·谢·沙塔林院士在报刊上发表了拥护社会民主思想的言论，就把他开除出了中央委员会。当时反对这项决议的有三名中央委员会成员：我和另外两个人。

在此我想起了社会选择理论。请打开手掌，伸直手指。您将看见左边、右边、中间的指头和它们之间的缝隙。过段时间，情况将发生变化，但社会选择理论是不变的，它决定社会进步的逻辑。如果我们不承认它，那就是有某种神秘不解的力量在决定着当代历史中和 20 世纪悲惨事件中的一切。

下面要说的会把我们带离当代更远。为此应当思考一下当代社会科学的范式问题。俄罗斯的明天、俄罗斯的未来需要的正是它，借助它我们希望用自己的力量恢复祖国的荣耀与庄严。

　　从这一点来看，关键的问题是制定一项长期的社会经济战略。遗憾的是，我们没有这项战略。已经通过的那项到 2020 年前的战略规划是不公开的，但在全球危机的状况下完全过时了，需要重新确定目标选择。

　　要制定这项战略，赋予其全民性，就必须在科研机构和主要的高校中，在工商界、地方组织以及工会等进行讨论。这样政府才能通过它并承担实现它的责任。

　　发展战略的长期性非常重要。在三年规划中，尤其是在"手动管理"①下，我们永远无法产生创新的经济。为了不让变革流于空谈，而是落在实处，需要制订一些方案、起草商业计划、购买设备、培养人才。但这要经过 5~7 年才能见效。因此，以现有的这种方式，原则上是不会有创新的。

　　把资本的财产性和资本的功能性混淆的问题仍未解决。资本财产性的收入表现为红利。可以把它投资到银行或者购买股票。功能性资本带来的是经营性的收入。它的本性（按照新标准）不带有剥削的形式，而是一种因组织和管理、创新和开发市场以及为此承担风险而得到的报酬。

　　对政治经济学这些关键概念的蔑视引发了俄罗斯现实生活中的种种扭曲。所有者和企业主被混为一谈。前者同时也是企业主。他们是执行经理，自己给自己定工资，获取高额奖金或分红。执行经理中甚至还包括政府代表。他们自成一统，自我循环。国内没有出现任何把收入拉平的迹象。

　　有一个关于"等分系数"的概念：10% 的最穷阶层与 10% 的最富阶层之间的收入差距，在欧洲国家是 1:6 或 1:8。如果超过 1:10，就达到极限了，再高则是追求以最快速度致富、侵略性和社会动荡。在俄罗斯，这个比值是 1:16。不打破上述的"旋转门"，我们就不能保证社会的和谐。

　　今天所有政治家都学会了脱稿演说。所有的政论演说中都充斥着这样一些词语：创新、现代化、经营多样化、纳米技术、硅谷等。只有用实际的作为来代替这些名词，我们才能对明天充满信心。

（粟瑞雪 译）

---

①　意指普京的"主权民主"。——译者注

俄罗斯《共青团真理报》政治部记者

尼基塔·克拉斯尼科夫：
西方用经济手段摧毁苏联

——西方特工部门插手摧毁苏联*

　　译者按： 2010 年 12 月 8 日，在标志着苏联解体的《别洛韦日协议》签署 19 周年之际，俄罗斯《共青团真理报》发表题为《中情局用经济绊倒苏联——西方特工插手摧毁苏联》的记者调查。文章指出，"华盛顿之手"在一定程度上把苏联推进了解体深渊。苏联解体可谓以美国为首的西方特工部门打的一场大战役，并且获得了全胜。里根总统先后签署三道命令，下令美国特工部门采取各种秘密手段，支持苏联东欧政治反对派和民族分裂势力，散布虚假信息，限制向苏联出口技术设备，压低油价，从经济上打击苏联。当然，在瓦解苏联的过程中，"粗活、脏活、累活"还是苏联人自己干的。

　　19 年前，1991 年 12 月 8 日，在别洛韦日森林里苏联被判了死刑。而在此之前，国家已被走进死胡同的"改革"折磨得遍体鳞伤、满目疮痍。在经历了"8·19"事件之后，眼看着苏联开始分崩离析。波罗的海三国和格鲁吉亚单方面宣布独立，乌克兰的全民公决结果也赞成"单过"。俄罗斯、乌克兰和白俄罗斯领导人鲍里斯·叶利钦、列昂尼德·克拉夫丘克和斯坦尼斯拉夫·舒什克维奇签署了《别洛韦日协议》。他们表示，之所以这样做是因为他们认定：社会主义制度已经衰弱和退化，并在与西方的竞争中失败了。

　　然而也有不同的观点。**内部问题的确很多，但如果没有来自外部的推力，苏联巨人恐怕不会倒下。换句话说，苏联解体可谓以美国为首的西方特**

---

　　* 本文译自 2010 年 12 月 8 日俄罗斯《共青团真理报》，原文题为《中情局用经济绊倒苏联——西方特工插手摧毁苏联》。

工部门打的一场大战役，并且获得了全胜。当然，苏联瓦解的原因不可能只有一个。虽然难以言表，但"西方颠覆论"至今仍然颇为流行。已有不少证据证明，"华盛顿之手"在一定程度上把苏联推进了万劫不复的深渊。

一　里根的三道命令

美国研究者，例如原中情局特工彼得·施威茨就认为，苏联的主要掘墓人不是戈尔巴乔夫、里根或者老布什，而是美国总统顾问团。其中一位重要人物是中央情报局局长威廉·凯西。通常认为，正是他让里根政府确信，苏联已经不像美国以前认为的那样强大了。要知道，1975 年中情局还在给福特总统的报告中称：苏联经济将在巨额的石油收入的支撑下迅速发展，再过10 ~ 15 年后可能与美国经济平起平坐，甚至超越美国。可现在凯西这位赤裸裸的保守派和反苏分子却承诺，只要开始进行大规模破坏苏联的秘密行动，苏联就会瓦解。

在凯西的建议下，罗纳德·里根 1982 ~ 1983 年签署了三道针对莫斯科采取破坏行动的命令：第一是 32 号令，旨在通过秘密扶持东欧地区的反共组织，削弱苏联在该地区的影响；第二是 66 号令，明确美国要通过打击苏联的基础部门（采掘业、能源业和农业）破坏其经济；第三是 75 号令，让专门的国家机构集中力量，从基础上改变苏联制度。这三道命令吹响了美国进攻的号角，其结果是削弱了苏联政权。是削弱，而不是短时间里的击垮。

二　全面出击

凯西和美国国家安全委员会的成员们制定的对苏战略很快得以实现。美国同时在多个战线上发起了进攻。

第一，帮助波兰团结公会，包括向其领导人提供大笔现金资助以及为叛逆的工会组织装备现代化的办公设备。

第二，为阿富汗反政府游击队提供军事和财政支持，试图把战争引向苏联境内。

苏联在阿富汗战争中死亡约 1.5 万人，5 万人负伤。莫斯科更遭受了经济和国际形象上的双重损失。苏联在阿富汗作战的 10 年里总共花费了 400亿美元（包括支持当地政权）。

第三，美国与沙特阿拉伯合作压低石油价格，限制苏联向西方出口天然气，以此大幅减少苏联的硬通货收入。凯西曾多次亲自出马，与沙特阿拉伯国王商谈。后者同意以增加石油产量（进而压低油价），以换取美国向利雅得特供大批现代化武器。

这是对苏联最有效和最沉重的打击之一：1985 年 11 月，石油价格为每桶 30 美元，仅 5 个月过后，已经跌到每桶 12 美元。这使得苏联损失了几百亿美元。为了弥补损失，莫斯科被迫开始出售越来越多的黄金储备。

曾任美国国防部部长的卡斯珀·温伯格之后承认："我们力图压低油价，所以向它们（沙特阿拉伯）出售武器。"

此外，美国还运用秘密外交手段，最大限度地防止苏联获取西方技术。最著名的例子是：1982 年，"对共产党国家出口管制统筹委员会"（即"巴黎统筹委员会"①）在美国的发起下开始对所有西方与社会主义国家价值超过 1 亿美元的交易进行审查。这样一来，一部分交易被取消，还有部分合同不能按时供货。这又给苏联造成了巨额损失。更不用说那些根本就没有出售给苏联的民用技术设备，比如计算机、石油天然气设备、大口径管道等。苏联被迫花费巨资，自行研制这些产品。但即使是这样，苏联仍然没能缩小与西方在一些重要行业上的技术差距。

不仅如此，西方还制造了许多假技术情报信息，力图摧毁苏联经济。

他们提供给我们的大部分新技术都是失真数据。这导致苏联轻则损失资金，重则发生重大事故，比如西伯利亚—欧洲天然气管道的涡轮机爆炸事故。

为了在苏联领导人中散布恐惧、惊慌和疑心，美国人精心策划了心理战。

严格来说，过去在制造恐惧心理方面，美国人并没有成功。但是，到了20 世纪 80 年代末，苏联领导层已经发生动摇，惊慌失措。可以回想一下当时在波罗的海地区反对派的示威，阿塞拜疆和亚美尼亚的"纳卡冲突"爆发之后，等等。而 1991 年的"8·19"事件正是这种情况的合理结局。

---

① 1949 年 11 月 23 日，美国提议建立一个由有关国家政府高级官员组成的"协商团体"（CG），下设由事务级官员组成的技术专家处和秘书处。1950 年 1 月 9 日，正式将该协商团体的执行机构定名为"对共产党国家出口管制统筹委员会"（COCOM），总部设在美国驻巴黎大使馆，因此，该机构又简称"巴统组织"。美国、英国、法国、意大利、比利时、荷兰是巴统组织的创始国。巴统组织一共有 17 个正式成员国。北约成员国当中，只有冰岛这一个国家不是巴统组织成员。巴统组织虽然不是一个正式的国际组织，但其成员国的特殊身份，又使它远非一般的非正式国际机构能够相比。巴统组织的建立，使美国在推行冷战战略方面有了一个新的工具。

三 专家观点

克格勃退役中将尼古拉·列昂诺夫：

西方非常想摧毁苏联，可是大量"脏活、累活"都是我们自己干的。每当有人引用老布什的讲话，表扬中情局在瓦解苏联和民主胜利中取得的功勋，我说这是美国人自吹自擂。20 世纪 70 ~ 80 年代，我在克格勃情报分析局工作，当时我们可以直接从美国中央情报局和政府机关内部获取信息。我可以保证，华盛顿没有想到苏联会这么快解体。当然，西方情报机关曾千方百计地煽动苏联共和国的民族情绪，并寻找和支持地方精英中潜藏的分裂分子，特别是在戈尔巴乔夫改革开始后。但他们把这视为一项长期任务。在我亲眼看过的一份复制的中情局绝密文件中，他们把最终目标定为是让波罗的海三国和乌克兰的西部脱离苏联。这就是说，直到苏联穷途末路之时，华盛顿的终极梦想也只是如此而已。**当然，1991 年发生的事符合美国人的政治利益。他们乐于把消灭主要敌人的功劳全部归在自己头上。但主要的"脏活"都是我们自己做的。我们国人先是醉心于戈尔巴乔夫，之后又盲从叶利钦。当然西方政治家也发挥了自己的作用，把他们两人鼓吹成伟人和"改革的缔造者"。美国人还直接支持了雅科夫列夫、谢瓦尔德纳泽等"幕后实权派"，尽管还没有找到这些人与外国情报机关勾结的直接证据。**

至于中情局迫使沙特国王压低国际油价以破坏苏联经济，确实有这样的材料。但莫斯科当时认为，定价机制是一个远比这复杂的过程，美国的阴谋不会得逞。但是，我们自己耗尽石油收入又是另一码事，那是因为我们把钱花在了购买食品和日常消费品上，而没有用来搞工业现代化。

但这已经是历史了。如今，我们的很多伙伴开始用贪婪的目光注视俄罗斯：丰富的自然资源、大片的空旷土地，人们争相从边区迁往中心地带，特别是莫斯科。北高加索的分裂主义火焰正在熊熊燃烧。

与此同时，中国和日本受到人口过剩的困扰，美国也变得有点挤了。此外，西方很快将因为缺乏自然资源（首先是能源）而窒息。我们的邻国正在积极准备开发俄罗斯领土。因此，在保持各地特色的情况下，需要有一个强大的中央政权，秉持明确易懂的国家发展思路，实施稳健而有力的经济计划，能够确保人民享有适当的生活水平和社会保障。到那时，任何敌对情报机关对我们来说都将不再可怕。

问题：苏联解体的原因是什么？

德国外交政策协会俄罗斯与独联体项目主任亚历山大·拉尔：

首先是戈尔巴乔夫与叶利钦之间的夺权争斗。如果当时的情况下戈尔巴乔夫宣布实行自由选举，那么叶利钦就会赢得胜利，苏联可能不会瓦解。

俄罗斯自由民主党主席弗拉基米尔·日里诺夫斯基：

原因只有一个，那就是民族精英极力想要获取更多的权力。塔什干、第比利斯、里加等地的民族精英们想要捞钱、管钱。而莫斯科的俄罗斯联邦领导人也贪心有余：他们必须进入克里姆林宫。这样一来，就把苏联按民族分割了。

莫斯科高等经济学院教务长叶甫盖尼·亚辛：

苏联的建立和存在基本上靠的是暴力。在经济危机的条件下，国家没有能力履行义务。而每个加盟共和国确信，自己是在受盘剥和压榨。这样一来，就解体了。

《可是》杂志主编米哈伊尔·列昂吉耶夫：

总体上讲，这是苏联政治精英们出卖国家。当然，这里还有许多缘由：包括心理、道德和社会方面的，但主要原因是——叛变。

俄罗斯工业家企业家联盟主席亚历山大·绍辛：

签订《别洛韦日协议》不是（苏联解体的）原因，而是苏联解体的实际结果。而苏联实际上的瓦解早已开始了。回想一下，如果所有的加盟共和国银行当时已经有权发行货币……这还算是什么联盟国家？

作家米哈伊尔·维列尔：

其一是体制上的：体制已经走过了高峰期。其二是种族上的：苏联人所做的一切，竭尽全力，超乎自身，结果受了内伤。其三是政治方面的原因：苏联作为世界革命的基地，完全丧失了自己的使命。第四是传统上的原因：脑满肠肥的精英们的变质。以上原因叠加起来的结果，便是伟大的国家的瓦解。

独联体国家研究所所长康斯坦丁·扎图林：

苏联解体的主要原因在于，先是苏联在头脑中瓦解了。只有在此之后，才是在纸面上和空间上解体。

共青团真理报网网友伊格尔·弗拉基米罗维奇：

叶利钦、克拉夫丘克和舒什克维奇，他们三人都想各自坐上总统宝座。

（张树华 译）

俄罗斯著名历史学家和政治学家

乌特金：
苏联的投降与败退

译者按： 俄罗斯 2009 年出版的专著《总书记的背叛——败逃欧洲》是俄学术界近年来研究苏联解体及其后果的主要论著之一。作者阿纳托利·伊万诺维奇·乌特金是俄罗斯著名历史学家和政治学家，2010 年 1 月病逝。乌特金生前担任俄罗斯科学院美国加拿大研究所国际研究中心主任，兼任俄罗斯国家杜马国际事务委员会顾问。在《总书记的背叛——败逃欧洲》一书中，作者从第二次世界大战后形成的世界地缘政治格局入手，以历史学家和政治学家的敏锐洞察力，通过大量惊心动魄的事实，以及美国等西方政要在其回忆录和讲话中披露的内幕资料，全面、系统和真实地再现了苏联解体的始末，深刻揭露和剖析了以戈尔巴乔夫为首的苏联领导人，以及美国精心培育的"后来者居上"的叶利钦，如何一步步削弱甚至蓄意瓦解苏联的全过程。

什么原因使戈尔巴乔夫无条件地放弃欧洲社会主义国家，从德意志民主共和国撤军，解散华约组织和经互会，大规模和完全不对等地削减苏联的军力，不可思议地越过一条又一条"红线"？美国人如何软硬兼施，迫使和指挥戈尔巴乔夫作出一个又一个甚至令西方和美国人"震惊"的"让步"，巧妙地利用戈尔巴乔夫和新宠叶利钦的矛盾，加速瓦解苏联的进程？当苏联解体已经不可避免，戈尔巴乔夫发出"祖国在危机中"的绝望呼吁，为什么美国人对这位诺贝尔和平奖获得者和结束冷战的功臣"见死不救"？为什么苏共"死一般寂静"，军队和苏联公民均没有任何反应？所有这些，以及困扰研究人员的许多其他问题，几乎都可以从该书中找到令人耳目一新的观点和意见。该书按内容分为五个部分，现将各部分主要内容翻译如下，以供参考。

前　言

整个战后时期，苏联笼罩着伟大胜利的光环。在经历了战争初期痛苦的失败之后，苏联人民将不可思议的全部力量，集中为一支统一和强大的突击队，粉碎了侵略者。在我国的历史上，没有比 1941 年 6 月 22 日开始的那场战争更加惨烈的考验。纳粹分子把歼灭战强加给苏联，而最终纳粹被歼灭。

两种情况拯救了我们的国家和在这个国家生活的我们。第一，军事工业交给军队一把利剑。第二，在生命和拯救祖国之间进行选择的时刻，我们的战士毫不动摇地牺牲了生命。

战后，自称为新的世界中心的华盛顿，面临三大目标：解决胜利大国苏联的独立行动问题；为世界左翼力量发展道路设置障碍，以保持旧的（世界）秩序基础；以新的、以联合国为基础的国际体系代替西欧殖民主义。

在美国看来，东欧比其他任何地区更危险，美国所指的危险是苏联的扩张主义。不过，不带偏见的观察家很清楚，正是"战争彻底和不可逆转地消灭了传统的东欧政治和经济结构，不管苏联有多大力量，都不可能改变这一事实，因为不是苏联，而是东欧'旧秩序'的领袖们使传统结构的崩溃成为必然。事实上，所有最终与斯大林打交道的政府，都是独立建立的"。

第二次世界大战末，华盛顿确立了几条"原则思路"。

第一，1914～1945 年及其后的欧洲急剧削弱，其弱势会持续很长时间。世界中心已经转移到大洋彼岸。这一次，美国人将在各大洲确立自己的地位并谋求解决从菲律宾到希腊的主要争议问题。

第二，美国将填补德国和日本失败后形成的真空。太平洋将变成美国的一个湖，沿岸的人民将从美国人那里得到一切，从宪法到美国市场的一部分。

第三，意识到租借法案所带来的好处，俄罗斯将会温顺地等待更广泛的援助。俄罗斯将以美国的友好为基础，构建自己的安全。俄罗斯按照美国设定的轨道行事，将不会有自己的选择。被削弱的莫斯科，在解决德国问题、在巴尔干、在波兰、在远东，将被迫作出所有让步。否则，它不会得到恢复国家所必要的经济援助，也无法得到德国的战争赔款。在伊朗等国家，它将完全失去影响，也无法得到此前承诺的航行土耳其海峡的协助。

第四，原子弹的威力消除了被战争破坏的大国恢复部分世界平衡的努力。落后的国家，比如俄罗斯，为制造自己的"绝对武器"，需要几十年。俄罗斯人没有力量走美国 1939～1945 年科学发展的道路，因为这需要集中巨额资金和相应的科技人才。原子弹将成为美国外交无可争辩的论据，它将是在所有有争议的问题上协助美国的一张"王牌"。

俄罗斯珍视经济援助，但它并没有接受"独立换援助"的诱惑。俄罗斯的例子令强大的美国确信，人民珍视自己的传统，鄙视盲从。直到 20 世纪 80 年代中期，苏联一直成功地抵御美国在世界的扩张，在国际舞台上维护了自己的利益。虽然存在着某些困难，但在战后年代，苏维埃强国一直保持着超级大国的地位，直到戈尔巴乔夫声名狼藉的改革开始之前……

第一部分　改革与戈尔巴乔夫的"新政治思维"，苏联新领袖

战后前 10 年，苏联每年的经济增长率约为 10%。第二个 10 年，经济增长速度下降了 1/2，但对于工业国家，这样的指标依然令人刮目相看。尽管如此，仍出现了提高增速问题。为此，苏维埃和党的领导人形成的两大集团展开了斗争。第一集团主要是党的工作人员，对于他们，苏联的集体主义是政治经济生活的全部内容。第二集团是所谓的国际主义少数派，他们的背后是中央委员会国际部、外交部、国家安全委员会和科学院的一些研究所。他们希望在苏联建立在西方行之有效的市场经济和政治民主制度的基础。知识分子坚决支持国际主义派，不甘心处于"世界①边缘"的位置。

在安德罗波夫领导苏联共产党时，少数派出现了胜利的机会。正是安德罗波夫在其垂暮之年，将年富力强和雄心勃勃的戈尔巴乔夫提拔到权力机构。

同时参加了两项活动（契尔年科的葬礼和结识苏共中央新总书记戈尔巴乔夫）的时任美国副总统乔治·布什认为，有必要将对所发生的事件进行思考和将某些新的想法报告给里根总统。对戈尔巴乔夫的拜访，应让美国人对克里姆林宫新主人有一个初步的印象。

戈尔巴乔夫滔滔不绝的讲话立即使美国人惊讶。一开始，戈尔巴乔夫发出的直接和间接信号是含糊的。第一，他感谢美国的同情。美方的出发点应

---

① 指以西方为中心的世界。——编者注

是：莫斯科将保持继承性。第二，戈尔巴乔夫指着办公室的老钟面带微笑地说："老钟不能很好地确定新时间。"新的苏联领导人上台伊始就让美国人大开眼界：他谈的并不是他有责任捍卫本国利益，而是以基督教徒的某种角色，谈对"全人类福祉"的关注。

美国驻莫斯科大使馆向华盛顿提供的报告，力图对戈尔巴乔夫作一个客观的评价："毫无疑问，戈尔巴乔夫喜欢权力。但也可以肯定，关于可能失去权力的想法使他不安。显然，他对批评极其敏感，甚至最友善的批评也被视为背叛。"

美国驻苏联大使马特洛克说："戈尔巴乔夫生性孤僻，这使他很难建立有效的咨询和协商机构。他既没有正式的部长会议，也没有真正意义上的'代庖内阁'。当然，有五花八门的委员会，但其成员并不固定，戈尔巴乔夫只是偶尔与他们见面。这些委员会从来没有成为有效的协商机构，其原因有两个方面。第一，戈尔巴乔夫经常把无法在一起工作的人召集在一起。第二，戈尔巴乔夫从来没有把这些委员会作为真正的协商机构加以利用，即没有经常向委员会提出咨询和没有认真地接受他们的意见。他常对自己的顾问讲话，但并不是听取他们的意见。第三，在最重要的岗位上，戈尔巴乔夫任命了一些才智三流和五流的人。随着他的政权的衰落，他对任何可能在大众中显示才华，与他江河日下的形象相比更加出众的人，都非常反感。"

1985 年 7 月，战后卓越的苏联外交家 A. A. 葛罗米柯被格鲁吉亚前共产党首脑 Э. A. 谢瓦尔德纳泽取代。在与谢瓦尔德纳泽及其家庭深交后，美国国务卿贝克感到震惊：大国苏联的外交部部长最关心的是他在外高加索的祖国，这样的想法，他甚至不回避自己最主要的对手。

美国人对谢瓦尔德纳泽的战略判断正确："他对自己的武器控制专家的做法可谓尽善尽美；正是这些专家提出自己的新倡议，然后由他亲自提交给美国人。在取得明显的进展后再请戈尔巴乔夫批准，然后谢瓦尔德纳泽提交给政府的军事专家，即已成为既成事实。谢瓦尔德纳泽经常使用送子开局招数，并相当成功，苏联军界高层对他恨之入骨。"

戈尔巴乔夫有一支庞大的和善于思考但思想并不明晰的支持者队伍。戈尔巴乔夫将知识分子"阶层"带到国家航船的指挥桥楼，用手指着地图问：向什么地方航行？在这一形势下，知识分子意识到，他们面前出现了政策灵活和实现自我的广阔天地。这些人（两个雅科夫列夫、科罗济奇及与科罗济奇一类的人）被剧变的轰动所诱惑。他们似乎忘记（或有人协助他们忘记？）某种更重大的东西：祖国的命运、人民的历史命运、国家的未来。相当多的一部分知识分子对养育他们的社会制度的极端批判的态度已经形成，并相信，政治改革马上能够诞生市场，而市场是先进西方的主要发动机。

对爱国主义和为自己国家自豪的负面认知，也已形成。**1985 年的知识分子，仅将爱国主义视为宗法制度和因循守旧的辩护词。**但那些视爱国主义为宗法社会残余的人，根本不了解西方，比如法国人的民族感情和爱国主义、英国人对自己国家永不磨灭的忠诚、德国人保护民族利益意识的坚定不移、西班牙的骄傲、无处不在的意大利的团结，以及给人们留下最深刻影响的美国经验：在自己的住宅悬挂国旗，在任何祈祷场所和任何宗教教堂，在宗教仪式之前都要唱国歌。

1. 经济决策——走向深渊的五大举措

戈尔巴乔夫对宏观经济感兴趣。他相信"神圣的诺言"，相信唯一正确的道路。

1988 年致命的五大举措，改变了国家，改变之大，可能只有 1941 年和 1917 年可以与其相提并论。

第一大举措是戈尔巴乔夫在一批经济学家的直接影响下采取的，这些经济学家承诺加快经济增长的速度。总书记不满意国家计委确定的国民生产总值每年增加 2.8% 的指标。在不脱离老的经济计划轨道的前提下，这样做（提高增速）必须借助于预算借贷，增加支出，使支出超过收入。在高压之下，计委投降了，制订了扩大生产的方案。1988 年 11 月，财政部部长戈斯捷夫宣布了扩大生产的意义，在例行的关于国家经济形势展望的讲话中宣布，1988 年苏联的预算赤字将为 600 亿卢布。

1989 年，预算赤字已达 1000 亿卢布，但在社会中，没有任何人为此感到不安，即使专家也不认为"寅吃卯粮"有什么怪异之处——苏联每年的通货膨胀率只有几个百分点，货币的价值没有变化（没有几年，雪崩式的通货膨胀便使大国经济崩溃，并使它的居民面临新的考验）。

预算的革命，支出超过收入，不可能不出现问题：应当寻找资金偿还国家债务，印钞机是办法之一，另一个途径就是举借外债。1988 年之后短短的两年内，苏联的国债数字达到不可思议的水平（用以前的尺度衡量）——700 亿美元。

有一点要特别指出，与戈尔巴乔夫一起上台的国际主义派，不仅不担忧，而且千方百计地制造诸如借债那样明显和重要的俄罗斯与西方相互依存的因素。关于西方向苏联提供贷款，多数亲西方精英中的经济专家和政治学家并不认为是后代必须偿还的负担。他们把借债视为西方相信俄罗斯的象征。

令人悲伤的是，没有一个头脑清醒的经济学家赞同下述思想：不是所有时髦的西方理论都适合完全不同的俄罗斯土壤。但这已经是以后的结论。

1988 年戈尔巴乔夫所实施的第二大致命的举措，是寄希望于让企业从财政上得到好处并实现有效益的独立经营。苏联出台了一系列建议，最终形成了《国有企业法》。在 1988 年动乱形势下，由于总书记无休止的压力，《国有企业法》作为在国家所有地区都必须执行的法律获得通过。

这一想法非常简单，而且没有在批评面前止步：每个企业，不管是大还是小，都有权支配自己的预算（基金）资金，不必等待莫斯科的指示或反应。根据改革者的思想，得到决定工厂预算命运的许可将产生两个结果：每一个企业都将努力安排生产，增加现金存量，实现自负盈亏，即努力安排生产应成为法则；每一个企业都将努力主动寻找市场，与最合适的（而不是由莫斯科强加的）次承包人建立联系，几乎可以自动优化生产者内部的和地区间的关系。

但结果令人沮丧：不再受强行定价摆布的企业负责人，首先随心所欲地提高了本企业产品的价格；其次，他们已不再在全苏联范围内寻求与中介和生产同一产品的厂家建立良好的关系，而是把拉关系的目标转向已取代联盟部长们的地方领导人（厂长们不会、不能也不想单独为此承担责任）。

一方面，工业对中央的依赖削弱；另一方面，企业领导人（当然也包括企业本身）对直接的政治经济领导——区的、市的、州的、边疆区的、自治共和国的，主要是加盟共和国一级的——依赖加大了，加盟共和国的首都（而不是莫斯科）成了有生产能力和没有生产能力的工业的保护神。

莫斯科的经济主管——早在 1929 年斯大林就把整个已成为计划的经济交给了他们，在戈尔巴乔夫的压力之下，简直是在顷刻间交出了阵地。当然，他们还部分地保留着分配资产和资金的权力及许多施加压力的渠道。但他们失去了主要的杠杆——决定所有在苏联范围内生产的工业产品卢布价格的权力。

兴奋的时间是短暂的，莫斯科的工业财政领导人开始敲响警钟，但为时已晚。而且，很难想象，戈尔巴乔夫能够走回头路，暂停其主要的经济改革。要知道，**发生了某种比取消宪法第六条（苏联共产党的领导作用）更重要的东西**。事实上，在真正的抉择被考虑成熟之前，自行其是的企业领导人已挣脱了党和国家的控制，摧毁了共产党的管理体系。

第三大致命的举措涉及整个管理体制。1988 年戈尔巴乔夫得出结论，必须彻底改变管理体制。此前的管理体制建立在政权说了算的基础上，管理由苏联共产党实施。如果企业之间的关系发生问题，他们求助于党的相应组织，根据问题的大小，可以找区、市、州或加盟共和国党的委员会。而如果加盟共和国之间出现问题，则由中央委员会裁决。

这一体制是斯大林创建的，戈尔巴乔夫决定对该体制进行毁灭性打击。他宣布，"党的工作是负责管理意识形态"，不允许政治官员干预生产活动，没有党的专断，庞大国家的经济机器，将会更有效地运转。这一讲话出乎很多人的意料。

该问题被赋予重大的社会意义。得到总书记的批准，以下问题在全国范围内开始讨论：**国家能不能养活 150 万的寄生虫——国家官员，他们什么也不生产，但却在中央决定着庞大的经济机体的全部活动。**之后，在很短的时间内一些次要的部被解散，对于主要的部，大幅度削减了人员。**仅仅在一年内，中央部委的人数就从 170 万削减至 70 万。**

宣传部门宣称，急剧削减管理机构是理智对狂妄的没有出路的行政管理的某种胜利。一些官员已经看到了由于对中央（机构）事实上的摧毁而导致的地区间合作崩溃的前景，但即使在倡导公开性的条件下，新闻出版物也没有为他们提供发表意见的机会。

随着时间的推移，国家经济越来越快地走向全面动荡的危险边缘。业已建成的如同统一整体一样的苏联经济，在放弃计划后，走向深渊。乌克兰、白俄罗斯和其他共和国的头面人物，开始在基辅、明斯克和其他地区的首府寻找仲裁法官——他们与莫斯科的试验者绝对不是齐步走。现在，在共和国首都有了庇护者，这比以往的与莫斯科的亲密关系更重要。顷刻间，出现了国家分裂为 15 个封地的事实。

第四大不为人知的致命举措是在对外贸易领域采取的。俄罗斯不是一个很大的进出口国，它有自己的优先地区，即经互会国家集团。**经互会是在冷战已经关闭了东欧通向西方道路的 1949 年成立的。与经互会国家的贸易占苏联对外贸易的 80%。**

经互会存在的初期，对内部分歧没有放任自流。俄罗斯的政治分量，在所有经互会成员国的首都，都表现得极为强大。但时间在流逝，所有东欧国家都经历了加速工业化阶段，实际上，这些国家都非常重视发展重工业，其市场也已经历了专门化（分工）阶段。莫斯科人等待着冬天，以便能在货架上看到匈牙利的苹果。东欧商店的货架上到处都是保加利亚的罐头和民主德国的打字机。全苏联的列车车厢，都是民主德国制造的。经互会秘书处的大楼本身就是经济合作的象征：民主德国保障这座莫斯科摩天大楼设备的电器部分，波兰人供应玻璃。似乎，经互会在经济一体化方面比欧洲经济共同体更成功。

1970～1980 年，经互会成员进行了"彻底的"分工。倒退已经没有可能，何况，自 1973 年开始，在出现石油涨价 20 倍的可怕行情时期，俄罗斯成功地拯救了自己，也成功地拯救了自己的经互会伙伴：在经互会内部对这一战略原料实行优惠价格。甚至持怀疑观点的人也很难怀疑经互会的有效运作——向东欧社会主义国家供应廉价的战略原料，向大国苏联供应技术密集型产品。

但在内部纪律松弛的情况下，经互会成员国的官员开始认为，本国经济发展失败的原因是邻国劣质的供货。大家异口同声地谈到，希望得到西方的部分市场。大家都开始指责邻国供应二级产品的倾向和抱怨所支付的货币在经互会之外无法使用。

经互会成员国对相互进口提出的要求和无休止的争论，使克里姆林宫那些认为伙伴们的要求厚颜无耻的人趾高气扬：他们从我们这里以大大低于国际市场的价格购买石油，卖给我们的是质量次等的工业品。如果我们的石油不是卖给波兰，而是邻近的联邦德国，我们可以用石油和美元购买高质量的西方机床和设备。

经互会争论的焦点传到了没有耐心的戈尔巴乔夫那里。他再次开始用"快刀斩乱麻"的方式解决问题。戈尔巴乔夫身旁激进的院士们点头称是：没有我们的廉价石油，他们会一筹莫展。如果我们改用自由外汇结算，马上会清楚，俄罗斯对东欧所做的，是重要性难以想象的宽容。廉价石油因素决定一切。合作伙伴在例行的财政年度末将确信，他们并不是为俄罗斯"提供技术的善人"，而是它的忘恩负义的债务人。

经互会转用硬通货结算。谁也没有硬通货，无论是贫穷的罗马尼亚，还是相对比较富裕的民主德国。巨人苏联也没有外汇。改变结算方式使世界老的贸易集团（成立时间之长仅次于欧共体）联系断裂。这一决定封锁了苏联通往中欧的道路。苏联陷入了自我孤立的经济框架之内。

彻底改变苏联的第五大致命举措是 1988 年 10 月小小的爱沙尼亚宣布主权后采取的。戈尔巴乔夫称爱沙尼亚议会的决定与宪法矛盾，但他所做的只是口头上谴责，没有进一步行动。其结果是，此后半年，又有 7 个加盟共和国宣布独立。**1990 年 6 月 12 日**，俄罗斯议会为苏联这口棺材钉进了最后一颗钉子，这一天，俄罗斯共和国宣布了自己的主权。戈尔巴乔夫的国家早在 **1991 年 8 月"福罗斯被俘"**之前很久已经灭亡。

就这样，泱泱大国走向消亡。其补偿只是西方承认它是一个"正常的"和"文明的"国家。

2. 戈尔巴乔夫与西方的新的"文明"关系

早在 1985 年春，戈尔巴乔夫就宣布单方面推迟在欧洲部署中程导弹；如果美国人同意采取类似行动，推迟将成为常态。10 天之后，戈尔巴乔夫提议暂停所有核武器试验。

1985 年 4 月全会，总书记宣布了某种新政：有必要建立"文明的"国家间关系。他究竟指什么，没有披露，但从问题提出本身可以推定，此前的冷战时期的关系是不文明的。

利用德国年轻人鲁斯特驾小型飞机在红场降落的事件，戈尔巴乔夫更换了国家的军队领导人。远东军区司令亚佐夫中将被任命为国防部部长，阿赫罗梅耶夫元帅被任命为总参谋长。

根据马特洛克大使的看法，在此后的两三年内，亚佐夫—阿赫罗梅耶夫组合出色地为戈尔巴乔夫服务……他们极力克制自己个人的观点和讨好国家政权的一把手戈尔巴乔夫。毫无疑问，他们希望贯彻受军界领导层欢迎的政策，但如果戈尔巴乔夫决定执行完全不同的方针，他们也会支持戈尔巴乔夫，遏制试图摆脱控制的军人中潜在的头脑发热者。

在与美国国务卿贝克第一次会见时（1989 年 3 月），谢瓦尔德纳泽的第一件事情就是告诉拘谨有余的美国新的外交领导人："个人交往很重要。个人交往对建立信任气氛非常重要，即使不是真正的友谊，但也会使最复杂的问题的讨论更容易些。"

与里根、布什、撒切尔、科尔、密特朗和其他西方领导人建立的友好关系，强化了戈尔巴乔夫的下述感觉：西方能更好地理解他。有事实为证。**1989 年，当戈尔巴乔夫政权在苏联国内摇摇欲坠的时候，戈尔巴乔夫总书记却沉浸在世界荣誉的光环之中。他 4 月访问伦敦，6 月访问波恩和巴黎，10 月访问赫尔辛基，11 月访问罗马。**

早在 1985 年 11 月苏美领袖日内瓦会晤时，戈尔巴乔夫在与西方建立"文明"关系方面，已向前迈出一大步。令里根吃惊的是，某些有争议问题的进程并没有让戈尔巴乔夫不安。他对这些进程的实质并没有太大的兴趣。他认为美国在近东的政策合乎情理。**从这时起，苏联领导人和外交官平静地接受美国人对苏联在阿富汗行为方式的批评。而对美方在尼加拉瓜更加残酷的威胁，戈尔巴乔夫却只能忍气吞声。**

重要的是，以戈尔巴乔夫为代表的苏联首次默许，苏联国内形势可以成为美苏讨论的题目。"他们——里根和戈尔巴乔夫——表示同意以合作精神解决人道问题的重要性。"为什么不是美国国内问题，或整个世界的人权问题？

这种性质的让步，任何人都不会批准，除了戈尔巴乔夫。为什么他需要作出如此大的让步？是什么迫使他如此取悦美国代表团？对美国人例行的对苏联在阿富汗行为的揭露的答复，戈尔巴乔夫并没有照本宣科地指责美国的支持"圣战"者，而是对如何解决整个阿富汗问题（包括苏联撤军问题）表示不安。这是一种新的、对美国人来说寓意很深的暗示。苏联领袖没有揭露向本·拉登之流的"圣战"者提供"毒刺"导弹枪杀苏联飞行员的行径。他开始谦恭地讨论苏联撤退的方式，同时并没有提出交换条件，哪怕是让美国停止武装阿富汗的反对派。

1991 年前，日内瓦形成了一条几乎不变的范式。请大家评判：里根向戈尔巴乔夫声明，苏联应对美国的"战略防御倡议"思想妥协，应削减其战略武器，并在所有的地区冲突中作出让步，承认其在公民权利方面的错误，只有在这一情况下，美国才有可能实现与苏联双边关系的正常化（即使在这样的情况下，美方也没有承诺哪怕是很小的让步，比如给予最惠国待遇或允许得到美国贷款）。

与此同时，在里根的东欧政策中，反苏活动日趋活跃。社会主义国家关系中的任何漏洞都被国务卿舒尔茨加以利用。1985 年 12 月，他"查明"，罗马尼亚，而后是匈牙利，存在着脱离苏联的潜在可能性，那里的"社会主义压力开始削弱"。当时对舒尔茨彬彬有礼的亚诺什·卡达尔还不知道国务卿的下述笔记："由于镇压 1956 年的匈牙利起义，浑身脏污的卡达尔已经无可救药……匈牙利需要新一代领袖。卡达尔想访问美国，但必须增加迁居美国的匈牙利人我们才能同意。我和同事们讨论了我们对东欧的政策，决定从现在起施加更大的压力，目的是改变这些国家的方针。"**舒尔茨将自己的方针称为"侵蚀政策。我们想做苏联做不到的，并从东欧国家得到某种好处"。**

在日内瓦彬彬有礼的背景衬托之下，舒尔茨的伪善面目昭然若揭。正是这位舒尔茨，如果苏联支持任何一个对美国不友好的政体和国家，便对戈尔巴乔夫及其班子横加指责。这种做法不仅是"双重标准"，而且意味着美国恬不知耻地在苏联的势力范围搞破坏。

但为什么戈尔巴乔夫沉默不语？须知，正是他的沉默使他的国家遭到失败，国家公民走向死亡。

3. 让步

戈尔巴乔夫知道，引起真正轰动效应的是对美方毫无理由的让步。他立即作出了这样的让步：迄今为止，三个方面的核谈判——中程导弹、现场检查和战略武器谈判——解决方案之间密切的相互关联是苏方的基本立场之一。而现在，苏联国家首脑同意就个别问题单独达成协议，不管"相邻的"问题的谈判是否陷入僵局。对于美国人来说，单独解决问题有着特别的寓意。里根立即成立了专家组并委托他们讨论苏联的建议，似乎是在接受突如其来的战利品。

苏联方面，阿赫罗梅耶夫元帅①是谈判中的显赫人物，他与波尔·尼采联合担任裁军委员会主席。当他讲出自己是"最后的莫西干人"的第一句话，暗示他是第二次世界大战直接参加者最后的人之一时，便成为美国人喜欢的人。

在 1986 年春戈尔巴乔夫提出倡议的同时，外交部部长谢瓦尔德纳泽更换了相当一部分谈判组成员。持强硬规则和过时公理的人员被一些没有头脑但善于见风使舵的官员取而代之，比如，Γ. 库托沃伊。1986 年 5 月 23 日召开的苏联外交官会议具有特殊意义。在该会议上，前格鲁吉亚警察用带着可怕口音的俄语向职业外交官讲解了戈尔巴乔夫"新思维"之好。总的指示是：不要坚持老教条，要更快地接受与老教条对立的公理。

美国人很快发现，他们最强硬的伙伴已经离开了谈判桌，他们的位置被一批新的，实际上是一些糊涂的外交官所取代，但同时，他们的举止让人感到非常愉快，对教条的信奉程度要小。**"年轻的职业家，加上极好的语言才能和优雅的行为举止，以难以想象的速度走到外交第一线。谢瓦尔德纳泽根据自己的观点，开始建立外交亲信圈子。"**

1986 年秋，戈尔巴乔夫提议在莫斯科和华盛顿的"中间地"举行会晤。美方提出将冰岛首都雷克雅未克作为会晤的地点。这样的选择非同寻常。

马特洛克大使指出：冰岛不比瑞士，不是中立国，而是美国的北约盟国之一。所以，从政治意义考虑，戈尔巴乔夫走出的距离，大大多于路程的一半。

---

① 谢尔盖·费多罗维奇·阿赫罗梅耶夫元帅（Сергей Федорович Ахромеев，1923 年 5 月 5 日至 1991 年 8 月 24 日），1923 年生于摩尔达维亚；1991 年在莫斯科自杀，享年 68 岁。军衔：苏联元帅（1983 年 3 月 25 日）、苏军总参谋长。阿赫罗梅耶夫在伟大的卫国战争期间作为列兵和基层军官转战于列宁格勒、斯大林格勒和乌克兰，作战英勇，1942 年在列宁格勒担任连长时入党，这是阵亡率最高的岗位。战后步步高升，于 1974 年任苏联国防部一个局的局长，1979 年 2 月任苏联武装力量第一副总参谋长，1983 年起任苏军总参谋长。退役后担任苏联总统戈尔巴乔夫的军事顾问。1991 年 6 月 19 日，在纪念卫国战争 50 周年的记者招待会上，他一开始就尖锐地提出：苏联在 1941 年和 1991 年的形势有点相似。他在 1990 年就已经相信国家正走向毁灭，当年苏联军民以 2700 万人牺牲所捍卫的社会主义大厦今天即将崩塌；当年希特勒几千万大军未能达到的意图，今天却有可能实现。"8·19"事件爆发后，阿赫罗梅耶夫元帅的立场倾向于"国家紧急状态委员会"，他于 1991 年 8 月 22 日在矛盾和愤恨中自杀身亡。

在冰岛雷克雅未克，戈尔巴乔夫的右手旁边，放着工作文件夹。打开文件夹后，总书记在大约一小时内宣读了苏联的建议（这是对在日内瓦别墅避暑小楼里根突然提出的建议的戈尔巴乔夫式的答复）。戈尔巴乔夫对苏联建议的阐述是一次冗长的独白，但他让美国人兴高采烈。这里涉及三个问题：战略武器、欧洲中程导弹、关于太空武器和战略防御。最终，戈尔巴乔夫向里根交付了文件，文件的名称是《对苏联和美国外交部部长关于武器和核裁军的指示》。

正如马特洛克所通报的那样，在武器控制问题上，俄罗斯人逐渐作出了一些最重要的让步……戈尔巴乔夫同意美国关于从陆地和潜水艇发射的重型导弹削减50%的建议；同意中程导弹保持低水平和在现场进行广泛的检查……中午，有关中程导弹的协定，看来已成定局，美国代表团向驻西欧和日本的大使发了紧急电报，以便让他们通报美国盟国政府首脑。谢瓦尔德纳泽甚至说："我们已经作出了所有的让步，现在轮到你们了。"

舒尔茨曾害怕：美国情报部门预测的问题很严重。包括，情报部门曾预测：雷克雅未克将冒出一些不好对付的苏联军人。可他们错了，阿赫罗梅耶夫元帅不像是一个与总书记意志唱反调的人。谁又会为了捍卫自己的观点而"不顾一切"？

第一天就这样结束了。舒尔茨自豪地报告："我们没有作出任何让步，而所得到的东西之多，出乎意料。"苏联方面首次同意将苏联的 CC－18 重型导弹列入削减的清单。深夜，阿赫罗梅耶夫元帅作出了如此重大的让步，这一让步不可能不与戈尔巴乔夫协商或不可能没有得到戈尔巴乔夫的批准。与此同时，苏联方面同意，能够对苏联领土实施打击的美国先进的配置系统，从应列入削减的清单中拿掉。这是为什么？

阿赫罗梅耶夫建议戈尔巴乔夫作出的另一让步是：退出禁止建立国家反导系统条约的期限，由 15 年降至 10 年。阿赫罗梅耶夫放弃了此前提出的禁止美国研制太空防御系统的要求。

还有一项重要让步：苏联代表团同意讨论对苏联亚洲部分导弹的限制。

从美国的角度看，新的协议简直可以说是"激动人心"。戈尔巴乔夫承认中程导弹均等和低水平的原则，并建议对限额进行总体研究。戈尔巴乔夫难以置信地同意了削减苏联武库重型导弹50%（洲际弹道导弹从308枚降至150枚），美方不能不视它为最大的胜利。而检查呢？苏联抵制现场检查已10年，而突然，简直是在一刹那，同意了美国的提议，值得吗？

雷克雅未克是美国人实现"真正突破"的福地。参与莫斯科谈判进程

的专家也感到震惊。与此同时，在政治局会议上戈尔巴乔夫抨击里根和美帝国主义，这使失去方向的同事面面相觑。

1987 年年中，戈尔巴乔夫单方面暂停苏联的核试验。他还毫不犹豫地宣布，拥有武器数量最多的一方（当然，这里是指苏联），应进行不均衡裁减。《华沙条约》和苏联军事学说之间，首次发生矛盾。

第二部分　华沙条约组织的削弱

1. 内部变化

实际上，1986 年戈尔巴乔夫开始执行的对外政策方针，不可避免地导致华沙条约组织的解体。**1986 年 11 月 10 ~ 11 日，苏共中央总书记非常突然地将经互会成员国的领导人召到莫斯科。戈尔巴乔夫号召这些国家的领导人改组其政治领导体制和在人民心目中取得进一步的合法性，引起这些国家领导人不小的愤怒。**

实际上，他是在告诉出席会议的人，"勃列日涅夫主义"已经寿终正寝，**苏联任何时候都将不会出兵镇压社会主义阵营的异端分子。在美国派兵格林纳达、巴拿马、黎巴嫩的背景下，这是苏联外交政策的根本性改变。戈尔巴乔夫丝毫没有考虑第二次世界大战中以我们的鲜血为代价建成的"安全带"。戈尔巴乔夫开始了背叛亲苏联势力——我们的盟友——的进程。**

1986 年 11 月，当美国国务卿舒尔茨参加在维也纳举行的欧洲安全和合作组织例会时，已意识到，华沙条约组织内出现了某种变化。对新的机遇，美国人立即不失时机地加以利用。

舒尔茨、罗斯·里奇韦和汤姆·西莫内邀请波兰代表团到他们那里，其目的是让他们下决心开始内部变革和尽一切可能逐渐与莫斯科拉开距离。舒尔茨指示对波兰代表团"进行工作"，称"波兰人有愿望"。

舒尔茨对向东欧施加影响的广泛计划进行了思考。苏联的变化激励了东欧国家变革的拥护者。应该支持那些改革派。为表现美国人这一新的决心，约翰·怀特黑德在 1987 年走遍了所有东欧国家，并得出结论："形势正在发生变化。"东欧国家领导人现在常与美国人会见并与他们讨论以前禁止讨论的问题。舒尔茨回忆说，他有一种感觉，即一两个东欧国家可能跨越集团间的界线。

怀特黑德向舒尔茨报告，东欧共产主义政府正在不断与美国改善关系，最终，它们有望脱离苏联。怀特黑德认为，波兰的形势最看好。在波兰，以瓦文萨为首的"团结工会"是华沙与莫斯科亲近的阻力。怀特黑德在波兰的美国大使官邸会见了瓦文萨。媒体将这一会见的照片传到世界各地。

根据舒尔茨的描述，他们商定了在东欧国家行动的路线：逐步行动，以小的行动作出成绩，逐渐扩大影响，一步一步地扩大自己的势力范围。同时，舒尔茨非常满意地列举了一些地方，在克里姆林宫的间接协助下，收回了部分势力范围：安哥拉、尼加拉瓜、柬埔寨。

2. 中程和短程导弹

苏联有两种导弹是美国没有的，即 CC－12 和 CC－23 导弹系统，其射程为 500～1000 公里。对于这些导弹，还有一个荒诞的分类——"射程小于中程的过渡性核力量"（SRINF）。北约坚持，任何关于中程导弹的谈判，均应包括 SRINF。而如果不包括，美国有权拥有与 SRINF 相对等的中程导弹数量（美国中程导弹的射程为 1000～5500 公里）。

正是为了短射程导弹，美国国务卿舒尔茨于 1987 年 4 月中旬访问莫斯科。而戈尔巴乔夫于 4 月 10 日在布拉格宣布："苏联小于中程导弹的数量不再增多。"与此同时，他呼吁与美国共同削减"中程导弹"。

1987 年 4 月 14 日在克里姆林宫叶卡捷琳娜大厅举行的与戈尔巴乔夫的第一次会见中，舒尔茨重复了美国的立场：不管苏联保留多少 SRINF 级导弹，美方将认为自己有权保持射程在 5500 公里之内、相等数量的弹道和巡航导弹。苏联领导人表示愿意双方都销毁中程导弹，苏联的导弹是 CC－20。戈尔巴乔夫并没有就此止步，还要求销毁射程低于中程导弹的导弹（即射程 500～1500 公里）。美国人应销毁的自 1983 年部署在欧洲的部分导弹或即将部署的（大部分）导弹数量要少得多。

苏联拥有准确率高的新型 CC－23 导弹超过 100 枚，但最大的射程在 400 公里之内。苏联军事专家公正地指出，该级别的导弹不在准备签署的协定的范围之内。原苏联驻美国大使阿纳托利·多勃雷宁①作了这样的描述："在舒尔茨到达之前，戈尔巴乔夫请阿赫罗梅耶夫和我为他准备阐述双边立场及各种建议的备忘录。我们准备了备忘录，而且，阿赫罗梅耶夫还特别强

---

① 阿纳托利·多勃雷宁，1919 年生于莫斯科州一个工人家庭，乌克兰人，于 2010 年 4 月 6 日逝世，终年 90 岁。他曾自 1962 年开始担任苏联驻美国大使长达 25 年，参与了冷战时期美苏两国领导人之间所有最高级会晤的准备工作。20 世纪 50 年代，联合国第二任秘书长哈马舍尔德在任期间，多勃雷宁曾担任联合国负责政治和安全事务的副秘书长，曾经在 1962 年 10 月古巴导弹危机期间为将世界从一场核灾难中拯救出来发挥了重要作用。中国曾翻译出版了反映其外交生涯的回忆录。

调，看来，舒尔茨又要坚持削减 CC-23 导弹，对此坚决不能同意。长时间交谈之后，舒尔茨对戈尔巴乔夫说，最终，他可以肯定地声明，其余的还有争议的问题可能通过妥协的方式很快得到解决，戈尔巴乔夫能够信心十足地在近期内赶赴华盛顿（如早已计划的那样）签署重要的销毁中程导弹的协定，如果戈尔巴乔夫同意将 CC-23 列入该协定。在犹豫片刻之后，戈尔巴乔夫突然让我们（阿赫罗梅耶夫和我）大吃一惊地说：'就这样商定了。'他握了舒尔茨的手，然后告别。在舒尔茨的小圈子，称戈尔巴乔夫突然迈出的这一步是'天上掉馅饼'。阿赫罗梅耶夫万分惊愕。他问我是否知道，为什么戈尔巴乔夫在最后一刻改变了我们的立场。我与他一样，感到十分惊讶。怎么办？我们决定，阿赫罗梅耶夫去找戈尔巴乔夫。半小时之后阿赫罗梅耶夫返回，像泄了气的皮球。当他问戈尔巴乔夫，为什么同意将我们的新型导弹列入应销毁的导弹协定之内而没有得到任何重大的交换条件。开始戈尔巴乔夫说，他忘记了备忘录中的'提醒'，他，看来，是犯了错误。阿赫罗梅耶夫立刻建议通知舒尔茨，好在他还没有离开莫斯科，通知他发生了误会，并再次重申我们对这类导弹的原来的立场。但不满意的戈尔巴乔夫暴跳如雷：'你要干什么？建议我告诉舒尔茨，我这个总书记在军事问题上没有权威，在苏联将军们纠正之后改变了自己的立场，撤回了我已作出的承诺？'"

可悲的关于 CC-23 导弹的事件就这样宣告结束。在与舒尔茨几秒钟的谈话中，戈尔巴乔夫没有问任何人和没有得到任何回报，同意销毁新型导弹，而为研制该武器，国家投入了几十亿卢布，耗费了巨大的力量。戈尔巴乔夫记忆力非常好，当然，很好地记着这些导弹。但他清楚，如果将这一问题提交到政治局讨论，他未必能得到总参谋部的支持。总参谋部反对销毁实际上并不属于协定范围的我们的导弹。这就是为什么戈尔巴乔夫宁可将这类事情作为既成事实提交到政治局，而既成事实是为了打开与美国签署协议的大门而进行的最后阶段的"妥协"。还要补充一点，许多政治局委员对 CC-23 导弹究竟是什么武器并不十分清楚，因为戈尔巴乔夫在谈到这些导弹时，像连珠炮，而国防部部长亚佐夫沉默不语。

戈尔巴乔夫建议以新的态度对待短射程导弹：欧洲为零，苏联中亚部分和美国各 100 枚。舒尔茨拒绝了该建议：小导弹移动很容易。舒尔茨是这样想的："我感到，我对戈尔巴乔夫产生了相当强的印象……他已认识到要信任我们。"当时戈尔巴乔夫建议销毁苏联所有的短程导弹。他说："我准备放弃在德意志民主共和国和捷克斯洛伐克的导弹系统，其他华约国的短程导弹也将限制在一定的数量，我们还将暂停数量的增加。"

舒尔茨的内心欣喜若狂。他在回忆录中写道："出现了取得巨大成功的机遇。"但戈尔巴乔夫要求立即决定，他以冷嘲热讽的口气说："你们是在执行任务。你们是什么领导人？为什么你们不能采取决定？"

谢瓦尔德纳泽也插话："我无法摆脱惊讶的感觉——美国反对苏联销毁短射程作战导弹。"舒尔茨的回答是："你们会在最短的时间得到答复。"

25分钟之后，阿赫罗梅耶夫元帅信心十足地走到谈判大厅。"我们应将自己的注意力放在战略进攻性武器和战略防御倡议上。日内瓦提出的削减50%的思想应转为具体的数字——1600个发射装置和6000个弹头。"实际上这是雷克雅未克的表述。戈尔巴乔夫建议解开戈尔迪之结——快刀斩乱麻地解决问题，将战略防御倡议限制在实验室实验范围："你们不应该只希望我们让步"。

舒尔茨挖苦说："我愿流一滴眼泪。"美国国务卿开始了他喜欢的话题：公民权。戈尔巴乔夫像小学生一样逐条进行汇报：阿纳托利·夏兰斯基[1]已经在西方，尤里·奥尔洛夫[2]在美国，A.萨哈罗夫[3]离开了高尔基城。

在这次访问中，戈尔巴乔夫允许舒尔茨在苏联电视台向一个大国的所有

---

[1] 阿纳托利·夏兰斯基（后称纳坦·夏兰斯基），1948年出生于苏联，犹太人，后在莫斯科某大学专攻应用数学专业。1973年，他的移民签证被以色列当局以国家安全为由拒签，他便靠英文翻译糊口。他曾追随当时著名的持不同政见者萨哈罗夫，为"民主和自由"奔走，成了知名的苏联犹太人人权活动家。1977年，苏联政府因怀疑他是美国间谍而将他逮捕，并判处他到西伯利亚劳改13年。其后，在美国总统里根的压力下，他终于被苏联用来与西方交换被捕间谍而得以释放，但始终否认自己是间谍。获释后，他如愿以偿定居在以色列，并在自己原有姓氏前面加上了一个希伯来语名字——"纳坦"。此后，他一直从事俄罗斯犹太移民的援助工作。1988年他出版了一本自传，1989年里根总统授予他"自由勋章"。1995年，夏兰斯基在以色列创建政党，开始政治生涯。其后，他历任三届以色列内阁成员。夏兰斯基是以色列最知名的右派人物之一，他对待巴以问题的态度是绝不妥协。近年，夏兰斯基著有《民主论》，提出国际上可以对"不自由"的政权动用武力。此书被时任美国总统的小布什奉为"床头必读"，为其发动对伊拉克和阿富汗等战争提供了理论依据。

[2] 物理学家尤里·奥尔洛夫，曾是苏联持不同政见者创办的莫斯科人权观察小组领导人。

[3] 安德烈·德米特里耶维奇·萨哈罗夫，苏联物理学家，被称为苏联氢弹之父，1921年5月21日生于莫斯科。萨哈罗夫和他的父亲都是物理学家。他于1947年获得博士学位，后来从事氢弹的研究工作。他反对进行大气核试验，1968年又大声疾呼核裁军，在其他方面也表现得与苏联当局格格不入。他还呼吁进一步容许不同的政见。他便成了苏联国内最有影响和最为大胆的持不同政见者。萨哈罗夫被宣布为1975年的诺贝尔和平奖获得者。苏联拒不同意萨哈罗夫去奥斯陆领奖，并将其送往外地。戈尔巴乔夫上台后，亲自致电给萨哈罗夫，邀请其回到莫斯科。1989年3月，萨哈罗夫当选为苏联人民代表大会代表，与叶利钦等人积极参与跨地区民主议员团的活动，多次提出要取消规定苏共领导地位的苏联宪法第六条。他于1989年12月心脏病突发过世。

地区发表其对阿富汗问题的意见（没有对他的讲话进行检查）："你们与阿富汗人民发生冲突。阿富汗人希望你们离开他们的国家；他们不想让你们的武装力量驻扎在他们的国家；那里有多少你们的战士——12万？"

而如果俄罗斯的外交部部长对美国的电视观众实话实说："你们与伊拉克人民发生冲突。伊拉克人希望你们离开他们的国家；他们不希望你们的武装力量留在他们的国家；那里有多少你们的战士——14万？"很难想象会出现这样的场景。双重标准对于美国可谓司空见惯。

美国人和俄罗斯人达成协议，在舒尔茨结束访问之前，不报道莫斯科谈判的结果。在飞机上舒尔茨兴高采烈：他没有特别尽力，却得到了这么多。俄罗斯销毁了整整一个等级的武器，而美国对此只有鼓掌。

3. 一连串空前的让步

1987年2月底，戈尔巴乔夫建议销毁所有苏联和美国在欧洲的中程核力量，但没有将销毁与任何东西联系在一起，即既没有与战略武器，也没有与英国和法国的核力量以及战略防御倡议挂钩。苏联在其亚洲地区保留100枚中程导弹，而美国人在自己境内保留同样数量的中程导弹。苏联还将从捷克斯洛伐克和德意志民主共和国撤出射程低于中程的导弹。

苏联方面销毁的导弹和发射装置大大超过美国。北约其他许多中程导弹装置，如海基巡航导弹，英国和法国相对不大的海基弹道导弹以及法国的陆基导弹，都没有削减。美国应削减"潘兴Ⅱ"中程导弹①，按美国的分类，其射程达不到莫斯科（苏联方面断定，其射程可以打到莫斯科；这种抬高所削减的导弹能力的做法让美国人高兴。为什么苏联需要抬高敌对方作出"牺牲"的力度？）。

1987年7月23日，不辞辛劳的捍卫地球生命的战士提出了一项新建议：让所提议的两个零（销毁中程和中短程导弹）更完美。苏联和美国无须如此前所商定的那样，在苏联亚洲部分和美国、欧洲保留100枚导弹综合装置。里根曾秘密地对科尔说，他感到这样的建议有诱惑力。戈尔巴乔夫没有坚持保留100枚中程导弹，以便与美国在亚洲和太平洋的核装置形成平衡，而是毫无理由地拿掉了苏联的装置。

但奇怪的是，对戈尔巴乔夫的让步持积极立场的里根总统，一次也没有

---

① "潘兴"导弹是美国研制的一种中程地对地固体弹道导弹，有三种型号。"潘兴Ⅰ"导弹已退役，"潘兴Ⅱ"导弹是第三代地对地战术导弹，1974年开始研制，1985年装备部队。主要用于打击原华沙条约国的指挥所和交通枢纽等硬目标。该导弹采用惯性制导和雷达地形匹配制导两套系统，命中精度约30米，是当时地地弹道导弹命中精度最高的一种。

夸奖过作出了他所希望的让步的一方。相反，他的暴怒情绪与日俱增，并对改变苏联的立场、战略和政治制度提出了越来越高的要求。**戈尔巴乔夫竟然开始适应白宫特有的否定主义，甚至在迈出迎合美方意愿的最大的步伐之后。而在那些戈尔巴乔夫希望改变美国立场的地方（部署太空武器、推迟执行战略防御倡议、美国参与的地区冲突等），里根持"钢筋混凝土"式的防御立场，寸步不让。**

但甚至里根也不能绝对无视戈尔巴乔夫的"退却"风格。1987年6月12日在柏林发表讲话时，里根的调门有所缓和。"现在，苏维埃自己也已理解自由的重要性，虽然还有局限。**在此，里根直接对戈尔巴乔夫说："如果您想要和平，如果您想要苏联和东欧的繁荣，如果您想要自由化……戈尔巴乔夫先生，请您把这堵柏林墙拆除。"**

里根提出的直接目标是："帮助民主派反政府武装人员进行实现自决的斗争。"戈尔巴乔夫是否意识到美国对自己国家的压力和宣传的威胁？

头脑冷静的政治家对戈尔巴乔夫的让步感到恐惧。多勃雷宁说："当戈尔巴乔夫抵达华盛顿，他又一次在没有讨价还价的情况下，同意了一项让步：将所有CC-20导弹销毁，不仅是苏联欧洲部分的，还有它的亚洲部分的，虽然苏联亚洲部分的CC-20导弹是针对美国驻日本和印度洋基地的防务需要和制衡中国的核武器。"

9月16日，谢瓦尔德纳泽向舒尔茨透露了一个秘密："我们要撤出阿富汗，撤军可能持续五个月，也可能是整整一年。"部长请舒尔茨协助建立一个中立的阿富汗。对部长最后的请求，舒尔茨持批评态度——这一点在回忆录中得到证实，美国人想充分利用苏联在阿富汗的失败，完全不想讨论美国在波斯湾军事存在的规模。

这样，谢瓦尔德纳泽将一个很大的秘密告诉舒尔茨：莫斯科已通过了坚定地从阿富汗撤出的决议；直到里根总统第二个任期结束前，还将有军队撤出。谢瓦尔德纳泽请求美国帮助，以防止苏联撤出后宗教激进分子控制阿富汗。真是找对了人！一个在北巴基斯坦建立了大规模宗教激进分子培训基地，一个用"毒刺"导弹武装本·拉登的政府！

美国将主导权完全操控在自己手中。而苏联的谈判人员似乎是向严厉的美国监督者进行汇报。国务卿舒尔茨回忆说："谢瓦尔德纳泽和我下午到白宫并向里根总统报告了三天工作的结果。现在，我们可以宣布关于原则上签署减少中程导弹数量条约的联合协议；条约可以在戈尔巴乔夫总书记深秋访问华盛顿时签署。"

美国外交团长的满意，绝不等同于苏联外交的胜利。为了保全脸面，谢瓦尔德纳泽被迫执行了狡猾的"狐狸"外交路线。他在联合国大会发言时"谴责"里根总统：他"给我讲课，告诉我多么需要改变苏联制度"。谢瓦尔德纳泽发表这样的声明，是为了搅乱其莫斯科的政敌的思想。而美国人对此心知肚明。

戈尔巴乔夫作了让步发言，让步对于他已经成为习惯：他不再坚持完全禁止反导弹系统试验，而是要求就"个别问题"单独编制协议，以便在访问美国时签订这些协议。**舒尔茨谈不上是什么"绝顶聪明"之人，但他早已发现戈尔巴乔夫对最高层外交活动结果明显的依赖，并立即以取消拟议中的戈尔巴乔夫对美国的访问相威胁。他在冒险，但也知道，关于中程导弹的协定（实际上已经商定），可以由级别较低的官员签署。**

请听听舒尔茨1987年11月18日对拟接待苏联领袖的里根总统所讲的一番话："我们可以让戈尔巴乔夫扮演一个实际上对我们有利的革新者的角色，与他在中程导弹问题和阿富汗问题上扮演的角色一样。"

苏共中央总书记最关心的是他出访美国的细节。他不再到全国各地，将只在首都，因为首都是人们关注的中心。专家能否解决所有争议问题，以便签署中程导弹条约？戈尔巴乔夫对谈判人员的压力是很明显的。正是那时（1987年11月24日），阿赫罗梅耶夫说了后来成为经典的一句话："也许，我们事先请求在中立的瑞士政治避难？"而国务卿舒尔茨承认，他有"取得重大胜利之感"。请看下列数字：苏联方面承诺销毁已经部署的1500枚中程导弹，而美国方面仅销毁350枚。美国谈判人员真不简单，他们差不多用1枚美国导弹消灭5枚苏联导弹。

4. "戈尔比"在华盛顿

1987年11月23日，舒尔茨与谢瓦尔德纳泽在日内瓦会见并很快解决了涉及中程导弹条约的多数遗留问题。谈判人的所有考虑都集中在即将举行的领袖会见。

1987年末的最高层会晤是奠基性的。1987年12月5时30分，国务卿舒尔茨在安德鲁斯空军基地迎接总书记戈尔巴乔夫及其夫人。这是继赫鲁晓夫、勃列日涅夫之后苏联首脑对美国的第三次国事访问。它与戈尔巴乔夫和里根在日内瓦和雷克雅未克的会见完全不同。戈尔巴乔夫已放弃了关于战略防御倡议的多数要求。

在重要会见前夕，应解决所产生的重大矛盾。根据舒尔茨的描述，苏联代表团的某位成员为挽救苏联最完美的中程导弹 CC－20 作出了最后的努力。苏联方面没有提供 CC - 20 的"单独"照片，只提供了整个装置的照片，里面才是要找的导弹。舒尔茨和美国主谈人员坎珀尔曼要求出示导弹本身的照片，而不是导弹外部的装置。直到第二天早晨 7 时 30 分，抵制坎珀尔曼的奥布霍夫才将上述二级导弹的照片送来。现在，签署中程导弹条约已万事俱备。最新的苏联军事技术，被愚蠢和无能之辈拱手相送，所得到的只是敌对集团的空话和不可靠的保障，而此后 15 年，该集团的边界扩大到俄罗斯（苏联内部的边界）。

第二天 13 时 45 分，美苏签署了中程导弹条约。根据条约，双方承诺在三年之内销毁所有中程和更短射程的陆基导弹及其发射装置。是的，这仅仅约占两国武库中所积累的 5 万枚核武器的 5%。但须知，所要销毁的是苏联武器的最精华的部分。交出了最好的使用固体燃料的 CC - 20 导弹，不知为什么。据说美国承诺不在欧洲部署"潘兴"2 号导弹。条约规定三年内销毁 1846 枚苏联核导弹和 846 枚美国核导弹。如此的不平等难道不使您惴惴不安吗？

应该说，美国人简直完全没有意识到他们是多么幸运。他们无论如何也不会相信，戈尔巴乔夫同意削弱自己的国家，削弱生死攸关的部门，削弱强大国家的核心。

第三部分　戈尔巴乔夫败逃东欧：美国千载难逢的机遇

不久之前，在世界范围内，只有共产主义的东方不受美国管辖，华盛顿准备与共产主义东方进行长期的竞争。在老布什的回忆录中可以读到，华盛顿官方何等惊异地接受其全球对手走向一条最终导致解体和束手无策的道路。在 1989 年春组建政府时，刚刚当选为总统的乔治·布什（老布什）要求对所发生的一切进行专家评估。最优秀的俄罗斯问题专家来到肯纳邦克波特的布什官邸，阐述自己对此前铁板一块的敌人营垒分裂和克里姆林宫主人为与强大无比的美国结为伙伴而准备作出许多牺牲的观点。

来自莫斯科的情报及其引发的震动如此之大，以至于很多造诣很深的专家，从亚当·乌拉姆到布伦特·斯考克罗夫特，都怀疑俄罗斯人的行为是一种离奇的投机和罕见的迂回策略。布什总统自己在执政的前几个月没有讲话，他不愿使自己陷入窘境。今天看来，那是一种荒诞的防御措施，但可以理解。之后，在美国国际政策最主要的领域，一切都按西方的路子走。

布什曾说，他对外政策的目标是"让美国变得更加强大"。美国方面正是这样做的，它与任何国家都不讲什么永恒的友谊。1989 年 2 月 15 日，布什总统发布"国家安全研究"三号指示，该指示的内容涉及与苏联的关系。文件的中心意思是专家们"怀疑"苏联"恢复使用过去的残暴手段"。美国的任务是，使这一恢复"彻底失败"，与此同时不制造美国政策"不可逆转"的观点。**"改革是我们的利益所在。改革为我们提供了八年前不可能有的机遇。"迫使苏联按美国希望的方向前进是（我们的）任务。为此，应想方设法支持苏联的新闻自由和打破一党制，捍卫迁徙自由，促进非国有单位的活动，捍卫私有权。**

在讨论国家安全研究指示时，亨利·基辛格坚持的思想，在许多人看来不可思议："为削弱苏联在东欧的影响，什么都可以承诺。"

国务卿詹姆斯·贝克阐述了他对与谢瓦尔德纳泽会见的说法：现在谢瓦尔德纳泽将会顺从地听从更强大的一方的意见。**现在的苏联政权需要的只是暗示，即只需稍加暗示，他们便会走向西方所希望的道路。**

当贝克在维也纳看到关于常规武器的谈判情况后，对波兰代表团员的行为感到吃惊，因为他们在议论，他们希望在波兰建立什么样的总统制共和国：法国式，还是美国式。**在返回美国的途中，贝克在飞机上告诉记者："一种'新的开始'情绪笼罩着东欧，对于我们，如果能正确使用手中的牌，这里有很好的机会。"**康多莉扎·赖斯告诉布什总统，华沙"圆桌会议"协议标志着东欧共产主义末日的开始。美国应在经济上帮助华沙。

布什乘机飞抵美国的波兰移民中心——哈特勒姆克（底特律市郊）——并称："自由正在降临东欧……如果波兰的试验成功，其他国家会紧随其后。"

1989 年 5 月，国务卿詹姆斯·贝克首次飞抵莫斯科。1989 年 5 月 11 日，戈尔巴乔夫在克里姆林宫会见了贝克。戈尔巴乔夫说，他同意降低欧洲军事对抗水平，有可能削减战术核武器。

在肯纳邦克波特，欢腾的气氛达到顶点。所有人都预感到西方冷战中取得最后胜利的重大意义。

1989 年 5 月中，戈尔巴乔夫向布什转交了一封信件，其主要内容是，为结束欧洲常规武装力量和武器的谈判，戈尔巴乔夫的俄罗斯愿意走完超过一半多的路程。而贝克所思考的是，应尽最大限度向俄罗斯人索取。美国外交官超出谈判协议框架，提高了要价的极限，使最大限度的苏联武器纳入自己布置的罗网。在白宫，贝克建议将削减提高到 25%。

参谋长联席会议主席克罗认为，现实的削减量应是 5% ~ 10%。甚至在贝克的压力之下他仍决定只削减欧洲部队的 20%。总统同意执行美国军事和政治领导人提出的方案，美国从北大西洋公约影响的地区撤出 3.5 万人，而苏联撤出的军队，相当于美国的 10 倍多。

苏联军队撤出了阿富汗。波兰共产主义政府让"团结工会"合法化并同意举行自由选举。匈牙利拆除了与奥地利边界上的障碍。

1989 年 7 月，戈尔巴乔夫在布加勒斯特对华沙条约组织国家领导人发表讲话。戈尔巴乔夫号召他们"独立地解决国家面临的问题"。

1. "勃列日涅夫主义"寿终正寝

戈尔巴乔夫在国立莫斯科大学时的同学，捷克人姆利纳对勃列日涅夫关于捷克斯洛伐克的一次讲话让我们记忆犹新："你们的国家位于苏联战士在第二次世界大战中跨过的土地。我们以难以想象的牺牲为代价占领了这片土地。由于你们的擅自行动，我们感到威胁。为了那些在第二次世界大战的牺牲者，那些为了你们的自由而献出了自己的生命的人，我们有权向你们的国家派遣我们的战士，以便捍卫共同边界范围内的安全。这就是为什么第二次世界大战以来我们就在这里，并且直到永远。"

21 年之后，苏联外交部新闻发言人根·格拉西莫夫正式对外宣布，"勃列日涅夫主义"已寿终正寝。"你们是否知道弗兰克·西纳特拉的歌曲'我的路'？匈牙利和波兰现在走自己的路。现在，我们所有人都在走西纳特拉之路。"

1989 年 7 月 29 日，谢瓦尔德纳泽在巴黎告诉贝克："试图以强力阻止东欧的改革将意味着（苏联）改革的末日。"8 月 22 日，戈尔巴乔夫电话赞扬了以 M. 拉科夫斯基为代表的波兰共产党人与团结工会建立联合政府的行动。

两天之后，"团结工会"顾问 T. 马佐维茨基成为波兰总理。苏联政府向他发去热情洋溢的祝贺电报。不可能发生的情况发生了：共产党人自己把政权交给了他们的政敌，社会主义体系开始崩溃，而戈尔巴乔夫则发了祝贺电报。华沙的悲剧对所有人都是一个激励。在布拉格，B. 哈韦尔开始积极活动。戈尔巴乔夫与拉科夫斯基通话后几个小时，霍恩·久拉在匈牙利通过一项决议，该决议再次改变了欧洲的地图。很快匈牙利宣布放弃社会主义方针。

泱泱大国濒于崩溃。那些苏联拟与西方盟国拼杀而争取的东西，那些被称为苏联安全带的地区，被戈尔巴乔夫作为某种不再需要的东西而拱手相送。

德意志民主共和国极为重要，但戈尔巴乔夫还是疏远了这个盟国。德意志民主共和国的彻底变化，是在 1989 年 10 月初戈尔巴乔夫出访柏林参加德意志民主共和国 40 周年庆典活动之后立即发生的。

这次访问由 A. 别斯梅尔特内赫筹备。德意志民主共和国领袖 Э. 昂纳克在城郊宾馆会见了别斯梅尔特内赫，并向他提供了一些说明东德经济取得相当大增长的数字。

但来到柏林后，戈尔巴乔夫却以相反的精神开始与昂纳克谈话，要求昂纳克以（苏联式的）改革武装自己，只有这样，昂纳克才有可能拯救自己的制度。在正式的仪式上，戈尔巴乔夫号召东德人仿效苏联的改革。

昂纳克已无法自我控制。在最近一次访问苏联时，苏联商店货架空空，使他感到难堪。苏联经济已经崩溃，而与此同时，在德意志民主共和国生活着的，是社会主义世界最顺心如意的人们。如果苏联的生活水平为 100，那么保持这一生活水平的国家是波兰和保加利亚，罗马尼亚为 90。匈牙利高于上述国家，生活水平为 130。其他国家，捷克斯洛伐克为 180，而德意志民主共和国高达 200，是苏联的 2 倍。但苏联却对他们指手画脚，应该如何干！

返回莫斯科后戈尔巴乔夫曾说，昂纳克应该辞职，而且越快越好。"民主德国领导人不能控制局势。"这之后，1989 年 10 月 9 日，在德意志民主共和国第二大城市莱比锡发生了反对昂纳克政策的 7 万人大游行。利用这一事件，德意志民主共和国国家安全部门首脑 Э. 克伦茨，戈尔巴乔夫的狂热崇拜者，在 1989 年 10 月 18 日激烈的德国统一社会党政治局会议上，迫使昂纳克离开了自己的领导岗位，他自己取而代之成为德国统一社会党主席。

但由戈尔巴乔夫挑起的社会运动已无法控制。1989 年 11 月 4 日，东柏林 50 多万居民走上街头。以总理维利·斯多夫为首的内阁辞职。克伦茨与莫斯科通话，请戈尔巴乔夫拿主意。戈尔巴乔夫的答复是：民主德国和联邦德国之间的边界是人为划定的。如果不开放边界，会发生叛乱。

1989 年 11 月 9 日夜，通向柏林墙的大门打开了。德国首都传出尖叫声："墙塌了！"莫斯科塔斯社报道："多年来象征着欧洲分裂的柏林墙的崩塌，是具有积极意义和重要的事实。"戈尔巴乔夫指示苏联大使科切马佐夫不干预德国人的事务……

关于柏林墙倒塌的消息是在 1989 年 11 月 9 日中午传到白宫的。布伦特·斯考克罗夫特当时还不相信这一衰败，不相信戈尔巴乔夫会允许民主德国脱离华沙条约组织。在这件事上，罗伯特·布列克维尔建议将所发生的事件称为"对欧洲版图的修改"。

1989 年 11 月 13 日，美国总统请亨利·基辛格赴白宫参加晚宴。曾从德国仓皇出逃的基辛格对德国有着特殊的感情。但现在他是以美国外交元老的身份讲话："德国的联合已不可避免……而如果德国人看到我们在妨碍他们实现自己的目标，他们会迫使我们为此付出代价。"在这一形势下，采取"两个德国"的方针是"危险的"。

布什回答说，戈尔巴乔夫应有几条不能越过的红线，其中之一是"丢掉东德，特别是统一后的德国留在《北大西洋公约》情况下丢掉东德"。但华盛顿可以影响莫斯科。

美国人在庆祝胜利。戈尔巴乔夫已经无路可退。马特洛克大使想，现在，"戈尔巴乔夫的利益剥夺了他的选择，利益主宰着他与我们在一起。他需要美国的具体帮助"。

贝克说："我们的政策应是在戈尔巴乔夫想走的方向，为他提供帮助。"前中央情报局局长威廉·韦伯斯特报告称："恢复苏联在东欧霸权的机会，已不复存在。"甚至，如果继承戈尔巴乔夫的是强硬政权，促使该政权走与美国直接对立方向道路的刺激因素也很少，新政权领导甚至无法开始大规模的军事建设。

前政治局委员利加乔夫曾警告，存在"民主德国加入西方体系的不可避免的威胁"："对一个有着巨大经济和军事潜力的德国出现在世界上视而不见，将是不可饶恕的短视和错误……现在还可亡羊补牢。"

2. 反对自己的国家

1990 年 2 月 7 日，美国国务卿詹姆斯·贝克抵达莫斯科。2 月 9 日，在克里姆林宫豪华的叶卡捷琳娜大厅，贝克坐在戈尔巴乔夫和谢瓦尔德纳泽的对面。关于德国联合，戈尔巴乔夫对贝克说："总之，对于我们，对于你们，不管两者有什么不同，德国联合的未来，都没有什么可怕的。"对上述引文，美国人使用了这样的评语："这是一个非常奇怪的、彻头彻尾的变化。"

苏联对外政策的设计师们怎么可以想象，在柏林墙坍塌之后，德国间的边界可以风平浪静？难道是他们在 1945 年为了祖国的安全，在通向德国间边界的道路上，献出了自己的生命？怎么可以如此轻率地使那些在第二次世界大战中成千上万的苏联牺牲者变得一文不值？什么样的历史意识可以让一个人一举凌辱我们牺牲前辈的所有坟墓？在世界上的任何国家，这样的人都可以称为民族利益的叛徒和国事犯。

但应该指出，苏联出现了一股强大的、担忧东欧脱离苏联的势力派别。

葛罗米柯的副手科尔尼延科，苏联首席日耳曼学家瓦·法林①及其在中央秘书处工作的副手波尔图加洛夫，都要求雅科夫列夫和其他人"制止"戈尔巴乔夫和谢瓦尔德纳泽将德国转交给美国人的进程。

显而易见，在 1990 年 3 月即将举行的德国大选中，德国联合的拥护者将获得胜利。正是在那时，德国联合和它继续留在北大西洋联盟的思想已成为乔治·布什政府的基本设想。但只有苏联同意，这一思想才能实现，而如果苏联对德国联合的要价是德国脱离北约怎么办？德国人会不会顺从？

1990 年 2 月 9 日，贝克与戈尔巴乔夫、谢瓦尔德纳泽会见并告诉他们，联合已不可避免，而且进展很快。1990 年 3 月的德国大选将是决定性的。在涉及集团原则时，贝克说："新的德国将是北大西洋联盟成员而不会是中立国。"

在此，贝克承诺，北大西洋公约组织的管辖范围，不会向 1990 年边界以东推进一英寸。戈尔巴乔夫说："自然，任何北约活动地区的扩大都是不能接受的。"第二天，联邦德国总理赫尔穆特·科尔飞抵莫斯科。贝克为他留下一封长达三页的信件。要点如下："戈尔巴乔夫至少不坚决反对。我认为，二加四机制和欧洲安全和合作组织鲜明立场的相互配合应导致成功。我们应观察苏联立场的演变。"

正如贝克所预计的那样，坐镇克里姆林宫的戈尔巴乔夫所持的关于德国问题的立场与西方的计划绝对不矛盾："德国人应自己决定他们的统一问题。"

3. 华沙条约组织的命运

北约和华约组织成员 23 位部长在渥太华会见，讨论美国关于"开放天空"的建议。贝克向谢瓦尔德纳泽建议搞一个"2 + 4 计划"共同声明。似乎想起了某个遗忘的事情，谢瓦尔德纳泽突然冒出一句话："是的，顺便说一下，戈尔巴乔夫准备撤回关于他希望欧洲武装力量保持均衡的意见，如果美国的优势不超过 3 万名士兵。"吃惊的贝克微微一笑说："不成问题。"在谢瓦尔德纳泽与戈尔巴乔夫通话的同时，贝克兴奋地向布什通报，他因吃惊和狂喜而变得呆若木鸡。

谢瓦尔德纳泽向贝克通报，戈尔巴乔夫已接受了"2 + 4 计划"思想。科尔总理立即宣布，已朝着德国统一的方向，迈出一大步。"我们从来没有能如此接近目标。"在科尔兴高采烈之时，瓦·法林努力掩盖自己的恐惧。

---

① 瓦连·法林曾任前苏联驻德国大使。

法林对记者们说："如果西方联盟坚决要求统一的德国保留北约成员的地位，那么，德国将不会统一。"他不知道，他的顶头上司们的奴颜婢膝已达到了何种程度。

在此之后，事件迅速发展。1990 年 2 月 28 日，布什总统以不容置疑的口气与戈尔巴乔夫通话并告知，他和此时正在华盛顿访问的科尔都认为，统一的德国应留在北大西洋联盟。布什还向戈尔巴乔夫讲述了他与科尔共同度过的周末。他们两人认为，德国应留在北约。"您的意见呢？"戈尔巴乔夫说："我考虑考虑。"

科尔总理和民主德国新的领导人，民主德国基督教民主联盟领袖保持着密切的联系。他们的目标没有隐瞒：统一。现在已经清楚，德国的统一将通过东部土地并入西部的德意志联邦共和国实现。作为国际政治独立主体的德意志民主共和国，被戈尔巴乔夫一笔勾销和送进了"历史的垃圾箱"。

统一的东方军事集团的命运预先决定了。1990 年 6 月 7 日，在华沙条约组织政治协商委员会举行的会见中，成立了一些研究该集团发挥新作用可能性的委员会。但匈牙利已递交了 1991 年底退出该军事联盟的声明。而总统是共产党员和下院共产党人占绝对优势的波兰，由于对德国统一的后果表示担忧，否决了关于撤出苏联军队的建议。华沙条约组织以革新的形式继续存在的可能性保留了下来。

但联邦德国人再次开始各种许诺：波恩将协助 40 万苏联战士文明地撤出，德意志民主共和国与苏联签订的所有商业合同都将得到执行，德意志联邦共和国的军队将削减，德国在苏联的投资将会增加，德苏将会出现新的贸易热。

至于戈尔巴乔夫，美国人决定"为他本年访问华盛顿组织最豪华的接待"。对于戈尔巴乔夫，这将是"六月的圣诞节"。他将在美国国会联合例会上发表讲话。他还将签署关于战略武器、常规武器、欧洲安全和合作组织、化学武器等方面的协定以及商业协定。回莫斯科后他会对自己的人说，由于与西方合作，他得到了很多东西。

您会感觉，人家把我们视为卖国求荣的白痴，为了稀稀拉拉的掌声和宴会，可以出卖其在欧洲的战略领袖地位，用本国的安全换取诺贝尔奖章，为一些哗众取宠的关于臆想权利的荒唐言语，可以出卖朋友和盟国。

4. 戈尔巴乔夫放弃德国

现在，德国人已经清楚，俄罗斯人正节节败退和出卖自己。他们不再有民族尊严感，对基本战略最简单的道理没有概念。

1990 年 7 月 15 日，德意志联邦共和国总理科尔抵达苏联。他对戈尔巴乔夫及其班子的罕见让步早有预感。他的底牌是：40 万军队（比目前少 10 万），承诺为苏联提供 30 亿美元的贷款，为苏联维持继续留在德意志民主共和国的军队提供 7.3 亿美元。戈尔巴乔夫提出的要价是 200 亿西德马克，但德国人不同意，要价降至 120 亿马克（约合 80 亿美元）。这就是西方对我国安全，对我们的朋友的尊严与平安，对在维斯瓦河畔田野上我们的战士一个个孤单墓碑的估价。

科尔承诺，为准备撤军，苏联军队在德国土地上可以驻扎 3～4 年。苏联军队撤出后，德国将协助他们重新融入苏联社会。戈尔巴乔夫要求，在东部德国的土地上，既不能有外国的军队，也不应有核武器。德方承诺，德国联邦军人数将限制在 37 万。

1990 年 8 月 31 日，德国统一条约签署；9 月份，"2＋4 计划"签署；9 月 12 日，苏德友谊条约签署；1990 年 10 月 1 日，四大国在德国权力结束的协定签署。

之后，德意志联邦共和国总理的顾问和亲信特尔奇克突然宣布，德国统一后将立即在前德意志民主共和国的领土上部署联邦国防军兵团，苏军撤退后，它们可能与北约实现一体化。此外，自统一之日起，北大西洋公约组织成员义务适用于全德国。戈尔巴乔夫对此表示同意。第二天，戈尔巴乔夫在共同举行的记者招待会上宣布："不管我们是否高兴，总有一天统一的德国会加入北约，如果这是它的选择。那时，德国能够与苏联合作，如果它愿意的话。"惊讶的科尔的回答很短："这是突破，是梦幻般的结果。"

陷入绝望的 B. 法林说，谢瓦尔德纳泽向戈尔巴乔夫提供了德国加入北约的"积极因素清单"。法林是党中央国际部部长，知道他的立场后，他便被排除在谈判活动之外。**根据法林的意见，谢瓦尔德纳泽从德国工业家那里得到了"秘密的财政援助"。法林称谢瓦尔德纳泽是"最有价值的美国利益代理人"。**

而戈尔巴乔夫光环笼罩：1990 年 10 月 15 日，挪威诺贝尔委员会授予他 1990 年和平奖。

第四部分　戈尔巴乔夫政权的垂死挣扎与失去权力之恐怖

早在 1990 年 6 月，苏联对外情报局局长 Л. 舍巴尔申就曾对克格勃主席 B. 克留奇科夫说："指望戈尔巴乔夫保留统一的联盟和遏制国家解体的趋势，是不现实的。总统的威望已降至零。他优柔寡断，而且我确信，他只考虑自己的生存。在与叶利钦的角逐中，他不可避免地会输掉……不管我们是否喜欢叶利钦（我本人不喜欢他），（国家安全）委员会和我们所有人，值得转向俄罗斯总统，转向俄罗斯联邦。"

1990 年 10 月 16 日，美国国防部部长理查德·切尼拜访苏联国防部部长亚佐夫。两人的交往并没有使他们成为朋友，完全不像谢瓦尔德纳泽和贝克之间的那种特殊关系。考虑到两个部长的任务，他们怎么可能成为朋友呢？亚佐夫可能有这样那样的性格特点，但作为卫国战争的老战士，要有意识地破坏国家的防御系统，他难以下手。**看看美国研究人员是怎么写的："亚佐夫认为，他的任务是保持苏联强大的军事力量，避免成为改革祭坛的牺牲品。他不隐瞒，戈尔巴乔夫和布什的友谊，或者谢瓦尔德纳泽和贝克的友谊，不会有好结果，他不想让他与美国国防部部长的关系成为类似他们那样的一双好友。亚佐夫不断向切尼抱怨苏联军力的衰败和苏联的衰弱。切尼知道，他应对亚佐夫表示同情，但他甚至没有伪装一下同情的样子。在私下谈话中，他称亚佐夫是一个缺乏热情的人。亚佐夫在莫斯科近郊的国防部别墅与切尼共进晚宴。在祝酒时，切尼赞扬将 1990 年诺贝尔和平奖授予米哈伊尔·戈尔巴乔夫。宴会厅一片寂静，似乎我讲了什么有失体面的话。在座的人无论如何都没有表现出对诺贝尔奖章以及戈尔巴乔夫本人的赞赏之情。"**令人感兴趣的是，如果美国总统破坏了本国的防御系统并被授予诺贝尔奖，切尼还会大加赞扬吗？而如果诺贝尔奖不是授予阿伯拉罕·林肯，而是南部邦联的总统杰弗逊·戴维斯，切尼还会赞颂吗？

在克里姆林宫，切尼发现，戈尔巴乔夫"虽然如平时那样咄咄逼人，但已看出，政权的负担对于他越来越沉重"。切尼祝贺戈尔巴乔夫被授予诺贝尔奖。

人们很难指责，切尔尼亚耶夫对 1990 年秋国家的形势的概括夸大其词："秋季之初，形势的激化不是以天，而是以小时计算。形势对戈尔巴乔夫的压力不仅来自报刊、广播和电视。每天，来自全国各地的几百封电报放在戈尔巴乔夫的办公桌上：精心策划的犯罪活动方式越来越可怕（谋杀、抢劫、厚颜无耻的敲诈、强奸幼女、无数枪支不知散落在什么人手中……），总统遭到谩骂，因为他没有能力整顿秩序。"

1990 年 11 月后半月，丢失政权的恐惧似乎要唤醒戈尔巴乔夫男子汉的坚定性。他向最高苏维埃提出了改组政权机关的建议。不久前刚刚建立的总统委员会被解散。实际上该委员会被安全委员取而代之。联邦委员会（由加盟共和国最高苏维埃主席组成）被赋予很大的权力。

这里所讲的是设立"总统行政长官建制"，这些长官将在个别地区代表总统，以此恢复中央失去的权力。也许，戈尔巴乔夫像一个掌握权力秘密的领袖。11 月 23 日，他提交了联盟条约草案，根据该草案，共和国的权力大大增加，其领袖自动加入联邦委员会。

但可怕的信号出现了：乌克兰提出签署联盟条约的条件是通过共和国宪法。四个共和国（俄罗斯、乌克兰、白俄罗斯、亚美尼亚）保留了建立自己的武装部队的权利。所有共和国都保留了执行自己的对外政策的权利。乌克兰、白俄罗斯和摩尔多瓦宣布了其原则上的中立，乌克兰和白俄罗斯则宣布了自己的无核地位。也许，对已经衰落的大国新联邦制最大的打击，莫过于俄罗斯和乌克兰签署的对抗中央的条约。所谓的"左派"也没有打盹儿——11 月 18 日，一批民主派议员向戈尔巴乔夫提出，或开始改革，或辞职。

绝望情绪笼罩着苏联的爱国者。1990 年 11 月末，国防部部长亚佐夫在国家电视台发表讲话警告，如果苏联军队遭到进攻，他们将进行自卫。几天之后，克格勃主席 B. 克留奇科夫在中央电视台发表讲话警告：苏联处于非一体化威胁之中。"存在还是灭亡——这就是大国面临的选择。"

第二天，53 个"保守派"议员（包括主管军工综合体的中央书记巴克拉诺夫，指挥华沙条约部队 23 年的库利科夫元帅，总参谋长莫伊谢耶夫，海军司令切尔纳温上将，陆军司令瓦列尼科夫将军，内务部队司令沙塔林将军，几位科学院人士，牧首阿列克西二世等）要求谨慎对待国家防御系统。

1. 叶利钦

戈尔巴乔夫的主要政敌叶利钦的冉冉上升并走向政治奥林波斯山的顶峰，实际上始于 1989 年，即在美国人最终"发现"他之后。

美国专家组得出的意见是：叶利钦"给予的将比戈尔巴乔夫更多、更快、更可靠"。专家组组长是曾担任中央情报局副局长的罗伯特·盖茨，他是美国"戈尔巴乔夫中心主义"政策的主要反对者。他认为，"戈尔比"并不可靠，他对俄罗斯影响的顶峰时期已经过去，而真正带来激进变化的将是放肆鲁莽的叶利钦。美国领导人中第二个"亲叶利钦分子"是国家情报委员会主席弗里茨·埃马特。他告诉康多莉扎·赖斯，虽然叶利钦举止怪癖和喜欢冒险，但他敢于做戈尔巴乔夫已经不敢做的事情。

总统国家安全顾问，他的朋友和最亲密的助理布伦特·斯考克罗夫特逐渐倾向于叶利钦对美国有益的思想。与他（叶利钦）会见可为布什总统提

供更多的影响苏联领导人的机会。**1975 年，担任同一职务的斯考克罗夫特曾拒绝与索尔仁尼琴会见。斯考克罗夫特认为，现在的苏联形势，已不允许将最终的希望放在戈尔巴乔夫身上。**

出席会见的所有美国人异口同声地指出，在与老布什的会见中，叶利钦未能阐述自己的政治纲领。会见后，这些参与会见的人倾向于"降低"叶利钦的政治分量，即将叶利钦降格为"轻量级"政治人物，他很可能很快退出政治舞台。

有人说，叶利钦在美国会见的最重要的"美国人"是历史悠久的美国名牌威士忌——"杰克丹尼"。但叶利钦也不那么简单，在对新闻界发表讲话时，叶利钦称，他向美国总统提交了"如何拯救改革"的 10 点计划。

1990 年，美国人开始更加密切地关注叶利钦，从现在开始，他将为超级大国美国做出此前不可想象的事——让它失去它在全球的对手。

1990 年 6 月 12 日，俄罗斯联邦最高苏维埃通过主权宣言。这是对戈尔巴乔夫中央合法性的直接挑战。在此之后，乌兹别克斯坦于 6 月 20 日通过独立宣言，摩尔多瓦为 6 月 23 日，乌克兰为 7 月 16 日，白俄罗斯为 7 月 27 日。接着，共和国内部宣布主权的浪潮开始。卡累利阿于 8 月 10 日宣布主权，接着是俄罗斯联邦的鞑靼斯坦、巴什科尔托斯坦、布里亚特，格鲁吉亚的阿布哈兹。

马特洛克认为："出于其政治本能，叶利钦所讲的都是人们喜欢听的……任何地方都可以期待繁荣，只要采取正确的决策。"叶利钦的第一副手哈斯布拉托夫极其突然地作出了俄罗斯联邦继承苏联的推测，这使美国人大为震惊。"联盟将变为可有可无的联邦，该联邦甚至不需要宪法，甚至也将不会有统一国家的标志物。"他坚决主张将所有实权转交给共和国。他第一个主张将俄罗斯的外交官派驻到苏联所有使馆。

为什么"手中掌握着"戈尔巴乔夫的美国人，自 1989 年逐渐开始倾向于支持在苏联内部舞台上与戈尔巴乔夫针锋相对的叶利钦？一切都缘于地缘政治考虑："叶利钦主张更快地（与戈尔巴乔夫相比）削减苏联军事预算，他主张波罗的海国家实现自决。与戈尔巴乔夫的政策相比，他的政策更接近我们。"不管他的思想水平如何，这些考虑加大了叶利钦的筹码。

对此，戈尔巴乔夫不可能一无所知，但他已经听命于"山姆大叔"。他惶惶不安，气急败坏又无能为力。

叶利钦匆忙着手在俄罗斯联邦建立总统制共和国，他命中注定要步斯塔夫罗波尔人（指戈尔巴乔夫）的后尘。人民沉默，真理和谎言交织在一起。

俄罗斯离开了其历史栖身之地，毁灭了几十代人的劳动成果。我们的伟大前辈们所缔造的一切崩溃了。现在，叶利钦可以击溃他憎恨的戈尔巴乔夫。当然，为此他需要毁灭戈尔巴乔夫作为首脑的国家。

处于沮丧状态而又惶惶不可终日的戈尔巴乔夫曾尝试在 1990 年 8 月中旬与叶利钦联合，并在制订紧急经济计划的基础上建立某种政治组合。戈尔巴乔夫与叶利钦讨论了"向资本主义过渡"的计划。俄罗斯历史上两个"丧门星"都推举了自己的人选参加由谢·沙塔林领导的委员会。来自戈尔巴乔夫总统委员会的参加该委员会的人是彼得拉科夫院士，来自俄联邦政府的人有格·亚夫林斯基和鲍里斯·费奥多罗夫。联合工作的基础是"500 天计划"——一项疯狂乐观主义的作品。作为在全国范围内的探讨，《消息报》对这一计划进行了阐述。不幸的俄罗斯落入野兽般的（休克疗法）外科大夫手中……

1990 年 8 月，马特洛克大使的常客博恰罗夫，他是两个最高苏维埃——苏联最高苏维埃和俄罗斯联邦最高苏维埃——的议员，首次预言俄罗斯将脱离苏联，之后，根据谈判进展的结果，建立新的联合机构。如果戈尔巴乔夫依然摇摆不定，以叶利钦为首的俄罗斯将组织瓦解活动，组织反对中央的叛乱。博恰罗夫预见将建立类似欧盟那样的联盟，即一个有着某种统一经济空间的国家集团，类似于布鲁塞尔的欧洲委员会和斯特拉斯堡的议会。**当时，马特洛克首次向华盛顿写了关于苏联可能解体的材料。**

戈尔巴乔夫与叶利钦之间的联盟持续时间不长。1990 年 10 月 16 日，叶利钦断然拒绝了戈尔巴乔夫的经济计划方案并申明，将在俄联邦境内执行原封未动的"沙塔林"计划。现在，戈尔巴乔夫的任何经济设想都将成为幻想，因为只要一提出，就会遭到最大的共和国俄罗斯的否决。

在苏联人民对国家统一问题的态度上，叶利钦利用了全民公决。在向俄罗斯公民提出的问题清单中，他加入了关于在俄罗斯联邦设立总统职位的建议。现在，如果他赢了，就意味着得到了最大的共和国的支持。包括美国大使在内的一些人认为："关于俄罗斯设总统职位的问题有重要意义。如果这导致宪法修改和对俄罗斯总统投票表决，那么叶利钦会成为大赢家。他的权力与戈尔巴乔夫——非选举产生的摇摇欲坠的国家机器的总统——的权力相比，增大了。"在 1991 年 2 月 19 日向全国转播的电视节目中，叶利钦说，戈尔巴乔夫"将国家引向个人独裁"。现在已经清楚，戈尔巴乔夫与叶利钦的联盟实际上是不可能的，美国人应选择其中的一人。

2. 苏军是怎样毁灭的

欧洲安全和合作组织成员国在巴黎会见时签署的关于欧洲常规武装力量条约是苏联军队被彻底削弱的决定性环节。这里所说的，是大规模削减从大西洋到乌拉尔地区的常规武器和武装力量。在一百年中两次遭到野蛮入侵，士兵血战的广阔领土上苏联处于军事优势，但戈尔巴乔夫、谢瓦尔德纳泽和他们的军事专家的决定，使这一优势化为乌有。

根据该条约，莫斯科同意将其坦克、飞机、大炮和装甲运输车的数量削减 70%，这在武器限制史上，在世界历史上，前所未有。

条约签署之时，即 1990 年 11 月，莫斯科已经撤出匈牙利、捷克斯洛伐克（1991 年全部撤出）和德国东部（1994 年全部撤出）的部分苏联军队。

在欧洲常规武装力量条约签署之前，苏联军人曾冒险将坦克和大炮装置转移到乌拉尔和苏联亚洲地区。西方认为，这"不符合条约的精神"。亚佐夫元帅试图拯救——哪怕是部分拯救——因丧失理智而被确定销毁的国产武器，哪怕是几万战车中的几千辆。您看看，谢瓦尔德纳泽在帮助祖国的捍卫者、站在他名义上代表的自己的辽阔的祖国一边吗？完全不是。

代表华盛顿的美方代表团团长詹姆斯·乌尔西（后来的中央情报局局长）在莫斯科会见了从国防部部长亚佐夫元帅到莫伊谢耶夫将军（总参谋长）的苏联军事指挥部的所有高层领导人。

亚佐夫宣布，不拟限制海军。亚佐夫丧失了固有的自制力。他在乌尔西面前摆动双手：如此大规模的限制，只有在将来才有可能，即当可以限制美国航空母舰部队和潜水艇之时。暴跳如雷的乌尔西推开亚佐夫的两只手说："只要我活着，休想！"当此话翻译成俄语时，元帅冷冷一笑说："可能就是这样。"当时，乌尔西指责苏联军事领导人对签署的条约"故意作出歪曲解释"。亚佐夫拍拍自己的胸膛回敬乌尔西："只要我活着，休想！"

1990 年 12 月 10 日，谢瓦尔德纳泽在得克萨斯州阳光的沐浴之下与国务卿贝克举行第 23 次会见。乌尔西回到得克萨斯州后，开始控诉苏联军人的行为。向谁控诉？向谢瓦尔德纳泽控诉。他说，苏联军人已将武器转移到乌拉尔和亚洲部分。"你们应在欧洲销毁这些武器。"

为美国人服务的谢瓦尔德纳泽就"苏联军人的行为"向戈尔巴乔夫总统提出抗议。戈氏委托阿赫罗梅耶夫元帅研究欧洲常规武装力量条约的执行问题。阿赫罗梅耶夫报告称，军人的上述行为与条约并不矛盾。这使谢瓦尔德纳泽非常气愤。

1990 年 11 月 19～21 日巴黎召开的欧洲安全和合作组织成员国首脑例

会通过的最后文件——关于"无阵营欧洲"的声明，是"新"欧洲关系密切进程的顶峰。该声明称："对抗的时代结束了……敌人不复存在……将建设新的伙伴关系……安全不可分割。"

没有阵营的欧洲。东方执行了自己的承诺，消灭了自己的集团——华沙条约组织。而西方呢？北约没有任何人考虑实现没有集团的欧洲。

3. 历史的闹剧

1990 年，苏联外交输掉了能够输掉的一切。与此同时又企图以奥斯陆诺贝尔委员会最高评价，为其荒唐的失败戴上胜利的面具。

在（苏联）国内，外交部门总是受到尊重。但退却和失败如此明显，以至于任何华丽辞藻都无法掩盖。来自斯摩棱斯克广场的（苏联外交部所在地）人们，普遍感到失望。1990 年 2 月举行的苏共中央全会对外交官进行了猛烈的批评，批评一直持续到 7 月举行的中央全会。在此次全会上，外交部因失去东欧受到愤怒谴责。

谢瓦尔德纳泽决定"不对自己的行为作反驳辩护"，但他有一种清晰的预感：摧毁他不光彩事业的某种尾声日益逼近。

外交部部长谢瓦尔德纳泽，一个奴性十足的人，曾事先告诉马特洛克大使，如果出现危机，他将辞职。因为在苏联共产党代表大会上已经有 80 个人投票反对他。"一天之前，几位同志提议取消'禁止国家领导人出兵波斯湾'的声明……这已超出了我的忍耐限度。"

1990 年 12 月 20 日，谢瓦尔德纳泽在人民代表大会上作出了如下声明："我要辞职……这是我作为一个共产党员的义务。"

马特洛克认为，谢瓦尔德纳泽"在对外政策改革领域取得了辉煌成就"。应大使之邀来使馆的谢瓦尔德纳泽的助理 C. 塔拉先科告知，他的老板考虑辞职可能已经有一年。在军人开始批评他与西方达成的协议时，没有得到戈尔巴乔夫的支持，这使他感到愤怒。

布什和斯考克罗夫特认为，所发生的事件表明"戈尔巴乔夫试图寻求'改革者和反革命'之间的中间道路，似乎存在这样的道路"。布什在戴维营与很多人通话，但戈尔巴乔夫不在其中，他已失去实际价值。尽管如此，斯考克罗夫特依然说服布什再和莫斯科通一次电话。两位总统通话 13 分钟，仅局限于祝愿新年幸福。

12 月 22 日，在谢瓦尔德纳泽发表讲话的同一讲台上，克格勃首脑克留奇科夫指责西方情报部门企图实施将苏联引向崩溃的活动。1990 年 12 月 25 日，人民代表大会赞同扩大戈尔巴乔夫总统的权限；代表大会认同就联盟条约问题举行全民公决的必要性。

1991年前夕，布什与戈尔巴乔夫互换信件。戈尔巴乔夫认为有必要向老布什发一封特别信件，其内容是保障对外政策方针不会发生任何变化。

早在1989年，布伦特·斯考克罗夫特已组建了观察苏联国家问题的特别小组。他向中央情报局元老罗伯特·盖茨下达指令，要求他"承担观察克里姆林宫的职能，拂去各种预见魔球之上的灰尘，向自己提出可能发生的形形色色的可怕问题"。

盖茨组建了两个部门间委员会；第一个委员会由他自己领导，第二个委员会由康多莉扎·赖斯负责。最主要的问题是未来苏联的核力量。中央情报局知道通过复杂的密码和识别仪器遏制攫取这一武器企图的机制。

美国人担心的是某些地区国务活动家攫取战术核武器的可能性。至于戈尔巴乔夫的方针，1991年1月24日中央情报局提出的概括评价是："戈尔巴乔夫在没有清楚地了解（对方）纲领的情况下开始进行激烈的争论，取得成功的机会不大。他未必能避免他自己开始的进程的惩罚，而这一进程的牺牲品最大的可能就是他自己。"

美国情报机构当时已断定，将会出现苏联自由派在很长的一个时期内（当时和之后）不想承认的东西。**罗伯特·盖茨说："在老的斯大林的制度下，许多方面的日常生活更幸福些。未来，俄罗斯人将自由化与混乱同日而语。戈尔巴乔夫走得越远，之后比戈尔巴乔夫更加果断、更加内行的领导人号召居民再次帮助进行改革的难度就越大。"**

4. 波罗的海沿岸国家

1991年1月7日美国国务院情报渠道通报，空降兵的精锐部队正在向波罗的海沿岸出动，其目的之一是招收3.2万名新兵入伍。罗伯特·盖茨和康多莉扎·赖斯立即来到布伦特·斯考克罗夫特处并建议作出强硬的回应。

在谢瓦尔德纳泽戏剧性地自我解职的第二天，戈尔巴乔夫组建了特殊的警察部队——以黑色贝雷帽为特点的特种民警队。正是特种民警队占领了里加的印刷厂。5天之后，国防部要求在波罗的海沿岸、外高加索、摩尔达维亚、乌克兰西部各州等民族主义情绪最大的地区恢复全国兵役制。1991年1月2日，内务部突击部队占领了隶属中央政权的立陶宛共产党中央委员会大楼，以及主要出版物的出版社和印刷厂。

1991年前三个月的局势表明，连戈尔比也已被触动。尽管戈尔巴乔夫自命不凡，但已开始定期采取非常行动。1991年1月7日，他指示格鲁吉亚搞分裂的加姆萨胡尔季阿政府从南奥塞梯撤出军队，虽然他早已没有权力指挥格鲁吉亚新议会及其总统。加姆萨胡尔季阿声明，任何执行戈尔巴乔夫命令的企图都将导致格鲁吉亚和俄罗斯之间的战争。但戈尔巴乔夫微不足道的威胁使形势更加恶化，并开始彻底粉碎对他的信任。总体上看，自1990年11月中旬开始采取的威胁做法（没有一次奏效）把对戈尔巴乔夫的信任毁坏殆尽，甚至包括那些最忠于他的支持者。现在我们知道，1991年1月7日，忠于克里姆林宫的部分立陶宛共产党人向戈尔巴乔夫提议解散立陶宛苏维埃并由戈尔巴乔夫实施直接的总统治理。戈尔巴乔夫的秘书瓦·博尔金会见了亲苏联的立陶宛人的领袖布罗基亚维丘斯。一起参加会见的有中央委员会书记舍宁和巴克拉诺夫、部长普戈和亚佐夫、克格勃首脑克留奇科夫。**谁也不知道，戈尔巴乔夫对这次会见了解多少，但不管出现什么情况，戈尔巴乔夫没有任何责任。**

老布什在上任后发表的第一次咨文中指出："苏联发生的变化帮助我们建立了美国和苏联之间没有先例的合作和伙伴关系的基础。但我们见证的一些事件，完全不符合这一方针。"**布什宣称："我们谴责（苏联的）这些行动，它们不是增强，而是破坏了我们的友谊。"**

美国国会两院谴责立陶宛发生的事件，认为该事件令人"深感不安"，并建议总统进行经济制裁。马特洛克紧急求见戈尔巴乔夫的顾问 A. 切尔尼亚耶夫，在他那里找到了更多的理解。

5. 维尔纽斯

看来，1990年11月19日是"强硬的戈尔巴乔夫统治"的顶峰，这一天，在拉脱维亚首都里加成立了民族救国委员会。第二天，地方民警特种部队冲击了拉脱维亚内务部。这些事件造成5人丧生。莫斯科10万人游行反对使用武力。

全国都在看电视，戈尔巴乔夫没有发号召，也没有作出解释。但人们很容易通过"自由"电台或通过左翼民主派出版物得到消息，部分左翼民主派出版物是在波罗的海沿岸国家出版的。

戈尔巴乔夫的软弱无能令人吃惊：他内心不愿与自己的人民"对话"，不愿向他们解释自己的不安并请求他们帮助。此人虽然大谈民主，但内心深处并不相信民主。俄罗斯高度评价诚实的、开诚布公的对形势不安的话，对帮助的恳求，诚挚感人的真话。在这一生死攸关的时刻，命运送给俄罗斯一位不切实际的演说家，他专门使用一些模棱两可的完整句子，使人民听不到说明所发生事件意义的坦诚部分。而正是这一点，让戈尔巴乔夫失掉了群众的支持。

1991 年 1 月，某个"新"戈尔巴乔夫向立陶宛人提出最后通牒：立即恢复苏联和立陶宛苏维埃社会主义共和国。"人民要求恢复宪法秩序，恢复安全的可靠保障和正常的生活条件。"这些条件的缺失，要求实行直接的总统治理。

1991 年 1 月 11 日，立陶宛救国委员会宣布恢复立陶宛苏维埃社会主义共和国宪法。同日，苏联空降兵占领了维尔纽斯主要出版大楼。苏联军队还占领了几座大楼，立陶宛共产党称这些大楼归该党所有。1991 年 1 月 13 日，维尔纽斯发生流血事件。

第二天下午，苏联外交部召见美国、英国、法国、德国和芬兰大使。他们聚集在谢瓦尔德纳泽平时与他们会见的大厅。现在，代表外交部讲话的是第一副部长 A. 科瓦廖夫。**他说，刚从戈尔巴乔夫办公室出来，想向有关政府转达通报。主要内容如下："总统愿向外国同行保证，他对进攻电视塔不承担责任。戈尔巴乔夫与维尔纽斯流血事没有关系。"（在此之后，谁还能继续效忠戈尔巴乔夫？）**

在戈尔巴乔夫拒绝对发生在维尔纽斯的流血事件承担责任之后，他的威信已降至零点。曾与苏联军界领导人谈过话或认识他们的任何人，都准确地知道，没有高层坚定和明确的政治指示，苏联将军任何时候都不会通过流血事件解决问题。难道可以想象，1989 年在第比利斯中心，1990 年 1 月在巴库和 1991 年 1 月在维尔纽斯电视塔附近，苏联将军们敢作敢当，自己承担风险，采用军事袭击反对自己的人民？不可思议。**但毫无疑问，那个下达命令的人喜欢藏匿在他人背后。**

戈尔巴乔夫宁愿认为，对此"他一无所知"。第二天他圈子内的自由派（雅科夫列夫、巴卡京、切尔尼亚耶夫、伊格纳坚科）为戈尔巴乔夫推出了一项计划：出访维尔纽斯，承认行为是非正义的，宣布立陶宛独立。莫斯科副市长 C. 斯坦克维奇称维尔纽斯事件"是对改革所有打击中最沉重的一次"。

戈尔巴乔夫的犹豫不决，值得大手笔进行描写。开始他同意自由派的意见，但之后又屈从强力部门的压力。他没有去维尔纽斯，但他同意强力部门代表的意见：不去维尔纽斯是基于他个人的安全得不到保障。戈尔巴乔夫不仅没有去维尔纽斯，而且也没有与准备以强力方式解决问题的人划清界限。

第二天，叶利钦召开俄罗斯联邦最高苏维埃紧急会议。**他对马特洛克大使说："如果中央可以动用武力打击波罗的海沿岸国家，他们对我们也可以这样做。"**他与戈尔巴乔夫在克里姆林宫的会谈，是以粗暴的方式施加压力，戈尔巴乔夫也没有文质彬彬。尽管如此，戈尔巴乔夫还是松口了——同意向维尔纽斯派遣"调解委员会"。

这些日子戈尔巴乔夫与布什、科尔和密特朗通话，可怜巴巴地为自己辩解，"这与他没有任何关系"，希望留在西方领袖俱乐部中。为此，戈尔巴乔夫和雅科夫列夫接见所有在这些日子里得空来莫斯科的外国人。他承诺建立以法律为基础的秩序。他把自己喻为看不见大地和处于晕船状态的航海家。

所发生的一切只对叶利钦一人有利。叶利钦飞往塔林。在这里，他与波罗的海三国签署了"相互支持条约"，宣读了与波罗的海沿岸共和国三个领导人共同谴责袭击维尔纽斯电视塔的声明。他号召在俄联邦应征入伍和现驻扎在波罗的海三国的军队不要对和平居民开枪。叶利钦承认"其他共和国的主权"并禁止俄罗斯联邦公民参与"涉及其他国家主权的武装冲突"。

与戈尔巴乔夫不同的是，叶利钦，国家的毁灭者，没有藏匿在他人的背后。在对俄罗斯军人发表讲话时他说："记住自己的家园，记住属于自己的共和国的现在和未来，记住自己的人民。用暴力反对波罗的海人民的合法制度将会引发俄罗斯自己的危机和损害生活在其他共和国的俄罗斯人。"

这是两人分歧的白热化。叶利钦在挑战戈尔巴乔夫使用武装力量的权力。现在，叶利钦要求忠于他，而不是忠于戈尔巴乔夫。这是一场可怕的决斗，其赌注是统一的国家。

6. 吉达斯波夫（苏共反对派）的进攻，经互会解散

戈尔巴乔夫会见了拉脱维亚领袖 A. 戈尔布诺夫，其明显意图是缓和紧张的形势。主张采取强硬措施的人继续对戈尔巴乔夫施加压力，但看到总统后退，也放松了压力。1 月 13 日内务部部长普戈声明撤回向波罗的海沿岸增派的部队。戈尔巴乔夫不再要求解散自封的执行权力机关和在该地区实行总统治理。1991 年 2 月 1 日，戈尔巴乔夫派遣自己的代表与波罗的海沿岸国家谈判。

与此同时，谢瓦尔德纳泽通报美国人，对美国的方针不会发生改变。当三个星期之后美国人得知他们非常了解的苏联驻美国大使亚历山大·别斯梅尔特内赫被任命为外交部部长后，他们相信了上述讲话。戈尔巴乔夫对选择别斯梅尔特内赫的解释是："美国人信任此人。"

1991 年 1 月 31 日召开的苏共中央全会讨论了波罗的海危机。目睹"改革"领袖优柔寡断，与戈尔巴乔夫"对立的领袖"，列宁格勒党组织一把手鲍里斯·吉达斯波夫浮出水面。《真理报》刊登了他揭露改革、号召回到 1985～1986 年执行时期的方针、恢复苏联共产党作用的文章。全会上发生的事出乎戈尔巴乔夫意料：他的追随者，第一副总书记 **B.** 伊瓦什科和新的、党的主要思想家 **A.** 扎索霍夫与吉达斯波夫站在一起。

布什致函戈尔巴乔夫，威胁停止所有经济援助。 在与亚历山大·别斯梅尔特内赫通话时，美国总统告知，在当前的形势下，1991 年 2 月最高层会见不可能举行。所有这一切，在当时都是绝密的。马特洛克要求戈尔巴乔夫回到 1990 年夏天的路线。

1 月 26 日，亚历山大·别斯梅尔特内赫飞抵华盛顿。这次美国人施加的压力史无前例。压力的实质是，美国人要求一个主权国家放弃三个波罗的海沿岸共和国。我们要提醒的是，当时，每一个波罗的海沿岸省份作为俄罗斯帝国和苏联成员的时间，比多数美国州作为美国一员的时间要长一些。

贝克吩咐其下属，要他们用谢瓦尔德纳泽的笼头掌控新的苏联外交部部长，即将别斯梅尔特内赫锁定在其前任的政策上。

给人的感觉是，别斯梅尔特内赫希望心平气和和相互理解。虽然他提出了自己的最后通牒：如果美国人使莫斯科在波罗的海沿岸地位复杂化，戈尔巴乔夫可以使反伊拉克联盟的情况复杂化。但未等到座谈人"反扑"，别斯梅尔特内赫便以保证形式缓和了所讲的话：波罗的海沿岸国家将得到它们想要的一切，但只是应通过宪法途径。别斯梅尔特内赫说，戈尔巴乔夫经常向他重复这一思想。

1991 年 1 月 1 日，经互会成员国决定使用国际市场的硬通货相互结算，而只可惜几天之后，经互会执行委员会决定解散这一组织。为什么？当时只有捷克斯洛伐克、苏联有少量可自由兑换的货币，其他国家则陷入绝境。

只有制造混乱的丧门神能在几个星期之内搞垮这一互利的贸易市场。在此情况下，东欧国家转向西方不会使人感到惊讶。现在，苏联已没有任何盟友。

7. 戈尔巴乔夫放弃阵地

观看在苏联上演的大戏，美国人深信，戈尔巴乔夫极不愿意解散波罗的海沿岸国家的议会，更不要说采取逮捕行动和实行总统直接治理。

康多莉扎·赖斯对可能出现反俄脱离主义表现了极大的兴趣。 她拟重返斯坦福大学，但在此之前为老布什撰写了非常特殊的备忘录："戈尔巴乔夫正在成为苏联最不受欢迎的人物。"康多莉扎·赖斯，她领导的委员会和赞成她的苏联学家们，已经几个月施加压力，以促使"美国在俄罗斯投资多元化"，这里所指的是更善意地对待叶利钦及其他搞脱离主义的领袖们。美国国防部部长理查德·切尼说，依靠叶利钦比依靠戈尔巴乔夫更好一些。

马特洛克大使已完全意识到新宠（叶利钦）的好处。他可以毁灭一切。马特洛克使用熟悉的理由反对戈尔巴乔夫：如果戈尔巴乔夫以强力方法保持苏联，布什总统不要来莫斯科。这一做法对自尊心很强的戈尔巴乔夫常能产生奇效，且屡试不爽。

在迎接 1991 年旧历新年的活动中，马特洛克在自己的斯帕索楼官邸等待的人只有叶利钦。马特洛克说："那一个晚上，叶利钦要利用我达到政治目的，同样，我也像他利用我一样利用他。他对公众的影响是，他在与一个大国的代表打交道；对我的好处是，这一天的中午，他采取了有利于立陶宛的行动。"

列瓦达社会舆论中心记录了业已开始的滑向深渊的道路。1989 年 12 月，52% 的被调查人完全支持戈尔巴乔夫的活动。1990 年 1 月这一数字下降为 44%，5 月为 39%，7 月为 28%，10 月则已降至 21%。1990 年末，叶利钦被称为年度人物（32% 的人支持叶利钦，对戈尔巴乔夫的支持率只有 19%）。

根据美国人的意见，戈尔巴乔夫政治生存的唯一希望是愿意和能够与叶利钦以及社会主义的敌人——民主派——结盟。美国人提示，要搞垮党的机构，脱离苏联共产党，建立反共的改革联盟。

马特洛克与贝克通话，建议为叶利钦会见总统布什提供机会，同时指出，出访美国，叶利钦要求得到美国总统接见的可靠保障。而且不是简单的接见，是"名副其实"的接见。但同时，要避免引起戈尔巴乔夫的不满。

马特洛克坚持认为，与两个杰出的领袖同时搞好关系，对美国大有好处。是的，他们相互仇视，但从一定意义上看，他们又可以相互取长补短。对群众支持亲西方的路线，叶利钦是不可缺少的人物。而从右面捍卫这一路线，戈尔巴乔夫则是有用之人。华盛顿谁也不应将支持叶利钦理解为对戈尔巴乔夫的打击。他们两人对美国都有用。

1991 年 2 月初，俄罗斯联邦外交部部长 A. 科济列夫出现在华盛顿。不可思议的是，他甚至比"后无来者"的 Э. 谢瓦尔德纳泽有过之而无不及（顺便提一下，正是谢瓦尔德纳泽推荐他到俄罗斯联邦外交部）。在与詹姆斯·贝克会见时，科济列夫警告说："苏联保守分子的成功将会导致保守主义在全球范围内的攻势。"科济列夫似乎已经忘记他所代表的国家。他劝贝克相信，为了美国的利益，应依靠叶利钦和俄罗斯联邦反对反革命和向戈尔巴乔夫施加压力。

科济列夫知道如何诱惑在很大程度上已将自己和戈尔巴乔夫联系在一起

的政府。他建议美国人以支持戈尔巴乔夫—叶利钦两人联合作为国家民主发展的保障。对于贝克，这是一种悦耳的声音。从现在开始，他看到，解决美国问题的出路在于"把戈尔巴乔夫和叶利钦拴在一起"，在于在苏联建立中左联盟。

但从此刻开始，叶利钦已难以驾驭。羽翼渐丰的叶利钦违背了贝克—科济列夫计划，他于1991年2月中旬对戈尔巴乔夫进行了一次最为敏感的打击。叶利钦指责戈尔巴乔夫企图搞独裁统治，并于2月19日号召推翻戈尔巴乔夫。叶利钦呼吁戈尔巴乔夫将权力交给共和国间的机构——联邦委员会，而俄罗斯在联邦委员会的巨大分量，超过其他任何共和国。

叶利钦令人难以置信的尚武精神只能说明一点——他正在以自己的方式走上通往分立政权的道路；任何对这一政权的限制，他都将恨之入骨。驾驭这样的火流星，如果不能说不可能，至少可以说很难。叶利钦不留任何余地地指责戈尔巴乔夫背叛了他自己提出的改革思想和采取了"反人民的政策"。

戈尔巴乔夫的回击是不可避免的。苏联总统指责叶利钦对苏联领导"宣战"。

8. 全民公决

戈尔巴乔夫对确定在1991年3月17日举行的关于保持苏联统一的全民公决寄予厚望。他确信，绝大多数国家居民主张有一个完整的国家，而这将成为他手中最重要的政治武器。问题是这样提出的："您是否支持苏联作为平等和主权共和国革新的联邦予以保留，共和国中所有民族的公民权利和自由得到完全的保障？"

戈尔巴乔夫在制定新的联邦条约草案方面取得了成功（1991年3月7日公布）。是的，对加盟共和国被迫作出了相当大的让步，包括允许它们参与解决国家安全、国防、对外政策和制定预算等问题。但主要的是，他保留了中央。戈尔巴乔夫寄希望于理智的多数人，相信多数人将给予他明确的委托，根据委托，他可以切断分裂分子的道路。但是，六个共和国（立陶宛、拉脱维亚、爱沙尼亚、格鲁吉亚、亚美尼亚和摩尔达维亚）从一开始就拒绝参与这次公决：他们走自己的道路，不需要莫斯科的批准。在这些共和国的苏联居民，只占苏联居民的10%，这些共和国是叶利钦强大的盟友。

叶利钦的对策是，在戈尔巴乔夫举行全民公决的同时，举行了俄罗斯联邦总统选举，而且在选举中叶利钦取得了胜利。叶利钦的讲话越来越放肆。3月9日，他在莫斯科建议："开始反对国家领导的战争，因为国家领导使我们陷入这样的泥潭。"叶利钦没有发表揭露联盟公决的讲话，但也没有赋

予该公决特殊意义。他认为，俄罗斯总统普选，抵得上人民群众对一个大国的模糊信号。

9. 贝克在莫斯科

1991 年 3 月中旬，在马上举行全民公决前夕，美国国务卿贝克抵达莫斯科。现在，他已经不再谈什么对戈尔巴乔夫的无条件支持。他对克格勃的新角色，对主张自由市场的戈尔巴乔夫的顾问们被解除职务，提出批评。他毫不犹豫地将矛头指向作用日渐加大的苏联军人，指责"思想过时的"总理瓦·帕夫洛夫行为固执。所有这一切都是在"对苏美关系泼冷水"。

当贝克就上述问题当面指责戈尔巴乔夫，苏联总统摆出一种令人"莫名其妙的架势"。他没有如通常那样讨论细节，但毫不含糊地说，对"苏联最终的方针"不应怀疑。

这次访问莫斯科的明显特点是，贝克设法立即会见叶利钦。但如何做才能不彻底激怒戈尔巴乔夫？他决定将所有共和国领导人（波罗的海三国除外）都请到斯帕索楼美国大使官邸。是否所有共和国的领导人都会应邀出席，并不重要，重要的是叶利钦能否出席。贝克决定与他进行单独会谈。

起初，叶利钦表示同意和承诺出席会见，但接着问题变得不那么简单。科济列夫打电话要求国务卿詹姆斯·贝克在集体会见之前到俄罗斯联邦部长会议大楼里的鲍里斯·叶利钦办公室。在进退两难的情况下，美方企图借口日程排满，拒绝在叶利钦的办公室与他见面。在此情况下，科济列夫建议在麻雀山接待楼举行"短时间会见"，但应在集体会见之前。

美国人只好随机应变，因为公开蔑视戈尔巴乔夫，赤裸裸地对另一个领袖表示好感，尚没有列入美国人的计划。美国人拒绝了在麻雀山举行会见的方案。对此不满的叶利钦决定不理会在斯帕索楼的集体会见。他派俄罗斯联邦最高苏维埃外事委员会主席弗拉基米尔·卢金代替他参加集体会见。

以马特洛克为首的美国人想尽各种办法劝说固执的高傲狂人：与贝克的会见完全是从他的利益考虑，俄罗斯政府会从这次会见中赢得不少东西，"试图与国家元首平起平坐，是卑微的和妄自菲薄的做法"。尽管如此，叶利钦的上述做法并没有使美国人惊讶。"在摆脱 1987 年戈尔巴乔夫制造的政治虚无状态的斗争中，叶利钦利用了每一个可以利用的机会，以提高自己的地位，认为此时他会采取不同的做法，不合情理。"

顺便说一下，叶利钦并非唯一的"高抬自己"的共和国领袖。当客人们聚集在斯帕索楼，就座的只有几个共和国的代表：格鲁吉亚、亚美尼亚和吉尔吉斯斯坦，哈萨克斯坦领袖纳扎尔巴耶夫是招待会结束后才来的。

3 月 16 日，贝克拜访了自己的老朋友谢瓦尔德纳泽。看到罗斯等他熟悉的美国人，谢瓦尔德纳泽叫了起来："还是老班子！"对不久的未来，谢瓦尔德纳泽非常悲观："混乱和独裁的危险依然存在。我们需要新一代的政治家。"戈尔巴乔夫说到底是一个过渡人物。

10. 戈尔巴乔夫与全民公决

在与贝克的会见中，戈尔巴乔夫出示了情报部门提交的报告，该报告通报了叶利钦的人向马特洛克大使提出的问题："如果叶利钦以非宪法的方式夺取政权，美国将如何反应？"

这一时期的莫斯科已成为所有知名政治家的麦加，他们都想亲眼看到，历史是怎样改变的。3 月 21 日，美国前总统尼克松（在莫斯科）接见了普里马科夫，普里马科夫发泄了对布什政府的不满："在莫斯科可以觉察到，利用我们的困难和与共和国搞猫腻诱惑着华盛顿，这是直接干预了我们的内部事务。"

在克里姆林宫，戈尔巴乔夫在美国前总统与勃列日涅夫会见的办公室会见了尼克松。又是戈尔巴乔夫滔滔不绝的独白：东欧变化太快，人们既没有得到社会主义的社会保障，也没有享受到市场经济的好处。戈尔巴乔夫表示愿意与叶利钦合作，但"这很难"。

在尼克松离开前，尼克松代表团成员季米特里·赛梅收到克格勃高层人员 Ю. 济明的邀请。会见在一个旅馆的房间进行。济明说，他有情况代表克留奇科夫转告。因戈尔巴乔夫和叶利钦无休止的斗争而疲惫不堪的戈尔巴乔夫的老同学、苏联最高苏维埃领导人阿纳托利·卢基扬诺夫，拟甩开他们两人和将权力掌握在自己手中。卢基扬诺夫得到了军队和克格勃的支持。他希望布什知道，反对越来越不受欢迎的戈尔巴乔夫已无法避免。美国应对事件的转变有所准备。尼克松将这一切一字不落地转告布什和贝克，但他们对"克留奇科夫的好意"表示怀疑。

在华盛顿不是所有人都理解值得大书特书的叶利钦与戈尔巴乔夫大战的"细节"。1991 年 3 月 28 日，马特洛克大使收到华盛顿一封例行的紧急信件，信件要求将下述警告（内容）交给莫斯科"尽可能高的政治人物"：流血将会在双边关系改善的道路上制造严重的障碍。

那时，在三月全民公决中，大多数苏联居民赞成保留国家，76% 的居民赞成新联盟。俄罗斯 71% 的居民赞成联盟，乌克兰为 70%，白俄罗斯为 83%。中亚投赞成票的为 93%～98%。

但同意叶利钦（毁灭统一联盟的主要人物）得到俄罗斯联邦总统岗位

的，也占 70% 。两位总统都在鼓吹自己的伟大胜利。那是一个大国的大悲剧，它的瓦解和解体正在一天天逼近。

11. 美国人改变依靠对象

自叶利钦 1989 年选入俄罗斯联邦最高苏维埃后，马特洛克一直与他保持密切接触。但白宫一些有影响的人士对从"已经受检验的"戈尔巴乔夫转向不可预测的叶利钦相当怀疑。而形势的发展要求变化："叶利钦的政治作用在上升，他的政策与美国的目标一致：他愿意大幅度削减苏联军事预算，拒绝支持如伊拉克萨达姆·侯赛因那样的不负责任的制度，赞成波罗的海沿岸国家同其他共和国一样获得自由。在内政方面，叶利钦支持真正的经济改革，包括赞成私有权和国营企业的私有化。不管对他的执政能力和遵循民主原则的愿望有多大的怀疑，对于美国政府，重要的是与他保持接触。随着叶利钦力量和影响的增长，确定与他相互协作的方式，为他通过民主的途径取得最高政权做好准备，越来越重要。"现在，美国领导人仔细研究苏联宪法，原来，宪法允许加盟共和国单独对外联系。

1991 年 4 月 18 日下午，马特洛克大使到白宫参加布什总统的会见。在椭圆形办公室，相当长时间座谈的主要题目是向总统通报关于戈尔巴乔夫—叶利钦关系的体系。在马特洛克的描述中，戈尔巴乔夫处于军工综合体压力之下，综合体担心，加盟共和国供货的稀缺原料可能被削减。而共和国担心国家的钱包落入军人手中。无论戈尔巴乔夫，还是叶利钦，都害怕发生内战。但叶利钦上台之后，怠工和罢工会停止。马特洛克直言不讳地建议总统转向更让美国满意的人。美国的援助不应经过中央。"总统问我关于戈尔巴乔夫要求增加 15 亿美元贷款购买美国农产品问题。我告诉他，贷款首先应遵循美国国内的考虑。国会已批准了美国农产品出口的援助计划。如果从总统的观点看，这项贷款有助于达到确定的目标，他应支持，当然，条件是，他确信苏联可以偿还借款……明年苏联粮食将发生很大的困难；戈尔巴乔夫的政策正在使形势恶化。"

第二天，埃德华·休伊特（他在国家安全委员会负责苏联方向）告诉马特洛克，返回莫斯科后，他可以转告叶利钦，在华盛顿，他肯定会受到布什总统的接见。而在与别斯梅尔特内赫大使通话时，马特洛克说，布什总统不会利用叶利钦的访问向戈尔巴乔夫施加压力。政治的两面性可见一斑。

三天之后，中央情报局苏联分析部向布什寄去对苏联近几周发生的事件的评价报告。该文件提到，戈尔巴乔夫的心腹，包括亚佐夫、克留奇科夫、普戈，开始与领袖保持距离。现在，不难理解，为什么要建立某个诋毁戈尔巴乔夫和执行更加强硬路线的"救国委员会"。只有斯考克罗夫特对此没有很深的印象，在他看来，寻找戈尔巴乔夫的敌人是中央情报局的经常性工作。

12. 限制欧洲常规武装力量条约

1990 年 11 月 19 日，限制欧洲常规武装力量条约在巴黎签署，立即产生了某些矛盾——这是多年对立的产物。应当在批准进程开始之前解决这些矛盾。

国防部部长亚佐夫 3 月对美国前总统尼克松抱怨，欧洲常规武装力量条约是"单方面的"，"不够光明正大"。元帅绝对正确。他公开承认，对于拒绝将美国的海军包括在谈判范围内，苏联准备报复美国。苏方继续坚持将战车列入海军构成。参谋长莫伊谢耶夫将军对美国前总统说："你们坚决拒绝将海军计算在总量内。我们感到失望并拟采取相应措施。"

苏联最高军事指挥部不会轻松接受戈尔巴乔夫和谢瓦尔德纳泽在极为匆忙中完成的，削减比例对于苏方极不合理的文件。一部分苏联将军试图采取简单的方式，将苏联常规武装力量转移到乌拉尔，另一部分人设法对被削减的那部分军队，作出有利于减少削减总量的说明。甚至戈尔巴乔夫的巨大影响也无助于执行如此不可思议的对苏联不利的条约。

在苏联最高统帅部对毫无理由的削减表现极不情愿之时，美国及其盟国也拒绝批准条约。双方为此的协商持续了整整一个冬季和一个春季。特别重要的是别斯梅尔特内赫与贝克 3 月中旬和 4 月中旬的会见。逐渐，在压力很大的情况下，苏联开始屈从西方的压力。至 1991 年 5 月，只有少数几个问题没有解决。马特洛克大使得到指示，要求他在 1991 年 5 月 7 日与戈尔巴乔夫座谈时解决问题。

戈尔巴乔夫与他的助理阿纳托利·切尔尼亚耶夫一起接见了美国大使。苏联总统仔细听取了美国总统的信件。"既然苏联外交部没有能力整肃国防部队伍的纪律，我们建议戈尔巴乔夫委派总参谋长莫伊谢耶夫将军赴华盛顿直接解决争议问题。戈尔巴乔夫回答说，他意识到迅速达成其他常规武装力量条约和迅速签署条约的必要性。他同意，派遣莫伊谢耶夫将军赴华盛顿是适宜的。"

戈尔巴乔夫还谈到即将离开莫斯科的马特洛克。他意味深长地发问："为什么您要现在离开？""要知道，我们已建立了富有成效的工作关系。"他不理解，为什么马特洛克要在这一时刻结束自己的使命。"也许，您认为，我们的航船即将沉没？"

马特洛克回答说："美国人对协助苏联目前政治体制的运转无能为力。"
第二天，在与传媒大亨鲁珀特·默多克会见中戈尔巴乔夫说，布什政府在冒
险开始新的冷战。戈尔巴乔夫断言，布什周围的人是一些"反苏顾问"，他
们向布什提供虚假信息。他甚至点出了具体的人名——罗伯特·盖茨。盖茨
在中央情报局官运亨通并成为国家安全事务助理斯考克罗夫特的副手，后来
很快被布什任命为中央情报局局长。

莫伊谢耶夫将军 5 月 20 日抵达华盛顿，带着戈尔巴乔夫如下指示：对
他的使命的成功无须怀疑。苏联军界最高层人士显然已成为戈尔巴乔夫向美
国人献媚的人质。

至今，苏联方面一直是施主，而且还在继续当施主。部署在摩尔曼斯克
和克里米亚两个地区的海军陆战队的 753 辆步兵战车的命运存在着争议。
1991 年 5 月 20 日将苏联的又一个让步带到华盛顿；这里所说的是将 753 辆
步兵战车记入限制欧洲武装力量的总数。美国人极为兴奋。第二天，布什总
统将莫伊谢耶夫将军请到白宫的椭圆形办公室，并直接切入话题。如果苏方
坚持"撤回" 20 个国家已经签署的欧洲常规武装力量条约，那么，这将迫
使美国改变其对苏联的立场。况且，将出现谁将是克里姆林宫主人的问题。
"我本不想提这些问题"——布什这么说。莫伊谢耶夫答复的精神是，他理
解美国方面的担忧。

1991 年 5 月 27 日，戈尔巴乔夫与布什进行了一次重要谈话。主要有三
个题目：限制欧洲常规武装力量，战略进攻性武器，经济合作。关键的决定
是贝克和别斯梅尔特内赫 1991 年 6 月 1 日在里斯本会见时通过的，两位部
长在里斯本的会见似乎是为了结束漫长的安哥拉内战。

1991 年在美国驻里斯本使馆，别斯梅尔特内赫向贝克转交了莫伊谢耶
夫将军关于对苏联最新建议分析的信件。别斯梅尔特内赫用俄语缓慢而又高
声地念着该信，以使翻译能将他的话译成英语。别斯梅尔特内赫希望该信能
准确地译成英语，不漏掉和不曲解任何一个细节。

贝克逐字逐句地研究，以便不遗漏俄罗斯愚蠢的任何蛛丝马迹。准确地
说，翻译，甚至成语的翻译都是准确的。主要的是，苏方同意将各种步兵战
车都包括在步兵战斗车辆之内。

这样，在步兵战车问题上，俄罗斯人作出了妥协。现在，欧洲常规军队
和武装问题，原则上已经解决。通向维也纳的道路已经打通。在这里，7 月
14 日，苏联将彻底放弃其常规武装对北约集团的优势地位，但与华沙条约
组织不同的是，北约完全不想被抛进历史的垃圾箱。

欧洲常规武装力量条约是我们这一代人的耻辱。该条约是在维也纳大使特别例会上签署的，正是在签署条约的大厅，在 1989 年 3 月开始了这一问题的谈判。这一天是俄罗斯外交史上的蒙羞之日，是对那些为建筑我国的技术壁垒不惜自己一切的设计师、技师、试验人员忘我工作的背叛。最好引用美国一位锱铢必较的谈判人员、文件起草人的一段话："所有问题都是在苏联单方面承诺承担某些补充义务之后才得到彻底解决的。在削减问题上的让步，是为了达到 21 个条约参加国的满意。苏联方面'保住了面子'，但不管怎样，它还是承担了加大削减的义务。"

用自己的鲜血使苏联冲进欧洲和以华约之盾捍卫了自己西部边界的一代人还健在。他们和我们所有人都被出卖了。赢得了世界大战、以孜孜不倦的劳动生产的先进武器武装苏军和坚定不移地掌控着中东欧的苏联，在难以想象的短时间内，将前辈所得到的一切，以超乎常态的慷慨，送给了他人。

13. 莫斯科的春天

自戈尔巴乔夫上台以来，居民的生活水平一直在下降，国内生产总值下降了，生活条件越来越艰难。经济顾问走马灯似地轮换：А. 阿甘别吉扬、Л. 阿巴尔金、Н. 彼得拉科夫、С. 沙塔林、В. 帕夫洛夫，但他们中没有任何人能够制止生产下滑。所谓的改革，已成为苏联人民的灾难。但比商店货架空空更可怕的，是已经开始的国家的解体。

最大的破坏者是越来越独立的俄罗斯联邦政府。其代表劝说西方停止对"没有希望的"戈尔巴乔夫提供援助。1991 年 5 月，А. 科济列夫这样规劝国务院："你们给中央的钱是一笔无法收回的财富。更可怕的是，这些钱实际上是在帮助整个制度苟延残喘，而需要的是让该制度沉没。"

1991 年 3 月底，戈尔巴乔夫请求布什提供 15 亿美元的贷款。戈尔巴乔夫为什么如此坚持不懈地寄希望于美国的帮助？新任苏联驻华盛顿大使 В. 科姆普列克托夫对美国官方人士说，没有美国的农业援助，当年苏联将出现饥荒。可是，当对苏联的经济援助列入白宫的议事日程后，**布什总统冷漠地说："我想，最好等一等事件的发展。"**戈尔巴乔夫指责布什对改革失去兴趣。难道戈尔巴乔夫现在才知道，对于他的改革，美国人从来都没有产生过兴趣？

4 月底，布什已经非常生气地谈论苏联总统喋喋不休的请求。"应给他上一堂古典经济学课。生意就是生意。"1991 年 4 月 29 日，布什在会见美国农业区代表时说，对"戈尔巴乔夫拟进行的改革，而据他所知，也是叶利钦先生希望进行的改革"表示遗憾。当苏联使馆将布什的谈话转达到莫斯科时，戈尔巴乔夫暴跳如雷。

1991 年 4 月 23 日，戈尔巴乔夫将 9 个加盟共和国的领袖召集到莫斯科近郊的新奥加廖沃（9 + 1）。会见持续了九个半小时，呼吁建立新的联盟。似乎，制止非一体化的机会出现一线希望——叶利钦（同政治上正在上升的 H. 纳扎尔巴耶夫一样）没有提出搞垮"新"联盟的任务。

但总的来看，戈尔巴乔夫的立场是绝望的。所有共和国民族主义分子与 3 月全民公决表达的愿望背道而驰。自 4 月初与波罗的海国家的谈判，实际上是在无望的气氛中进行的。1991 年 4 月 9 日，格鲁吉亚最高苏维埃一致表决通过恢复国家独立。摩尔多瓦、亚美尼亚和阿塞拜疆退出了谈判进程。随着这些倾向的加剧，5 个主要国家——俄罗斯、乌克兰、白俄罗斯、哈萨克斯坦和乌兹别克斯坦——于 1991 年 4 月 18 日在基辅会见。

1991 年 4 月 23 日的协议，标志着中央向有利于共和国的方向迈出了非常大的一步。虽然许多细节问题尚待解决，但总的倾向已经清楚：戈尔巴乔夫输了。4 月 24 日宣布的协议的先决条件不是"联盟国家"，而是"主权国家"联盟。在签署新宪法后 6 个月内，所有共和国都将举行选举。

在自己的共产党阵线内，戈尔巴乔夫也很困难。党的忠诚已无法让以极其粗暴方式捍卫自己立场的戈尔巴乔夫回到党的多数派坚持的方针。他已经作出了自己的选择。他威胁说，如果全会对他不信任，他将离开总书记岗位。许多地区活动家第一次预感到，领袖和他们不是一路人，他走的是自己的路。他把他们带到了历史的屠杀场，但却为自己留下逃离历史断头台的权利。

第五部分　苏联的崩溃，叶利钦成为总统

1991 年春天，被戈尔巴乔夫发动起来的力量已经失控，苏联经济处于崩溃的边沿。马特洛克认为："戈尔巴乔夫开始幻想奇迹的发生，幻想他的工业发达国家的朋友聚集在一起并组织大规模的国际援助。要知道，他们为了拯救小小的科威特花费了大笔资金。而对俄罗斯，他们几乎承诺了不封顶的援助。甚至 200 亿 ~ 300 亿美元也算不上一个大数目，因为，他结束冷战为他们拯救的资金数额，要大得多（由于结束冷战而挽救的资金的标准数字，按 1991 年价格为 3 万亿美元）。"马特洛克一直感到惊讶："俄罗斯政策肤浅和变幻无常：俄罗斯最高苏维埃和人民代表大会持续几个月拒绝在俄罗斯联邦实行总统制；仅仅在 6 个星期之前，叶利钦的议长职务还处于可能

被剥夺的严重威胁之下。但现在公众舆论出现的对他有利的变化发展如此之迅速，以至于他周围的怀疑派也迫于选民的压力而不得不支持他。"

从马特洛克的回忆录可以看出，美国方面对苏联政治舞台的观察何等认真和仔细。大使写道："我们与莫斯科信奉民主价值观的政治家保持着联系。"让我们来想象苏联驻华盛顿大使馆，如果使馆了解美国合法政权的所有反对派，如果与他们保持着联系，而且没有立即被美国驱除。

1991年5月11日，海湾战争以来戈尔巴乔夫首次与布什通话。而布什已提前知道谈话的题目——苏联领袖已沦为乞丐。戈尔比请求贷款。布什解释说，负责任的美国代表团将赴莫斯科，他们将会对苏联农业形势作出分析。

1991年5月25日，6个共和国，3个波罗的海沿岸国家，格鲁吉亚、亚美尼亚和摩尔多瓦聚集在基什涅夫，协调自己反戈尔巴乔夫和分裂国家的行动。

这一天，戈尔巴乔夫在奥斯陆领取诺贝尔和平奖时，恳求经济援助。美国副总统丹奎尔在访谈中声明，任何大规模的经济援助都是不可能的。而这发生在苏联在欧洲的军事力量自我毁灭之时！戈尔巴乔夫的感受反映在他领取诺贝尔奖的讲话中："如果改革遭到失败，进入新的和平历史时期的前景，在整个可以预见的将来，将会消失。"苏联有"一切理由寄希望于大规模的援助"。

1. 国家瓦解

在俄罗斯，民主派控制了大城市。加夫里尔·波波夫在莫斯科得到了60%的选票，在列宁格勒，70%的希望为自己的城市改换名称的公民投票支持阿纳托利·索布恰克。叶利钦在俄罗斯联邦得到了57%的选票，1991年6月12日他成为第一个选举产生的俄罗斯联邦总统。

他们的政敌也在顽强抵抗。6月17日，部长会议主席帕夫洛夫要求得到紧急授权。帕夫洛夫坚决反对从西方借贷的政策，而贷款是戈尔巴乔夫日思夜想的问题。强力部门的三驾马车——普戈、克留奇科夫、亚佐夫，支持帕夫洛夫。他们所有人都指责戈尔巴乔夫有意藐视宪法赋予的义务——捍卫国家免受来自资本主义西方的危害。克留奇科夫断言，多年来，西方情报机构一直在扩大其在自由派知识分子和政治改革者中的影响。西方情报机构为他们相信的人，为他们的利益代理人发表文章、谈话、出版书籍以及在西方的演讲活动支付了巨额资金。谢瓦尔德纳泽和叶利钦都很好地利用了这些机会。利益代理人占据了克里姆林宫的重要位置，在那里他们执行其后台"毁灭苏联社会和破坏社会主义经济"的计划。西方大国已准备"解除苏联

武装甚至占领苏联"。

克留奇科夫说，他向戈尔巴乔夫出示了一些文件材料，但戈尔巴乔夫甚至拒绝研究。

甚至谢瓦尔德纳泽也指责美国人，包括国务卿贝克，"挑衅性地"将援助计划同苏联在内政和国防政策方面的让步挂钩。"如果你们说你们放弃波罗的海沿岸共和国，你们会得到 500 亿美元，反动势力和军人会说：'原来如此！还是让我们结束所有这一切尝试吧！'"谢瓦尔德纳泽坚持："如果你们，美国人坚持你们提出的对自身有利的条件，反动派会把我们赶下台。届时你们将不得不与残酷的独裁者打交道，你们的结局是，你们将把现在戈尔巴乔夫总统请求你们提供的（资金），用于国防。"

戈尔巴乔夫没有支持他的总理的雄心，顺从的苏联最高苏维埃主席也没有反对总统。不过，戈尔巴乔夫口头上还是让对立有所缓和："这一切都会列入改革构想。"克格勃首脑称："西方是改革的真正的朋友。由中央情报局引导的西方，企图在支持改革的伪装下，搞垮苏联。"

苏美关系从来没有像 1991 年春末夏初那样密切，最高层的接触也从没有像这一时期那样频繁。海湾战争结束了，美国外交再次全面转向其对手——苏联。外交部部长几乎每星期都要会见，总统们则经常通过电话相互交谈，美国大使不停地与苏联和俄罗斯政治家会见。所有想离开苏联的人，都可以畅通无阻地离开。

戈尔巴乔夫履行了他在赫尔辛基对布什的承诺：伊拉克战争结束后加强双边的合作。看到戈尔巴乔夫缓慢地滑入政治深渊，布什政府似乎对"勇于自我牺牲的"戈尔巴乔夫心怀感激之情。而戈氏也在竭尽全力。他保证，如果波罗的海国家退出联盟，他不会阻止。

1991 年 7 月 5 日，俄罗斯最高法院批准联盟条约草案。7 月 12 日，苏联最高苏维埃也批准了该条约草案。所有加盟共和国最高苏维埃（乌克兰除外）都通过了有利于联盟条约的决议。里昂尼德·克拉夫丘克似乎支持这一思想，但他本人却与该思想悄然拉开距离。很明显，他害怕与乌克兰民族运动"鲁赫"搞僵。

利用人民群众无能为力和为了蛊惑人心，叶利钦于 7 月 20 日签署法令，禁止俄罗斯国有企业中共产党组织的活动。而当根据这一原则对戈尔巴乔夫政治实力进行打击之时，戈尔巴乔夫却沉默不语。他，苏共中央总书记，当这个党把他推向一个个政治高点，直到他成为总统，他是支持党的。但之后却弃之不管，留下"他的无首群龙"任人进行政治宰割。是否应感到奇怪：

他的队伍对过分自信的统帅冷若冰霜，当绝望的他1991年12月最终发表了其至理名言"祖国在危急之中"之时，这一队伍并没有冲向前营救他。

叶利钦的俄罗斯一如既往地对联盟进行破坏。戈尔巴乔夫和叶利钦都认为，在这一历史阶段，他们最好在一起。他们宣布了四个共同的口号：民主化、经济改革、保留联盟、新思维。这些口号冠冕堂皇。不过，两个人最关心的还是权力。

2. "8·19"事件前夕

戈尔巴乔夫对帕夫洛夫说，内阁首脑要求的权力，只赋予总统。国防部部长亚佐夫、克格勃主席克留奇科夫、内务部部长普戈均支持总理提出的授予特别权力的要求。戈尔巴乔夫的风格依旧，他坚定地相信，困难会以这样或那样的形式解决。他不想站在他的四个最重要的部长一边。观察家形成了一种印象：部长们与自己的总统有秘密协议（即总统既可任命他们担任高级职务，也可以随意解除他们的职务）。

但美国人不相信秘密协议论。他们知道，戈尔巴乔夫对侵犯最高权力非常忌恨。他们不相信，戈尔巴乔夫的本意是准备马上赋予总理更多的权力。

美国外交官急于求助于可以提供情况的苏联人弄清形势。政治家、外交官和记者被请到美国人的住宅、饭店和大使官邸。马特洛克将几个政治家，包括莫斯科市市长波波夫，请到斯帕索楼。

莫斯科民主派市长波波夫违反礼仪，没有按约定时间抵达斯帕斯楼，他下午1点才来到大使官邸。他接受了选举获胜的祝贺，但什么酒也没有喝。服务人员将咖啡送到图书室。对此，波波夫显然很不安。**他等待着服务员关门离开。谈话没有停止。波波夫拿出一张纸**，他用大写字母在纸上写下："正在策划推翻戈尔巴乔夫的阴谋。我们应与鲍里斯·尼古拉耶维奇联系。"他把这张纸递给马特洛克。马特洛克没有改变说话的声调，他在同一张纸上写下："我将发一个报告。但谁是阴谋的后台？"波波夫看了看大使所写的内容并写下几个人的名字："帕夫洛夫、克留奇科夫、亚佐夫、卢基扬诺夫。"此后，波波夫将纸撕成碎片并迅速离开。

马特洛克很快写完报告并放进信封，由信使送给其副手吉马·柯林斯并指示他立即以最快的和最可靠的方式将报告送到华盛顿。

使用最完善的美国STU-3系统将报告发送给劳伦斯·伊格尔伯格，由他将报告发给在柏林做客的詹姆斯·贝克，然后则是国家安全事务助理布伦特·斯考克罗夫特，最后是乔治·布什总统。距与叶利钦会见的时间还有几小时。午后，副国务卿罗伯特·基米特告诉马特洛克，叶利钦会得到报告，

但总统指示他的大使立即通报戈尔巴乔夫和警告他有危险。马特洛克请求不要将消息来源告诉任何人。

这一时间，贝克和别斯梅尔特内赫正在美国驻柏林大使官邸花园举行联合记者招待会。

别斯梅尔特内赫刚刚离开，丹尼斯·罗斯拿出一份电报，他把贝克叫到一旁并向他出示了电报内容。贝克相信波波夫的警告是认真的。波波夫作为莫斯科市市长，在党内、在克格勃、在军人中有广泛的联系。美国人陷入复杂形势之中。如果完全按照波波夫的要求办，就应立即找到叶利钦。但首先提醒戈尔巴乔夫不是更好吗？贝克认为，最好通过别斯梅尔特内赫的大使。布什也认为，最好通过外交途径通知戈尔巴乔夫。

贝克与别斯梅尔特内赫通话："我有紧急情况需要见您。"设法骗过自己的警卫后，别斯梅尔特内赫乘坐使官轿车抵达贝克所在的饭店。马特洛克认为，这一形势下，"无论总统，还是国务卿"，其所作所为都很幼稚和小儿科。"每一个对苏联制度有起码知识的人，都应该清楚，别斯梅尔特内赫不可能提醒戈尔巴乔夫。所有苏联官方通信线路都控制在克格勃手中，而上述情况下，主要阴谋者之一是克格勃领导人自己……由别斯梅尔特内赫将警告转告戈尔巴乔夫可谓愚蠢透顶。别斯梅尔特内赫怎么能在没有真凭实据的情况下指责朝夕相处的内阁同行？"贝克不够认真，而布什总统则不够谨慎。当他与戈尔巴乔夫通电话时，向戈"报告"，叶利钦"在华盛顿没有什么不忠的行为"。而电话线路控制在克格勃手中。

在莫斯科，马特洛克与切尔尼亚耶夫通电话，指出他有紧急要事求见戈尔巴乔夫。马特洛克与切尔尼亚耶夫一同走进苏联总统的办公室。马特洛克开始了他准备好的简短讲话。"总统先生，布什总统请我通知您关于不久前我们收到的一份报告，该报告让我们很不安，虽然我们还没有得到证实该报告的材料。报告可信度高于传闻，但还不是确切的情报。这是关于采取行动推翻您的议论。这可能在任何时间发生，甚至在本周。"

戈尔巴乔夫摇摇头，微微一笑，然后再次变得严肃起来。"告诉布什总统，我非常感动。曾经有一个时期，我觉得，我们只是伙伴，但现在，他已证明了他的友谊。谢谢他的关心。他做了一个朋友应该做的。但请告诉他不必担心。一切都在我的掌控之中。对此，你们明天就会看到。"与此同时，戈尔巴乔夫承认，无论在社会，还是在议会，都有他的敌人。部分敌人还是"联盟"派。其中不少人管不住自己的嘴巴。戈尔巴乔夫估计，他们正是美国人的消息来源。戈尔巴乔夫再次重复，他"控制着形势"。

　　根据马特洛克的观点，美国国家高层人士犯了错误，而与此同时，从戈尔巴乔夫的表现看，他似乎是一个未卜先知者。1991 年 6 月 21 日，别斯梅尔特内赫返回莫斯科，并在第二天向无名烈士墓献花圈时与戈尔巴乔夫并排走在一起。他用几秒钟的时间向戈尔巴乔夫谈了他在柏林与贝克的座谈并问总统是否收到他的提醒。戈尔巴乔夫确认，他有"相关的谈话"。同时，戈尔巴乔夫提出一个问题：贝克是否谈到了确切的日期？别斯梅尔特内赫回答说没有，所指的是"随时可能发生的"事件。

3. 伦敦高层会晤

　　国家安全事务副助理罗伯特·盖茨在高层会晤前夕说，在经济、政治、军事和文化领域，美国已经没有对手。"今天没有任何人会对只有一个超级大国和该国在世界的领袖地位的现实提出异议。"

　　1991 年 6 月中旬，会见的东道主英国首相约翰·梅杰邀请戈尔巴乔夫作为客人而不是"七国集团"正式成员，在正式会议结束后与七国领导人会见。这意味着，不仅布什总统，而且东道主英国人，以及密特朗总统和科尔总统，都弃他而去。"七国集团让戈尔巴乔夫甘拜下风。"

　　毫无疑问，为西方利益作了如此牺牲的戈尔巴乔夫希望在七国集团会晤中受到与平等的与会者平等的接待。但不管我们的主人公如何想入非非，结果却并不是这样。**国际新闻界报道，戈尔巴乔夫手持礼帽，伸手恳求西方的援助，已形成了焕然一新的形象："乞丐共产党人。"**

　　早在会晤正式开始之前，布什总统就设法提醒其苏联伙伴不要要求大规模援助，不管是以什么形式提出：建立稳定卢布基金，整个苏联债务重组，还是借债购买西方的日用品。1991 年 6 月初，在这个方面曾有专门的信件递交克里姆林宫。

　　爱德华·休伊特曾与参与筹备总统伦敦之行的美国和加拿大研究所的安德烈·科科申会见："安德烈，看在上帝面上，请不要要钱。"但总统的心情发生了变化。**在戈尔巴乔夫出访之前，戈尔巴乔夫对助理们说，也许完全不应该去；他不希望人家"像教训小学生"一样教训他。**而这一切最终迫使戈尔巴乔夫"磨刀霍霍"和"向前迈进"，不顾一切警告。

　　会晤前夕，戈尔巴乔夫仍请求提供经济援助。在会晤开始前一天，他提出苏联成为国际货币基金组织成员的要求（戈尔巴乔夫知道美国人对此持否定态度，但常会有这样的情况：不管阻力多大，他都会义无反顾地行动）。

　　戈尔巴乔夫与布什 1991 年 7 月 17 日中午的会见看来是决定性的。戈尔巴乔夫似乎已经决定，在战略武器领域，布什必须让步。限制战略进攻性武器的最后细节恰好是在防弹轿车吉尔－117驶进美国驻伦敦大使官邸——温菲尔德寓所（布什在这里临时歇宿）——那一刻商定的。接着，美国专家绘声绘色地描述，戈尔巴乔夫不知深浅的举止是怎样被"碾平"的。是的，几分钟之前，当在战略领域让步时，他还很可爱，但现在变得不讲礼仪，因为他摆出了一副乞丐的姿态，而且还想对他人进行责备和抱怨。

切尔尼亚耶夫的午宴札记是这样描写戈尔巴乔夫的——戈尔巴乔夫说："我知道，美国总统是一个认真的人。他考虑的是他的决策的政治实用性，而不愿意搞即兴之作。至于安全领域的政策，我们已完成了不少。同时，我也有一种印象，我的朋友，美国总统布什，还没有对以下问题作出最后的答复：美国想看到的是一个什么样的苏联？在我们得到这一问题的答复之前，我们关系中的许多问题不可能清楚。""于是，我问：乔治·布什希望我做什么？如果我的'七国集团'同行在会见中对我说，他们喜欢我现在所做的，他们愿意帮助我，但开始阶段，我先要自己解决自己的任务，我一定会对他们说，我们解决的是共同的任务。**花费上千亿美元解决地区冲突问题，难道不奇怪吗——执行这样的计划需要钱。摆在我们面前的计划是改变整个苏联，让它有一个全新的质的变化，使它融入世界经济，不再成为破坏性力量和威胁的策源地。没有比这更伟大和更重要的任务！**"

布什回答说，不明白戈尔巴乔夫提出的问题。美国希望看到苏联是一个**"向市场经济方向发展的民主国家"**。切尔尼亚耶夫指出，讲到这里，布什冷若冰霜。戈尔巴乔夫说，也许，他对迫在眉睫的问题理解的阐述，还不够明确。在美国不是所有人对苏联抱有好感，但美国并不希望苏联崩溃。显然，布什被刺痛和激怒了。**他盯着戈尔巴乔夫，几乎像盯着一个政治僵尸一样，而戈氏嘟嘟囔囔地说着什么，似乎他本人并没有削弱自己的国家。回到华盛顿，谈到戈尔巴乔夫，布什说："他已失去了与现实世界的联系。"**

在与"七国集团"其他领导人的会见中，戈尔巴乔夫多次听到，他为西方做了很多好事，但这完全没有成为指望得到源源不断的资金支持和为苏联商店货架填满商品的理由。

似乎站在戈尔巴乔夫一边，马特洛克说："我把苏联军事领导人控制在手，强迫他们做我认为有必要的事情，有时甚至用欺骗方式。我拒绝在东欧使用武力相威胁。我制定了结束冷战是我们的利益所在的哲学思想。我没有发现，美国总统在这方面可以给予我很大的帮助。"此外，马特洛克承认："1991年，布什寻找不帮助苏联的理由。戈尔巴乔夫对布什的不情愿，已有所察觉。"

历史的事实是，在戈尔巴乔夫绝望的时刻，"七国集团"——西方国家的优秀代表，并没有制订一揽子共同援助计划，而国际货币基金组织只为苏联提供了特别联系成员国地位。这就是西方对烟火未灭的东方集团残迹的感谢：1991 年经全体同意，华沙条约组织解散；苏联军队完成了从捷克斯洛伐克和匈牙利的撤军，从德意志民主共和国和波兰的撤军正在继续进行；苏联军队甚至离开了蒙古。

戈尔巴乔夫带着屈辱和伤害离开了伦敦。斯考克罗夫特曾就这一问题对布什说："戈尔巴乔夫有备而来，完全清楚，他感觉到，我们亏欠了他。但他未能令人信服地说明自己的问题。形成了一种印象，他不理解事情的复杂性。"对此，布什的答复是："他一直是最好的自我推销员，他善于描绘自己，但不是这次。"尽管戈尔巴乔夫极尽摧眉折腰之能事，但在他渴望加入"七国集团"的问题上，没有达到自己的目标。

4. 布什在莫斯科

1991 年 7 月 29 日晚，美国总统的飞机在伏努科沃二号机场降落。作为总统，布什还是第一次来莫斯科。在机场，迎接他的是副总统根纳季·亚纳耶夫。

布什访问苏联的最高峰应是签署《战略进攻性武器条约》（CHB - 1）——苏美关于削减战略武器 9 年谈判的结果。

关于解决限制战略武器（CHB）条约遗留难题的谈判是在 1991 年 4 月 19 日恢复的。美国研究人员加特霍夫深信，他对苏联态度的下述评价是正确的："苏联对遗留问题协商一致的决心是显而易见的。"1991 年 3 月中旬和 5 月中旬，别斯梅尔特内赫和贝克在开罗的会见，5 月 27 日布什和戈尔巴乔夫的通话，1991 年 6 月在里斯本、日内瓦和柏林的外交会见，都对战略进攻性武器问题进行了特别深入的研究。6 月末布什总统访问苏联之前，只有三个问题没有解决：①如何遥测记录地下核试验；②如何计算可拆分弹头的数量；③哪些改进型武器可视为新武器。

1991 年 7 月 30 日早晨，布什和戈尔巴乔夫按惯例在克里姆林宫的叶卡捷琳娜厅会见。可以感觉到，戈尔巴乔夫对在伦敦"七国集团"会晤的不满，依然没有化解："你们习惯把所有的漂亮言辞挂在嘴边，说你们非常愿意帮助我们。但一旦涉及具体问题，总有什么东西在妨碍你们。"让戈尔巴乔夫不满的是，"七大国"只愿给予苏联国际货币基金组织"特别联系国"的地位。这相当于二等公民。戈尔巴乔夫认为，苏联作为"二号一级大国"，有权成为名副其实的成员。

布什知道，美国对苏联的经济援助不大，因而竭尽全力使这杯苦酒更甜些。所以，布什在莫斯科宣布，美国准备批准双边贸易协议并为苏联提供贸易最惠国待遇。总统们同意，像苏联这么大的国家的改革，是一个复杂性难以想象的任务。

但在会见中，布什总统关于远东的声明，突然从背后捅了戈尔巴乔夫一刀。该声明涉及要求苏方"满足日本关于归还北方领土的要求——我们支持这一要求……这一争议为你们回归世界经济和与世界经济一体化增加了难度"。

这是美国对1951年因单方面与日本签署《美日和平条约》所造成问题的前所未有的干预。加特霍夫认为，这是"不聪明的，对任何人都没有帮助。日本在该问题上的立场并非无可指责"。

布什显然没有意识到，当对待苏联与对待一个战败国无法区别时，他已越过了界限。他明显无视对日战争中的苏联盟友，对苏联人民的意见漠不关心，苏联人民对该问题的看法与日本人不同。

5. 《削减战略进攻性武器条约》①

莫斯科会见的最大看点是《削减战略进攻性武器条约》的签署。《削减战略进攻性武器条约》是一个容量极大的文件，共有700页。削减最多的当属高速导弹系统。规定用7年时间执行该条约。双方达成协议，来年春将继续削减战略武器的谈判。

苏联方面想知道，何时着手解决战术核武器削减问题，但美国领导人以相当强硬的方式拒绝了此类想法。美方还以类似方式回答了戈尔巴乔夫的另

---

① 《削减战略进攻性武器条约》（*Strategic Arms Reduction Treaty*，START，Договор об ограничении стратегических наступательных вооружений）是美国和苏联之间签署的旨在削减并限制战略性进攻武器的一份条约。该条约1991年7月31日由美国总统老布什与苏联总统戈尔巴乔夫于莫斯科签署，有效期为15年。但5个月后，苏联解体，条约的生效随之推迟。其后在1992年5月23日美国与独立后的俄罗斯、白俄罗斯、哈萨克斯坦和乌克兰4个武器继承国家在里斯本签署了附加条约《里斯本议定书》。后三国其后将其核军备送至俄罗斯处理。在1994年12月5日，5个缔约国在布达佩斯交换批准书协议后条约正式生效。第一阶段将双方所有类型的弹头减少至6000枚（轰炸机及其导弹按一定标准折算），并将洲际弹道导弹弹头数量限制在2500枚以下，洲际导弹运载工具削减至1600件，如SS-18之类的重型武器则限制在110件以下。由于美国与俄罗斯联邦在1993年又签署了第二阶段削减战略武器条约，所以此条约其后也被称为"第一阶段削减战略武器条约"。这一条约是历史上最大和最复杂的武器限制条约，在2001年底销毁计划完成时，美俄双方已拆除了当时存在战略核武器的约80%。

一个重要问题——关于停止地下核试验问题。回答很简短：美方没有准备研究这一问题。

6. 基辅

戈尔巴乔夫在国内战线地位的急剧削弱和整个苏联的削弱，改变了美国的行为方式。美国人开始毫不客气地就对外政策和国内改革问题为苏联领导人"上课"。"苏联在近东和南斯拉夫卑躬屈膝，在战略进攻性武器谈判和其他问题上过分地让步，是戈尔巴乔夫政治衰弱的原因。"

对此，苏联后期的外交活动家，比如谢瓦尔德纳泽，可谓泰然自若。他说："我想，现在我们不存在特别问题，我们的关系正顺乎自然地向前发展。对苏美关系发生影响的是内政形势。"

似乎，对外政策方面种种分歧，没有对国内社会形势发生影响。但"批评者早就抨击戈尔巴乔夫是布什的走狗"。

不管人们怎么看，在莫斯科逗留两天之后，布什对分裂联盟的势力作出了一个毫无疑问的赞同姿态。这里所说的是对基辅的访问。戈尔巴乔夫对布什访问基辅的愿望大为震惊。戈尔巴乔夫试图通过苏联驻华盛顿临时代办推迟布什总统对乌克兰的访问。美国人不得不竭尽全力应对，并通过别斯梅尔特内赫劝说戈尔巴乔夫不要制造丑闻。作为交换，布什请他的讲话的起草人将所有可能刺激戈尔巴乔夫，或可能被理解为支持他的反对派的内容删除。

在基辅中心，布什会见了乌克兰议长里昂尼德·克拉夫丘克。午宴使用的语言是英语和乌克兰语。布什总统看到，"他的朋友米哈伊尔"处在多么危机的形势之中。他指示他的"秘密作家们"在其基辅的讲话稿上增加使戈尔巴乔夫感到高兴的内容。以下布什发表的讲话是新增加的关键内容："自由完全不是独立本身……美国人不支持那些希望用本地专制代替远方暴政的独立……那些以民族仇恨为依据而宣扬自杀式民族主义的人，不会得到美国的支持。"布什赞扬了戈尔巴乔夫并呼吁签署"9+1"条约。大厅里的很多人对美国总统的讲话感到震惊。这完全不是他们想听到的内容。

自17世纪以来，一个大国的首脑第一次访问乌克兰，视乌克兰的领导人为独立的统治者，使用乌克兰语和与会者交流。布什要求，所有大的派别的领导人，在他发表演讲时，都要在座。官僚和民族主义分子联盟使马特洛克感到不安。这样的联盟"会让独立和国家组织的建立更快些，但结果会出现一个没有内部约束的国家，并使大联盟的统一处于打击之下"。

布什从基辅直接飞到缅因州，他准备在那里待一个月。在每天向他提供的"苏联形势概述"（8月17日）中，突出刊登了亚历山大·雅科夫列夫关于"有影响力的斯大林分子集团"准备夺权的意见。概述以下内容结束："存在着日益增长的危险：传统派希望制造一种形势，说明使用武力恢复秩序是正确的。"

7. 更换红人

戈尔巴乔夫政权的衰弱越来越明显。此时，由乔治·布什体现的美国外交，开始寻求与叶利钦接近的方式。与已经削弱的戈尔巴乔夫相比，叶利钦可以走得更远：彻底瓦解国家，使美国成为世界上唯一的超级大国。

布什总统与叶利钦在他的克里姆林宫的办公室的会见，安排在他1991年访问莫斯科第一天的下午。这是一个意义重大的步骤——美国开始将苏联的加盟共和国视为独立于联盟中央的主权国家。

叶利钦暗暗高兴，他十分清楚，美国人对他越来越有兴趣。马特洛克，即国务院和中央情报局，正是以这样的思路，影响布什已经一年有余，虽然布什依然在宣扬永久的感激之情，因为他（戈尔巴乔夫）几乎是蓄意地毁掉了苏联的强大。布什总统公开宣称，从现在起，他与苏联总统的所有"大事"，都不会关闭与个别共和国接触的道路。只是他没有走最后的一步（鲍里斯·叶利钦千方百计推动他走这一步）——没有将联盟总统的重要性与地区总统等量齐观。当鲍里斯·叶利钦呼吁乔治·布什与15个苏联共和国建立直接双边关系，布什希望"等一等"联盟条约的签署（当时还没有形成文件）。**但与此同时，布什鼓励了叶利钦的分离主义"傲慢"，他对叶利钦说，叶利钦访问美国产生了"很深的印象"。而这发生在叶利钦要求美国总统在自己的办公室等待7分钟，以及布什同意座谈时间从15分钟增加到40分钟之后。事业值得这样做，无论布什，还是叶利钦都明白这一点。**

正如已经提及的，在西方常思考的一个问题是，在被戈尔巴乔夫拆散的苏联，是否存在一条苏联精英绝对不可逾越的"小红线"？多数专家认为，这样的红线是存在的，这条线在民主德国和联邦德国之间的边界上。但戈尔巴乔夫将德意志民主共和国拱手相送，什么也没有发生。另一条红线被认为是统一德国加入北约。但这个难以逾越的障碍也已越过，地球照样转动。国家解体？尚不清楚，亿万居民是否觉醒？抑或，形形色色的自私的民族主义分子将淹没理智的声音？

8. 所谓"政变"

新的联盟条约应在1991年8月20日签署。1991年6月26日在乌克兰议会开始的讨论，对条约的命运生死攸关。在发言的35个议员中，24个议员提出了这样或那样的反对意见。主持会议的里昂尼德·克拉夫丘克莫名其妙地沉默不语。决定将决议的通过推迟至 1991 年 9 月，即苏联最高苏维埃在莫斯科聚会之时。8 月 2 日，即布什总统离开的第二天，戈尔巴乔夫宣布："1991 年 8 月 20 日之前，签署条约的大门是敞开的，俄罗斯联邦、哈萨克斯坦和乌兹别克斯坦将签署条约。"

戈尔巴乔夫说，这将是"真正自由的主权国家联合"的基础。但除戈尔巴乔夫之外，对联合方案抱希望的人为数不多。共和国已经得到了在此之前从未有过的权力。是否保持联盟？"民主俄罗斯"向叶利钦建议，只有在条约中加入他们提出的补充条款，才可以签署条约。这意味着，条约不可能签署。

1991 年 8 月 4 日，戈尔巴乔夫离开莫斯科赴克里米亚的福罗斯，开始传统的一年一度的休假。他应于 8 月 19 日返回莫斯科。政治舞台似乎风平浪静。马特洛克大使正在准备结束其在莫斯科的使命和在 1991 年 8 月 12 日离任回国。他的最后一个晚上是在谢瓦尔德纳泽家中度过的。

1991 年 8 月 16 日早晨，关于建立"国家紧急状态委员会"的草案放在了克留奇科夫的桌上。克留奇科夫立即下达了向克里米亚派遣专家组的命令，专家组将切断戈尔巴乔夫与外界的联系。

8 月 17 日，克留奇科夫将几个同行请到克格勃在莫斯科的一个秘密地点洗澡。该秘密地点的代号为"АБЦ"综合体。被邀请到这里来的人有部长会议主席瓦连京·帕夫洛夫、国防部部长德米特里·亚佐夫、戈尔巴乔夫的秘书瓦列里·博尔金、中央书记奥列格·巴克拉诺夫。洗澡之后，他们进入备有小吃的房间。亚佐夫和帕夫洛夫为自己倒上伏特加，克留奇科夫则倒上了苏格兰威士忌。克留奇科夫通知帕夫洛夫，他担任总理职务的日子已经屈指可数。他们讨论了国家形势并认为，灾难近在咫尺，只有实行紧急状态可以挽救正在瓦解的苏联，确定吸收内务部部长普戈和副总统亚纳耶夫参加。关于卢基扬诺夫的说法是，他"总是犹豫不定"。大约早晨 6 点聚会结束。

8 月 18 日晚 5 点，正在福罗斯休假的戈尔巴乔夫被告知，某个代表团要见他。开始来的人有：博尔金、巴克拉诺夫和瓦连尼科夫（陆军司令）。他们试图劝戈尔巴乔夫加入"国家紧急状态委员会"，但没有成功。于是阴谋者们飞离福罗斯。在莫斯科，亚纳耶夫签署了命令，宣布权力由他掌握。但卢基扬诺夫和别斯梅尔特内赫没有同意成为"国家紧急状态委员会"成员。克留奇科夫想逮捕 10 个人，帕夫洛夫要求逮捕 1000 人，但谁也不知道，他是否真的这么认为。

军事指挥部似乎分为势均力敌的两个部分。主张以武力更换政权的是亚

佐夫、瓦连尼科夫和紧急情况部副部长阿卡洛夫上将。

没有看到解体危险（或对此漠不关心）的为首者是空军元帅沙波什尼科夫。他的高级军官阵营包括：战略军司令马克西莫夫将军、海军司令切尔纳温上将、空降兵司令格拉乔夫、列宁格勒军区司令萨姆索诺夫上将、内务部副部长格罗莫夫将军、克格勃特种部队的指挥官列别德少将。

美国人没有忘记自己的朋友。美国情报机构受委托协助叶利钦建立更可靠的通信系统。

美国国家安全局截获亚佐夫和克留奇科夫与军区司令和其他指挥官的谈话，并将所截获的谈话内容立即通报叶利钦。这绝对不是帮助叶利钦的唯一方式。拟议中，他可以到美国大使馆躲避。

1991年8月21日，即发动起义的第三天，反对国防部部长亚佐夫的国防部同行，要求他从莫斯科撤出军队。亚佐夫说，军官的话使他为难；但最终，他同意将军队撤离首都，从而决定了反戈尔巴乔夫起义的命运。

政变最终失败的原因是，三股决定性力量——克格勃特种部队、内务部捷尔任斯基精锐师和莫斯科军区空降部队——不服从命令。在很大程度上是因为，在第比利斯、巴库和维尔纽斯，让他们投入战斗，但之后又以莫须有的"擅自行事"的罪名指责他们（戈尔巴乔夫、谢瓦尔德纳泽等似乎不知道所发生的事件，也没有下达命令）。根据众所周知的理由，部队的军官们并不愿意被人们视为内战的挑起者。实际上，并不是他们挑起内战，任何一位熟悉军队的人都知道。

国家战略部队领导是一个特殊的问题，他们是唯一的直接涉及西方，首先是美国的部队领导。自1991年8月18日晚（至同年8月22日凌晨）战略核力量（即人所共知的黑"核手提箱"，它保持着与导弹综合装置的联系，并一直掌握在国家总统和武装力量最高统帅的侍从手中）控制在反戈尔巴乔夫势力，即"国家紧急状态委员会"的手中。他们手中还有国防部部长和总参谋长的"手提箱"。他们无意使用这一极端手段。即使有这种愿望，他们的行动也会被战略部队领导人、海军司令、空军战略部队司令阻止，所以，他们宁愿成为戈尔巴乔夫的牺牲品。

而苏联共产党中央委员会死一般沉默，虽然这里涉及的正是党的命运。苏共在被"杀害"之前，在被禁止以前，已经死亡。麻木不仁的党一句话也没有讲，它的不光彩的命运，可谓罪有应得。没有召开政治局会议，没有召开中央委员会会议。世界上没有一个国家有这样的像橡皮泥一样的执政党。

党彻底退出政治游戏使"国家紧急状态委员会"失去了群众的支持。

9. 美国看政变

人们后来知道，布什总统曾通过国务卿贝克和外交部部长别斯梅尔特内赫以及特殊电话联系警告戈尔巴乔夫正在酝酿的政变。

国家安全事务助理布伦特·斯考克罗夫特判断，如果地位如此高的人物支持政变，政变多半会取得成功。在此情况下，"没有必要断绝自己的后路"。

在怀俄明，贝克并不认为正在发生的事件是"我们生活中的最重要事件"。他对莫斯科的观察告诉他，变革的敌人已经失去对所发生的事件的控制。"他们起义太晚了。"

第二天，布什向莫斯科派遣了新大使施特劳斯。在总统的声明中没有使用"非法的"、"不合法的"和"违反宪法的"之类的词语。布什同意使用相对温和的评价——在对事件的主要评述中，他们同意使用"超出宪法的"或"宪法之外的"等词语。第二天早晨，布什总统与公使詹姆斯·柯林斯通话，一周前马特洛克已经把所有大使馆的事务交给他。**布什已经知道，柯林斯已与叶利钦通话，叶利钦下定决心进行反抗，美国还向他转达了中央情报局关于政变准备很差的分析意见。**

1991 年 8 月 19 日，布什总统发表声明："我们对最近几个小时苏联发生的事件深感不安并谴责在宪法规定之外使用武力。"布什支持叶利钦恢复戈尔巴乔夫权力的呼吁。美国总统手中只有一个影响苏联的手段而且至今没有使用：他承诺，只要莫斯科使用非宪法方式统治，经济援助就会推迟。

与此同时，从老布什的讲话，可以感觉到他相信政变的成功。显而易见，华盛顿准备与新的莫斯科政权打交道。此前曾公开谈到戈尔巴乔夫，并表示希望克里姆林宫的新领袖继续执行此前苏联承担的义务。"国家紧急状态委员会"捕捉到其中的积极因素，不止一次地转播美国的声明。

在关键的一天——8 月 19 日，布什总统想方设法避免与叶利钦通话，虽然叶利钦通过柯林斯已转达了这样的愿望。布什相信，亚佐夫、克留奇科夫和帕夫洛夫在设法制止苏联解体的进程，对他们的行动，美方并没有表现出特别的怀疑。

马特洛克要求华盛顿官方在俄罗斯发生动乱之时，承认苏联部分共和国的主权。他的根据源于：国防部部长亚佐夫已企图逃避执行欧洲常规武装力量条约的一系列条款；而克格勃首脑克留奇科夫对中央情报局在近几年事件中扮演的角色作出了非常负面的评价；帕夫洛夫抨击西方银行家和西方政府为苏联制造了不可思议的困难。

美国人很快发现莫斯科阴谋者的疲沓和不内行。准备工作做得不像样子，缺乏意志和决心。

在中央情报局，乔治·科尔特建立了专门观察莫斯科事件的小组。美国情报人员得知，戈尔巴乔夫已经几个月过度疲劳，因此有关他生病的消息没有使他们吃惊。（美国）情报部门作出了正确判断（而身在莫斯科的克留奇科夫却未能作出这样的判断）：政变的成功取决于叶利钦是否自由和他行动的能力。科尔特与斯考克罗夫特取得联系。中央情报局企图尽其所有力量，隐藏其对苏联政治生活的参与。但科尔特坚决要求政府支持叶利钦。弗里茨·埃马特复制了卫星拍摄的场景，该场景表明，苏联军队和克格勃武装部队出现了某些调动。**中央情报局指出，阴谋者未能进行充分的准备：坦克和军队没有出现大规模调动。阴谋者并没有将主要的通信线路控制在自己手中。主要的是：没有逮捕分离主义领袖和制度的主要敌人。**埃马特对自己的人员说，"似乎，这些狗不会叫"。在向总统提交的报告中提到，"政变准备很差"，政变完全是"即席"之作。

与此同时，华盛顿对"国家紧急状态委员会"的态度日趋强硬。布什的第二个声明，已将政变称为"不符合宪法"。第二天早晨，布什总统与叶利钦通话并与他建立了直接联系。但"国家紧急状态委员会"继续重复播送布什的第一个声明。出现在银屏的惊慌失措的阴谋者们双手颤抖，他们无法解释自己前后矛盾的小儿科欺骗行为（如称"戈尔巴乔夫病了"等）。他们不能说服任何人接受他们的行动。这是一帮吓破了胆、无舵无帆、无健全思想、无男子汉气概的人组合的团伙，无论如何也不能被视为为国家命运负责的政权。

正如马特洛克在回忆录中所写的那样："**俄罗斯人可以容忍其领袖们的许多缺点，但永远不能容忍的是懦弱和胆怯。**"而正是这两种品质，在这些人员中占了上风。当需要让人民睁开眼睛面对已经到来的动乱时代之时，谁也没有向麻木不仁的人民解释所发生事件的实质是什么（美国有线电视新闻网除外，它转播了要求"自由"，奋起支持叶利钦的画面）。

西方已经开始意识到莫斯科阴谋者的闹剧性。在伦敦，梅杰预测莫斯科的新政权将是短命的。密特朗称，亚纳耶夫"不过是他人手中的一个玩具"，很难想象，这样的政变后面没有靠山。

美国人认为，戈尔巴乔夫"让阴谋者们产生了错觉，他可以与他们合作"，他们作出这样的结论是因为1990年秋苏联总统"向右转"的总趋势。1991年1月对维尔纽斯电视塔的袭击，不仅是"国家紧急状态委员会"夺权的一次预演，也是对戈尔巴乔夫使用武力是否合法的一次检验。

西方智者很难理解，为什么在维尔纽斯、里加、巴库和第比利斯等事件之后，戈尔巴乔夫拒绝与"国家紧急状态委员会"合作。西方对他害怕失去西方支持的做法，也很难理解。因为，戈尔巴乔夫并不排除在某些情况下，在苏联实施完全的总统治理。那些与他最亲近的人——克留奇科夫、博尔金、帕夫洛夫，竭尽全力劝他在必要时动用武力。戈尔巴乔夫同意他们的意见，包括在 3 月他下令部队进入莫斯科。越来越多的（党的）活动家相信，戈尔巴乔夫或使用铁腕手段，或离开自己的岗位。他作出了准备使用武力的假象，但之后却劝他的战友们后退……

10. 结局

1991 年 8 月 22 日早晨，俄罗斯联邦最高苏维埃派遣代表团赴福罗斯，以便把苏联总统带回莫斯科。代表团为首的是阿富汗战争的英雄亚历山大·鲁茨科伊上校。"代表团"的主要成员是俄罗斯克格勃人员。悲剧具有某种半戏剧性的色彩——与鲁茨科伊一同飞抵克里米亚的还有"阴谋大师"亚佐夫元帅和克格勃主席克留奇科夫，其目的令人难以置信：觐见戈尔巴乔夫，解释和赎罪。

毫无疑问，戈尔巴乔夫清楚，能否在政治上拯救他，取决于他自己远离"国家紧急状态委员会"的程度。

"国家紧急状态委员会"的结局，标志着以改革一词为特点的历史时期的结束。余下的问题是，一个很大的，马上将由叶利钦周围的一帮人马（其中有不少冒险家）掌控的，被停滞不前困扰的国家，能否承受其儿女们的四散分离。在拯救宪法秩序的旗号下，这些人在几个月中将国家置于完全缺乏宪法秩序的状态，对动产和不动产进行掠夺。

对叶利钦有特殊好感的美国中央情报局，对戈尔巴乔夫行为的意见非常激烈："他表现了幼稚和自我中心主义，不接受与他的勃勃野心相矛盾的消息。"

1991 年 8 月 24 日，阿赫罗梅耶夫元帅在他的克里姆林宫办公室自杀身亡。一个军官的尊严迫使他写下了他的临终遗言，解释了他采取自杀行为的原因：他失去了毕生为之奋斗的一切：苏联、苏联军队、社会主义。"所有这一切，已经毁灭。"

贝克通过谢瓦尔德纳泽表示慰唁。他弄错了地址，谢瓦尔德纳泽没有那么宽宏大量。他对死者所讲的话是："他是妨碍我们的人之一。"提请注意，正是阿赫罗梅耶夫在商定欧洲常规武装力量数据后在日内瓦说："我们是否应请求得到当地瑞士的国籍？"看来，某种东西在折磨着这位老战士，并可以毫不费力地猜到，对于他，在一定程度上，谢瓦尔德纳泽和戈尔巴乔夫代表国家，而他忠心耿耿地为国家服务。而这种忠诚让他走得太远。但甚至在其悲剧的最后时刻，他也表现了他的信仰，而那些被他"妨碍"的人最缺乏的就是信仰。

站在俄罗斯议会之前，戈尔巴乔夫不得不洗耳恭听得意扬扬的叶利钦的言语。叶利钦企图从政治上消灭戈尔巴乔夫，至少要当众对他进行羞辱。

斯考克罗夫特悲伤地摇摇头："这就是所发生的一切。戈尔巴乔夫不再是一个独立的政治人物。叶利钦指挥他，应该怎么做。我不认为，戈尔巴乔夫理解所发生的一切。"谁也不喜欢这种没有必要的对一个人的当众羞辱，除了叶利钦。斯考克罗夫特直言不讳地称叶利钦为"个人主义者、蛊惑家、机会主义分子"。

这些日子，美国方面对待戈尔巴乔夫的残酷程度毫不逊色。布什要求立即承认波罗的海沿岸共和国的独立。卑躬屈膝的戈尔巴乔夫承诺，在 1991 年 8 月 30 日之前承认三个波罗的海国家。戈尔巴乔夫执行了自己的承诺。9 月 2 日，美国承认波罗的海国家的主权（在苏联之前）。

1991 年 9 月 6 日，苏联国务委员会承认波罗的海沿岸国家的独立。这成为其他共和国的先例。现在已经非常清楚，莫斯科的中央，不准备捍卫伟大国家的完整。9 月末，除了俄罗斯、哈萨克斯坦和土库曼斯坦以外，其他所有加盟共和国都已宣布独立。

叶利钦和他的圈子，利用八月事件，以缺乏理智的儿童式残酷，消灭了国家中央机构。

第一步是禁止苏联共产党。其政治真空，闪电般地由一些人填补——为此他们只需要称自己为"民主派"。

第二步是用 4 个月的时间（1991 年 8 ~ 12 月）对苏联实行非一体化。没有人再提什么联盟条约。严格地说，叶利钦并没有在八月事件之后立即宣布俄罗斯独立，但他充分利用了有利的巧合形势。他实际上已将管理原苏联的杠杆掌握在自己手中。

1654 年，乌克兰和俄罗斯联盟实现了历史性的联合，联合使他们的共同国家成为欧洲最强大的国家，而 1991 年联盟的解体使两个兄弟国家都变为中等水平国家。不是所有人都预料到乌克兰民族主义分子如此迅速地取得了胜利。从 1991 年 8 月 24 日宣布独立，乌克兰迅速发展到 1991 年 12 月 1 日关于乌克兰独立的全民公决，标志着苏联超级大国发展阶段的结束。

虽然在独立方面没有大规模动作，但叶利钦的俄罗斯实际上已将自己的联盟伙伴"排挤出"共同的国家组织，特别是哈萨克斯坦、乌兹别克斯坦、吉尔吉斯斯坦、土库曼斯坦和塔吉克斯坦。

说到底，联盟最终的命运，并不取决于乌克兰，而取决于叶利钦和戈尔巴乔夫的斗争结果。1991年8月28日，戈尔巴乔夫在承认叶利钦的权力增大的同时，希望恢复对统一的武装部队，对俄罗斯境内的克格勃和内务部组织的中央权力，以便更好地划分俄罗斯和全联盟的事务。但在同一天，叶利钦通过单方面行动，将苏联国家银行、财政部、对外经济结算银行控制在自己手中。叶利钦不仅在击败政变方面发挥了核心作用，而且利用各种可能实施自己的"反政变"措施，有效地篡夺了联盟中央的权力。叶利钦竭尽全力削弱现有的机构。这就是叶利钦的"反政变"，它要比"国家紧急状态委员会"可怜的挣扎强大得多。

11. 没有竞争对手的美国

1991年八月事件之后，美国外交部门领导立即对苏联总统说："会谈的时期已经过去。我们需要的是行动。现在，您行动的空间很大……重要的是行动果断。"

1991年9月，在美国国务卿詹姆斯·贝克访问期间，戈尔巴乔夫作出了最后可能作出的让步。9月11日，他签署了禁止苏联向阿富汗任何党派提供武器的协议。这一协议最终导致亲苏方的纳吉布拉政权在7个月后倒台。早在苏联干涉之前，这里的国内战争已经开始，而几十年之后也没有结束。

在共同举行的记者招待会上，戈尔巴乔夫发布从古巴撤出全部苏联军队的建议。戈尔巴乔夫说，苏联与古巴的关系，将转为正常的和"互利"的关系。苏联准备拆除冷战时期所设置的一切障碍。

领导国家安全委员会的巴卡京使美国人震惊。他来到美国大使馆，向美国大使罗伯特·施特劳斯提交了使馆新大楼窃听装置图。假如美方立即提供苏联驻华盛顿使馆的窃听安装图示和仪器，巴卡京的做法将是一个很好的姿态。但作为单方面的行动，这只能是一种甘愿任人摆布和背叛的行动。巴卡京的任何对口合作伙伴都会为类似的姿态毁掉前程和失掉尊重。而且他还难以避免牢狱之灾。**但在莫斯科，疯狂的"民主派"却以叛国为荣。**

1991年10月2日，美国副国务卿罗伯特·佐利克在美国众议院外事委员会上的发言，比其他人更详细地阐述了美国外交的任务。他提出的主要任务是积极插手莫斯科中央的事务，之后是加盟共和国的事务。

在全球范围内，美国领导人关心的首先是苏联核潜力问题。9月27日，在向全国转播的一次讲话中，布什宣布了其方针的新要素。他"解除了"某些战略航空部队和某些导弹部队的警戒状态（他号召苏联也这样做）。布什说："克里姆林宫和共和国的新领袖现在对如此巨大的核潜力的必要性表示怀疑。我们现在掌握着前所未有的改变美国和苏联之间核导弹力量对比的机会。"布什建议苏—俄方面销毁所有带可拆分弹头的陆基洲际弹道导弹和允许建立反导防御。

1991 年 11 月中旬，戈尔巴乔夫任命杰出的谢瓦尔德纳泽为联盟外交部部长。

美国的分析家向贝克报告，戈尔巴乔夫任命谢瓦尔德纳泽的目的是让我们在保留联盟方面发挥更积极的作用。但贝克的想法是："**这一切，我们已玩腻了，因为我们的目标是捍卫自身的利益。**"

1991 年 10 月 5 日，戈尔巴乔夫宣布："苏联将销毁其全部陆基战术核装置和拆除所有军舰和飞机上的战术核装置以及海军航空兵的地面装置。这些作战设备的一部分将销毁，一部分将放入仓库。"他还指出，苏联将把对空防御装置上的所有核弹头放入中央仓库。戈尔巴乔夫已拆除了部署在潜水艇上的 92 枚战斗值班导弹。这还没有完。戈尔巴乔夫建议，解除所有战略轰炸机的战备状态。他还声明，准备停止所有新导弹的设计工作。苏联总统宣布，不再增加部署在特别铁路线路上的 CC - 24 机动导弹，而该级别的现有导弹将放进仓库。最激进的是，停止生产一切用于制造导弹的裂变材料，并进行监督。苏联总统宣布单方面暂停核试验一年，苏联武装力量裁减 70 万人。

1991 年 10 月，苏联外交部建议将所有洲际弹道导弹转至俄罗斯境内，但总参谋部进行了抵制。1991 年 9 ~ 10 月标志着戈尔巴乔夫和叶利钦已远远超出了早已备妥的战略进攻性武器条约的范围。

12. 联盟之死

1991 年 11 月 25 日，联盟条约草案送交到所有共和国议会。但正如美国人所认为的那样："这不过是一种掩饰，谈判参加者不愿意公开承认，会见正把他们引进死胡同。同时，在戈尔巴乔夫力图最快地结束这一进程的时候，依然不愿承认以剥夺中央相当大一部分权力以及他本人重要职务的方式解决问题。共和国的领袖们，特别是叶利钦，完全不着急。在得知乌克兰全民公决结果之前，他们很难想象，将建立什么样的联合体。"只要存在着乌克兰成为统一国家（或邦联）的一个组成部分的可能，保留统一大国的希望就不会泯灭。

11 月 27 日，在乌克兰全民公决的前夕，布什总统接见了 15 名侨居美国的乌克兰活动家。与布什关系最密切的两位助理的意见发生了分歧。国务卿詹姆斯·贝克建议等待乌克兰投票结果甚至执行无核国地位的承诺（之后承认乌克兰独立）。相反，国防部部长切尼认为，应"趁热打铁"，趁榆木脑袋还没有清醒，摧毁苏联的实力：应立即承认独立的乌克兰。布什设法走中间道路，向在乌克兰出生的美国人保证，他"将在承认乌克兰的道路上向前迈进"。同时，两天之后，白宫发表声明，大选之后美国政府将在第一时间向乌克兰派遣特使。

由于受到某种压力，布什于 1991 年 11 月 30 日与戈尔巴乔夫通话，说明他本想在乌克兰计票结果出来之后发表上述声明。他保证，美国不认为乌克兰的投票是"与联盟断绝关系"。

但布什并没有信守自己的诺言。1991 年 11 月 27 日，在接见他的助理们时说，他决定承认乌克兰的独立。这是在乌克兰全民公决之前 4 天所说的话。戈尔巴乔夫说，听到布什的话，他"感到空虚"。戈尔巴乔夫对切尔尼亚耶夫说："布什怎么能这么干？"他周围的顾问们说，布什背叛了他。在与布什通话时，戈尔巴乔夫尽量保持镇定，但他话中的苦涩本身已经说明问题。

专家中很少有人怀疑 1991 年 12 月 1 日乌克兰全民公决的结果。马特洛克写道：1991 年 8 月之前，"支持乌克兰独立势力没有占据绝对优势，除了乌克兰西部的州之外。当我春天在基辅时，多数政治观察家认为，如果尊重乌克兰主权的联盟条约是选择之一，人民将投票反对独立。一句话，1991 年 3 月乌克兰的多数人赞成保持联盟"。8 月之后，形势发生了很大的变化，这毫不奇怪。竭尽全力捍卫联盟的乌克兰共产党遭到禁止。大多数居民，包括几百万俄罗斯人，不愿将自己的未来与莫斯科戈尔巴乔夫和叶利钦的斗争联系在一起。

13. 乌克兰全民公决

1991 年 12 月 1 日，里昂尼德·克拉夫丘克通过全民投票当选为乌克兰总统（61% 的选民投了赞成票）。84% 的选民来到投票站投票，90% 以上的人赞成独立。投赞成票的包括以世界主义闻名的敖德萨和俄罗斯人占多数的克里米亚。三天之后，叶利钦承认了乌克兰的独立——这是平等的最重要因素。三百年来，俄罗斯首次放弃关于乌克兰是俄罗斯一部分的主张。

所发生的事件符合（根据美国人的理解）叶利钦自 1991 年 11 月中旬确定的内部计划："利用乌克兰拒绝加入联盟为他绝不充当摧毁联盟倡议人

的（虚伪）承诺进行辩解。现在，他可以信誓旦旦地说，是乌克兰而不是俄罗斯宣布了苏联的末日。乌克兰政治领袖们很高兴扮演自己的角色。1991年12月5日，乌克兰议会退出1922年关于建立苏联的条约，第二天，议会又投票表决不签署联盟条约，并将组建自己的武装力量。"

选举结果公布后，美国白宫发表声明，对民主选举结果表示"欢迎"。美国外交部门企图将乌克兰的选举与政变联系在一起，但很拙笨："这是政变失败的代价。叶利钦在粉碎政变中发挥了主要作用……我们拟继续我们与戈尔巴乔夫总统及其政府的合作，同时加强和扩大与叶利钦总统和俄罗斯政府的关系。"

声明提到，将派遣副国务卿托马斯·乃尔斯前往基辅和莫斯科。关于美国对乌克兰的援助问题，将根据美国的其他义务进行讨论。但美国肯定会帮助乌克兰与国际组织建立联系，他们将尊重乌克兰的边界及其对欧洲安全和合作组织承担的义务，帮助乌克兰领袖"实现其无核国地位和制订安全领域的负责任的计划"。

正如加特霍夫所承认的那样："令人遗憾的是，布什总统没有等到乌克兰选举就以相同的精神与在美国的乌克兰侨民会见。毫无疑问，这催生了在极为敏感的问题上轻率的、过早的、不总是符合实际的公开声明。"

14. 别洛韦日

在这些变化的浪潮中，克拉夫丘克接受了舒什克维奇和叶利钦在白俄罗斯会见的邀请。出发之前，在宣誓之后的记者招待会上，他以最清楚的方式确定了他的立场。乌克兰同意签署协议，但它不会加入任何设有中央机构的联盟。这是在反对戈尔巴乔夫，在该阶段，有利于叶利钦。会见前夕，叶利钦与戈尔巴乔夫讨论了形势，他们的一致观点是，联盟不可能没有乌克兰。戈尔巴乔夫依然在进行自我欺骗：乌克兰投票赞成独立只是表明在未来联盟中与其他共和国平起平坐的愿望。"我深信，乌克兰人民现在关于联盟的考虑，与我们整个大国的全体人民的考虑完全相同。"

乌克兰全民公决后，叶利钦告诉戈尔巴乔夫："如果他们（叶利钦和舒什克维奇）不能将乌克兰拉入即将建立的联盟，他们将不得不另行考虑。"1991年12月7日，先是叶利钦，然后是克拉夫丘克，抵达白俄罗斯最高苏维埃主席斯坦尼斯拉夫·舒什克维奇所在地，并立即奔赴共和国西部边陲。在历史名城布列斯特以北，白俄罗斯和波兰边界，有一片土地是根据赫鲁晓夫指示划出的："别洛韦日森林。"正是在这里，而不是先前宣布的明斯克，泱泱大国的最后毁灭者举行了会见。在原始森林中，这些受强烈的原始欲望驱使的统一大国毁灭者们的举止，如同阴谋家。

统一的军队尚在，统一的国家意识尚在，但所有三个阴谋家的思想已归结为：不要中央的庇护和建立新的国家中心。这么大的一个国家，没有出现一个多数人相信的，哪怕仅仅是思想上，哪怕仅仅在口头上，捍卫正在瓦解的国家此前全部伟大历史的思想家。

在别洛韦日，改革的"恶魔"将它的倡议者置于死地。戈尔巴乔夫和他的中央机构无论如何也无法撼动"乌拉尔的开膛破肚者"。现在，他依然集中一切力量，消灭中央权力，消灭戈尔巴乔夫的全部权力，而关于联盟条约的所有愿望，早已抛到九霄云外。看看文件上的话："制定联盟条约的谈判已经走入死胡同……各共和国退出苏联和建立独立国家的客观进程已成为现实。"三个领袖宣布建立由白俄罗斯、俄罗斯和乌克兰组成的独立国家联合体，并对其他国家的加入敞开大门。"对遵守原苏联的国际义务和统一控制核武器和核不扩散"提供保障。在别洛韦日森林确定和签字的基本内容表达了以下愿望：在对外政策、经济战略、交通、通信、环境保护、移民政策和与犯罪活动斗争等领域进行合作。

15. 击溃（苏联）与（向美国）汇报

美国人指出了"俄罗斯放弃几百年都属于它的领土"的历史意义。1991年12月8日，当别洛韦日人结束他们的工作（转入饮酒庆祝阶段），美国国务卿贝克在电视谈话中宣布："苏联已不复存在。"**第一个通报苏联崩溃的是叶利钦，他是用别洛韦日的直拨电话告诉布什总统的**，当时，甚至苏联总统戈尔巴乔夫都还不知道。毫无疑问，美国人对叶利钦先于戈尔巴乔夫通知布什《别洛韦日协议》感到震惊。但使戈尔巴乔夫更伤心的是："国务卿贝克过早地宣布'苏联已不复存在'。形势在迅速发生变化。我们在设法整顿秩序，而美国感觉，他们已经知道一切！我不认为，这是礼貌之举。"

白俄罗斯领袖舒什克维奇晚些时候从明斯克向苏联总统通报了所发生的一切。戈尔巴乔夫的第一反应是："那我怎么办？"这样的领袖不可能号召国家抵制分裂分子，他为自己考虑太多。当然，国家也不会跟着他走，国家已看到了所有忠心耿耿，所有珍惜共同荣誉的人的下场。难道可以如对战士那样，对戈尔巴乔夫寄予希望吗？

在别洛韦日的所作所为，使戈尔巴乔夫震惊。他指责叶利钦抵制联盟条约。而根据美国人的意见，"鉴于叶利钦为建立自身的力量基地——俄罗斯共和国——和摧毁戈尔巴乔夫权力的基础——苏联——进行的不懈斗争，他对最终摧毁1990～1991年制定联盟条约的尝试，承担主要责任。"

美国人立即明白了要害：在他们面前，已经没有统一的国家。独联体没有中央机构，没有控制和影响独联体成员国的机制。世界只剩下一个超级大国——美利坚合众国。

在美国新闻记者面前，布尔布利斯和科济列夫解释说，他们所干的，"是拯救可以拯救的东西的唯一方式"。他们犹如那些杀了自己的母亲又在法庭请求宽恕的少年，因为他们已无依无靠。他们说，他们没有毁灭苏联，而是避免了继续解体。似乎，还想听到对他们残酷行为的感谢话。

1991 年 12 月 12 日，在对"老的和新的"国家进行巡回访问前，国务卿贝克在其母校普林斯顿大学作了一次报告，题目是《美国与苏联帝国的崩溃：应当做什么》。

贝克谈到了在转变进程中原苏联内部不得不解决的一些问题。用什么代替苏联？国务卿谈到邦联，国家联合体，或义务更小的国家"凑合体"。"所发生的事件最令人吃惊的特点是，从中央到共和国政权的戏剧性的更换。"他称一些民族共和国和更小的实体是"美国的新伙伴"，它们可能是取代苏联的那个国家短期内的成员。

贝克报告的核心内容是："美国将遵循负责任的安全政策、民主政治实践和自由市场经济对这些国家进行工作。"贝克指出，一些国家比其邻居对这一方针有更充分的准备，它们是：俄罗斯、乌克兰、哈萨克斯坦、亚美尼亚和吉尔吉斯斯坦。因此，我们看到，在美国的对外政策中，对正在解体的联盟的各个地区，努力使自己的政治方针有所区别。

贝克认为，对于美国，那些在自己的领土上有核武器的国家最重要，它们是俄罗斯、乌克兰、哈萨克斯坦和白俄罗斯。美国外交领导人正是希望将外交的中心放在这些国家。他将带着使命访问这些国家。主要任务是：在原苏联地区，只能有一个国家拥有核武器。美国国务卿首次宣布，政府拟花费国会分拨的 4 亿美元，销毁苏联的大规模杀伤性武器。贝克呼吁召开国际会议，制定统一的西方对俄罗斯的政策。

在贝克发表讲话的第二天（1991 年 12 月 13 日），叶利钦总统电话通知贝克，还有几个共和国准备加入独联体。为了不激怒依然存在的中央，詹姆斯·贝克与戈尔巴乔夫通话，请他评价国家内部的形势（他们谈的是核武器问题）。12 月 14 日，贝克出发前往动荡不安的俄罗斯首都，以便对俄罗斯和其他关键共和国的形势作出实地评估。

12 月 14 日，看来，是戈尔巴乔夫最后一次求助美国人。戈尔巴乔夫的翻译帕拉仁科将《纽约时报》的记者请到他的郊外别墅。在午餐结束时，

他请自己的妻子离开，因为他要转交一封"非常机密的信件"。帕拉仁科不是说，而是读。信的文字措辞非常"谨慎"，显然是对西方讲的，唤醒西方保护戈尔巴乔夫，同时又为苏联领袖留下与所说内容保持着距离的空间。帕拉仁科请求他的客人记下"信件"的内容，并只能将该信转给布什总统、国务卿贝克和杰尼斯·罗斯。他们不应该说，该信来自帕拉仁科，而应是来自戈尔巴乔夫机构的某个人。

信中称："戈尔巴乔夫总统保留所有方案改变的余地。也许，他可能接受在独联体中的某个角色，但如果以羞辱的方式这样做，他是不会接受的。**美国和西方领导人应找到影响叶利钦和其他人的方式，劝说他们让总统（戈尔巴乔夫）参与正在发生的进程，而最重要的是，不应以损害他的尊严的方式让他参与。与此同时，很有可能他被迫辞职，某些人会制造反对他的刑事案件。重要的是，叶利钦不参与此事，叶利钦不应允许发生损害总统的事件。再次提醒你们，在该问题上，美国应对叶利钦施加影响。以上所说，只是个人的观点，没有与总统讨论过。"**

16. 独联体

戈尔巴乔夫嘟嘟囔囔："多民族国家的命运，不可能由三个共和国领袖的意志决定。"但他却无法号召这个国家的公民不服从。超级大国最后一位领袖宁可求助于美国总统乔治·布什。一个大国，无论在军界，还是在政治家中，竟没有一位称职的捍卫者。统治军界的是叛徒元帅沙波什尼科夫，而政治家们则在接踵而来的衰败泥潭中疯狂地寻找自己的栖身之地。

武装力量是潜在的（尚没有出现的）国家统一者可以考虑的因素。有一天，戈尔巴乔夫似乎恍然大悟，他召开了全苏联主要军官会议。但为时已晚，已经是 1991 年 12 月 10 日。军官们自然对破坏者没有任何好感。戈尔巴乔夫坚定不移地捍卫联盟条约（也是捍卫自己）并没有得到军人的同情。"祖国在危机中！"的神圣号召来得太晚。而且，人们怎么能相信一个以骗人勾当闻名的人？

最终，1991 年 12 月 21 日独立国家联合体在阿拉木图形成。在 8 个斯拉夫和伊斯兰国家的基础上，又加入了亚美尼亚、阿塞拜疆和摩尔达维亚。只有格鲁吉亚坚持不动——格鲁吉亚陷入国内冲突。在正式声明（以非法的革命方式通过）中说："自建立独联体之日起，苏维埃社会主义共和国联盟停止存在。"声明包含对戈尔巴乔夫"所作出的巨大的积极贡献"表示感谢的内容，通知他，第一，也是最后的苏联总统任期已进入尾声。签订了共同控制核武器的协议。"在武装力量改革问题解决之前，委托 E. И. 沙波什尼科夫指挥武装力量。"

大概，下面的话极为重要：独联体"既不是国家，也不是超级国家——因为没有相应的机构"。

1991 年 12 月 25 日，戈尔巴乔夫离开了总统岗位并将核控制工具交给叶利钦。第二天，苏联最高苏维埃举行最后一次会议并宣布自行解散。镰刀和斧头国旗从克里姆林宫降下，取而代之的是俄罗斯三色旗。

在戈尔巴乔夫总统退位之时，布什总统中断了在戴维营的圣诞休假，以便在白宫椭圆形办公室发表正式通报，该通报赞扬苏联第一任也是最后一任总统"一贯对和平忠贞不渝"。

接下来的溢美之词更是登峰造极："戈尔巴乔夫的政策让俄罗斯和其他共和国的人民摒弃了剥削制度和建立了自由的基础。"

布什对建立独联体，特别是建立"由勇敢的总统叶利钦领导的自由、独立和民主的俄罗斯"表示欢迎。新俄罗斯诞生了。

新俄罗斯在当代世界占据什么地位？至少已经清楚，它的地位下降了。美国将军威廉·奥多姆这样写道："虽然俄罗斯依然是一个重要国家，但它已经不能发挥主导作用。"①

（马维先 译）

①　参见〔美〕威廉·奥多姆《苏联军队是怎样崩溃的》，王振西等译，新华出版社，2004。

俄罗斯外交学院副院长

叶·巴扎诺夫：
为什么苏联走了一条与中国不同的道路？[*]

中国进行的改革已经带来了显著的经济和社会成果。这种对比显然不利于俄罗斯，这种情况肯定产生一些说法，认为莫斯科走了一条错误路线。有人说，应当像中国人那样去做。但我们的改革不可能按中国的方式进行，因为两国之间相差甚远，改革前的国情完全不同。

1. 国内政治局势

由于"文化大革命"，中国社会经历一场动乱。1978 年，上层和下层都明显感受到，不能再继续这样生活下去了，必须进行彻底的转变。而 1985 年的苏联，情况完全不同：苏联仍然是一个"超级大国"，其经济仍在运转；国家在总体上保持着社会稳定、秩序和局势的可控。很多苏联领导人和普通公民意识到了改革的合理性，但头脑里的改革是有限度的，改革应局限于现有体制框架内。

两个国家中，各自党的机关和国家机器运行情况完全不同。由于经历"文化大革命"，中国党政机关的权力、威信等由于"文化大革命"而受到严重破坏，不可能有组织地抵制改革；而且，许多党政机关从一开始就与 20 世纪 60 ~ 70 年代的现实划清了界限。而苏联机关恰恰相反，还把国家管理权牢固地掌握在手中，出于内部利益一致，他们相互团结并准备对抗任何削弱优势和习惯生活的图谋。

在这两个共产主义国家，领导改革运动的人完全不同。在北京是经验

---

*　本文译自 2010 年 4 月 20 日俄罗斯《独立报》，原标题为《戈尔巴乔夫当时能走邓小平的路线吗？——两个国家的差别太显著，俄罗斯不能重走中国改革之路》，作者为叶甫盖尼·彼得罗维奇·巴扎诺夫。叶·巴扎诺夫，史学博士，俄罗斯联邦外交部外交学院负责科研与国际交流的副院长。

192

丰富的一代革命领袖邓小平，他拥有巨大的权威，能采取最勇敢的措施。而在苏联，改革的重担落在了一位年轻的、外省来的党务工作者肩上，改革初期他只能在老近卫军的传统和立场所容许的、非常狭小的范围内做试验。从结果来看，邓小平最初的改革举措就是深谋远虑的，而那时戈尔巴乔夫被迫迂回前进，只是进行无足轻重的，甚至通常是毫无意义的或有害的变革。

2. 社会经济条件

中国是一个农业国，农民占人口的 80%，他们大部分渴望获得在土地上自主劳动的权利。邓小平给予了他们这种权利。农村立刻活跃起来，生产指标急速提升，甚至最顽固的怀疑论者也很快被迫接受了改革。在重要的农业方面取得进展以后，邓小平又开始进行工业以及其他经济领域的改革。

戈尔巴乔夫面临的问题是：苏联经济的支柱是军工综合体。为了改善国民经济，需要坚决削减军工生产，彻底调整经济结构。但军工体系及与之有紧密联系的整个党政机关出于自身财权和权力考虑，不希望承受这样的行动。他们从思想上也不能接受这种改革：他们认为，苏联被敌人所包围，而敌人定会利用莫斯科的和平愿望和放松警惕的机会。统治阶层从根本上抵制经济领域关键部门的改革。至于农村经济，那里有 50 年集体农庄和国营农场的传统，农村和城市的官吏对变革怀有刻骨的仇恨，再加上农村没有一个较强的、准备进行私人农场生产的劳动阶层，这些都束缚了戈尔巴乔夫的倡议。

3. 对外政策

苏联和中国是在不同的外部条件中开始改革的。中国在 20 世纪 70 年代末与西方建立起了紧密的军事政治联系（在对抗莫斯科的"扩张主义"基础上），因此美国及其盟国热情地参与中国的经济改革——向中国提供商品、贷款、投资、技术援助。具有强大经济实力的海外华人也积极参与。

苏联则不能幻想得到这种国外的援助。起先，克里姆林宫的最高目标是缓和消耗国力的军备竞赛。但要实现这个目标，只有触及自己军工体系的痛处，改变整个执政阶层的观念和职能——否则，内部的反对派和西方都不会答应缓和。所有这些因素很快就使戈尔巴乔夫及其身边的人相信，只进行经济改革不可能成功。1987 年，戈尔巴乔夫提出作为激发民众能量手段的民主化政策，用来打击党政机关和军工部门的改革反对者。戈尔巴乔夫一开始试图按中国的方式，先从经济上改革，但遇到了难以克服的障碍。于是他又把政治和意识形态改革放到首位。政治危机造成经济生活失控。中央已无力制定统一的、系统的经济改革战略。而且他无法在实践中实施这种战略。结果，不能承受改革的共产主义政权垮台了。同时，其管理的多民族国家也一同崩溃了。

（粟瑞雪 译）

俄罗斯社会学家

鲍·杜宾：
无望的复兴

——俄罗斯民众对苏联时代的陌生和冷漠*

译者按：根据 20 多年民意调查结果，本文作者分析了俄罗斯居民对戈尔巴乔夫改革态度的变化。作者指出，当今俄罗斯社会出现美化苏联时代、宽容戈尔巴乔夫改革的失误等变化。这是缘于时间推移，民众对那一时代日益增强的陌生和冷漠取代了先前的极度不满与失望。

1988 年，当我们还是利用全苏舆情研究中心进行有关重组改革的民意调查时，首先，十分明显的是，人们首先关注的是公开性方面的变化。其次，经济领域的变化、出现独立核算、新的经营方式、合作社等，这些都是显著变化。再次，精减官僚机构，大多数人期望同官僚主义展开真正的斗争。但很早以前，还在盖达尔发动改革之前，1991 年 "8·19" 事件之后，用他们自己的话说，就大约有一半或一半多的居民不相信改革会成功。

那时的人，包括改革的领导人，和媒体上常出现的一些人士，都厌倦了无休止的等待和动荡不安。再加上 1992 年盖达尔的改革及其后果，人们的储蓄化为乌有，没有积蓄，缺少工作岗位，第一次车臣战争爆发又使得局面更加恶化。当时的情况表明，大多数居民渴望获得另外的东西。

就在那时，当局已经开始注意到百姓情绪的波动。人们提出要维护秩序与稳定。于是当局开始探索一种全民思想，并为此组织了一个班子，委托他

---

* 本文译自 2010 年 4 月 6 日俄罗斯《独立报》，原文题为《无望的复兴——对那个时代的日益冷漠取代了极度的不满与失望》，作者为鲍·杜宾，是俄罗斯 "列瓦达中心" 社会政治研究部主任。他 1970 年毕业于莫斯科国立大学语言系，语言学家，莫斯科市作家联盟成员；社会学家，研究后苏联时代社会结构和文化。

们探寻这种思想。1993 年伊始，在电视上出现了（后来才蔓延到社会更广的层面）一些更年轻和更有雄心的管理人才。某些人在这方面逐渐开始提出另一种论调和体制。一方面，这稍微抚平了一些关于苏联时代的回忆；另一方面，正面色彩愈发浓烈。

也就是说，一些媒体精英和一些执政层感觉到了大多数人要求秩序和稳定甚至不惜为此停止改革的呼声。从这个意义上讲，1993 年以后，叶利钦的政策已经非常不一致。事实上，他在领导层中越来越背离改革派本身，脱离民主改革的思想与实践。他更多的是依靠军队，在第一次车臣战争期间能明显看出这一点。人们认为改革①带来的主要是消极的东西，对改革领导者的评价也是负面的。这首先是因为在大多数人看来，改革的领导人没有改革方案，不了解也不能感觉改革的后果，不知道也不太关心普通老百姓如何生活，漠视老百姓的利益，而且群众的这些意见变得非常尖锐。而拥护改革的人，则批评改革领导人软弱，无能力使改革深入和持久。正是在 1991 ~ 1994 年间社会对改革的评价出现了分野。这里有几个重要的因素：对政权及掌权者的失望、本身的困境特别是在经济方面的困境、苏联的解体。

顺便说一下，对苏联解体的负面态度也不是立刻就有的。根据我们在 1992 年的调查结果，苏联解体在人们眼里甚至不是 1991 年的主要事件。只是在一年半之后，随着经济改革的展开，当人们有了切身的感受之后，才开始将这些联系在一起。

然而 1992 年，在总体否定改革的背景下，人们仍然肯定俄罗斯的对外政策，将其视为改革的巨大成就。当时，国家在世界舞台上的角色实际上已经变了，变得更积极，西方不再害怕我们，开始平等交往，对俄罗斯产生了兴趣。俄罗斯人民感受到这一点，并异常珍惜。

此后又过了 5 年，柜台上又摆满了货物和食品，又允许出国了，结束了阿富汗战争，这一切都被当成改革的功劳。

1991 ~ 1992 年形成了一种概念并延续至今，那就是认为在 20 世纪的国家历史中，改革同十月革命、伟大的卫国战争、尤里·加加宁进入太空等都是最重大的事件。至今仍是如此。但改革不仅是 20 世纪的重大事件之一，同时也是 20 世纪最大的失望之一。人们指的不仅是自身状况的恶化，还指的是希望与期待的破灭，并因此首先怪罪改革者。在这方面，尽管人们自己出自可以理解的考虑不愿道出，那就是认为自己过于消极、参与过少。

---

① 指戈尔巴乔夫的"改革"。——译者注

1991 年，在列瓦达中心的受访者中，有 13% ～ 14% 的人承认参加过 20 世纪 80 年代末的集会和游行示威。但即使是这种参与也常常是被动的、冷漠的，只限于听别人在讲些什么。而大约有 1/4 的居民读过自由报刊。当然，这是一个很大的数字。如果以全体居民来换算，就有数千万人。但人们的积极性明显还是不够，主要因为这是一些重要的民众阶层，他们先前对改革充满预期，然后又感觉到失望和受骗。这就是从总体上否定改革的基础。这种意见认为，改革导致了社会的分裂与分离，降低了文化水平，经济生活变形和断裂，经济联系以及习惯了的日常生活方式被破坏。不过，时至今日，有 42% 的人认为在 1985 年之前更差，应当也必须改革，正反两方面的意见几乎旗鼓相当：有 45% 的人认为 1985 年改革之前更好。

以前，尤其是在戈尔巴乔夫改革初期，持以上两种意见的人的比例相差很大。但从 1992 年起，不知在什么地方，由于我上面提到的原因，人们开始把 1985 年之前的情况理想化。于是开始制造 "勃列日涅夫时代是黄金时代的" 神话。25 年过去了，整整一代人成长起来，他们对改革的期盼和失望都没有概念，人们曾遭受的直接侮辱和刺伤变得模糊，记忆不再清晰。尽管如此，2000 年后的情况，尤其是 2006 ～ 2007 年，和 2008 年危机开始前，经济都相对繁荣。车臣战争仿佛也结束了，莫斯科也不再发生爆炸案。

今天的人们也准备美化过去，但他们并不想真正搞清楚过去，尤其是 20 世纪 90 年代的情况。而且，由于媒体的大力宣传，90 年代被认为是黑暗的年代，70 ～ 80 年代是 20 世纪的最佳时期。于是造成这样的情况，对改革和具体的改革者的评价开始积极。比如对戈尔巴乔夫的评价（对叶利钦评价要更差）尽管还不积极，但原来坚决否定的评价已大幅度降低。如果在 2000 年有 46% ～ 48% 的居民强烈反对戈尔巴乔夫及其改革，那么今天只有 25% ～ 27%。此外，几乎有 20% 的人正面评价戈尔巴乔夫及其改革，但绝大多数受访者——而且是达到一半的人——都对第一任总统持中立的态度。从这个意义上说，他们既没有直接侮辱，也不是非常钦佩。盖达尔过世后，针对其改革的极度批判也没有了。这绝不是简单地因为人死了就不说死者的坏话。我认为，对于盖达尔的改革开始形成一种更加平衡的观点。它不能被称为积极的观点，但认为自己在 2000 年后的状况得到改善与盖达尔当年搞改革有关联的群体开始多起来。这是涉及整个改革的一个重要组成部分。这不证明对那个时代的积极评价加强了，而是减少了消极的评价，增加了中立的评价。**这就好像是说：这些都是过去的事儿了。人们不希望搞清楚过去，首先因为它仍然是痛苦的，其次，这种研究过去将引发自己对未做之事和失**

去之物的内疚感。好比个人或国家的这一段历史被包装起来，没有人愿意再打开。形象地说，这扇门被关上了，被钉死了，没有人有特别的愿望将其打开。

尽管在 1988～1990 年我们的首批调查中，一些人，尤其是受教育程度更高的、更城市化了的、更积极的人们都明显感觉苏联的生活是无望的，是走进了死胡同。对于我们的问题，例如，我们苏联的经验可能对谁有用，苏联给予了生活在其中的人们什么，大多是这样的答案：我们的经验不可能对任何人有用，除了蟑螂，我们处在世界文明的边缘。人们说，苏联只有短缺、排队和半乞丐似的生存等。这些看法对社会刺激很大，自由派媒体当时积极地引用这些说法。我们当时将此称为"黑暗意识"的东西，在 20 世纪 90 年代前半期开始消退。但那时俄罗斯应走特殊道路，即我们与西方人有区别的思想也开始复兴，后来还由于车臣战争得以扩散。敌人正从四面八方包围我们的看法开始复苏，认为谁也不想和我们交友。于是，在 2000 年之后与自己的年代——苏联时代——和解成为了主流。在这方面起了最大作用的是媒体，仿佛把人们原来的评价又还给了人们，但已是经过加工和过滤的。这些定义均适用于一个更加生动、一针见血、拟人化的故事形式，让人们认为这是现实。

但今天，在回答"改革带来的好处多还是坏处多"这个问题时，那些认为坏处多的人仍占多数。约 50% 或多一点的人都这样认为。低于 30% 的人认为好处多（见表 1）。对另一个问题"应当保持 1985 年之前的状况，还是应当进行改革，哪怕以别的方式和由其他人进行"的意见几乎持平：几乎都是 40% 多一点。而 15%～20% 的人暂时未表态。后者多为年轻人，相比别的受访者，他们往往不回答有关改革的问题。他们不了解那个时代，这对他们无所谓（见表 2）。

表 1　戈尔巴乔夫改革带来的好处多还是坏处多？

单位：%

答案类型	1994 年 （3000 人）	2002 年 （1600 人）	2005 年 （1600 人）	2007 年 （1600 人）	2009 年 （1600 人）	2010 年 （1600 人）
好处多	16	19	23	22	22	26
坏处多	47	66	62	57	52	57
没什么特别	17	—	—	—	—	—
很难回答	20	15	15	21	26	17

数据来源：列瓦达中心。

表 2　您现在对待戈尔巴乔夫的态度？

单位：%

答案类型	2002 年 12 月	2004 年 12 月	2005 年 12 月	2006 年 12 月	2007 年 12 月	2009 年 12 月	2010 年 3 月
很好（较好）	13	13	14	10	12	13	18
中立	39	37	38	41	43	45	47
很差（较差）	46	47	44	43	38	34	28
难以回答	2	4	4	6	7	7	7

数据来源：列瓦达中心。

（粟瑞雪　译）

亚·舍维亚金：
戈尔巴乔夫夫妇的投机与蜕变*

原著者按： 赖莎·戈尔巴乔娃和米哈伊尔·戈尔巴乔夫：只要我们安全，管他洪水猛兽！

从以上标题可以看出，为什么我们不仅考虑"第一夫人"因素，而且还力图证明，**最高层采取决策时，赖莎·马克西莫芙娜·戈尔巴乔娃是平起平坐的参与人。** 一些亲眼目睹和积极参与事件的人都可以证明。他们直接将我们的关注点引向 1985～1991 年。**这一时期，赖莎·戈尔巴乔娃在政治上发挥着重大作用："赖莎·戈尔巴乔娃越来越多地和越来越令人厌烦地干预国家事务。戈尔巴乔夫无法拒绝夫人，而赖莎则利用了这一点。根据她的建议，一些高级官员和优秀专家被解除职务，取而代之的是另一些人，而后者对交给自己的工作常常是一窍不通。"** "很难说，如果戈尔巴乔夫的生活中没有出现赖莎·马克西莫芙娜，他的未来会是什么样子。或许人们会感到惊讶，但妻子的立场、性格，对戈尔巴乔夫的命运，我想，也是对党和国家的命运，有着决定性的作用。赖莎·马克西莫芙娜性格坚定、刚毅、威严，她善于让他人屈从自己的意志，全力和使用各种手段达到希望的目标。她成为国家第一夫人的速度，至少比戈尔巴乔夫自感真正成为党和国家领袖的速度要快得多。她毫无顾忌地给总书记的助理们及某些国家领导成员特别是她认识的人打电话和委托他们办事。我自己有幸成为见证人：赖莎·戈尔巴乔娃

---

* 2010 年，俄罗斯学者亚历山大·舍维亚金关于苏联解体的系列著作《苏联灭亡之谜》（包括《苏联大国走向毁灭的八个阶段》、《走向深渊的三步》、《卢比扬卡的十七大秘密》）问世。本文译自《苏联大国走向毁灭的八个阶段》（原文题为《苏联大国的毁灭：从"解冻"到"改革"》）中"赖莎·戈尔巴乔娃和米哈伊尔·戈尔巴乔夫：只要我们安全，管他洪水猛兽！"一节，译文的标题和文中小标题为译者所加。

日复一日地、死乞白赖和不断地重复着同一个想法，最终，她从戈尔巴乔夫那里得到了自己想得到的。**由于优柔有加和不能坚持己见，戈尔巴乔夫经常被夫人的决定所左右。总的来看，多年来，赖莎·马克西莫芙娜不仅管理着自己的家务，而且管理着整个改革的节奏。**她参与制定政策（当然，是她有可能参与的领域）和干部的配备。主要的是，她造就了总书记——总统——的性格，协助他在汹涌澎湃的政治思潮大海中，寻找出路。"

我想，关于赖莎·戈尔巴乔娃对国家政治巨大影响力的证据，我们已经弄清。现在谈谈，为什么我们决定将他们合二为一。首先，我们认为，在相互交换意见后，他们执行同样的、总是协商一致的政策，这既包括1985～1991年即他们最活跃的时期（对于我们，这一时期是主要的），也包括这一时期之前和之后。

一　隐瞒历史

戈尔巴乔夫夫妇的第一任务，是隐瞒他们的过去。现在，关于戈尔巴乔夫夫妇的祖辈已众所周知："斯大林时期，戈尔巴乔夫的外祖父潘捷列伊·叶菲莫维奇曾坐过牢，而祖父安德烈·莫伊谢耶维奇①曾被流放，在西伯利亚砍了几年雪松和冷杉，而现在已经弄清，流放并非出于政治原因。戈尔巴

---

① 戈尔巴乔夫的曾祖父是莫伊谢伊·戈尔巴乔夫，祖父是安德烈·莫伊谢耶维奇·戈尔巴乔夫，外公是潘捷列伊·叶菲莫维奇·戈普卡洛，外祖母是斯捷潘尼达，父亲是谢尔盖·戈尔巴乔夫，母亲是玛丽亚·潘捷列伊耶夫娜。"爷爷安德烈有三个孩子死于饥荒。爷爷安德烈不接受集体化，没有加入集体农庄，一直是个体农民。爷爷安德烈性格专横，干起活来对自己和家人都毫不留情。然而付出的劳动却并非总能得到应有的回报：旱灾接踵而来。爷爷安德烈渐渐从贫农变成了中农。他本人则于1934年春天因未完成播种计划而被捕，当时上面给个体农民确定了这样的计划。可是缺种子，计划便无法完成。爷爷安德烈被当成'怠工者'派到伊尔库茨克州去伐木。我父亲承担了所有的操心事：谁也不需要了。童年时我还见识了革命前和成立集体农庄前典型的俄国乡村生活遗迹。土坯房，泥土地面，根本没有床铺，睡的是高板床或者俄式炉顶，盖的是皮袄或者什么破旧衣服。从现在的观点来看，那真是一贫如洗。而主要的是极其繁重的劳动。至于我们那些争取农民幸福的当代斗士们所说的'俄国农村黄金时代'为何物，我弄不明白。他们不是一无所知，就是故意撒谎，再不就是患了健忘症。在外公家里，我第一次看见了当时出版的马克思、恩格斯、列宁著作的单行本。上面还有斯大林的《列宁主义基础》、加里宁的文章和讲话。里屋的另一个角落是圣像和神灯：外婆是个虔诚的教徒。就在圣像下面自制的小桌上，醒目地摆放着列宁斯大林的肖像。两个世界的这种'和平共处'丝毫未使外公感到难堪。他自己并不信教，却具有令人羡慕的宽容态度。他在村里威信极高。他爱说的一句玩笑话是：'一个人要紧的是穿着宽松的鞋子，可别夹着脚。'"——编者摘自米·谢·戈尔巴乔夫《真相与自白：戈尔巴乔夫回忆录》，述弢等译，社会科学文献出版社，2002。

乔夫夫人的祖父在 1937 年被枪毙，他是一个狂热的托洛茨基分子。赖莎·马克西莫芙娜①的父亲因反斯大林而在监狱关了 4 年。"

二　向党和国家权力顶峰冲击

　　戈尔巴乔夫夫妇的第二任务是完成向党和国家权力顶峰的冲击。 关于这方面的材料很多。现在已经知道，戈尔巴乔夫是怎样从苏共中央政治局候补委员"晋升"为委员的：1980 年，金日成不愿意接待以苏共中央政治局候补委员戈尔巴乔夫为首的代表团参加朝鲜劳动党代表大会。他认为，代表团应由苏共中央政治局委员率领。于是，苏共中央政治局委员、莫斯科市委第一书记格里申代替戈尔巴乔夫参加了大会。从朝鲜回国后，格里申提议将戈尔巴乔夫转为政治局委员："年轻人更容易承受飞机长时间的颠簸——让他出去转转吧。"（而与这类出行活动随之而来的是不受监督的交往及其他问题，这是苏联晚期长老掌权制在一些事件中扮演致命错误角色的重要原因之一）说到做到，而且是在第一次中央全会上，通过了关于戈尔巴乔夫晋升为政治局委员的提议。

　　（戈尔巴乔夫当选为总书记）有许多客观因素，但党的官僚晋升规则、阴谋活动和尔虞我诈，也有很大作用。来自外部的影响不可或缺。西方进行了大量工作：为一些人（格里戈里·瓦西里耶维奇·罗曼诺夫②）制造负面形象，同时抬高另一些人（如戈尔巴乔夫）的形象。来自外部的强大的智力和组织补充资源，使戈尔巴乔夫和他的班子事先得到信息以及知道了中央委员们（在与他们谈判时）的内部立场，并看到哪些地方存在着与其他人，首先是最年迈的和最有影响力的苏共中央政治局委员们的利益吻合之处。

　　不管在进行表决时如何平静和"一致通过"，政治局会议和中央全会仍

---

①　1932 年赖莎·马克西莫芙娜·季托连科出生在西伯利亚阿尔泰边疆区的鲁布措夫斯克，她的父亲是位铁路工程师。1950 年秋天，18 岁的赖莎考入了国立莫斯科大学的马列主义哲学系（后来还获得哲学博士学位），成了戈尔巴乔夫的同学。不久，年轻有为的戈尔巴乔夫就同金发蓝眼、开朗迷人的赖莎相识相恋，并于 1954 年初即将毕业的前一年结为连理。1955 年大学毕业后，从戈尔巴乔夫的家乡斯塔夫罗波尔到莫斯科，两人形影相随，一直生活和工作在一起。——编者摘自《走出克里姆林宫后的戈尔巴乔夫》，《书摘》1999 年第 12 期，王晓彬编译，http：//www. people. com. cn/digest/200001/21/js2104. html。

②　格里戈里·瓦西里耶维奇·罗曼诺夫（生于 1923 年），苏共官员。1970～1983 年任列宁格勒市党委第一书记；1983～1985 年为苏共中央委员会书记；1973～1985 年为政治局候补委员，后为正式委员。他被视为戈尔巴乔夫的对手，戈尔巴乔夫任苏共总书记后不久即被迫退休。

是在极为紧张的战斗气氛中进行的，而且最终结果并不确定。虽然，众所周知，战斗之前胜利已经"锻好"，但在最后时刻到来之前，结局仍不可知。甚至，像戈尔巴乔夫这样相对新的人物——他以某些承诺表明自己的魅力，而且，他没有明显的丑闻，也没有百分之百的保证。许多人记得，他主管农业多年，但与此同时，在该领域并没有取得人们期待的像样的跃进，甚至没有达到人们期待的各项指标的稳定。

我想，随着确定"国君"战役的进行，需要解决某些战术问题：什么时候，应如何除掉某人，比如德米特里·费多罗维奇·乌斯季诺夫①被彻底除掉，弗拉基米尔·瓦西里耶维奇·谢尔比茨基②被暂时孤立。

最近几年，根据阿纳托利·安德烈耶维奇·葛罗米柯——外交部部长安德烈·葛罗米柯之子、原苏联科学院非洲所所长提供的材料，出现一种很容易使人相信的说法，即他的父亲决定推荐戈尔巴乔夫担任党和国家的第一把手，是以让他父亲担任最高苏维埃主席团主席职务作为交换的。阿纳托利·葛罗米柯在自己的回忆录中写了这一问题。亚·雅科夫列夫证实了这一事实，并补充说明，中间人是叶·普里马科夫。这就产生了一个合情合理的问题，为什么老葛罗米柯将得到苏联最高苏维埃主席团主席职务为交换条件的希望只寄托在戈尔巴乔夫身上？难道，如果他提出与罗曼诺夫进行这种交易会遭到拒绝？我怀疑下述说法：罗曼诺夫已有了担任最高苏维埃主席团主席的其他人选；或罗曼诺夫怀有必须兼任两个最高职务，即党和国家最高职务的野心。

是的，1985年7月2日，葛罗米柯的确当选为苏联最高苏维埃主席团主席，但这并不能说明什么。他支持戈尔巴乔夫完全可能另有原因。毫无疑问，不应认为葛罗米柯是政治"苦行僧"生活中廉洁的典范。为公正起见，需要指出，无论是个人所为，还是通过熟人所为，葛罗米柯已经严重腐化。"葛罗米柯并不'干净'。他对油画情有独钟。他竟然毫无顾忌地将苏联使馆著名俄罗斯和欧洲画家的真品带走，而这些画从沙皇时代就挂在使馆。"葛罗米柯是以色列荣誉公民。叛逃美国的原苏联外交官、联合国副秘书长舍甫琴科之子根纳季在一次谈话中指出："克格勃怀疑，秘密情报的泄露者，可能是当时在美国工作的三名高级外交官，其中包括我的父亲。但对要求澄清情况的人，葛罗米柯立即作出了回答：'舍甫琴科没有任何可疑之处。'葛

---

① 德米特里·乌斯季诺夫（1908～1984年），苏共官员，1976～1984年任苏联国防部部长，苏共政治局委员。

② 弗拉基米尔·瓦西里耶维奇·谢尔比茨基（1918～1990年），乌克兰共产党领导人。1971～1989年，任乌克兰共产党第一书记；1971～1989年为苏共中央政治局委员。

罗米柯还通过勃列日涅夫为父亲安排了一个特殊职务——主管裁军的外交部副部长。葛罗米柯与安德罗波夫的关系也非常好，不仅接受安德罗波夫的儿子到外交部工作，也没有为他很快得到大使级待遇'设置障碍'。因此，尽管葛罗米柯亲自提拔的舍甫琴科后来'忘恩负义'，但他依然稳坐自己的宝座。父亲以'红皮'毕业证结束了大学学业，然后读研究生，并通过了答辩。与葛罗米柯之子阿纳托利的友谊，是他仕途生涯的第一步。在大学时代，这帮助我的父亲与安德烈·安德烈耶维奇结识。"同样，葛罗米柯对揭露美国间谍奥戈罗德尼克——苏联外交部外交活动计划局二等秘书——也进行了抵制。在苏联共产党中央委员会，葛罗米柯被称为"共济会员"①。

对可能来自外部的、强大的、影响有关戈尔巴乔夫决议的因素，不得不予以考虑，何况完全有可能通过外交部部长、苏共中央政治局委员决定这一切。根据 B. 伊斯拉埃良的证实，葛罗米柯早已知道，前中央情报局局长乔治·布什希望戈尔巴乔夫成为总书记，尽管如此，葛罗米柯仍提议他为候选人。1985 年与美国国务卿乔治·舒尔茨的会见可能对葛罗米柯产生了影响。所以，我们可以得出结论，在政治局会议上起立并声明支持戈尔巴乔夫作为候选人之前很久，葛罗米柯已经卷入了这场斗争。另一个证明是，正是葛罗米柯"得以把谢尔比茨基打发到美国，负责某个无关紧要的代表团"②。

戈尔巴乔夫本人深知来自外部的积极影响对某一个人得到高级职务的作用。他从下述事实已经作出了某些结论：正是由于西方广播电台的帮助，他的唯一竞争对手（罗曼诺夫）被丑化。但这并不意味着西方领导将赌注下在他一人身上，因而，需要他亲自声明同意与他们建立特殊关系。**他利用众所周知的 1984 年伦敦之行，做了这一工作。戈尔巴乔夫与玛格丽特·撒切**

---

① 现代共济会出现在 18 世纪的英国，是一个带宗教色彩的兄弟会组织，也是目前世界上最庞大的秘密组织，宣扬博爱和慈善思想，以及美德精神，追寻人类生存意义。世界上众多著名人士和政治家都是共济会成员，包括孟德斯鸠、歌德、海顿、莫扎特、贝多芬、腓特烈大帝、乔治·华盛顿、富兰克林·德拉诺·罗斯福、约翰·埃德加·胡佛、马克·吐温、阿瑟·柯南·道尔、加里波第、温斯顿·丘吉尔、本杰明·富兰克林、亨利·福特、托马斯·爱迪生、爱因斯坦、艾萨克·牛顿等。共济会名义上要求会员效忠所在国家的政权。历史上，共济会曾在沙皇俄国、苏联、德国的几个历史时期以及日本、意大利等国家被禁止，现代在绝大多数的伊斯兰国家和一些非洲国家依然禁止其存在。有阴谋论者认为，共济会是支配世界的阴谋组织。从法国革命、美国独立，到俄罗斯革命、以色列复国等历史上的重大事件，都是由共济会促成的。第二次世界大战前的日本，也很流行共济会世界战略的说法。多数历史学家也证明了共济会会员曾在这些事件中活跃过。

② 普遍认为，政治局委员谢尔比茨基是反对戈尔巴乔夫任总书记的人之一。——译者注

尔会见①唯一的见证人雅科夫列夫②证实，当时（戈尔巴乔夫）声明拟对自己的国家采取摧毁性的行动："谈判一直是试探性的，直到在一次小范围会议中（我参加了该会议），米哈伊尔·谢尔盖耶维奇（戈尔巴乔夫）将总参谋部带有各种密级的地图拿到桌上之前。带有密级，说明地图是真的。地图标出了导弹对英国打击的方向，并标明打击来自何处及其他情况。撒切尔一会儿看地图，一会儿看戈尔巴乔夫。据我看，她不明白这一切是在耍弄她，还是当真。很明显，谈话停顿了很长时间。首相看着箭头所指的英国城市，当然暂时还不是导弹。是戈尔巴乔夫打破了持续的沉默：'……首相女士，这一切应当结束，而且应尽快结束'。'……是的……'稍显慌张的撒切尔回答说。"

应该说，戈尔巴乔夫达到了自己的目的。伦敦先于莫斯科批准了他。

证明西方提前知道戈尔巴乔夫即将上台的另一个事实是，第一本关于戈尔巴乔夫传记的书是在戈尔巴乔夫当选为中央总书记当天在纽约"问世"的。是的，所有政治局委员都有档案卷宗。但上述传记是已经准备出版的书，而不是未经加工的文件。美国急于为朋友"戈尔比"塑造良好形象，一分钟也不想耽搁。而且，在西方人的心目中，他实际上立即成了"最好的朋友"："如同魔杖一挥，反苏组织，特别是捍卫犹太人联盟，停止了反对他的活动。"

现在，已经可以十分有把握地说，葛罗米柯所作出的是背叛国家的行

---

① 戈尔巴乔夫同西方的合作开始于1984年的秋天，当时他作为一个普通的政治局委员，会见了英国首相撒切尔夫人。正如人们所知，这次会见是由苏联驻加拿大大使雅科夫列夫组织的。未来的总书记在此之前不久认识了雅科夫列夫，由于志同道合，两人一拍即合。值得注意的是，这次会见的地点不是通常的伦敦政府官邸（唐宁街10号），而是郊区的切克斯别墅，那是一个专门用来接待正式访英的外国领导人，首相希望与之推心置腹进行特殊重要谈话的地方。实际上这是一次对未来总书记的摸底会见：西方领导人对契尔年科的健康状况了如指掌。会见后撒切尔夫人抛出了一句名言："这是个可以与之打交道的人……他值得信赖。"这就是这位铁娘子对其他各国同事发出的信号。后来她不无自豪地说："是我们把戈尔巴乔夫提拔起来当了总书记。"——编者摘自雷日科夫《大国悲剧——苏联解体的前因后果（修订版）》，徐昌翰译，新华出版社，2010。

② 1923年12月2日，雅科夫列夫出生在苏联雅罗斯拉夫州一个贫困的农民家庭。雅科夫列夫30岁就进入苏共中央，并被作为重点培养对象，后来还被派往美国哥伦比亚大学进修。1973年，已经是苏共中央委员、中央代理宣传部部长的雅科夫列夫遭遇了他人生中的政治寒流。因为在《文学报》上发表了一篇批判大国沙文主义、地方民族主义和反犹太主义的文章，他被解除党内职务，派往加拿大任大使。他在加拿大一待就是10年。回国后，雅科夫列夫出任苏联科学院世界经济和国际政治研究所所长，后来出任苏共中央宣传部部长、书记处书记、政治局委员。后来，他成了苏联"公开性运动"的指挥者与急先锋，被称为苏联"公开性和民主化之父"。

为，因为他知道西方所表达的愿望，尽管表达的方式不特别明确。根据大量直接和间接的事实，我们已经清楚，葛罗米柯不会同意罗曼诺夫，而戈尔巴乔夫和雅科夫列夫则能够将自己的意志强加给葛罗米柯。

三 坐稳总书记宝座，确保完成主要任务

现在回到我们的"主人公"。对于任何一个列入官僚等级名录的人员，担任某一职务还不够，还需要站得住，如果不是永远，至少要将所有主要任务完成。因此，戈尔巴乔夫的下一项任务是"坐稳宝座"，直到完成任务。为此，他应扮演好自己的角色，不让任何人怀疑他有不良企图。**而他的这些演员才能，通过他手下人的协助，发挥得淋漓尽致：在不同的社会阶层面前，针对不同的人，他可以立即扮演不同的角色。直到最后的时刻，没有谁能够识破他，相反，那些此前被他愚弄的人，还帮助他愚弄别人："'民主派'对他的批评越厉害，共产党领袖们就会更加迷惑不解，他们甚至感到，戈尔巴乔夫和他们站在一起，捍卫戈尔巴乔夫，就是捍卫国家。而共产党人的悲剧、人民的悲剧，恰恰就在于此。而这个时候，戈尔巴乔夫却大耍滑头。在继续执行其背叛政策和摧毁苏联共产党的同时，又装出一副样子，好像这仅是在'民主派'强大压力下的让步。"**

在占据了国家和党的最高司令部第一把交椅后，戈尔巴乔夫精力充沛地向前迈进。"开始，米哈伊尔·戈尔巴乔夫个人的表现令人赞叹不已。工作至深夜一点或两点，而如果准备某些文件，他凌晨三点多才能睡觉，但总是在七八点钟起床。在距工作地点相对不长的路程中，他能够与三四个人谈话。甚至在走进克里姆林宫办公室之前，他还在委托他人做什么，向某人提建议，或承诺什么，一分钟也不休息。"

的确，戈尔巴乔夫没有任何喘息时间。他比任何人都困难，因为他不得不充当机敏狡猾和不能出任何差错的两面派角色：一方面，他是党的总书记，是他已经背叛的党的总书记；另一方面，他又是逐渐暴露的地下工作的领导人。

四 在管理领域，为破坏活动辩护

戈尔巴乔夫在管理领域的任务是为其（破坏）活动制造假象和辩护：他正确选择了改革方针。如果总结戈尔巴乔夫为自己所作的所有辩护，可以归结为："出现了过火、偏差，但这与我无关，所有这些都不是主流现象，

很快会过去，忍一忍吧，你们会看到的。"

这里要指出的是，戈尔巴乔夫的特殊技能表现在，他总是采取虎头蛇尾的决策，因为这有利于破坏者。在危机形势下，戈尔巴乔夫常受到更大的压力，但他善于防卫，如果愿意，还可以金蝉脱壳。比如，1989 年 4 月的第比利斯危机。"格鲁吉亚部长会议第一副主席 Г. Д. 姆格拉泽证实，深夜，在格鲁吉亚党中央第一书记 Д. И. 帕季阿什维利的办公室讨论第比利斯的政治形势，当时，格鲁吉亚党中央第二书记 Б. В. 尼科利斯基也参加了会议。他说：'尽管我们不止一次报送建议，暂时莫斯科不允许逮捕极端分子领袖人物，但告诉我们，很快会出台相关法律。'早在 4 月 7 日晚，由第一书记 Д. И. 帕季阿什维利签署并发往莫斯科的电报所提出的措施中曾建议：'对发表反苏、反社会主义和反党口号和号召的极端分子，立即追究刑事和行政责任。为此，具有法律依据。'很难相信，但却是事实：格鲁吉亚领导人脚下着火，但中央却建议他们等待法律出台。原来，莫斯科有人希望第比利斯的危机继续发展和激化。要知道，甚至暂时隔离反对派运动领袖（逮捕他们有充分的依据，因为集会的行动带有明显的反国家性质）也可以使事件逆转并避免流血结局。"

当波罗的海几个共和国出现了类似形势要求莫斯科帮助时，答复是一个又一个的安慰："戈尔巴乔夫的中央反应总是同样的：'不要理会挑衅，不要干预，这不过是健康的革新浪潮中的泡沫，泡沫会自动消失。'"

我们要指出的是，在捷克斯洛伐克"天鹅绒革命"期间，也出现了同样的情况。由于挑衅而开始罢工和出现其他不服从行动之后，"莫斯科多次与阿达梅茨总理通话，提出'不要采取镇压措施'的要求。结果，开始与反对派进行谈判，并以共产党人的投降而告结束"。阿达梅茨总理被迫辞职。

后来，美国人说："谁也不会怀疑，莫斯科清楚，即将发生什么。'根据我的意见，认为莫斯科对我们搞的许多东西一无所知是愚蠢的，他们有自己的情报员。在计划行动的时候，我们，好像将赌注下在：莫斯科整体上知道我们所做的一切。莫斯科愤怒、威胁，但还没有走到让我们不得不改变政策的那一步。'"

五 对军人再次发动政变的可能进行试探

1991 年 8 月和 12 月间，（戈尔巴乔夫）曾对军人，首先是叶夫根尼·

伊万诺维奇·沙波什尼科夫①元帅进行了挑动性开导："你们，军人，手中掌握着权力，安插一个对你们方便的政府，待稳定形势后，再离开"（作者向译者介绍了戈尔巴乔夫对沙波什尼科夫元帅"挑动性"开导的背景：不管怎么说，戈尔巴乔夫不愿意离开总书记和总统的位置，是 8 月 19～21 日的政变迫使他这样做的。八月政变没有按戈尔巴乔夫的希望进行：戈尔巴乔夫的目的只是拿掉总理帕夫洛夫、克格勃主席克留奇科夫、国防部部长亚佐夫等。他们被搞掉了，但与此同时被搞掉的还有政府、克格勃、军队，甚至戈尔巴乔夫自己和苏联所有的中央机构。为此，大约在 1991 年秋，他怂恿国防部部长发动新的政变，以期保留苏联和戈尔巴乔夫自己的总统职务）。

六　苏联解体后继续帮助西方

戈尔巴乔夫的最后一项任务是继续帮助西方搞垮俄罗斯。现在他是国际社会经济和政治研究基金会（戈尔巴乔夫基金会）主席。从基金会的功能，可以感到外国"智囊"的设计思想。根据他们的愿望，他们在莫斯科设有最可靠的分支机构，该分支机构以其雄厚的智力资源，能够在任何事情中为他们提供帮助。这在一定程度上是兰德公司之类机构的奖励。

（马维先 译）

---

① 叶夫根尼·伊万诺维奇·沙波什尼科夫（Евгений Иванович Шапошников），苏联最后一个国防部部长，最后一个空军元帅，独联体武装力量临时总司令。1942 年 2 月 3 日生于顿河罗斯托夫州一个工人家庭。1990 年 7 月任苏联国防部副部长兼空军总司令。1991 年 8 月"8·19"事件发生之后，他公开声明退出苏共，进入叶利钦集团。8 月 23 日起任国防部部长，晋升空军元帅。同年底，在苏联解体并成立独立国家联合体时，任独立国家联合体武装力量临时总司令，1992 年 2 月任总司令。因与俄罗斯国防部部长帕维尔·谢尔盖耶维奇·格拉乔夫发生矛盾，1993 年 6 月任国家安全委员会秘书长，9 月暂时退休，10 月进入俄罗斯第一次杜马选举时成为候选人。1994 年 1 月起任俄罗斯武装力量进出口国有企业总经理，1995 年 11 月之后领导民用航空总局。1997 年进入俄罗斯宇航和航空促进会任主席。他还曾任国有资产处理和社会改革委员会委员，因为对民用航空领域的贡献而荣获国际航空理事会"金鹰"奖章。已婚，育有三子。

俄罗斯政府前副总理

沙赫赖：
苏联解体的神话与事实[*]

第一部分

到目前为止，已经有大量著述都在讲述导致强大的苏联帝国解体的原因，但往往忽略了以下几种情况。

第一个原因是政治经济方面的。国家解体前的几十年里，每个卢布的产值中都要拿出88戈比用于生产和购买武器。苏联在经济上没能承受住军备竞赛。美国和阿拉伯国家"联手"降低石油价格至每桶8～9美元（实际上低于或仅为苏联开采的成本价）也是苏联经济崩溃最主要的因素。在最后的危急关头，西方（包括德国）拒绝给戈尔巴乔夫贷款，苏联国家经济彻底崩溃。

第二个原因就像一枚迟效雷。几十年来苏联宪法中都一致保留着一项重要条款，即加盟共和国有权自由脱离苏联。

第三个原因是嫉妒心理像"信息病毒"一样在20世纪80年代末至90年代广泛传播。由于很难承受最严重的危机，每个共和国都希望能独自生存，开始吝惜分给邻居一块面包。第比利斯和维尔纽斯的人说："不再为莫斯科工作了。"乌拉尔地区要求停止"喂养"中亚各国等。

第四个原因是所谓的自主化进程。到20世纪90年代初，改革政策开始

---

* 本文译自俄罗斯当代史研究基金会最新资料《苏联解体：文件与事实（1986～1992年）》（Распад СССР：документы и факты，1986－1992гг.：в 2 т. / под общ. ред. Шахрай С. М.；Станских С. Н.；Фонд современной истории. М.：Волтерс Клувер，2009）。谢·米·沙赫赖：当代史研究基金会研究项目负责人，法学博士、教授。1991年12月7～8日，曾作为俄罗斯代表团成员之一赴别洛韦日，参与制定了建立独联体的协议。斯·尼·斯坦斯基赫：《宪法法院》杂志的副主编，当代史研究基金会顾问。

时断时续。随着中央政治和经济权力的削弱，权力开始"流向"较低层——加盟共和国和自治共和国。在叶利钦与戈尔巴乔夫争当政治领袖的对抗过程中，只是由人民代表大会推选，而不是人民直接选举的苏联总统明显处于弱势。因此他的地位和权威还比不上其他任何一位加盟共和国的总统。

但戈尔巴乔夫这边，官僚机器仍在运作，他还善于搞政治阴谋。在苏共中央内部形成了一份所谓的自治化计划。为了削弱俄罗斯和"民主的"叶利钦，他们建议把俄罗斯联邦内部各自治区的地位提高到加盟共和国的程度。"自治计划"的目的是建立一个由 35 个共和国（15 个加盟共和国加上 20 个自治共和国）组成的新联合体，以代替由 15 个加盟共和国组成的、有自由退出权的苏联，条件是这个加入新的联合体的成员无权继续分立。1990 年 4 月 26 日，苏联最高苏维埃通过了一项相应的法律，也就意味着启动了"自治化"机制。实施该机制的结果可能会使俄罗斯联邦的版图变成一块有很多大洞的奶酪，俄罗斯将丧失 51％的领土及其全部的战略资源和近 2000 万人口。在最严重的经济和政治危机条件下，改变国家基础的试验注定是要失败的。

俄罗斯人民代表大会意识到俄罗斯联邦面临实际解体的危险，为确保共和国的完整，于 1990 年 6 月 12 日以压倒多数（907 票赞成，13 票反对，9 票弃权）通过了《俄罗斯联邦国家主权宣言》。与普遍看法相反，该宣言中没有一个字言及俄罗斯联邦要脱离苏联。相反，俄罗斯联邦明确声明，今后将继续成为新联盟的组成部分。

在极其困难的政治局势下，苏共这块巨石也开始出现裂缝。现在几乎所有人都忽视了，俄罗斯联邦和其他加盟共和国的不同在于，它没有共和国自己的党组织。在苏共危急的时刻，伊·库·波洛兹科夫、根·安·久加诺夫等人成立了俄罗斯联邦共产党，借以对抗苏联的领导，因此他们的做法加速了苏共的崩溃，并因此导致苏联解体。

为了解除戈尔巴乔夫苏共总书记和苏联总统的职务，苏共"反动派别"和党的机关准备在 1991 年 9 月召开非常苏共代表大会和临时苏联人民代表大会。于是戈尔巴乔夫去寻求各加盟共和国领导人的支持，答应大幅度增加他们的权力并决定于 1991 年 8 月签署新的联盟条约。为了抢在苏联总统和各加盟共和国首脑的前面，"国家紧急状态委员会"发动了政变。

但是，我们的观点与流行的看法不同，"国家紧急状态委员会"并不是苏联解体的主要原因，而只是压垮苏联的最后一根稻草。

1991 年 8 月 29 日，在评价政变后国内局势时，苏联最高苏维埃指出，政变给国家造成了巨大的政治和经济损失，已经无法签署新的联盟条约，破坏了各共和国之间业已形成的脆弱平衡。

由于与苏共中央机关和参与政变的地区组织联系密切，"国家紧急状态委员会"的行动也注定了苏共的崩溃，使得苏共改革的进程中断，这也使得联盟国家的渐进式改革变得不可能。

由于 1991 年 8 月 19 ~ 21 日的事件，苏共各个加盟共和国委员会的活动也随之暂停或被中止了，部分财产被查封或移交给某些加盟共和国所有。鉴于此，8 月 24 日戈尔巴乔夫决定委托各级人民代表委员会"采取措施对苏共财产予以监护……采取措施安排那些党务工作人员的工作和社会保障"。他还发表了一份声明，辞去苏共中央总书记的职务，号召苏共中央"以艰难而诚实的态度作出自我解散的决定"，建议"各个共和国的共产党及地方党组织的命运"由他们自己来决定。8 月 29 日，苏联最高苏维埃鉴于有苏共领导机关参与谋划并发动 1991 年 8 月 18 ~ 21 日政变的情况，决定"暂停苏共在整个苏联境内的活动，责成内务部确保苏共的财产和档案安全，指示银行机构中止苏共账户资金的往来"。1991 年 8 ~ 11 月，所有加盟共和国的苏共共和国委员会都不复存在，作为全联盟组织的苏共也不复存在。

自然，在苏共解散的同时，统一的国家也如雪崩般地逐渐瓦解了。1991 年 8 月，阿塞拜疆、白俄罗斯、吉尔吉斯斯坦、拉脱维亚斯坦、摩尔多维亚、乌兹别克斯坦、乌克兰和爱沙尼亚通过了国家独立的决议①，9 月亚美尼亚和塔吉克斯坦宣布独立，10 月土库曼斯坦也宣布独立。更早以前——在 1990 年和 1991 年春，立陶宛和格鲁吉亚就已宣布独立。这样，到 1991 年 12 月之前，事实上除了俄罗斯和哈萨克斯坦，其余所有的加盟共和国都已脱离苏联。

大多数共和国都认为，这段时间（1991 年 8 ~ 11 月）就是建立独立国家的日子，并得到了俄罗斯领导人的正式祝贺。

1991 年 12 月 1 日，乌克兰全民公决的结果给这些瓦解苏联的过程画上了句号。在全民公决中该共和国的绝大多数公民都支持宣布乌克兰独立。

美国前总统乔治·卡特的助手兹·布热津斯基曾多次指出，美国战略家们在这一阶段非常重视乌克兰在苏联解体中的关键作用："正是乌克兰的作

---

① 1991 年 8 月 24 日，俄罗斯通过俄罗斯联邦总统承认拉脱维亚和爱沙尼亚为独立国家。1991 年 8 月 30 日，这两个国家提交了加入联合国的申请。前一天，立陶宛也向联合国提交了申请。

用，比如它在 1991 年 12 月宣布独立，在别洛韦日重要的谈判过程中它坚持用更自由的独联体代替苏联，尤其是乌克兰就像政变一样，突然强行下令收编了驻扎在其领土上的苏联军队，这些都阻止了独联体成为苏联新联邦化的代名词。乌克兰的政治独立震惊了莫斯科，为那些一开始不太坚定、后来随之仿效的其他加盟共和国树立了榜样。"①

对于各加盟共和国的领导人来说，脱离苏共和苏联是保存自己及其一小撮亲信继续掌权的一种方式。

于是，1991 年 12 月 8 日，三个斯拉夫共和国（白俄罗斯、俄罗斯和乌克兰）首脑签署的协议实际上是正式宣布苏联社会主义共和国联盟的死亡书。

俄罗斯联邦这唯一的一条国家主权法令，能够摧毁一个拥有庞大军队、国家安全机构强大的核大国吗？大多数俄罗斯人似乎都这么想。但似乎，这不太可能。

但为什么一切都正好发生在别洛韦日（维斯古里国家别墅）森林呢？而且如此快速、如此突然，好像是一场"背着戈尔巴乔夫的阴谋"呢？事实上没有任何秘密，守卫维斯古里别墅的特工，准确地向苏联总统报告着一切。

叶利钦和舒什克维奇最初仍然希望说服克拉夫丘克至少随便保留某种形式的联盟（因为我们知道，叶利钦那时不仅声明"应当有联盟！"，而且在 1991 年 8 月 17 日还草签了联盟条约的草案并计划在 1991 年 8 月 19 日正式签署），但乌克兰总统甚至不愿听到"联盟"这个词。最后，终于找到了一个简练准确的表述——"联合体"②，但这是一个国家在单一的经济、政治和军事空间中存在的一种方式。

有一种相当流行的看法：认为俄罗斯代表团是带着准备好的文本来维斯古里的。恰恰相反，不仅没有文本，连电脑和复印机都没有。实际情况是，用电动打字机打印出手稿，再用传真机复制成三份。

总统们指示专家按照联合体的模式起草文件。一般的意义是明确的，重要的是找到一个法律形式。1922 年苏联的四位缔造者中，有三个共和国都聚集在了维斯古里，这是当时的一个重要情况。第四个共和国是外高加索联

---

① 参见布热津斯基《大棋局》（俄文版），1998，第 115 页。См.：Бжезинский З. Великая шахматная доска Господство Америки и его геостратегические императивы. М., 1998. с. 115。

② 比如，1989 年中期曾有代表向苏联人民代表大会呼吁"把中央集权的苏联改造为真正自由的主权共和国联合体"。1990 年，"联合体"一词被作为正式术语使用（"把苏联由单一制国家改造为各民族真正的联合体"）。1990 年末，苏共中央全会"同意在中央电视台开播专门的'独联体'频道，用于阐释国际关系问题及表现苏联各共和国人民的生活"。

邦，但是这个联邦在 1936 年就已不复存在，而从前的外高加索联盟的成员全都脱离了苏联（格鲁吉亚：4 月 9 日，阿塞拜疆：1991 年 8 月 30 日和 10 月 18 日，亚美尼亚：1991 年 9 月 21 ~ 23 日）。很明显，四个"创始国"中的三个有权讨论苏联的命运。

后来想出来了协议的表达方式。由两部分组成，第一，创始国证实由它们组成的国家——苏联——消亡的事实。第二，俄罗斯、乌克兰和白俄罗斯（再次作为创始国）宣布成立新的联合——独立国家联合体。

当终于为文本准备好一致的"句套子"之后，便用传真机复制成三份，再穿过走廊把这些纸卷送到另一个房间，那里只有叶利钦、克拉夫丘克和舒什克维奇三人。他们不与专家们在一起。那时候，他们身边既没有专家，也没有顾问。然后，带着问号、标注和建议的纸卷再从总统们那里返回来。把文件的页码修改后再复制，如此反复几次，直到得出结论——是的，这就是打破僵局的出路①。

然后他们决定联系哈萨克斯坦总统努·阿·纳扎尔巴耶夫，并请他立即前来。依靠这样权威领袖的支持很重要。但纳扎尔巴耶夫收到邀请却没有来——他留在了莫斯科戈尔巴乔夫的官邸。据说，当时戈尔巴乔夫答应给纳扎尔巴耶夫苏联总理的职位。可见，这两位总统还不相信，苏联已经奄奄一息了。

哈萨克斯坦总统久候不至，叶利钦、克拉夫丘克和舒什克维奇便签署了建立独联体的协议。协议签署后，他们决定给戈尔巴乔夫和老布什打电话。"专用交换机"的接线员很久才找到克里姆林宫的主人，而与白宫几乎立刻就接通了。谈话是分别进行的：叶利钦和乔治·布什谈，舒什克维奇和戈尔巴乔夫谈。

得知情况后，戈尔巴乔夫立即去找军队。在 1991 年 12 月 25 日辞职之前，他给所有军区司令官打了电话，请求沙波什尼科夫元帅的支持，但军队没有回应。这一切让人不由想起 1917 年尼古拉二世的情形，当沙皇从最高司令部呼吁军队支持时，军人们一致表态要求他退位。

据当事人谢·米·沙赫赖回忆，俄罗斯代表团从明斯克回到莫斯科时心情矛盾。一方面，大家都明白，这样得以防止事态按"南斯拉夫的情况"（一个国家内部发生民族间的军事流血冲突）发展。要知道这可怕的一幕当时在全国——在纳戈尔内卡拉巴赫和德涅斯特沿岸、在北奥塞梯和车臣—印

---

① 有趣的是，文件的"打印错误"后来到 1991 年 12 月 12 日成立独联体的过程中被发现了。独联体国家元首理事会（关于联合体国家在联合国和其他国际组织中的成员资格问题）的"决议"在文本中被称为"协议书"。

古什等地——已经开始。但同时心里又留存着一种巨大的、无法弥补的损失感和焦虑感……

俄罗斯、乌克兰和白俄罗斯最高苏维埃从法律上对苏联解体作出了决断，它们一致批准了建立独联体的协议。很快，大多数加盟共和国都以创建国的身份加入了独联体。阿塞拜疆共和国和格鲁吉亚共和国在 1993 年加入了独联体。

1991 年 12 月 24～26 日，苏联最高苏维埃两院证实了苏联解体的事实，并投票同意中止所有原苏联国家权力机关的权力（除了在法律上至今未被取消的苏联宪法监督委员会）[①]。

但是，"离婚的进程"以及建立自己国家体制的过程一直持续到 1992 年中期，需要解决原苏联的财产、预算、军事问题及人道主义等问题。

非常重要的一步是，联合国承认原加盟共和国独立并接受新独立国家为联合国成员。需要说明的是，白俄罗斯和乌克兰在 1991 年前就已经是联合国成员了；1991 年 9 月 17 日，波罗的海 3 个共和国加入了联合国；1991 年 12 月底，作为苏联继承者的俄罗斯成为联合国成员；8 个加盟共和国只是在 1992 年 3 月 2 日才加入联合国，而格鲁吉亚是 1992 年 7 月 31 日加入的。

因此，通过对主要事实和部分文件的分析，可以看出苏联解体的问题是复杂的、有多种可供选择的方案和不同的解释。

因此，研究那个时代的文件和材料有助于更深刻而全面地理解这一过程。

第二部分

大量的文献（学术性的、回忆录和教材）都在研究苏联解体的问题。就该专题发表了数量可观的文件，包括文件集等。虽然冷静的分析很多，但是囿于主客观等方面的原因该领域的研究仍很欠缺。主观上有的是由于诠释者自己深陷政治旋涡之中，有的是与过去的苏联有着千丝万缕的联系，有的则是分析的角度不同。我们也不例外。客观原因主要是研究的文件不全、忽

[①] 1991 年 12 月 27 日，俄罗斯总统决定建立一个私法研究中心，苏联宪法监督委员会的大楼归其使用（伊利英卡大街 8 号）。1992 年 7 月 14 日，他命令俄罗斯国家国有资产管理委员会办理手续将这幢大楼移交给该中心，"连同楼里现有的装备、通信工具、办公设备以及原属苏联前宪法监督委员会的其他财产一并转交"。但是原苏联宪法监督委员会主席谢·谢·阿列克谢耶夫被任命为该中心理事会主席。详见 1991 年 11 月 30 日第 2934 号苏联总统令"关于共和国间的私法研究中心"，1991 年 12 月 27 日第 133 号俄罗斯总统令"关于私法研究中心"和 1992 年 7 月 14 日第 360 号俄罗斯总统令"关于保障私法研究中心的活动"。

视或者歪曲现有的资料。

所有这一切往往导致在描述苏联解体时凭空捏造或者信口雌黄。比如那些讲"三个莽汉聚集在森林里，摧毁了一个伟大的国家"等。

因此，对此问题感兴趣的有关人士应当利用可靠的资料，建立一个文献资料库，并在此基础上撰写客观的当代史教科书。顺便指出，当今国家领导人对此也十分关注。

为了更广泛地参与当前的争论，为了保存那些苏联转型及解体过程的文件和资料，我们尝试在当代史基金会出版的"俄罗斯当代史"系列中，编纂这样一本文件集。

以前出版的文件和材料有什么不好吗？不是说它们有什么不好，它们都是用心之作，但应注意以下几点。

第一，这类出版物的品种及其印刷数量十分有限。

第二，其中某些材料只是以有限的几个方面研究苏联解体的问题。正如斯坦克维奇提出："在过去 10 年研究该问题的学术文献中明显占主导地位的是经济和民族决定论。"[1] 例如，亚·弗·舒宾主编的一部优秀文集，主要研究的是民族问题，印数也很少，在俄罗斯科学院通史所只印了 500 份。

第三，某些文集的年代框架并不总是包括苏联解体的全过程或其最后部分（1991 年）。比如，一本由苏共中央社会主义理论与历史研究所起草、于"8·19"事件前夕（抑或之后）出版的一部关于个加盟共和国主权的文集，仅发行 300 本，书中标注的出版日期自然是 1991 年 6 月[2]。

第四，个别书籍也不是不带偏见和主观色彩的。比如，在戈尔巴乔夫基金会编纂的一部名为《苏联本能保留》（类似西方"白皮书"一样）的书中，重点放在了阐释苏联总统戈尔巴乔夫的政策[3]。而安·谢·切尔尼亚耶夫在前言中毫不宽容，公开谴责其他人的"伪善"，好像苏联的崩溃应当归咎于这些

---

[1] 斯坦克维奇：《苏联解体的历史与法律角度》（俄文版），法学博士论文，莫斯科，2002，第 11 页。Станкевич З. А. Историко - правовые аспекты распада Союза ССР: Дис. … д-ра юрид. наук. М., 2002. с. 11。

[2] 《主权人民联盟——苏共文件集》（俄文版）。莫斯科，1991。См.: К Союзу суверенных народов. Сборник документов КПСС, законодательных актов, деклараций, обращений и президентских указов, посвященных проблеме национально - государственного суверенитета / Сост. сб. и автор введения А. И. Доронченков; Пред. ред. совета Э. А. Баграмов. М., 1991。

[3] См.: Союз можно было сохранить. Белая книга: документы и факты о политике М. С. Горбачева по реформированию и сохранению многонационального государства. 2 - е изд., перераб. и доп. М., 2007.

人。此外，这部书中对有些独一无二的档案材料只是简述，或者是一带而过。

当然问题还不止这些。比如，目前类似的研究还缺乏跨学科研究。例如，历史学家实际上没有使用苏联宪法监督委员会的决议和其他一些正式文件，而法学家则有时会忽略苏共的法令和正式通告，比如人民代表大会和苏联最高苏维埃刊发在《苏联最高苏维埃公报》上的文件。

但是，出版本文集的目的远不在其"史学"价值。不能排除，与联盟条约准备工作相关的工作成果，仍然可以在新的历史条件下得到运用①。苏联在权限划分以及解决其他一些问题方面的经验对于在欧盟的范围内建设新欧洲具有现实的意义。同时，值得注意的是，《里斯本条约》明确了脱离欧盟的权利，但没有规定实现这一权利的相应程序。这不由得让人思考一些问题，这些问题是加盟共和国当时准备及时有效地脱离苏联时碰到过的，但在《里斯本条约》中仍未予以考虑。

这些都说明了本文集具有现实意义，文集预计以两卷本发行。

第一卷主要包括与苏联解体有关的法规及一些关键性的官方通报。第二卷计划收入一些档案文件和第一卷中没有收录的补充材料。

应当指出，该版本不能涵盖苏联解体历史的所有文献，它只是编纂工作的第一步。

第一卷中主要包括 1986～1992 年党和国家机关通过的文件和官方通告，主要涉及民族冲突、"各地宣示主权"、共和国的经济主权及联盟经济改革、联盟中央及加盟共和国和自治区之间权力分配工作的安排和程序、联盟条约的起草、"国家紧急状态委员会"、联盟机构解体后向各共和国间机构的转型、苏联解体与成立独联体的法律实施等问题。其中包括现在已被遗忘的那些苏共、人民代表大会、苏联和俄罗斯联邦最高苏维埃、苏联总统和俄罗斯联邦总统、苏联宪法监督委员会发布的法规和在《苏联最高苏维埃公报》上发表的官方通告及加盟共和国与自治共和国的某些法令。

我们还特别收集了在《党务工作者指南》中刊发的法规和通报。1991年出版的最后一期（第 30 期）中主要是 1989 年的材料。苏共中央编辑出版的这本指南中主要刊发关键性的文件供苏共领导人参阅。

众所周知，任何分类都是相对的。我们将文件和材料按主题和时间顺序排列。但是，每位研究者有自己的苏联解体年表，而截止日期有时不无争议

---

① 例如，斯坦克维奇也特别强调这一点，参见西·安·斯坦克维奇《苏联解体的历史与法律角度》，莫斯科国立社会大学博士学位论文，2002，第 5 页。

甚至被神化。很多学者把 1991 年 12 月 25 日称为苏联存在的最后一天，并为此找到相应的标志性事件（自觉或不自觉）。例如，一本著名的当代俄罗斯史教材的作者们对这一事件的描述："1991 年 12 月 25 日，戈尔巴乔夫签署法令辞去了苏联总统的职务，并就此发表了电视讲话。当晚 19 点 38 分，苏联红旗在克里姆林宫顶上降落，升起了俄罗斯的三色旗。俄罗斯乃至全世界的历史都翻开了新的一页。"①

其他研究者的研究一般截止在独联体最后建立的日期——1991 年 12 月 12 日②。

实际上在 1991 年 12 月 26 日这天，最高苏维埃的一个院还在工作，尽管成员很少。关于苏联最高苏维埃第一次会议期间的官方消息，发表在《苏联最高苏维埃公报》的第三部分，文中指出："12 月 26 日，共和国院召开最后一次会议，通过了和建立独立国家联合体有关的协议"，并确认"苏联最高苏维埃已终止自己的活动"。该宣言的内容常常不在研究范围内，大概还因为是在最后一刻才被列入 12 月 25 日《苏联最高苏维埃公报》的，临时被排在 1991 年所公布材料的字母索引最后面③。

今天，在一本引起广泛争议的当代俄罗斯史教学参考书中，尽管关于苏联宪法改革那一节写得还不错，但作者（亚·维·菲利波夫）把两院弄混了。他写道："12 月 26 日，苏联联盟院及其主任卢别琴科，正式通过一项决议，承认苏联解散并自我解散。"④

实际上，在 1991 年 12 月 26 日之后，苏联联盟机构终止职能或者转型的过程仍未结束。一直到 1992 年中期，苏联联盟预算、财产、债务和国防

---

① Пихоя Р. Г., Соколов А. К. История современной России: кризис коммунистической власти в СССР и рождение новой России. Конец 1970 – х – 1991 гг. М., 2008. с. 412.

② 例如，斯坦克维奇就持这样的观点，参见斯坦克维奇《苏联的最后一刻：联盟国家的瓦解（历史与法律问题）》（俄文版），莫斯科，2009，第 54 页。Например, по этому пути идет З. А. Станкевич: Станкевич З. А. СССР на завершающем этапе: эрозия и распад союзной государственности（историко – правовые проблемы）. М.: Изд – во РАГС, 2009. с. 54.

③ 应当注意一部优秀的当代俄罗斯史文选，责任编辑和编写人把这份宣言文本也列入了其中。参见 Хрестоматия по истории России. От СССР к Российской Федерации. 1985 – 2001 гг. / Отв. ред. А. Б. Безбородов; Сост. Н. В. Елисеева, Я. Л. Писаревская, Л. П. Афанасьева, А. Ю. Мартынова. М., 2003。

④ Филиппов А. В., Уткин А. И., Алексеев С. В. и др. История России, 1945 – 2008 гг.: кн. для учителя / под ред. А. В. Филиппова. 2 – е изд., дораб. и доп. М.: Просвещение, 2008. с. 332. 此书第一版已有中文译本。〔俄〕亚·维·菲利波夫：《俄罗斯现代史（1945～2006）》，吴恩远等译，中国社会科学出版社，2009。——中文编者注

等问题还未解决。1992 年春，一些加盟共和国才成为联合国的会员国。正因为如此，我们的文集中收录了苏联解体和独联体建立前最后这一时期的文件。

苏联解体过程中日期的计算情况更复杂一些。1986 年、1988 年、1991 年，也就是所有改革的年份都被认为是解体的年头。每种论据都有自己的道理。

为了体现我的立意，我们决定在选录当代材料之前，先摘录一些有关苏联形成以及之后宪法规定加盟共和国有权脱离苏联的文件以备参考。

苏联改革政策过程中民族问题凸显。因此研究这些内容，应当借助苏联共产党 1986 年通过的新党纲、有关阿拉木图及其他地区发生的民族等方面的冲突，以及经济体制改革等文件，因此"解体前的"这一节在时间顺序上以党的第 19 次代表会议作为结束。一般来讲，自此便开启了苏联宪法改革。

在第 19 次代表会议上由于没有重视爱沙尼亚代表提出的建议，后来导致爱沙尼亚苏维埃社会主义共和国在 1988 年 11 月通过了一些激进的决议。这一方面推动了苏联当局开始（只是处理得不当）联邦改革，另一方面导致了后来各地宣示主权（更广义一些——为苏联或各加盟共和国都在"扩展权限"）。这一系列文献证明了，早在 1990 年 6 月 12 日俄罗斯联邦通过《国家主权宣言》之前就出现了法律大战。我们从加盟共和国主权问题开始，按年份收集了"国家紧急状态委员会"成立之前的关于内政和民族政策、苏联经济和加盟共和国主权经济、共和国之间的关系以及对外政策问题等文件。鉴于俄罗斯联邦的法令数量极多，于是我们在关于"联盟条约"一章中单独列出上述文件，同时还收录了 1990 年 4 月由跨地区民主议员团组织的"联盟条约最佳方案"征文比赛的材料。

对于"国家紧急状态委员会"在苏联解体过程中的作用，没有一个明确一致的评价。但公认的是，"8·19"事件根本改变了力量政治格局和局势。在"国家紧急状态委员会"存在时和解散后，党和国家机构开始转型[①]并随之解散。各加盟共和国纷纷开始宣布自己独立。1991 年 10 月 11 日，苏联宪法监督委员会承认："原来的苏联事实上已经不存在了，主权共和国

---

① 有趣的是，要注意以下鲜为人知的事实：1991 年 8 月 30 日，苏联最高苏维埃为防止今后发生政变所采取的措施中特别提出，提交临时第五次苏联人民非常代表大会"苏联宪法监督委员会要加快研究刻不容缓的问题"的修改案，并委托该委员会向苏联最高苏维埃提交"关于苏联宪法法院及苏联宪法修改案"立法动议。

新的联合形式尚未确立。"在这之后，1991 年 11 月 2 日，俄罗斯联邦开始考虑"由于作为统一国家的苏联不复存在"的情况。于是，苏联人民代表大会解散，苏联联盟机构转变为共和国之间的机构，再后来又因为独联体的建立而完全消亡。我们为此专门列出了俄罗斯社会主义联邦共和国关于脱离苏联的法令，并收录了一些新生国家被国际社会承认的文件。

因此，通过认真研究苏联解体的文件，我们认为，苏联解体不是骤然发生的事件或事实，而是一个复杂的、持续的、充满了变化和未知数的过程。

（粟瑞雪 译　张树华 校）

波波夫：
联合起来，共同打败苏共[*]

　　编者按：莫斯科首任市长波波夫[①]认为，苏联的社会主义已经不能改革，戈尔巴乔夫应当早日摆脱社会主义。波波夫详细透露了萨哈罗夫是怎样说服他，与叶利钦组成统一战线，一起对付并打败他们共同的敌人——苏共。

　　作为莫斯科市首任市长[②]，加夫里尔·波波夫任职时间并不长——大约一年。现在他向《独立报》政治版责任编辑罗莎·茨韦特科娃很轻松地谈起自己突然离职的原因，不过还是不自觉地流露出对改革的失望、流露出因未能实施土地改革，将莫斯科市和莫斯科州合并，未能组建强大的反对派抵制当时的政策等壮志未酬的忧伤。

　　问：加夫里尔·哈里托诺维奇，在经历1/4个世纪后的今天，您如何评价20世纪80年代中期，当时还称为苏联的国家中所发生的那场运动？

　　答：我很多年都非常真诚地相信，社会主义可以向好的方面转型。党的20大给了我这个信念，尼基塔·谢尔盖耶维奇·赫鲁晓夫当时宣布要清除那些我心里不能容忍的生活现象。当然，我当时就积极参加共青团的工作，

---

[*]　本文译自2010年5月18日俄罗斯《独立报》，原标题为《我警告过：谁说转型是轻松的，那她是在欺骗人民》。

[①]　加夫里尔·哈里托诺维奇·波波夫，经济学博士，教授，现任莫斯科国际大学校长，原为国立莫斯科大学经济系教授。1989年3月起任苏联人民代表，从1989年6月起任跨地区民主议员团共同主席，从1990年3月起任莫斯科市议会"民主俄罗斯"联盟议员，同年4月20日赢得选举任莫斯科市苏维埃主席，1991年6月至1992年6月任莫斯科市首任市长。戈尔巴乔夫时期，波波夫与叶利钦等人一起，引领了苏联"民主化、反苏共"的浪潮。

[②]　苏联此前并没有类似的职务，人民代表苏维埃委员会的执委会主席们负责国家各城市的管理。——原编者注

后来又换了很多岗位，直至担任大学团委书记。后来，又是因为尼基塔·谢尔盖耶维奇·赫鲁晓夫的过错，他一方面急于宣布要在当代建设共产主义，另一方面却在我的家乡新切尔卡斯克枪杀工人，于是我就放弃了共青团—党的仕途，转而从事科研工作。

但是到了 1965 年，开始柯西金改革时，又出现了改变的希望。

就这样，此后在很多年内我都定期与国内优秀知识分子一起，积极参与改变我们的社会与制度的尝试。但是到 20 世纪 80 年代中期，我开始意识到，国家官僚形式的社会主义转变为人性化的、正常的社会主义的希望越来越渺茫。

从本质上讲，列昂尼德·伊里奇·勃列日涅夫的一些改革尝试，首先是在农业领域的，都失败了。柯西金的改革陷入了困境。阿列克赛·尼古拉耶维奇·柯西金本人也去世了。这是一方面。而另一方面，镇压捷克斯洛伐克、阿富汗战争……当然，也有一些积极的东西：勃列日涅夫时期签署的《赫尔辛基条约》、《削减和限制核武器条约》。人们对一些转型方案还存有微弱的希望。然而，天平越来越偏向坏的方面。到勃列日涅夫去世时，已经基本没有改变国家社会主义的机会了。

但这时突然获得来自中国的支持，在那里邓小平领导着中国共产党的优秀分子压倒了保守和激进的派别，开始了改革。这样，如果中国能够在比我们更加困难的情况下开始改革，那么我们更应当进行尝试?!

燃起希望的不仅是我一个人，也许，某种中国版的改革方案将适合我们。我那时清楚，这应该是非常激进的改革，但我相信，它们可以自上而下，从苏联共产党的领导层开始。特别是在苏共领导层，在我看来，已经开始形成某个集团，他们具备改革的潜力。

尤里·弗拉季米洛维奇·安德罗波夫将他认为所有具有潜力的人集中到了一起。戈尔巴乔夫、罗曼诺夫、多尔吉赫、利加乔夫、雷日科夫、沃罗特尼科夫和其他几个人大概都是我们党最优秀的成员。当时具备了走中国道路的机会。

这是一个特殊的话题，应该进行专门探讨，但这个集团没能胜任领导改革的任务。它无法在国内获得坚实的领导权，它无法遏制党内根深蒂固的官僚阶层。更主要的是，它本身也不团结。

应该说，此时官僚社会主义已经完全扼杀了人民进行创造性活动的能力。遏制积极性的情况很多：相当多的人坐享其成，相当多的人准备采取极端行动。而束紧腰带、脚踏实地地工作却越来越难——这种重要的东西已经没有了。

我不久前重读了自己在第一届人民代表大会上的发言。我曾在会上警告说：谁说改造国家很容易、转型将会很轻松，谁就是在欺骗人民。后来的岁月十分艰苦。遗憾的是，一切都比想象的更加艰难。

另外，我认为改革不是从 1985 年开始的，因为我认为，戈尔巴乔夫上台后所做的一切是任何一个新领导都会做的事情。他开始修补这所房子。在这个修补过程中有正常尝试，如合作社，但也有纯粹苏联式的阶级斗争：反酗酒运动、打击非劳动收入、打击可怜的建乡间别墅的人、加强运动纪律等。无奇不有，还有当局想不起来的事情吗？当局还将其视为解决重大问题的出路？！

问：于是您决定从政？

答：无论如何，还是在第一次代表大会前我就坚定地认为，必须组建反对派，反对派应在变革方面给领导层施压。我当时仍然认为，国家领导能够胜任改革。但在压力之下的大会工作表明，苏共领导中的改革者们无法利用当时的形势。数百万民众上街示威，整个国家已经做好了一切准备。在人民这样的支持之下，当时可能也应该实施激进的改革。而他们没下决心击溃党的保守分子。

出现了一项任务——要解决的主要问题是：谁将领导改革？我还想过，如果可能，我们或许可以成为一个反对派政党的角色。我清楚地知道，我们大家远未做好掌权、承担责任和改革的准备。

但当时的事态发展远比我们感觉的要快得多。保守派决定进行战斗，他们发动政变，但最终遭到失败。

党的改革派胜利了，但那些想继续掌权的人，他们决定在自己的封地上，在各共和国更轻松地实施变革。

俄罗斯被迫以非常特殊的方式退出社会主义。这种退出有以下特点：

第一，领导退出社会主义的是那些从旧体制、旧官僚中出来的人；第二，退出实施的方式是将主要的财产交到这一阶层手中，而不是全体人民手中；第三，转型的所有重负都转嫁给了人民。

没有能够找到另一种替代方案。曾有过尝试。我们试图发起俄罗斯民主改革运动，甚至差一点进入俄罗斯国家杜马。我至今仍认为，在鲍利斯·尼古拉耶维奇·叶利钦执政时期，曾实施过大规模的操纵选票活动。他们当时必须增投一些选票，以便获得宪法规定的 50% 的投票率。而他们实施增投票当然是为了让他们认为的自己的支持者获利。

但这都是我的推测。虽然我记得当时的情景，前两个小时播放了远东地区选举的结果，我们在各地获得了 8% ~ 10% 的选票。但后来各地区的转播被中止了。最终我们得知，我们的得票率差 0.5% ~ 5%。

事实就是事实：最终形成了一种被我称为"权贵式、寡头式的任命"的模式。

问：但当时已经有了反对派，或许他们自己不清楚，究竟想要什么？

答：在第一阶段，改革派中的权贵们还利用了我们的自由派。我不知道，是谁想出来称他们为民主派。但当局只是把他们当成遮羞布来利用。而俄罗斯便走上了这条道路，直至现在。

问：这就是说，您的跨地区民主议员团，即实质上的反对派，没有力量进行斗争？

答：这里有很多因素，不可能简单明确地回答。跨地区民主议员团是在斗争过程中形成的。这不同于 1905 年的俄国革命，当时之前的数十年内形成了一些政党——立宪民主党、社会革命党、社会民主党。大家为寻找真理展开过争论和辩论。到了 1917 年，大家都参与其中，而且非常清楚地知道，自己想要什么。他们也了解自己的领袖。当时应当争取工人，他们将托洛茨基选为彼得格勒革命军事委员会主席。当时还有必要解散立宪会议，将此事委托给斯大林。大家都很清楚，谁有能力做什么。

在我看来，俄罗斯知识分子在退出社会主义之前并没有做好预先的理论和组织工作。这是其最大的过失（顺便指出，这个过失至今仍在）。缺乏未来的理论前景准备是改革的第一个问题。

第二个问题是如何联合反对派力量。当时我们知道，面临的是艰巨的斗争，反对我们的是强大的党的官僚势力。因此我们走的是联合所有反对苏共者的道路，我想这是安德烈·德米特里耶维奇·萨哈罗夫的重大功绩。联合实现了，尽管叶利钦和萨哈罗夫之间的关系并不好。叶利钦在莫斯科选区的选举中挤掉了安德烈·德米特里耶维奇·萨哈罗夫，萨哈罗夫只好从科学院选举产生。另外，安德烈·德米特里耶维奇·萨哈罗夫还希望我与鲍利斯·尼古拉耶维奇·叶利钦会面，我和他的关系也不顺畅（我曾批评他担任莫斯科市委第一书记时的所作所为）。**但我们当时还是见面了，谈判了。应该说，叶利钦非常清楚，单干不会取得成功，当时我们作出一个大的决定——虽然我们没有共同的纲领，但我们有共同的敌人。提出了一种可以视为纲领的思想：取消苏联共产党的执政地位，删除关于党的领导地位的宪法第六条。在此基础上联合了所有人——自由派、民主派、幻想恢复纯正列宁主义**

的真正的列宁主义者、坚决反对列宁的资产阶级复兴派、无政府主义者、保皇派。这就是我们的跨地区民主议员团，这就是"民主俄罗斯"。这样就握成了有力的拳头，摧毁了苏联共产党。

但在胜利之后这样的联盟就不可避免地瓦解了。我们预见到了这些，开始发起民主改革运动。但没能来得及组建自己的政党。其他一些政党也在试图组建……

问： 但是，为什么中国的方案当时对你们来说没有吸引力呢？

答： 如果是在 1985 年的四月全会之后，戈尔巴乔夫开始着手大规模改造苏共，中国道路还是可以走得通的。

问： 或者是经济改革？他们不是从它开始的吗？

答： 第一个因素，要改革党。柯西金已经尝试过改造经济。党吞噬了包括他在内的改革。需要首先改造党的领导层，然后再着手改造经济。中国共产党人不是在机关中获得位置，而是在斗争中。这些人是在战壕里，冒着子弹，用生命夺得政权。他们是为了理想去做一切，并准备为之而牺牲。我无法想象，中国的领导人会像叶利钦和戈尔巴乔夫那样讨价还价，讨论究竟留多少个房间给戈尔巴乔夫的基金会。

第二个因素，在中国改革开始之前领导中国的已经是年轻的人。这不是官僚阶层。中国过去的旧官僚阶层已经被消除。

第三个因素，中国具有为了发展和终极目标而妥协的伟大传统。中国人是特别实用主义的人。老子就曾说过：猫是什么颜色不重要，重要的是它能不能捉到老鼠①。这就是中国对待改革问题的典型的处事方法。只要能够出现一只能捉老鼠的猫，他们就准备无论多远和多久都要走下去。

而我们这儿，在我们头上悬着大量不同的意识形态偏见。因此，对我们来说，中国的道路是行不通的。

他们还有一位领袖邓小平，他清楚地知道，想要什么。是的，有领导人，大家为实现目标而团结一致。此外，中国的农民在自己的土地上劳动，还能养活国人。而我们存在了三四十年的集体农庄，最后 20 年已经无法养活国家。

我们当时如同一艘船，想航行，但不知驶向何方。我甚至不能说这是一艘船。我想说，这是一个被春季洪水淹没的村庄，村里每座房屋都被淹了，每个人都试图以自己的方式来拯救。

---

① 此处为波波夫之误。——译者注

问：您如何评论西方在改革的现实中所起的作用？

答：我觉得，世界并没有做好大变革的准备。由于一系列原因，当时没人帮助我们。首先，他们感兴趣的是摧毁这个危险的国家。当授予戈尔巴乔夫诺贝尔和平奖时，不光我说，这是和米哈伊尔·谢尔盖耶维奇个人在结账，而苏联不会获得任何东西。西方人长久地生活在对苏联的恐惧中，他们花了那么多钱用于战争，并不愿意将来与苏联分享和商量。对他们更有利的是一个分裂成若干主体的国家，和它们更容易达成一致。

但他们没有意识到，这种短期的收益将导致后来的许多问题。于是问题出来了。三四年后在南斯拉夫爆发了战争。而且很明显，如果不立刻停止解体，如果不马上支援能够整顿秩序的俄罗斯，西方将不得不明天在高加索、后天在中亚，然后在西伯利亚自己来处理这些事情。

而且，像比利时、卢森堡和其他一些小国也以欧洲的名义说话，它们希望原苏联的一些小共和国加入欧洲，使它们在欧洲不再害怕英国、德国和法国，它们将控制大部分投票权。看看欧盟的全部法规吧。所有问题都须达成一致。

这不是发展的方式。人类应当联合，但不能通过名义上的投票和官僚。

因此我认为，由于各种原因，西方对我们的改革没有做好准备。

问：但戈尔巴乔夫本人相信西方会帮助我们吗？

答：他曾坚信西方会帮助我们。他认为，西方自身就将进行改造，然后再协助我们。他还写了一本书《新思维》，这是为人类作出的思考。他非常清楚，合乎常规的方式只有一种：那就是我、你们、我们大家一起发生变化。但他很快意识到，西方不准备进行任何改革。

问：即使到现在，经过这么多年，很多反对戈尔巴乔夫的人还指责他在不知道采取什么规模的情况下就着手进行改革，后来又背叛了改革？

答：这完全是诽谤。戈尔巴乔夫是一位杰出的领导人。试想一下，一个人不知道这种规模就开始着手是不可能的。事实上，米哈依尔·谢尔盖耶维奇是一个思想深刻的人。他的悲剧不在于没有总体计划，而在于总体规划是错误的。

戈尔巴乔夫直到最后一刻都还在思考如何复兴社会主义。甚至在他从福罗斯回来后，下飞机时又发表了关于复兴社会主义的讲话。这是他的主要错误，他总是想着复兴社会主义。我想他是在考虑新的社会主义，因为在其他任何制度中他都不能为自己找到领袖的位置。

问：他周围有一个团队或一帮能给他提建议并劝诫他的人吗？

答：要说服他很难，他很坚定。记得有一次在克里姆林宫，一位著名人士告诉我说："他像斯塔夫罗波尔的牛一样固执。"事实就是这样。米哈依尔·谢尔盖耶维奇·戈尔巴乔夫是一个意志坚强的人。只有他本人才能说服他自己。应当考虑摆脱社会主义，并作出一项大决定，但他却说："我应当完成这一切，然后我的使命才结束。"

问：为什么您担任莫斯科市市长的时间这么短就下决心要重新搞学术研究了呢？您很失望吗？

答：我并没有失望。我是在政变胜利后被迫立刻辞职的。当时产生了有关进一步发展路线的问题。在莫斯科，我努力贯彻落实民主方案。

摆脱社会主义的民主方案是什么呢？第一，这意味着把财产分给所有人，而不只是分给执政阶层或商业精英。然后，在竞争过程中再进行再分配，财产将会被那些在市场上表现出色的人得到。但一开始财产划分应当是平等的。因为社会主义社会的全体成员在所有权方面都是平等的。

第二，向那些不能在新市场条件下工作的人支付补偿。那些已经六七十岁的和不能适应后工业社会的人们自己有什么罪过呢？就是说，应当保障他们的生活。我试图这样做。我把莫斯科的住房免费私有化，让退休人员免费乘车。我想将莫斯科州并入莫斯科市，这样就可以把郊区的土地分给所有退休的人，让他们买到房子和 10 俄亩的土地（我们再帮助他们）。他们哪怕靠这些土地也能种点儿什么养活自己。

我不打算把国防工厂私有化，更不用说石油和天然气企业。但叶利钦选择了盖达尔的方案。我和叶利钦在如何进行私有化和土地改革等原则问题上有分歧。

但主要还是我们在政治问题上意见不一致。我认为，我们需要的是新的选举，而不保留共产党操控下选出来的人民代表苏维埃。不管怎样，我们必须实行三权分立，应当有一种完全不同的体制。我当时写了一篇文章，发表在《消息报》上，谈到必须召开能通过所有决议并决定俄罗斯命运的立宪会议。但当时一些人民代表围着叶利钦，齐声对他说："鲍里斯·尼古拉耶维奇，您想要干什么？现在和一个波波夫都很难达成协议，如果大选后又出来一些新人，那就更难办了。我们是支持您的，一切按您说的办。"总之，他们说服了他，让一切保持原样。而两年后，他又被迫炮击议会和这些人民代表。

我和鲍里斯·尼古拉耶维奇·叶利钦私人关系很好，自始至终仍保持彼

此信任。我告诉他，在俄罗斯不可能有两条改革路线。或是我进入政府实行我的方案，或是我辞去市长的职务。然后他坦率地提出一个问题："你的发展模式需要多长时间？何时会有结果？"我说："至少 10 年，最多 20 年，平均约 15 年最有可能，更快的是行不通的。"他回答说："美国人承诺立即拨给盖达尔 370 亿元，你会怎么做？"我开诚布公地回答说，那就要这 370 亿美元。这笔巨款能在未来 3～5 年里使我们摆脱最艰难的境况。我写了辞职信，但他请我工作到春天，再干几个月。

借此机会，我顺便评价那些自由主义者所传播的两个神话。首先是谁也不想掌权的神话，说掌握俄罗斯之船的船长室空了，盖达尔的团队是来营救弃船的。不对，还有我呢。我知道，还有过其他一些人。其次，他们还散布说，我是因害怕困难临阵脱逃的。我不是怕困难，而是清楚地看到，在盖达尔的政府中我无法工作。我是被"挤"出来的。

问：西方答应给叶利钦的钱没有兑现是吗？

答：西方是能给的，对西方来说这个数目不大。但他们没给，骗了我们。当叶利钦满 75 岁那天，克林顿特来给他祝寿。喝醉酒的鲍里斯·尼古拉耶维奇·叶利钦当场指责他没有履行许下的承诺。

叶利钦是一个很强的人，但他只懂战术。而戈尔巴乔夫是一位战略家，但其战略失误。叶利钦具有戈尔巴乔夫所不具备的最突出的特点：他时刻准备把旧事物统统摧毁，甚至不惜毁灭自身。

问：那就是说，国家没有机会去改变什么？

答：第一，戈尔巴乔夫本人有一个机会。如果他能使领导人团结起来，让他们当时能坚定地走俄国式的（我没说是中国式的）发展道路的话……只要每年从为战争消耗的 1000 亿中拿出 200 亿购买商品、食品，养活国家就足够了。第二，准许波罗的海沿岸国家，也许还有外高加索三国脱离，一切也就到此为止了，就没有共和国会再脱离苏联了，再也没有其他加盟共和国想独立出去。第三，当然不应从石油和天然气私有化开始，而应从划分土地开始。历史上俄罗斯的全部改革都是从土地开始的。但至今也没能进行土地改革。

问：改革最终什么也没教会我们吗？

答：为什么没教会？……改革形成了现在所有的思潮流派和立场。我现在坐在这里和您谈论这一切。

而且，改革赋予了这些流派在实践中展示自己的机会，展示他们是什么、能做什么。

最后，这场变革明确标出了改革在摆脱社会主义之后的主要路线以及权贵式的方案与人民民主的改革方案之间的差别。

戈尔巴乔夫的改革完成了自己的历史使命：它摧毁了看上去坚不可摧的国家官僚社会主义制度。

（粟瑞雪 译）

俄罗斯《共青团真理报》：
戈尔巴乔夫的改革：
一场悲剧还是伟大变革？*

编者按： 苏联总理雷日科夫指出，戈尔巴乔夫做得最多的是他最喜欢做的事情——政治改革，然而却忽略了经济。苏联的整个经济和基础设施都建在原有的计划经济体制上，从一条路走上另一条路需要时间。在既没有相关银行体系，也没有相关法律的情况下就进行过渡，最终只有一个结果，那就是国家毁灭。中国和东欧国家之所以有理性地进行了改革，是因为这些国家认识到戈尔巴乔夫及其亲信的错误，没有重蹈覆辙。

1985 年 3 月 11 日，戈尔巴乔夫当选为苏共中央总书记。当时，即便天才的预言家也无法料想，随着他的上台，国家开始了一个怪异的、可悲的时代。那时人们既激动不已又惴惴不安，满怀憧憬又极度失望，这个时代的名字就叫"改革"。从不可思议的 1985 年到现在，已经过去了 25 周年。整整一代人的生活在苏联和新俄罗斯之间悄然而过。在纪念改革 25 周年的日子里，人们不由地回想起，25 年前这一切是怎样开始的？当时是怎样生活的？如何看待这段历史？

一 戈尔巴乔夫是怎样当上总书记的

1982 年、1984 年和 1985 年，苏共中央总书记勃列日涅夫、安德罗波夫和契尔年科相继去世。年老体衰的苏共中央政治局委员（平均年龄 75 岁），

---

* 本文译自 2010 年 3 月 18 日俄罗斯《共青团真理报》，原为该报记者撰写的评述，原标题为《改革 25 周年：是国家的一场悲剧还是伟大变革的年代》，http://www.kp.ru/print/article/24458.3/619869。

激起了民间的冷嘲热讽。红场上一次又一次的宏大的国葬场面，在民间引起种种不祥的说法。全苏联都明白了，谁是治丧委员会主席，谁就是下一任总书记。契尔年科治丧委员会主席是 54 岁的苏共中央第二书记戈尔巴乔夫，他当时是政治局最年轻的领导人。

原定于在契尔年科离世后第二天举行选举新任总书记的政治局会议，那时死者的遗体尚未下葬。在电话里政治局委员们只讨论了一个候选人，就是戈尔巴乔夫。整个选举过程十分神速：会议一开始，政治局里德高望重的苏联外长葛罗米柯就站起来，提出选举戈尔巴乔夫，获得一致赞成。从上一任总书记辞世到新一任总书记选出，只用了 20 个小时。国家生活的新时代就这样开始了。

二　是安德罗波夫为改革做了准备？

有人说，改革是安德罗波夫筹划的。如果不是病入膏肓，安德罗波夫也许能够进行改革。还有人说，还早在开始改革的 15 年以前，安德罗波夫就对亲信说："机器已经老化，该维修了。也许该大修了，但不能破坏根基，基础是好的。应当从经济上开始改革。人们感觉到生活变好了，那时才可以逐渐放松控制，给一些自由。就是在这种情况下也需要把握好度。"

正是安德罗波夫把年轻有为的戈尔巴乔夫从斯塔夫罗波尔调到莫斯科，又派中央书记利加乔夫到斯维尔德洛夫斯克去考察积极向上的叶利钦。

安德罗波夫肾病严重，已无治愈希望，临终前不久他对亲信说，应当大力加速经济的发展。

加速科技进步，是总书记戈尔巴乔夫在以改革为标志的四月全会（1985 年）上提出的首要任务。苏共的承诺是，通过加速发展，到 2000 年使每个家庭有一套独立住房。老百姓特别高兴。后来戈尔巴乔夫放弃建设共产主义的思想，提出完善社会主义，使社会主义更"具人情味"。为此，再后来他提出了"公开性"的口号。

三　改革带来的效果

1986 年，诺贝尔奖获得者安德烈·萨哈罗夫（被软禁在下诺夫哥罗德）家里装上了电话。无疑，很快就有人打电话给他。很快，他就接到戈尔巴乔夫的电话：返回莫斯科继续从事爱国主义的行动。一周以后，萨哈罗夫夫妇回到莫斯科。

解禁之风迅速在苏联大地上兴起。田吉兹·阿布拉泽的《忏悔》等一批轰动性的影片开始公映。过去一些禁书如阿纳托利·雷巴科夫的《阿尔巴特街的孩子》、瓦西里·格罗斯曼的《生活与命运》、鲍里斯·帕斯捷尔纳克的《日瓦戈医生》、钦吉兹·艾特马托夫的《断头台》，以及亚历山大·索尔仁尼琴、米哈伊尔·布尔加科夫等作家的地下出版物被公开出版。刊登爆炸性揭露文章、政论文章和改革内容文学作品的《新世界》、《旗帜》等杂志在人们手中争相传阅……

四 改革时代的标志：肥皂成了礼物，行贿需要伏特加

改革之风是悄悄吹起来的。维克托·崔①最先唱了《我们期待改革》，这首歌曲就成了改革之歌。可是从 1985 年 5 月起，买什么都得排队，伏特加成了硬通货。再后来，商店货架空空，很多商品凭票供应。

有人过生日，送一小块进口肥皂，就是很体面的礼物。就更不用说一条连袜裤、一包万宝路和几块口香糖了。有一句玩笑话很流行：到我家做客，喝茶加糖可以，可别用肥皂洗手。

后来出现了健美操，引得苏联姑娘们在诱人的节奏下疯狂地摇摆。国家上下争相试穿"洗染"牛仔裤（多数是在自己家厨房里过水的）。全国上下都梦想购买一辆改装后的"塔弗利亚"牌小汽车（一种两门三缸的简陋的小汽车），全民哼唱安东诺夫的歌曲，争相拷贝卡式录音磁带，欣赏着西方少年那种"脱口秀"，虽然听不懂在唱什么。大家全都拥挤在电视屏幕跟前，看那些从未有过、直率和敢讲的电视节目："视点"、"午夜前后"、"改革之光"等。到后来，人们又迷上了卡什皮洛夫斯基的电视算命节目。

五 当事人的回顾

戈尔巴乔夫："我们错过了很多……但没想到上天给我们送来了叶利钦。"

---

① 维克多·崔，苏联末期著名的摇滚歌手，朝鲜裔苏联人。演出时崔经常是手持吉他，边舞边唱。他不仅歌迷众多，而且由于其愤怒青年的形象，在苏联社会影响极大。后因车祸而亡。——译者注

第一任也是最后一任苏联总统戈尔巴乔夫说，国家应该变了。这不是一部分人的想法。我想起 1985 年 3 月 10 日，契尔年科去世那天。在政治局开会之前，摆在我面前的是今后怎么办的问题。晚上 11 点我召集所有领导人开会。会前半小时，我要求与葛罗米柯见面，当时他是苏联部长会议第一副主席兼外长。我说，我们得行动了，不然人们就上街了。连着走了三个总书记！就连歌手维克多·崔都知道需要改革，我们就不知道需要改革?! 不改革不行！可以说，改革在安德罗波夫在任时就开始了。当时成立了工作小组。安德罗波夫很在行，知道应当做什么。因为 1982 年他主政时，经济大幅度滑坡。因此，可以说 1985 年我和葛罗米柯的谈话由此而来：我们党或者寻找出路，或者被赶下台……

许多事情应当采取另一种方式进行。首先需要改革苏共。共产党人、自由派、基督徒，都躲在苏共的屋檐下，成了一个混合体。后来，就开始相互制约，最后是叛乱。谁领导了叛乱？是政治局委员！1991 年 7 月我们才做到，终于通过了纲领草案，要举行非常代表大会。我们明白得太晚了，不知所措……

食品和其他消费品的供应每况愈下，这不仅是我们的过错。如今，很多事情都有详细的披露。里根（1981～1989 年的美国总统）政府请求沙特阿拉伯国王降低油价。这样一来国际油价走低，造成我们损失了 2/3 的外汇收入。五年计划的所有设想都落空了……

政治上层矛盾尖锐，时常出现重大争议。总理尼古拉·雷日科夫处境困难：13 个副手，都是技术官僚。全会上通过了决议，可会后处处受到掣肘。合作社，以及通过的企业法和租赁法，这些本来都可以改变经济形势……

反酗酒运动对我们来说也帮了倒忙。大家都说，戈尔巴乔夫好像是个聪明人，怎么想出这么个糊涂点子？在俄罗斯发动反酗酒运动！可这是最聪明的勃列日涅夫的主意！当然他原本坚决不同意，可迫于社会压力就同意了。葛罗米柯告诉我，他在和勃列日涅夫从郊外官邸返回莫斯科的路上提出：

"应当采取点措施？不然人们都成酒鬼了。国家瘫痪了。"

勃列日涅夫沉默了 10 分钟以后，说道：

"你知道吗？俄罗斯人不能不喝酒。"

整个苏联也需要改革，可是我们却迟迟没有改革：苏联各加盟共和国已经有了自己的精英、自己的经济体制、自己的政治和文化机构。也就是说，形成了独立的国家。它们确实符合国家体制的要求，可是却按老的规则运

行。当时就需要非集权化。这是明摆着的事，水到渠成。看看斯大林和勃列日涅夫时期的宪法就知道：加盟共和国是国家主体，享有主权和选择权，可以留在苏联或退出苏联。其实，这早就写好了。我认为，我们错过了。我们太相信苏联，甚于相信自己！我们为友谊付出得太多！……

苏联解体后，西方人把酒相庆：终于等来了这一天。战争没有征服苏联，苏联人却自己毁了自己。应当利用大好时机……北约不东扩的承诺被抛在脑后。他们还为自己辩解：俄罗斯不是苏联，我们当时是对苏联承诺的，苏联不存在了。这是强词夺理。现在不得不讲清楚……

我们头一次进行竞争性选举。他们（政治局的对手）用政治方式没能扳倒我，就进行了叛乱。后来就是上天给我们送来了叶利钦。送来的？是我们给他提拔上来的……当时雷日科夫就说过："你们会饱尝他的痛苦。"的确，饱尝苦果：不仅是我们，而且是国家。

《文学报》总编辑尤里·波利亚科夫说："言论自由无论如何也不能与国家崩溃相抵。"

有人认为，我的《一个区的紧急状态》是关于改革后出版的第一部小说。小说是 1985 年 1 月出版的，当时契尔年科还在，谁也想不到几个月以后会发生什么事情。《命令之前的 100 天》这部小说则是改革时期出版的。

和所有人一样，我也免不了对年轻的戈尔巴乔夫着迷，为重大改革的前景所诱惑。作家这个职业所具有的观察力，使我很快就对形势持批判态度。

我的小说引起了很大反响，根据小说拍摄了电影，还改写成剧本上演，我进入权力机构。我注意到，戈尔巴乔夫带领着一批像他一样非常喜欢谈论问题的人。这些人没有长性。他们善于计划，实施既定的决定。他们的主要问题在于，常将愿望误当成现实的可能。戈尔巴乔夫做得最多的是他最喜欢做的事情——政治改革，然而却忽略了经济。

我们最大的教训是，不应当把国家当成改革的对象。

中国和东欧国家之所以能够理性地进行改革，是因为这些国家看到了戈尔巴乔夫及其亲信的错误，没有重蹈覆辙。

是改革时期埋下的地雷，毁掉了苏联的历史进程，导致多民族国家的崩溃。

许多人说："可是我们得到了言论自由。"如果让我作出这样的选择：保留苏联，没有那将我们所有人抛入垃圾堆的可怕的 20 世纪 90 年代，不让老人失去存款，但是我的作品15～20年以后才能发表，我宁愿如此！国家混乱、老人穷困、领土沦丧，这样的言论自由又价值几何！

苏联的改革迟早能来。改革先于戈尔巴乔夫已经开始了。当时已经有一代优秀的管理者。他们是很强的苏联管理传统的代表。他们有现代化的思维，却少有共产主义的教条。我认识很多这样的人。只需要再过一段时间，他们就能掌舵。考虑到苏联这样一个多民族的国家，地广人稀，他们会铁腕治国，同时也会采取多种方式和手段。可是，由于国家瓦解导致了20世纪90年代出现了一批"有眼无珠"的改革幻想家。甚至索罗斯都害怕他们。

所有这些，都是由于戈尔巴乔夫本末倒置，将车套在了马的前面。这就像一个农民接受了哲学教育，最后他成了一个非驴非马的"四不像"。

提起"改革"，我自己对"改革"没有任何激动之情。只能说，这是俄罗斯历史上悲惨的一页。

"俄罗斯新闻"电视节目主编谢尔盖·多连科说："这不是西方的设计，而是'山寨版'的西方思想。"

俄罗斯是一个充斥着歇斯底里和自发性极端行为的国度。戈尔巴乔夫不是改革的设计师，他是好奇的看客。戈尔巴乔夫像一个独自在家的孩子一样，不小心打开了家长锁起来的物品。然后他既惊慌又无助，既兴奋又恐惧地看着会发生什么情况。

作为一个苏联人，我对国家的命运非常悲伤。我们的祖国被毁掉了。是的，她是生病了。可是如果她是健康的，她就不会牺牲了。所以说，我的祖国是生病了。可是可以医治好她的伤，而不是将她杀死。

"改革"不是西方的设计。这是"山寨版"的西方思想。这出自我们之手，而不是西方。西方人总是惊奇地看着我们。当科济列夫担任外交部部长时，我们躲在他们怀里哭泣，我们满脸眼泪和鼻涕地去舔舐他们。西方人深感不解。西方人原以为棋逢对手，把我们看成一个狡诈而凶狠的敌手，而我们却是一个懦夫。

1986年竞选期间叶利钦的私人政治形象顾问、现任尼科洛－M（Никколо М）集团公司总裁叶卡捷琳娜·叶戈罗娃说："我们千万别变成朝鲜。"

进行了改革，这对国家有好处，否则现在我们还生活在朝鲜或古巴那样的制度下。当然，改革有许多重大失误。我记得，已经开始改革的 1985 年，我在美国和加拿大研究所工作时，因为拒绝加入苏共就不许我出国。当时的党委书记坚持一点：既然不入党，其他东西包括出国等就别想！这个规定一直实行到 1989 年。现在看起来非常可笑。

改革在时间上拖延了。可最幸运的是，还是有了改革。

苏联总理（1985～1990 年）尼古拉·雷日科夫说："安德罗波夫开始的改革，而戈尔巴乔夫却毁掉了。"

1982 年我当选为中央书记，负责国家计委、财政部、物资供应委、物价委等 9 个部委的工作。

两周后，安德罗波夫把负责农业的中央书记戈尔巴乔夫、负责重工业的中央书记多尔基赫和我叫到他的办公室。他说，我们过去老讲，存在不少问题，应当采取新方法……首先是在经济领域。谁也不清楚今后做什么？朝哪个方向走？怎么走？我们还没有关于今后目标方向的一个文件。因此我委托你们尽快研究制定今后如何发展的构想。

我们三人开始研究这些问题。1985 年戈尔巴乔夫当选为总书记时，提出了改革构想，作了报告。这是我们准备了整整三年的报告啊！

我们提出，按计划逐步向市场方向过渡。这是戈尔巴乔夫报告的基调。1987 年之前，我一直支持戈尔巴乔夫。

后来我们有了分歧。1987 年，我和我们的同仁们想看看安德罗波夫委托的任务完成得怎么样，结果发现，戈尔巴乔夫没有按安德罗波夫的方向走，他走的完全是另一个方向。他断送了安德罗波夫开创的改革……

最终，戈尔巴乔夫支持叶利钦强加于他的经济模式。还记得亚夫林斯基的"500 天计划"吗？我曾坦率地对戈尔巴乔夫说："难道您不明白，苏联的整个经济和基础设施都建在原有的体制——计划经济体制——上？"从一条路走上另一条路需要时间。在既没有银行体系，也没有法律的情况下，如何过渡？任何法律都没有……有的只是"500 天计划"。

我对戈尔巴乔夫讲："请注意，这些都不现实，很可怕。您会明白的，这是在毁灭国家。这是拿 3 亿人当人质，这是冒险。"

戈尔巴乔夫不知为什么对这些非常平静。甚至 1990 年 12 月我提出辞职的时候，他竟然还和我讨论接替我的总理人选……

（以上由亚·加莫夫访谈记录）

附：改革时期的笑话两则

（1）买酒的人排了长长的大队。一个男子受不住了：

"哥们儿，我去克里姆林宫，要揍戈尔巴乔夫一顿。"

过了一段时间他回来了：

"敢情那里的队比这儿还要长1倍！"

（2）戈尔巴乔夫来到排队买酒的队伍前说：

"不害臊吗？一群酒鬼！有党员吗？"

队伍中有一个声音回答：

"有！"

戈尔巴乔夫：

"加快造酒才对！"

"倒想加快造酒，缺糖！你给吗？"那位党员说道。

（张树华 译）

奥斯特罗夫斯基：
谁让戈尔巴乔夫登上权力顶峰

　　编者按：2010 年，A. B. 奥斯特罗夫斯基①出版了他的新著《谁扶持了戈尔巴乔夫?》。米·戈尔巴乔夫上台时的形势，至今笼罩着神秘的面纱。是谁除掉了苏联最高层中他的竞争对手? 为什么戈尔巴乔夫 1985 年 3 月在决定苏联命运生死攸关的苏共中央政治局会议上轻松取胜而成为党的总书记? 在复杂多变的政治舞台上，戈尔巴乔夫是怎样左右逢源、逢场作戏的? 以美国为首的西方是怎样接触、力促和扶持戈尔巴乔夫掌权的? 以下是关于这方面内容的摘译。

一　美国前中央情报局局长罗伯特·盖茨：
"我们对他（戈尔巴乔夫）很了解"②

　　著名苏联持不同政见者亚·季诺维也夫称，**1979** 年他侨居国外时，有人向他提出一个问题：苏维埃制度的哪些地方最容易被攻破? 他的回答是："那些被认为是固若金汤的地方，即苏联共产党机关，它的中央委员会，它的政治局，最后是它的总书记。""只要把自己的人安排在这一位置"——在听众哄堂大笑中，他说："只需几个月他就可以搞垮党的机关……然后，

---

① 亚·弗·奥斯特罗夫斯基（Алекса́ндр Влади́мирович Остро́вский），生于 1947 年 6 月 23 日，俄罗斯历史学家，国立圣彼得堡电视通讯大学教授。著有《俄罗斯历史大全》（2000 年）、《谁在斯大林的背后》（2002 年）、《1993 年：炮击白宫》（2008 年），《谁扶持了戈尔巴乔夫?》（2010 年）、《愚蠢还是背叛——对苏共死亡的调查》（2011 年）等。
② 文中小标题为译者所加。——译者注

整个政权和管理体系开始出现解体连锁反应。""其结果"是"整个社会的解体"。

亚·季诺维也夫证实，一段时间过后，他曾与英国情报机构某工作人员交谈，该工作人员告诉他："很快他们（即西方势力）将把自己的人安排在苏联的王位。"当然，他没有提及戈尔巴乔夫的名字，但季诺维也夫作出结论：这一诺言有先见之明。

如果考虑英国从苏联改革中所得（不会多），英国特工机构参与将戈尔巴乔夫推向权力最高峰的说法令人怀疑。因此，有些作者认为，米·戈尔巴乔夫（上台）可能与美国中央情报局或共济会，而不会是英国情报机构有关。叶·利加乔夫前助理 B. 列戈斯塔耶夫最先散布的一种说法广为流传："似乎，在占领时期，米·戈尔巴乔夫向德国当局作出了合作的书面承诺。""在德国投降后，该书面承诺落入西方盟国手中，并成为他们进行'敲诈'的工具。"但至今没有证明这一说法的证据，哪怕是间接的证据。因此，如果我们真想弄清这一问题，就不应以讹传讹，而应将"西方和戈尔巴乔夫"作为特别研究题目。

首先值得注意的是戈尔巴乔夫的大学年代。因为在莫斯科大学学习的，不仅有苏联大学生，还有外国留学生。1953 年，在法律系有几十个留学生。他们之中的捷克人兹德涅克·姆林纳日（1930～1997 年），米·戈尔巴乔夫不仅认识，他俩还是朋友。不过，他们之间的关系，无论在大学，还是毕业后，至今没有引起特别注意。至于戈尔巴乔夫 1950～1955 年与在莫斯科大学学习的其他留学生的相互关系，更没有人研究。戈尔巴乔夫传记的作者 A. C. 格拉乔夫断言，1955～1985 年，米·戈尔巴乔夫和兹德涅克·姆林纳日没有保持联系，30 年中他们只在 1967 年见过一次面，而且很偶然。但之后，正是 A. C. 格拉乔夫自己引用了戈尔巴乔夫 1994 年对《共青团真理报》的下述讲话："兹德涅克是我最亲密的朋友，比任何人都更亲密。"难道，他们这样好的关系，大学毕业之后没有通信联系？2002 年戈尔巴乔夫证实："我有一个朋友叫兹德涅克·姆林纳日，直到他生命的最后时刻，我们都保持着友好关系。"有人据此认为，1955 年之后，戈尔巴乔夫和兹德涅克·姆林纳日继续保持着联系，但只是不宣扬罢了。

为了弄清形成这一状况的原因，必须考虑下述情况：莫斯科大学毕业后，1955～1963 年，兹德涅克·姆林纳日在捷克国家与法研究所工作，1963～1967 年，任捷共中央委员会法律问题委员会书记，1968 年任捷共中央委员会书记和主席团成员，是"布拉格之春"的领袖之一；正是出于这一原因，

1968 年他被解除职务，1970 年被开除出党；1977 年，兹德涅克·姆林纳日签署了《七七宪章》，并被迫侨居维也纳。

当选总书记之后，戈尔巴乔夫立即邀请兹德涅克·姆林纳日赴莫斯科，但与他的会见没有公开。

研究"戈尔巴乔夫和西方"问题，还应关注戈尔巴乔夫参加的 1961 年在莫斯科举行的世界青年论坛。在该论坛上，戈尔巴乔夫受全俄列宁共产主义青年团中央（也许不只是团中央）的委托，"负责意大利代表团"。他由此开始了与意大利共产党人的联系，而这意味着与后来被称为欧洲共产主义运动的联系。

1966 年，戈尔巴乔夫首次出国，访问德意志民主共和国。1969 年 9 月，他应邀参加保加利亚的庆典活动；同年 11 月，赴捷克斯洛伐克出差。1971 年，在意大利，他第一次认识"资本主义世界"，之后他访问了"法国、比利时、德意志联邦共和国"。

戈尔巴乔夫还和造访斯塔夫罗波尔边疆区的外国人建立了联系。他们主要是来自中欧友好国家的党务和国务活动家。在这里，他还开始接触"资本主义国家"的代表，他们是为了生意而访问该边疆区的。其中包括英国约翰·布朗（John Brown）公司，德国的林德（Linde）公司，美国的联合碳化物（Union Carbide）公司，它们是参与设计和建设化工厂的，还有为该项目提供资金的英国摩根建富（Morgan Grenfell）银行。

在成为苏共中央委员会书记后，戈尔巴乔夫的国际交往扩大了。由于农业属于他的工作范围，他参与了粮食的进口，而恰恰在这一时期，粮食的进口对于我们的国家有着特殊的意义。与此相关，下述事实引人注目。当戈尔巴乔夫夫妇从斯塔夫罗波尔调到莫斯科，如何安排赖莎·马克西莫芙娜的工作，成了一大问题。根据 Л. Н. 苏马罗科夫的回忆，他为她在莫斯科一所大学找到了一个位置。但赖莎·马克西莫芙娜突然声称，米哈伊尔·谢尔盖耶维奇在书记的位置上未必能久留，他很可能很快被解除职务和派到某个地方当大使。因此，她要学习英语而不到大学教授哲学。调到莫斯科后，赖莎·马克西莫芙娜未必真正准备"整装待发"（出国当大使夫人），很可能是拒绝为她安排的工作后，她决定成为家庭主妇。有理由认为，她对英语产生兴趣，是因丈夫调到首都后，她寄希望于他经常出国和扩大与外国人的会见，看来她准备参与这些会见。

重要的是确定究竟是什么时候外国开始注意戈尔巴乔夫的。中央情报局前局长罗伯特·盖茨在其回忆录《来自阴影》一书中这样写道："1983 年

初，中央情报局热切地欢迎戈尔巴乔夫的出现，他是安德罗波夫提拔的。"是什么引发了这一热切？罗伯特·盖茨承认："我们对他很了解。"

中央情报局搜集苏联共产党领导人的情报很正常，如不这样做，反而奇怪。就此问题，前白宫工作人员之一约翰·波因德克斯特在与彼得·施魏策尔座谈时证实："我们拥有很好的关于苏联，特别是政治局和领导人的情报。"

的确，在 20 世纪 60 年代中期出版的《间谍艺术》一书中，艾伦·杜勒斯承认："西方情报机构密切关注着这些人物的出现，而且，对各个级别的共产党员，从最高层到基层，认真建立档案卷宗，详细记录他们的活动和讲话，个人和社会生活的有关情况。"

但中央情报局未必搜集党组织和党委书记们的情报，也许，在苏联社会发挥特殊作用的党组织例外。比如，苏共中央委员会机关的党组织，或苏联克格勃。区委和市委一级，如果不是莫斯科、列宁格勒和其他大城市，中央情报局未必感兴趣。但几乎可以肯定地说，所有共和国、边疆区和州的首府均在美国特工机构关注的视野之内。

在这种情况下，戈尔巴乔夫的姓名出现在中央情报局人物资料卡片的时间，不会晚于 1968 年，当时他任斯塔夫罗波尔边疆区党委第二书记。在人物资料卡片中输入其党务活动、公开讲话、"个人和社会生活"资料的时间，也不会晚于这一时段。

搜集此类情报的目的何在？关于这一问题，艾伦·杜勒斯在自己的书中并没有说明。但这一问题的答案不难找到。这样的情报是必要的。第一，是为了对苏联党和国家机关业已存在的集团作出评价，预测可能出现的人事变迁；第二，对将与美国政府打交道的人有所了解，即在与这些人建立关系时，不能出现失误；第三，在苏维埃和党的活动家中，招募自己的间谍，当然他们不一定要从事间谍活动。

克格勃将军西多连科回忆说："20 世纪 60 年代中期，克格勃从其消息来源得到了关于中央情报局和美国其他特工机构转入招募所谓利益代理人的第一份情报。""而招募这些利益代理人，是为了在将来使用，即指望在今后的某一未知的时刻，他们能够晋升到党和国家机关、有影响的社会机构以及苏联军队，并在那里工作。"

克留奇科夫曾写过苏联官僚机构内部"利益代理人"的出现，只是在赫鲁晓夫时期。但这表明他不实在，或不懂行。自古以来，所有国家都希望其他国家有"自己的人"。

我们不知道，1983 年之前中央情报局掌握了关于戈尔巴乔夫的什么具体情报。但根据所有情况判断，关于戈尔巴乔夫的情报使美国特工部门相信，可以利用他为自己的政治利益服务。

中央情报局什么时候掌握了这样的情报？

牛津大学教授阿尔奇·布朗断言，1980 年 10 月 22 日他得知戈尔巴乔夫当选为苏共中央政治局委员时，他立即将其确定为"具有不同寻常的、深远的重大意义的事件"。

类似意见可以理解为：1978～1980 年，此前鲜为人知的省级书记突然成为苏共中央书记，之后成为中央政治局候补委员，最后又成为政治局委员。但布朗指出，早在 1978 年，当戈尔巴乔夫成为苏共中央书记时，已引起了他的注意。当 1979 年 6 月他与（"布拉格之春"领导人之一、戈尔巴乔夫的大学好友）兹德涅克·姆林纳日会见后，他对戈尔巴乔夫的兴趣更加浓厚。

如果说，布朗在 1978 年开始注意戈尔巴乔夫，那么，美国外交官杰克·马特洛克早在 1975 年就已知道了戈尔巴乔夫的名字。马特洛克生于 1929 年，1950 年毕业于北卡罗来纳州大学，1952 年在哥伦比亚大学俄罗斯研究所获得硕士学位，自 1953 年在达特茅斯学院教授俄语。1961 年首次派驻莫斯科，前后大约工作了两年，任副领事和三等秘书。20 世纪 60 年代他在非洲工作过，然后调到国务院。1971～1974 年在国务院领导苏联处。1974 年再次派驻莫斯科，担任副大使。

后来，他在自己的回忆录中承认，自 1961 年，他已经在设法"搞清"苏共中央机关。在说明 20 世纪 70 年代中期他已经知道戈尔巴乔夫的名字时，马特洛克在其回忆录中说，他所知道的戈尔巴乔夫是一个"试验者"和在仕途上"春风得意的人"。

1975 年，马特洛克访问了斯塔夫罗波尔边疆区。这是一次工作访问，因为正是这一时段大使回国，马特洛克"临时领导美国驻莫斯科大使馆"。

遗憾的是，关于马特洛克的斯塔夫罗波尔之行，暂时我们一无所知。我们只知道，为他组织了"边疆区游览"活动，大部分时间"或在汽车上，或是宴请"。

到斯塔夫罗波尔后，马特洛克表示了"拜访地方领导人"，即戈尔巴乔夫的愿望，尽管马特洛克承认这不符合"惯例"。马特洛克写道："我希望，他与其他州令人讨厌的苏联人不同，会打破惯例，接见美国外交官。"但小心翼翼的米哈伊尔·谢尔盖耶维奇没有"违反惯例"，他把马特洛克"转给"地方执行权力机构一把手，即边疆区执委会主席。按照马特洛克的说法，他未能与戈尔巴乔夫会见，直到 1985 年 5 月他才与戈尔巴乔夫认识。但时任苏共斯塔夫罗波尔市委第一书记的卡兹纳切耶夫证实："在拒绝个人接待美国外交官后，看来戈尔巴乔夫理解，既然外交官远道而来，就绝不会甘心空手而归。戈尔巴乔夫在边疆区委为马特洛克举行了正式的招待会，边疆区委所有书记都参加了，其中包括米·戈尔巴乔夫。"因此，美国外交官与戈尔巴乔夫结识，并不是在 1985 年，而是在 1975 年。令人疑惑的是，为什么马特洛克要刻意隐瞒这一事实。未来，人们可能从国务院的文件了解真相，因为马特洛克必须报告斯塔夫罗波尔边疆区之行。也许有关文件在中央情报局。

二　1984 年初华盛顿要求与戈尔巴乔夫建立"秘密"联系

1984 年 3 月，日内瓦会议苏联代表、裁军大使 В. Л. 伊兹拉埃良——是他曾介绍 Г. А. 阿尔巴托夫与乔治·布什认识，收到了参加同一会议的美国同行路易斯·菲尔德斯的邀请。路易斯·菲尔德斯拟与他举行一次"不带有任何立场"的会见，这意味着是进行非正式对话的邀请。在会见中菲尔德斯称，华盛顿希望与克里姆林宫领导人建立重要的和务实的接触。似乎在安德罗波夫逝世后，里根政府确实决定与莫斯科密切联系，但为什么里根政府不将此意直接通告苏联国家元首、苏联外交部或至少是苏联驻华盛顿大使？原来，要组织的是非正式的、秘密的会见。国家元首之间的秘密接触司空见惯，但菲尔德斯建议的特别之处在于，"不久即将访问日内瓦的副总统布什"想在访问期间"秘密"会见"一位新的苏联领导人"。根据菲尔德斯的谈话，这里所指的是戈尔巴乔夫，而戈尔巴乔夫"最有可能成为未来的苏联领袖"。与此同时，菲尔德斯强调，"会见不仅应严格保密"，而且"关于会见，任何人都不应知道"。布什的中间人称："苏联领袖可以化名来，可以编造某个理由。"这一建议使伊兹拉埃良左右为难，因为，美国政府试图与苏联国家领导人之一建立非正式的接触，不仅要对国家所有领导人保密，还不能让国家首脑知道。绕过外交部部长将美国的建议直接转告戈尔巴乔夫？这将意味着他的仕途面临威胁。通过葛罗米柯转告？这等于把该建议的秘密告诉了葛罗米柯。情况如此不同寻常，致使伊兹拉埃良不知所措。虽然根据工作要求，他应首先将上述谈话通报外交部，但他下不了决心。

事件如何继续发展？

B. Л. 伊兹拉埃良是这样写的："4 月中旬，布什抵达日内瓦。他在裁军会议上的发言安排在 4 月 18 日，而会议之前，布什的好友萨德 - 鲁金·阿迦·汗①将电话打到我的房间。""萨德 - 鲁金·阿迦·汗'神秘兮兮地'告诉我，'17 日晚'，'我们的共同朋友'，即布什，想与我在他那里见面。""开始是三人在一起谈，后来萨德 - 鲁金·阿迦·汗离开，只有我和布什两人。他立即将话题转入苏美进行非正式会见的可能性。但作为会谈对象，他只点了一个人——苏联未来领袖——的名字。'你们下一个领袖将是戈尔巴乔夫'，布什十分有把握地说。"

伊兹拉埃良特别强调，如果菲尔德斯只将戈尔巴乔夫称为契尔年科可能的继承人，则布什在谈及这一问题时显得十分有把握。

如我们以后所看到的那样，党的高层围绕契尔年科接班人的斗争一直在进行，直到他去世。布什十分有把握的根据是什么？难道这一问题由华盛顿解决？伊兹拉埃良答应布什将他的建议"报告给莫斯科"，但他又不敢以书面形式报告如此重要的情报，于是他亲自回到莫斯科。当然，他没有急于到老广场见戈尔巴乔夫，而是直奔斯摩棱斯克广场见葛罗米柯。

伊兹拉埃良回忆说："大约 4 月 24 日，在莫斯科与部长第一次会见时，向他报告了布什的提议。葛罗米柯认真地倾听汇报，没有打断汇报，也没有提任何一个问题。而当我结束汇报之后，出现了令人难堪的沉默。部长的视线离开我，看着某个地方并紧张地思索着，之后转向我说：'嗯，关于裁军会议的情况如何？'我明白了，这次谈话已经结束。"

1991 年，伊兹拉埃良第一次将这一段历史写在自己的回忆录中。根据他的讲述，在出版回忆录之前，他将此事告知布什，并得到了他的同意。伊兹拉埃良回忆录的发表，立即引起了关注。一些文章的作者利用他公布的材料，不仅指责戈尔巴乔夫拿了美国人的钱，还与中央情报局合作；而另一些人从这一材料中，看到了下述证据：是"美国人任命戈尔巴乔夫"为总书记的。

1999 年布什出版了自己的回忆录，其中包括《与维克多·伊兹拉埃良大使座谈备忘录》。但在该文件中，他甚至完全没有提及想秘密会见戈尔巴乔夫一事。

---

① 萨德 - 鲁金·阿迦·汗，穆斯林伊斯玛仪派领袖之子，1933 年生于巴黎，哈佛大学毕业，曾是联合国教科文组织工作人员，1959 年开始在联合国担任各种职务，包括自 1983 年起担任国际人道问题委员会主席之一，"多年来""与布什关系密切"。

难道伊兹拉埃良杜撰了 1984 年与布什的谈话？1984 年春，他寄给苏联外交部副部长 Г. 科尔尼延科的非正式信件，回答了这一问题。在该信中，伊兹拉埃良让他知道了自己与美国副总统的会见并报告说："在座谈中，布什多次重复地、死乞白赖地让人接受的思想是，举行非正式、几乎是秘密的、与和他同一级别的一位苏联领导人的会见（即苏联的第二把手，明显暗示是戈尔巴乔夫）。当然，里根知道这一想法，看来是支持这一提议的。我感到，布什愿意在任何时候和任何地点举行这样的会见。"

与此有关，应提请注意的是，布什在发表自己的备忘录时，并没有对伊兹拉埃良的回忆录提出质疑。这使人们有理由认为，1984 年在向总统办公厅通报与伊兹拉埃良会见时，布什认为自己就戈尔巴乔夫问题向总统报告是绝对的机密，以至于不能将这一部分谈话放在正式文件中。因此，伊兹拉埃良关于 1984 年 4 月他与布什会见的回忆录是可信的。

伊兹拉埃良还写道："关于秘密与戈尔巴乔夫会见的可能性，美国人是否通过其他渠道进行了试探，我不清楚。我也不知道克里姆林宫领导人是否讨论了这一问题。多半是没有讨论。"

三　通过芬兰总统再次设法与戈尔巴乔夫建立"秘密"联系

看来，对于与戈尔巴乔夫建立"秘密"联系的提议能否成功，美国政府没有抱很大希望。他们同时在寻找其他途径组织与戈尔巴乔夫的秘密会见。这一时期在国务院主管苏联方向的马特洛克曾写道："虽然我们设法与他建立直接联系，但不清楚如何着手。"

1984 年 2 月 23 日后，戈尔巴乔夫已经主持书记处会议（即形式上已是党的第二把手），但他担任这一角色是"临时性"的，并没有以书面形式确认。所以，从手续角度看，他依然只是主管农业的苏共中央委员会书记。不过，3 月 4 日，苏联举行了最高苏维埃选举。4 月 11 日，新的最高苏维埃召开了第一次会议，当日，戈尔巴乔夫被选为外事委员会主席。

正如克留奇科夫所指出的那样，在勃列日涅夫时期是苏斯洛夫领导该委员会，在安德罗波夫时期是契尔年科领导该委员会。换句话说，这一职务总是由党的第二把手担任。因此，选举戈尔巴乔夫担任这一职务，是安德罗波夫去世后戈尔巴乔夫成为苏联共产党中央委员会第二书记的补充证明。

有鉴于此，马特洛克指出，出现了"以国会领导人的名义向他发出邀请的可能性"。不过，在研究这一可能性之时，美国政府得知，芬兰总统毛诺·科伊维斯托计划访问苏联。在指出这一事实时，马特洛克关于戈尔巴乔夫是这样写的：我们"试图通过芬兰总统毛诺·科伊维斯托①与他进行接触"。

毛诺·科伊维斯托 4 月 26 日抵达莫斯科，4 月 27 日飞抵克里米亚休息。无论在机场迎接他的人，还是在与契尔年科的会见中，都没有发现戈尔巴乔夫的身影。但如果考虑到，他已于 4 月 11 日当选为外事委员会主席，毛诺·科伊维斯托可以亲自拜访戈尔巴乔夫并向他转交里根政府的提议。从马特洛克的书中可以明显地看出，举行了类似会见。这样，不早于 26 日，但不晚于 27 日，戈尔巴乔夫得到消息，里根政府想与他建立非正式的联系并把他视为苏联国家未来的首脑，进行预备性谈判。

如果说美国副总统有一定的行动自由度，那么苏联共产党中央委员会书记出国，则不仅要征得同意，还需得到政治局的批准。很难说这是不是巧合，但我们知道，正是在 1984 年 4 月末，进行了一次取消戈尔巴乔夫主持苏共中央书记处会议资格的不成功的尝试。与此相关，上述提到的情节，值得特别关注。特别是，这涉及葛罗米柯的立场。

我们不清楚米哈伊尔·谢尔盖耶维奇·戈尔巴乔夫对美国的建议作何反应，也不知道他是否将这一建议通报给党的领导人或一直作为机密加以保守，尽管这是不可能的。因为，根据某些资料，毛诺·科伊维斯托曾与克格勃合作。

不管怎么说，事件的进一步发展使人有理由认为，戈尔巴乔夫没有拒绝美国的建议，即他表示愿意与美国领导人举行秘密谈判。

四　意大利总统突然提出会见戈尔巴乔夫，会见以"友好的拥抱结束"

正当美国人就邀请戈尔巴乔夫一事琢磨对方的立场之时，戈尔巴乔夫自己出国了。因为，1984 年 6 月 11 日，意大利共产党领袖贝林格逝世。当天克里姆林宫就得到了消息。开始莫斯科拟派以波诺马廖夫为首的代表团参加吊唁活动，但意大利共产党领导人对这一决定持消极态度，他们建议的代替

---

① 毛诺·科伊维斯托，1923 年生于土尔库一个普通的家庭，曾当过木工、码头工人和管理港口工作的职员。1947 年加入芬兰社会民主党。1966～1967 年担任财长，1972 年成为副总理，1968～1970 年和 1979～1981 年担任总理，1982 年在总统选举中获胜。

人选是戈尔巴乔夫。这一建议被接受，12 日早晨，意大利共产党领导人得到通知。13 日晨，苏联代表团抵达罗马。

同一天，举行了葬礼。根据戈尔巴乔夫的回忆，晚上"七点多"，"在我们的大使馆官邸，我们会见了意大利共产党领导成员"。"谈话持续了一整夜，凌晨，当我们各自离开的时候，形成了某种相互谅解的氛围。"

正如一位会见参与者所指出的那样，意共领导人提出的很多问题来自塔·扎斯拉夫斯卡娅的《新西伯利亚市的报告》。但戈尔巴乔夫的讲话让他们惊讶，他说，主要的问题不是经济，更使他担忧的是民族问题。

1984 年，民族问题还没有任何威胁性。但这说明，戈尔巴乔夫清楚地了解，所设想的经济分权和与此相关的拟议中的地区性经济自负盈亏，会导致离心力的加强，将会使民族问题加剧。

14 日，举行了戈尔巴乔夫和意大利总统佩尔蒂尼的会晤。也许，戈尔巴乔夫完成了苏联领导的委托？没有。戈尔巴乔夫回忆说："我们的出行非常仓促，政治局没有任何特别指示。"

苏联驻罗马大使 H. 卢尼科夫回忆说，14 日早晨，当苏联代表团准备出发赴机场之时，电话铃声响了。意大利总统佩尔蒂尼表示愿意"会见莫斯科的客人"，即戈尔巴乔夫。

戈尔巴乔夫回忆说："第二天，6 月 14 日，意大利共和国总统佩尔蒂尼接见了我……这是一次内容丰富的座谈，而当我们分别时，友好的拥抱是真诚的。"苏联驻罗马大使 H. 卢尼科夫证实："座谈持续了 40 分钟。"

是什么激发了佩尔蒂尼与戈尔巴乔夫会见的愿望？他们谈了些什么？为什么会见以友好的拥抱结束？戈尔巴乔夫没有谈及。戈尔巴乔夫在自己的书中写道："当天，我们飞回莫斯科。在机场为我们送行的是（意共领导人）帕伊耶塔和鲁比。"按说，他们到达莫斯科的时间应该是白天，但根据切尔尼亚耶夫（曾任戈尔巴乔夫助理）的日记，代表团回到莫斯科的时间是晚上。

1984 年夏，戈尔巴乔夫的名字开始在西方大众传媒出现。6 月 18 日，切尔尼亚耶夫在其日记中记下了与阿尔巴托夫[①]的一次会面，他记述了阿尔巴托夫的下述讲话："现在，戈尔巴乔夫是我国在国外最受欢迎的活动家。报刊公开地以'皇储'的形象描绘他。"

（马维先 译）

---

① 1967～1995 年任苏联（俄罗斯）科学院美国和加拿大研究所所长。

美国《外交政策》杂志：
戈尔巴乔夫漫长可怜的晚年生活*

在众多摄于米哈伊尔·戈尔巴乔夫 80 岁生日庆典上的照片中，最抢眼的一张显示，他比以前掌权时（那时他还是世界上最重要的人物之一）显得更加矮小，也更加发福了。他似笑非笑，显得深不可测；头发看上去有些蓬乱，可能还不大自信。当然，这些印象可能被这样一个事实放大了：在这张特别的照片中，这位曾经的苏共总书记挽着莎朗·斯通（Sharon Stone）。斯通穿着一件紧身香槟色裙子，涂着大红色口红，笑容灿烂。她脚上蹬着一双高跟鞋，足足比戈尔巴乔夫高出 6 英寸——这无疑使他的权力光环稍显暗淡。

不过，戈尔巴乔夫离开权力光环确实有很长一段时间了。事实上，与他耀眼的生日聚会相关的每样东西都刺眼地贴着"二流名人"的标签。莎朗·斯通已经很长一段时间没有在热门电影中饰演主角了，与她共同主持聚会的凯文·斯帕西（Kevin Spacey）也是如此。出席庆典的还有戈尔迪·霍恩（Goldie Hawn）、阿诺德·施瓦辛格（Arnold Schwarzenegger）、泰德·特纳（Ted Turner）、莎丽·贝希（Shirley Bassey），还有——我遗憾地告诉大家——莱赫·瓦文萨（Lech Walesa）。生日庆典的举办名义是为关爱癌症儿童的赖莎·戈尔巴乔夫基金会募集资金，但这个夜晚的大部分时间却显示了戈尔巴乔夫的怪诞命运。**这个男人发起了公开性运动和经济改革；他主持了苏维埃帝国和苏联的解体；他也是现代俄罗斯的缔造者之一——而他的生日庆典却是在位于伦敦的皇家阿尔伯特音乐厅举行的，为他祝寿的也几乎清一色是陌生人。**

---

* 本文译自美《外交政策》杂志网站（http：//www.foreignpolicy.com/articles/2011/06/20/the_ long_ lame_ afterlife_ of_ mikhail_ gorbachev? page = full）。

这并非偶然：苏联解体 20 年后，俄罗斯人在戈尔巴乔夫的问题上是纠结的。戈尔巴乔夫非但没有被奉为英雄，大多时候还被当成灾难性的领导人被人记起——倘若有人记起他的话。的确，他在 20 世纪 80 年代用以往难以想象的自由开启了公开性的新纪元，但在俄罗斯，他同样需对 90 年代的经济崩溃负责。大多数俄罗斯人也不会对他终结苏维埃帝国心存感激。恰恰相反，俄罗斯现任总理弗拉基米尔·普京将苏联解体称为 20 世纪"最大的地缘政治灾难"。**2011 年 3 月（即戈尔巴乔夫寿诞之际）发布的一项民意调查表明，约有 20％的俄罗斯人对戈尔巴乔夫怀有深刻的敌意，47％的俄罗斯人对他"毫不在意"，仅有 5％的人对他表示尊敬。而这一结果比以前已经有所改善：在 2005 年进行的另一项民意调查中，有45％的俄罗斯人对其怀有深刻的敌意。在俄罗斯，"改革"一词几乎完全沦为贬义。**

在伦敦和华盛顿，戈尔巴乔夫当然得到了更多的肯定——他受邀参加了罗纳德·里根的葬礼和老布什的 80 岁生日宴会，后者常被视为和平和冷战结束的"象征"。但他得到的大多是索然无味甚至不合时宜的恭维。在庆典上，保罗·安卡（Paul Anka）与一位前苏联摇滚音乐家合唱了一首二重唱，歌词是："将来有一天／我们会想起／他为我们大家／改变了世界。"接着，为了表示对他的赞赏，莎朗·斯通问了他一个问题："如果俄罗斯没有走上自由民主之路，它将何去何从？"我真希望自己当时就在现场，亲眼看看那些在阿尔伯特音乐厅参加聚会的人的脸上的尴尬表情——**因为俄罗斯实际上并没有收获自由民主的果实，在场的每一个俄罗斯人都清楚这一点。就连戈尔巴乔夫自己最近也将俄罗斯民主称为一种假象："我们有制度，但它们没有起到作用；我们有法律，但它们没有得到执行。"**

戈尔巴乔夫当然无须为当今克里姆林宫政治透明度的缺乏、政党的虚弱、前克格勃影响力和势力的复兴，或者俄罗斯当局为镇压各种不同政见者所使用的暴力负责。20 世纪 90 年代经济崩溃的真正原因——低廉的石油价格、70 年恶劣的经济政策以及受过共产主义教育的俄罗斯高层的贪得无厌——也不是他一手造成的。俄罗斯的首任总统鲍里斯·叶利钦对俄罗斯的腐败经济负有更多的责任，而普京更应对俄罗斯的政治僵化负责。

实际上，戈尔巴乔夫并不希望事态发展到如此地步（解体）。不过，戈尔巴乔夫也并未打算成为现代俄罗斯的开国元勋之一。他是一名改革者，而不是一名革命者。在 1985 年 3 月当上苏共领导人时，他的初衷是重振苏联，而不是解散苏联。他知道体制是僵化的，但不知道僵化的原因是什么。他没有废除中央计划体制或倡导价格改革，而是发动了一场猛烈的反酗酒运动：也许工人少喝点酒，他们的劳动效率会更高。上台两个月后，他即对酒类贩卖加以限制，提高了法定饮酒年龄，并下令削减酒类的生产。结果，苏联政府的预算大幅减少，商品（如糖）严重短缺，伏特加私酿成风。

直至这场运动失败后——且切尔诺贝利核灾难使他意识到在一个发达工业社会保密的真正危害之后——戈尔巴乔夫再度寻求改革。如同反酗酒运动一样，公开性运动的初衷也是为了提高经济效率。戈尔巴乔夫相信，公开讨论苏联的现有问题能够巩固共产主义。毫无疑问，他从未打算让其政策深刻改变苏联的经济体制。相反，上台不久，他就对党内的一群经济学家说："你们中的很多人想通过市场机制取代直接计划来解决问题，有些人还把市场当成经济体制的救星。可是，同志们，你们应该考虑的不是救星，而是船，这艘船就是社会主义。"

当然，戈尔巴乔夫后来在经济和其他诸多领域都转变了观念。的确，这一模式将多次重演。他决心拯救中央计划，于是号召人们对其公开讨论——人们断定这毫无作用。他决心拯救共产主义，于是允许人们对其批评——结果，人们决意走资本主义道路。他决心拯救苏联，于是赋予东欧更多自由——东欧人民借势及早摆脱了苏联的掌控。他从不明白怀疑主义在自己的国家有多么根深蒂固，也不清楚反共主义在苏联卫星国中有多么强烈。他从不了解中央机构变得多么腐败，也不清楚官员的道德沦丧到何种地步。他似乎总是对自身行动带来的结果感到吃惊。最终，他加紧了追赶历史的步伐，而不是自己去创造历史。

事实上，戈尔巴乔夫的所有最重大、最激进的决策都是那些他未曾作出的决定。他没有下令民主德国向翻越柏林墙的人开枪，没有发动战争阻止波罗的海各国的反叛，也没有阻止苏联的解体或叶利钦的上台。当然，如果掌权的另有其人，共产主义（在苏联）的消亡本可以来得更加血腥。由于戈尔巴乔夫拒绝使用暴力，他无愧于安卡的那首小夜曲。

但是，由于戈尔巴乔夫不清楚正在发生的事情，他也没能使自己的同胞对重大的政治经济变革做好准备。他没有帮助设计民主制度，也没有为有序的经济改革打下基础。**相反，直到最后时刻，他还企图继续执掌大权——以保全苏联，直至无可挽回。结果，他的政治生涯也随之画上句号。下台以后，他曾三次试图组建新的政党，但均以失败而告终。**

在政治中，时机就是一切，我们在 2011 年中东的政治剧变中再次看到了这一点。如果埃及的穆巴拉克（Hosni Mubarak）一年前倡议自由选举，他将作为一名宽容大度的政治家而名垂青史；如果利比亚的卡扎菲（Muammar al-Qaddafi）让位于儿子赛义夫·伊斯拉姆（Saif al-Islam），他此刻将是欧洲国家所敬重的对象；如果突尼斯的本·阿里（Zine el-Abidine Ben Ali）稍早一点开始其退位计划，他现在就能平静地生活在突尼斯的某个郊外，而不是在沙特阿拉伯躲避国际刑警组织的通缉。

同理，如果戈尔巴乔夫从1988年起对苏联的解体进行周密规划，而不是在1991年愤怒地接受既成事实，那么他2011年生日收到的可能是感恩戴德的俄罗斯人的祝福，而不是美国女演员的陈词滥调。我们还可以从中东国家看到，专政到民主的有序过渡必须具备两个关键要素：一个愿意交权的精英和另一个准备受权的精英。而俄罗斯两者皆无，部分原因是戈尔巴乔夫在当政的最后几年不愿退位和政局混乱所致。

戈尔巴乔夫可能没有别的选择。他对真正的民主毫不清楚，甚至对自由市场经济也一无所知。由于他是在苏联文化中长大并接受教育的，因此他的思维方式便无法超出这一体制。他没有阻止变革的发生，没有枪毙那些最终促成变革的人。但在那样的历史时刻，无知不是借口。

（王文娥 译）

俄新社：
"国家紧急状态委员会"成员的命运[*]

"8·19"事件至今已经过去整整 20 年了。1991 年 8 月 19 日，在苏联即将解体之际，苏联部分领导人为了维护苏联，宣布成立"国家紧急状态委员会"，并接管国家权力。

其成员包括：苏联副总统根纳季·亚纳耶夫、苏联总理瓦连京·帕夫洛夫、苏联内务部部长鲍里斯·普戈、苏联国防部部长德米特里·亚佐夫、苏联国家安全委员会（克格勃）主席弗拉基米尔·克留奇科夫、苏联国防委员会第一副主席奥列格·巴克拉诺夫、苏联农民联盟主席瓦西里·斯塔罗杜布采夫，以及苏联国营企业和工业、建筑、运输和邮电设施联合会会长亚历山大·季贾科夫，共 8 人。

"8·19"事件失败之后，1991 年 8 月 22 日，除内务部部长普戈自杀身亡外，所有的成员均被逮捕。除了"国家紧急状态委员会"成员外，根据调查，还有几个积极协助"国家紧急状态委员会"活动的人也被提起刑事诉讼。被逮捕的人包括苏联最高苏维埃主席阿纳托利·卢基扬诺夫、国防部副部长兼陆军总司令瓦连京·瓦连尼科夫、苏联总统办公厅主任瓦列里·博尔金、苏共中央政治局委员兼中央书记奥列格·舍宁、苏联总统卫士长维亚切斯拉夫·格涅拉洛夫，以及克格勃保卫局局长尤里·普列汉诺夫。

根据俄罗斯苏维埃联邦社会主义共和国刑法典第 64 条，这些人被指控犯有叛国罪。

他们被关押在"寂静水兵"监狱。但是他们并没有被起诉到法院，1992 年他们都被释放。1994 年俄罗斯国家杜马决定对他们实行特赦。只有瓦连京·瓦连尼科夫一人拒绝特赦。

---

* 本文译自俄新社网站（http://ria.ru/spravka/20110819/418975066.html）。

后来，瓦连尼科夫出庭并被判无罪，原因是"履行上级的命令"。俄罗斯总检察院不服判决提出上诉，俄罗斯最高法院主席团最终维持了原来的无罪判决。

从监狱释放之后，"国家紧急状态委员会"的成员们的命运各不相同。

根纳季·亚纳耶夫

原苏联副总统亚纳耶夫曾在一个以退休公仆为对象的"祖国与荣誉"老战士和残疾人委员会担任顾问，曾任残疾儿童基金会负责人（该基金会属于非政府组织——"莫斯科传统宗教神学教育联合体"）。近年来，亚纳耶夫还担任过俄罗斯国际旅游学院俄国历史与国际关系教研室主任。他于2010年去世，终年73岁。

弗拉基米尔·克留奇科夫

苏联克格勃前主席克留奇科夫先后担任了"体系"财团下属的"地区"股份公司董事会主席，普京担任俄罗斯联邦安全局局长时的局长顾问。后来他还在一些安全部门的退伍老战士组织中工作过，撰写过一些回忆录。他于2007年去世，终年84岁。

德米特里·亚佐夫

苏联国防部前部长亚佐夫元帅退役后，先后担任俄罗斯国防部国际军事合作总局首席军事顾问、总参谋部高等军事学院院长首席顾问。根据媒体的报道，亚佐夫目前是俄罗斯联邦国防部军事监察总署首席分析家（总监察员），并负责苏联元帅朱可夫纪念委员会的工作。

瓦连京·帕夫洛夫

苏联前总理、国家经济改革委员会主席帕夫洛夫曾先后担任"私人行业银行"（Часпромбанк）银行总裁（1994～1995年）、"信任"咨询公司总裁、"工业建设银行"（Промстройбанка）顾问（1996～1997年）、BMS公司副主席（自1998年起）、俄罗斯自由经济学会副主席、国际经济学家联合会下属的促进地区与部门发展研究所所长、国际管理学院副院长，以及"石油人"（Ойкумен）文化项目基金会监事会委员。帕夫洛夫因病于2003年去世，终年66岁。

瓦西里·斯塔罗杜布采夫

苏联农民联盟前主席斯塔罗杜布采夫曾担任"新莫斯科"农工综合体和"列宁"集体农庄主席、俄罗斯联邦委员会委员（1993～1995年）、图拉州州长（1997～2005年）。1995年起，斯塔罗杜布采夫任俄罗斯联邦共产党中央委员会委员，2007年起担任第五届国家杜马议员、国家杜马农业问题委员会委员。

奥列格·巴克拉诺夫

苏联国防委员会原副主席巴克拉诺夫曾任地区性社会组织"俄罗斯与乌克兰人民友好合作协会"主席，在随后几年又担任一些火箭与空间技术项目的学术负责人。根据媒体的报道，巴克拉诺夫目前担任"俄罗斯联合机械制造"（Рособщемаш）股份公司董事长，这是一家火箭与空间技术企业综合体。他还是俄罗斯齐奥尔科夫斯基航天科学院主席团成员。

亚历山大·季贾科夫

前苏联国营企业和工业、建筑、运输和邮电设施联合会会长季贾科夫特赦后移居叶卡捷琳堡市，是加里宁机械制造厂的负责人，后又创办了若干家股份公司，此外还领导过叶卡捷琳堡市工业家和企业家协会。

（高媛 译）

李慎明:
如何正确地认识苏联解体和苏共败亡?[*]

一 苏共亡党、苏联解体是一场巨大的历史灾难

如何为苏共亡党、苏联解体这一人类历史上的重大事件定性呢?这是一场大灾难还是一次大进步呢?前几年,无论是在俄罗斯还是在其他国家,对这一重大问题都展开了激烈的争论。从一定意义上讲,"好得很"与"糟得很"各不相让。

第一次世界大战前夕的1913年,欧洲那些自称"文明的"国家正在进行军备竞赛,而成千种报纸、成千个讲坛,用成千种论调以"爱国主义"、"捍卫文化"等幌子为扩大军备寻找理由。针对这一现象,列宁一针见血地指出:"要是一下子看不出是哪些政治集团或者社会集团、势力和人物在维护某些提议、措施等等,那总是要提出'对谁有利?'这个问题的。""公众先生们!别相信空话,最好是看看对谁有利!"①

苏共亡党、苏联解体对谁有利,对谁是灾难呢?

1. 这一事件给俄罗斯人民带来极大的灾难

2002年6月,笔者到俄罗斯访问,先到莫斯科。偌大的城市上空,偶见转动的吊车。俄中友协主席、俄罗斯科学院院士、俄罗斯科学院远东研究所所长季塔连科告诉笔者:"现在要比此前衰败的十年好不少。就这样,还是有70%的国内外资本转悠在莫斯科。你们到了莫斯科以外的几乎所有地方,都可以进一步体会到苏联解体、苏共亡党给我们国家、民族和人民带来的严重灾难。"接着我们来到伏尔加格勒(原来叫斯大林格勒)访问,从下

---

* 选自李慎明主编《居安思危——苏共亡党二十年的思考》,社会科学文献出版社,2011。
① 《列宁全集》第23卷,人民出版社,1990,第61~62页。

降的飞机上即可看到在宽阔的伏尔加河上高耸着九座大桥墩。下飞机后笔者问前来迎接的州长，他回答说这是通往哈萨克斯坦的一座铁路桥，修通后对俄罗斯的经济发展很有好处。但是，因为联邦政府不给钱，1990年被迫停工。笔者接着问："第二次世界大战前，斯大林格勒有六大工业区，矗立在延绵80余公里的伏尔加河两岸。第二次世界大战中，这六大工业区被夷为废墟。第二次世界大战后，仅用三年左右时间，又一座延绵80余公里的斯大林格勒新城在这里耸起。现在的主要建筑还都是那三年建设的。那时有资金吗？"他说："没有。"笔者又问："三年左右时间，可以建一座新城，而12年左右时间却建设不了一座新桥。这是为什么？"他沉默少许说："主要是人的精神不一样。那时，人们有信仰，有干劲，饿着肚皮也干。现在很迷惘：我们的过去错了，将来要往哪里走？我们一无所知！"随后，我们代表团又来到俄罗斯远东地区几个地方，可以明显看出，那些地方衰败得更为厉害。

为更好地完成"苏联解体与苏共亡党"这一课题，笔者数次亲身了解考察苏联解体前后的俄罗斯。2003年10月，笔者再次访问俄罗斯。访俄期间，笔者与俄罗斯社会科学研究院院士、莫斯科大学社会学系主任多博林科夫教授长谈。他说："俄罗斯近年来所遭受的精神和物质损失，无法计量。实际上，所谓的改革使俄罗斯倒退了20～30年，有些精神损失，无法估量。"在这次访问中，我们获得了从苏联解体到20世纪末大约10年间有关俄罗斯倒退的不少具体资料，概举如下。

（1）经济领域：国内生产总值急遽下降，现代工业大国变成原材料附庸。从1991年苏联解体到20世纪末，俄罗斯国内生产总值比1990年下降了52%，而1941～1945年的卫国战争期间仅仅下降了22%；同期工业生产减少了64.5%，农业生产减少了60.4%，卢布贬值，物价飞涨5000多倍。一些现代化航空航天企业改行生产简单的日用品。1990～2001年，科技领域就业人数从250万下降到80万，大量的高素质人才到美国、西欧甚至发展中国家工作。

（2）社会领域：分化混乱、人口锐减。1989年，10%最贫穷人口的收入与10%最富裕人口的收入之比为1∶4.7，而1999年约为1∶80。另外，酗酒、精神疾病、无家可归、流浪儿童、卖淫、性病等问题成堆。每年约有50万名妇女到国外卖淫。根据2002年10月人口普查结果，全国人口总数仅为1.45亿，比1989年减少200万人。根据俄罗斯国家统计委员会2005年提供的数据，俄罗斯男子的平均寿命为58.6岁，比20世纪90年代初苏联解体时男性平均寿命的 63.4 岁还低 4.8 岁，这使得俄罗斯成为全欧洲男子平均寿命最低的国家①。

（3）社会治安：犯罪猖獗，罪犯逍遥法外。剧变 10 年间，各种犯罪尤其是重大犯罪案件剧增。1990 年俄罗斯杀人案为 1.43 万起，1998 年为 2.3 万起，2001 年为 2.98 万起，2002 年已超过 3.2 万起。每年由于犯罪造成的失踪人口超过 10 万②。实际上，每年有 20 万人被害。犯罪案件急剧增加，每 4 个成年男人中，就有 1 个有前科。俄罗斯平均每 5 分钟就有 1 人被杀。平均每 10 万人口中就有 1000 个犯人——这是世界上最高的比例。针对平民百姓的犯罪非常猖獗，有组织犯罪甚至渗透到一些最高的权力机关，事实上社会现在处于全面的恐怖状态。自由派要求用市场方式作为解决所有社会经济问题的良药，他们要求"小政府"，弱化政府，竭力削弱国家各方面的职能。自由派所说的"人权保护"实际上保护的是罪犯。

（4）国家职能：严重退化。多党制严重破坏其政治制度，贪污腐败成风。每年用于贿赂的金钱高达数百亿美元，政府和居民之间缺乏信任和有效的互动。国内到处都是政治公关、政治作秀。一些私人的新闻传媒往往把人民看成可以操纵、欺骗的物件。在社会生活的许多重大问题上，普通人民的意见被漠视，被排斥。国家缺乏经过科学论证的发展构想，缺乏解决内政、外交问题的战略性思维。人们对政治的失望在增加，对政治领袖的失望在增加，对其"民主制度"的失望也在增加。

（5）精神道德领域：社会盛行"丛林法则"。理想信念动摇，伦理观念动摇，丧失了传统的善恶观念和区分是非的能力，社会道德基础恶化，精神面貌全面倒退。一些大众媒体向社会民众传输西方的价值观，这些价值观倡导巧取豪夺和追求个人的利益，从而造成俄罗斯的劳动伦理和热爱劳动的品德也丧失；造成是非混淆、善恶混淆，世风日下、金钱唯上。许多青年不愿从事劳动，更多的是希望一夜成为银行家、公共关系专家甚至向往罪犯、抢劫犯或者敲诈者。一些大众传媒，一些电视和电视剧把犯罪和黑帮美化。在严重的社会经济和精神道德危机下没有出路的悲惨生活，导致了自杀盛行这样一种社会悲剧。1990 年，自杀人数达 2.64 万，1998 年为 3.54 万人，而

① 孙力舟：《俄大规模私有化导致失业　使成年男子死亡率上升》，搜狐新闻，2009 年 1 月 20 日（http：//news.sohu.com/20090120/n261860206.shtml）。

② 符·伊·多博林科夫：《全球化与俄罗斯：社会学的分析》（俄文版），莫斯科，2006，第 339 页。Добреньков В. И. Глобализация и Россия：Социологический анализ. – М.：ИНФРА - М，2006. c. 339.

2001 年已经达到 3.97 万人。

（6）国际地位：沦为二流弱国。为迎合以美国为首的西方，俄罗斯放弃了超级大国的地位。俄罗斯在全面撤退，离开了世界许多地区，放弃了自己的盟友，其他国家迅速填补了空白。俄罗斯在独联体的地位也在弱化。

近几年，笔者先后三次访俄，无论是季塔连科、多博林科夫还是其他有识人士，在谈到苏联解体、苏共亡党所造成的巨大灾难时无不痛惜万分甚至泪光闪烁。

苏联部长会议原主席尼·伊·雷日科夫在其新著《大国悲剧——苏联解体的前因后果》中也说：苏联解体"给俄罗斯造成巨大损失，可以毫不夸张地说，这种情况涉及生活的方方面面——涉及我国在国际社会的威信和作用，涉及经济、国防能力、科学发展、生产和文化、居民生活水平等等"①。为说明这一点，他从无数确凿的事实中，仅仅列举了 1999 年国家杜马专门委员会弹劾俄罗斯总统叶利钦材料中的几例。但这几例却用去整整近九页的篇幅。雷日科夫说："苏联统一经济空间、国民经济和科学的破坏，产生了近千万的失业大军。""1998 年的失业人口超过 2500 万。""在比较幸运的 20% 的居民身上，集中了一半以上的国民总收入，而收入的主要部分，则被 200 ~ 300 个家族据为己有，他们攫取了国家财富的绝大部分，同时也攫取了国家的权力。"②

2. 给世界社会主义运动造成极大的灾难并使其陷入低潮

第二次世界大战结束后，东欧国家脱离了资本主义体系，先后走上社会主义道路。从 1950 年开始，东欧国家开始大规模的社会主义建设，经济增长速度超过发达资本主义国家。

让我们看看剧变前苏东主要国家国民收入、工业总产值与主要欧美国家增长的对比。1950 ~ 1984 年，苏联国民收入、工业总产值分别增长 9.9 倍和 14 倍，保加利亚为 14 倍和 29 倍，匈牙利为 5.1 倍和 9.2 倍，民主德国为 7.6 倍和 11 倍，波兰为 5.9 倍和 14 倍，罗马尼亚为 17 倍和 38 倍，捷克斯洛伐克为 5.3 倍和 9.4 倍。而 1950 ~ 1982 年，美国国民收入、工业总产值则分别增长 1.8 倍和 2.1 倍，英国为 1 倍和 0.9 倍，法国为

---

① 〔俄〕尼·伊·雷日科夫：《大国悲剧——苏联解体的前因后果》，徐昌翰等译，新华出版社，2008，第 372 页。

② 〔俄〕尼·伊·雷日科夫：《大国悲剧——苏联解体的前因后果》，徐昌翰等译，新华出版社，2008，第 374 页。

2.9 倍和 2.9 倍，联邦德国为 3.4 倍和 3.9 倍，意大利为 3.1 倍和 5.3 倍①。

但 20 世纪 80 年代末 90 年代初，苏东剧变之后，使国外原有的 15 个社会主义国家中的 10 个国家改变性质或不复存在，苏联、南斯拉夫、捷克斯洛伐克 3 个多民族联邦制国家先后解体，世界上其他国家共产党的总人数由原来的 4400 多万锐减为 1000 多万，且多数丧失了执政地位。世界社会主义运动步入空前低潮。

1989 ~ 1990 年，在短短一年多时间里，波兰、匈牙利、民主德国、捷克斯洛伐克、保加利亚、罗马尼亚六国，政权纷纷易手，执政 40 多年的共产党或下台成为在野党，或改变了性质。紧随其后，阿尔巴尼亚劳动党于 1992 年 3 月在大选失败后下台；在南斯拉夫，先是南共联盟不复存在，原南斯拉夫联邦内的各邦都发生了剧变，其后在经历近一年之久的内战后，最终分裂为六个独立国家。伴随共产党丧失执政地位，东欧各国的社会制度也发生了根本性的变化：在政治上，实行以多党制为基础的议会民主；在经济上，否定公有制占有主导地位，大肆推行私有化，生产大幅度下滑，通货膨胀率持续奔腾式上涨，财政赤字和国际收支逆差日益加大，失业率居高不下，人民实际生活水平大幅下降，使人们预期将在较短时期内实现繁荣和富裕的希望落空，为之付出的沉重代价却远远超出事先的想象。

俄罗斯《世界经济与国际关系》杂志提供的数据表明："1990 ~ 1993 年，独联体国家生产总值下降的幅度很大，其中亚美尼亚下降的幅度超过 50%，阿塞拜疆、哈萨克斯坦、吉尔吉斯斯坦、摩尔多瓦、塔吉克斯坦大约减少 40%，乌克兰下降 30% 多，乌兹别克和白俄罗斯比较稳定，只降低 17% 和 24%。"②

东欧国家国内生产总值下降的幅度也很大，1990 ~ 1993 年，罗马尼亚下降了 20.8%，保加利亚下降了 26.6%，捷克下降了 22%，斯洛伐克下降了 25.8%，波兰下降了 5.8%，匈牙利下降了 17.1%③。

---

① 宋则行、樊亢：《世界经济史》（下卷），经济科学出版社，1997，第 100 ~ 111 页。
② 〔俄〕帕·波·鲁齐利娜：《90 年代独联体国家的经济发展状况（摘要）》，李志远译，《黑河学刊》1995 年第 2 ~ 3 期，第 89 页。原载于俄罗斯《世界经济与国际关系》杂志 1994 年第 5 期。
③ 小林、陈弘：《东欧国家近年经济状况的一些数字》，《俄罗斯研究》1995 年第 5 期，第 57 页。

从剧变至今，保加利亚举行6次议会选举，先后组建11届政府，没有一届政府或一位领导人连任。现在，除烟草、铁路、港口、核电站等少数经济部门还掌握在国家手里，70%以上的国有企业都被私有化，且大多卖给了外国人；97%的银行已是外资银行。在私有化过程中，国有资产大量流失。人们的健康状况恶化，人口从原来的近900万减少到现在的780万，有100万人（且大多是年轻人和有一技之长的知识分子）外流。社会两极分化严重。少数人暴富，大多数人贫困。由于经济处于停滞状态，基础设施陈旧，铁路、公路、街道、房屋都是剧变前甚至是50年前建造的，房屋墙体剥落，路面失修，到处是一派破败景象①。

我们再来看看苏联解体、苏共垮台给古巴带来的灾难。20世纪70年代，在经过前一时期经济发展战略和经济政策的探索后，古巴开始实行依靠"社会主义阵营"实施国家工业化的经济发展战略。古巴与苏联实行经济一体化，并于1972年加入经互会，发挥蔗糖生产的比较优势，用蔗糖换取苏东国家的工业产品，满足人民所需的消费品和国家实行工业化所需的生产资料。古巴与经互会国家的贸易额占古巴外贸总额的85%，每年从苏联进口石油1300万吨，占国家石油需求的90%。与苏联的经济一体化保证了古巴的经济命脉，促进了国民经济的发展。古巴经济年均增速70年代为7%，80年代上半期为8%②。同时，古巴的社会建设事业也得到快速发展。80年代末，教育、公共卫生、社会保障等均达到国际先进水平。古巴与苏联的经济一体化同时为古巴埋下了严重隐患。80年代末90年代初，苏东剧变几乎摧毁了古巴整个对外贸易，美国趁机强化经济封锁。古巴遭受这一"双重封锁"的致命打击，被迫进入"和平时期的特殊阶段"。1989~1993年，古巴经济萎缩35%③，1993年人均国内生产总值仅为1989年的66.1%④。直至今日，古巴尚未从"双重封锁"中完全恢复过来，走出"和平时期的特殊阶段"（古巴国务委员会主席劳尔·卡斯特罗语）。直到2008年初，菲德尔·卡斯特罗还在《起义青年报》上发表文章进一步指出，苏联解体对古

---

① 刘淑春、吕薇洲、马细谱：《苏东剧变以来的保加利亚——与保加利亚学者座谈纪要》，《国外理论动态》2007年第9期，第35页；刘淑春、吕薇洲、马细谱：《苏东剧变以来的保加利亚——与保加利亚学者座谈纪要》，《国外理论动态》2007年第10期，第34页。

② *Desarrollos Macroeconómicos de Cuba en las Décadas de los Años 80 y 90* (http://www. redem. buap. mx/t2font. html).

③ "Informe Económico 1994", *Banco Nacional de Cuba*, C. Habana, agosto de 1995, anexo 1.

④ "Siglo XX: Breve Historia Socioeconomicay Politica de UBA", *Raúl Hernández Castellón* (http://sociales. reduaz. mx/art_ ant/historia_ de_ cuba. pdf).

巴来说是"一个毁灭性打击"①。

最后看看苏联解体、苏共垮台给朝鲜带来的灾难。朝鲜自1948年建国以来，在经济建设中取得了较大的成就。1948～1984年，朝鲜工业产值平均增长率为17.3%；1984年工业总产值相当于1946年的431倍，粮食产量为1946年的5.6倍，人均国民收入增长65倍，人均国民收入1986年达到2400美元。朝鲜在20世纪70年代就实现了农业机械化和电气化、化学化，但在80年代，朝鲜也形成了依赖其他社会主义国家石油的高度机械化的农业体系。苏东剧变后，朝鲜石油紧缺，大部分农业机械严重闲置，使原来几乎全部依赖进口的钾肥、磷肥严重匮乏（朝鲜化工产业只生产氮肥等），导致农业危机，引发严重的粮食问题。尽管朝鲜不是经互会成员，但原来朝鲜对外贸易的70%也是同苏东国家进行的。苏东剧变后，朝鲜经济持续9年出现年均约2%的负增长，1995年的经济负增长率高达4.6%。苏东剧变使朝鲜对外贸易额从80年代的100多亿美元减少到1997年的不足10亿美元。人均国民收入从1990年的1064美元降至1997年的741美元②。朝鲜现在经济困难，无疑有其他方面的种种原因，但是，苏联解体、苏共垮台和经互会的不复存在难道不是其中一个重要原因吗？

3. 给广大发展中国家和发达国家的人民造成巨大灾难

现在，世界上最富有国家的人均收入比最贫穷国家的人均收入高出330多倍；世界南方欠世界北方的外债总额已经从1991年的7940亿美元急增至目前的3万多亿美元，短短10多年，翻了4倍多。根据联合国《2005年人类发展报告》资料，现在世界上最富有的500人的收入总和大于4.16亿最贫穷人口的收入总和。由于苏东实行的全面社会福利参照体系的坍塌，美国、瑞典、法国、德国等西方发达国不仅所有制、分配、政治体制、意识形态"右转"，就连已建立好的福利体系都在"右转"。2005年，美国人报告的总收入增长了近9%，但是社会底层90%的人的平均收入却比前一年下降了172美元，即下降了0.6%③。2000年，美国贫困人口为3160万，2001年增加130万，2002年又增加170万，达到3460万。而到2007年则增至3620万，其中有2950万人靠领取食品券生活④。1980

---

① 埃菲社哈瓦那2008年1月27日电。
② 孟庆义、刘蕾：《朝鲜真实的经济状况》，乌有之乡网站，2007年11月6日（http://www.wyzxsx.com/Article/Class20/200711/26836.html）。
③ 《2005年人类发展报告》，美国《纽约时报》网站，2007年3月29日。
④ 《美国贫困人口不断增加》，路透社华盛顿2008年11月17日电。

年，英国达不到全国平均收入水平 40% 的人口为 100 万，而到 1999 年增加到了 800 万①。现在，法国有 25 个亿万富豪，却有 700 多万个穷人，近 70 万人身负重债②。2008 年 9 月 15 日因雷曼兄弟公司倒闭而开始的美国金融、经济危机引发了全球经济大动荡，给世界各国人民带来了巨大灾难，而从一定意义上讲这也可以追溯到苏联解体和苏共垮台。冷战结束后，一国独大的美国才敢也才能放手"吹大自己的经济泡沫"。

20 世纪的人类历史上，发生过三起与社会主义直接相关的重大历史事件。一是俄国十月革命，二是中华人民共和国成立，三是苏联解体、苏共亡党。其中，前两件大事是凯歌进行，给我们共产党人带来无尽的喜悦；第三件事对我们共产党人来说则是最令人震惊、忧郁、沉痛的事件。苏共亡党、苏联解体与 1871 年巴黎公社失败有着根本不同的性质。这是因为："工人的巴黎及其公社将永远作为新社会的光辉先驱而为人所称颂。它的英烈们已永远铭记在工人阶级的伟大心坎里。那些扼杀它的刽子手们已经被历史永远钉在耻辱柱上，不论他们的教士们怎样祷告也不能把他们解脱。"③ 而苏联解体、苏共垮台是世界社会主义运动中的巨大逆流、灾难，是人类历史上发生的大曲折、大逆转；葬送苏共和苏联的叛徒们也同样已经被历史永远钉在耻辱柱上，不论他们的教士们怎样祷告也不能把他们解脱。

我们党的几代领导集体多次反复强调反面教员的独特作用。从一定意义上讲，没有第五次反围剿的失败和湘江战役 5 万余人的鲜血，便没有后来的遵义会议和中华人民共和国的建立。"为有牺牲多壮志。"没有苏联解体、苏共垮台这一社会主义和共产主义乃至人类历史上这一重大灾难，我们便不知社会主义和共产主义事业的艰辛与壮烈，因而也反衬不出社会主义事业和共产主义事业的雄伟与瑰丽。当然，第五次反围剿的失败和湘江战役 5 万余人的牺牲与苏联解体、苏共垮台，对于共产党人来说，虽同为悲剧，但属于两种不同性质的悲剧。虽然从对革命造成重大损失这一点上看，不存在谁比谁好（如极"左"是否比极右好）的问题，但毕竟是属于两种不同性质的悲剧。第五次反围剿的失败和湘江战役 5 万余人的牺牲毕竟是仍要革命的问题，而苏联解体、苏共垮台则是对革命背叛的问题。两者在这一点上无疑有着原则的区别。在今后社会主义运动的征程中，我们无疑要继续警惕犯过去

---

① 刘志军：《全球化削弱人类安全》，2006 年 5 月 2 日《环球时报》。
② 山南：《法国陷入"集体性贫困"》，2008 年 12 月 5 日《国际金融时报》。
③ 《马克思恩格斯选集》第 3 卷，人民出版社，1995，第 81 页。

"左"的错误，同时，我们也应注意，在纠正一种倾向的同时，也要警惕被掩盖着的另一种倾向——注意右的错误思潮的发生。因此，对苏联解体、苏共亡党这一重大历史现象进行深入剖析，汲取深刻教训，对加强我们党的先进性建设乃至全人类解放事业都具有十分重大的意义。

二 必须用正确的立场和方法来分析 苏共失败的原因及教训

什么是历史？历史由时间与空间组成，是相对于现在的过去式时空的存在。从严格意义上讲，我们所读的叫着"历史"的课本或书籍，其内容仅仅是历史中特定人物的记忆或记录或认识。至于这些记忆或记录或认识是不是反映了历史的本来面貌，揭示的是不是历史的本质和规律，需要我们认真地分析与甄别。恩格斯在 19 世纪 80 年代就指出："资产阶级把一切变成商品，对历史学也是如此。资产阶级的本性，它生存的条件，就是要伪造一切商品，因而也要伪造历史。伪造得最符合资产阶级利益的历史著作，所获得的报酬也最多。"[①] 1889 年 10 月，恩格斯在一封信中又指出："要知道在理论方面还有很多工作需做……只有清晰的理论分析才能在错综复杂的事实中指明正确的道路。"[②] 因此，要获得对扑朔迷离的现象的本质认识，就必须运用辩证唯物主义和历史唯物主义的立场观点和方法来进行具体辨析。

1. 一定要站在最广大人民群众的根本利益的立场上来研究

从本质上说，由于每个社会各个方面的人士所处的生活状况和生活条件不同，他们会对同一个重大历史事件得出不同的结论。在根本利益有着完全不同的群体存在的社会里，对显而易见的最基础性的社会问题，常常会有着完全不同的答案。列宁曾引用这样一句格言："几何公理要是触犯了人们的利益，那也一定会遭到反驳的。"[③] 因此，在人类实现大同以前，由于人们的认识不同，特别是所代表的根本利益不同，对苏共垮台、苏联解体的原因及教训的结论，总会有不同的陈述甚至激烈的争论，不要企求也绝不会完全一致。但是，是不是没有完全统一的定论，就永远没有一个正确的结论呢？不会的，相对论在历史的长河里是站不住脚的。全心全意为人民服务、代表

---

① 《马克思恩格斯全集》第 16 卷，人民出版社，1965，第 573 页。
② 《马克思恩格斯全集》第 37 卷，人民出版社，1971，第 283 页。
③ 《列宁选集》第 2 卷，人民出版社，1995，第 1 页。

最广大人民群众的根本利益是世界上所有真正共产党的性质和宗旨，也是世界上所有真正的共产党人包括党员学者始终不变的价值观。因此，我们只能站在最广大人民群众的根本利益的立场上来研究苏共垮台、苏联解体的原因及教训，而不能站在其他立场特别是与最广大人民群众相对立的立场上来研究。如果站在其他立场特别是与最广大人民群众相对立的立场上来研究，就不可能得出与最广大人民群众根本利益相一致的结论来。对苏共垮台、苏联解体根本原因的不同解读，本质上都直接或间接地反映了不同研究者的不同研究立场。

2. 一定要用社会实践是检验真理的唯一标准来判断

我们常说实践是检验真理的唯一标准，这里所说的实践的前面省略了"社会"这两个字。这也就是说，我们所说的实践绝不是个别人、个别政治集团或社会集团在短时间内的实践。这里所说的实践，其主体是指亿万人民群众，其时间是指一定的历史跨度。这是我们共产党人始终不变的真理观。有人总是说苏共垮台、苏联解体的根本原因在于苏联的体制。让我们来看看实践中的事实，就不难得出正确的结论。大家都知道，苏联的计划经济体制始建于 20 世纪 20 年代末期，从那时起至 1975 年大约 50 年时间内，苏联经济发展的速度是非常快的。不管我们用苏联官方的统计数据，还是西方的数据，都可以证明这一时期苏联经济发展的速度超过除日本以外的资本主义国家。而苏联经济发展的前提是"实现最大的社会公正"，在这一点上，资本主义国家更是做不到。由于实行了社会主义制度，建立了社会主义计划经济体制，早在 1940 年前后，苏联就从一个落后的农业国成为一个先进的工业化国家。西方有过统计，30 年代苏联工业机床进口量的比例曾达到 85% ~ 90%。第二次世界大战开始后，这些产品全部由苏联自己生产，这反映了苏联工业和技术的进步。当然，这也不等于说，苏联建立的计划经济体制不存在缺点和问题。实践在继续，认识也在继续。再经过数年世界社会主义运动的实践，我们有更加充足的信心，会对苏共垮台、苏联解体的原因及教训看得更加清楚。

2003 年 9 月 20 日上午 9 点至下午 2 点多，在莫斯科我国驻俄罗斯使馆，笔者与俄国历史学家罗·亚·麦德维杰夫整整谈了 5 个多小时。他说："2001 年 9 月 11 日，是赫鲁晓夫去世 30 周年纪念日。为了解人们对赫鲁晓夫的感情和评价，一大早，我就赶到新圣母公墓赫鲁晓夫的墓地。我从早看到晚，共有 46 人前来祭奠，但全是赫鲁晓夫的亲属，外人没有一个。这能反映现在俄罗斯的人们对赫鲁晓夫的评价。而列宁、斯大林、勃列日涅夫和安德罗波夫都有人纪念。"笔者想，人民是公道的，社会实践是公道的。

3. 一定要透过现象看本质

马克思主义认为，现象是本质的外部表现，本质是现象的内部联系。有时候，现象彻底地反映本质；有时候，现象部分地反映本质；有时候，现象则彻底地掩饰本质。因此，我们要认清事物的性质，仅凭直觉和感性认识不行，必须透过现象，上升到理性思维，这样才能抓住事物的本质与规律。马克思在论述 1848～1850 年的法兰西阶级斗争时说："1848～1849 年的革命编年史中每一个较为重要的章节，都冠有一个标题：革命失败！在这些失败中灭亡的并不是革命，而是革命前的传统的残余。"[1] 同样，我们可以得出以下这样的结论：①在 1991 年前后的苏东剧变中失败的不是马克思主义，失败的是自赫鲁晓夫始逐渐脱离、背离乃至戈尔巴乔夫最终背叛马克思主义的唯西方马首是瞻的另一种教条主义。②苏东剧变中失败的不是社会主义或"斯大林模式"的社会主义，失败的是自赫鲁晓夫始逐渐脱离、背离乃至戈尔巴乔夫最终背叛社会主义的另一种形式的资本主义，亦可说失败的是社会民主主义。③苏东剧变中失败的不是真正和原来意义上的无产阶级的先锋队——苏联共产党，而是自赫鲁晓夫始逐渐脱离、背离乃至戈尔巴乔夫最终背叛马克思主义、社会主义和人民群众的、从本质说已经完全蜕化变质为资产阶级的政党。对斯大林时期的苏联共产党来说，其在理论上的错误，主要是僵化、教条，但对自赫鲁晓夫开始特别是到戈尔巴乔夫时期的苏联共产党来说，从形式和表面看，虽然也有不少僵化与教条的东西，但其本质已经开始并逐渐乃至最终完全改变。

当然，戈尔巴乔夫也曾声称自己是社会主义者。我们可以回顾历史，在资产阶级民主革命时代，世界各国有数十个集团和派别都以"社会主义"自诩，然而在短短的一二十年内，甚至在更短的时间内，很快地就露出了它们的原形。对戈尔巴乔夫原形的揭露，则是在更短的三五年之内。判断任何人、任何政党的实质，不要看他们自己给自己穿上的漂亮衣服，不要看他们自己给自己取的响亮的名字，而要看他们的行为怎样，看他们实际上宣传的是什么。僵化、教条的马克思主义不是马克思主义。所以说，苏共垮台、苏联解体不是马克思主义的失败。斯大林时期的社会主义仍然是社会主义性质，因此，苏共垮台、苏联解体也不是科学社会主义其中包括斯大林时期的社会主义的失败。自赫鲁晓夫领导集团上台起，苏联共产党已经开始逐渐变

---

① 《马克思恩格斯选集》第 1 卷，人民出版社，1995，第 376 页。

质。特别是到戈尔巴乔夫领导集团后期，尽管当时党的上层仍有雷日科夫、利加乔夫等一批竭力反对戈尔巴乔夫集团的领导人，下层也有很多要求坚持社会主义道路的普通党员，但从整体和本质上说，此时的苏共已经蜕变为资产阶级政党。此时的苏共亦非彼时的苏共了。所以，我们在这里所说的苏共垮台，亦不是原本意义上的马克思主义的无产阶级先锋队的苏共垮台，而是已经蜕变为社会民主党亦即资产阶级政党的垮台。从这个意义上讲，这个自赫鲁晓夫领导集团开始脱离、背离、背叛马克思主义、社会主义和人民群众根本利益的苏共垮台，是值得庆幸的大好事。它以这一血的教训告诉世人，对于任何一个无产阶级执政党来说，马克思主义、社会主义和人民群众根本利益脱离、背离、背叛不得。这个自赫鲁晓夫开始脱离、背离、背叛马克思主义、社会主义和人民群众根本利益的蜕化变质的"苏共"不垮，天不公、地不道。如果这样的主义、政党不及时失败、垮掉，苏联人民可能会进一步延长自己的阵痛。要深入研究苏共垮台、苏联解体的原因，就必须首先界定清楚真假马克思主义、真假社会主义和真假共产党这样一些基本概念。只有这样，才能有助于我们抓住问题的本质。

4. 一定要抓住事物的主要矛盾，抓住决定事物性质的矛盾的主要方面

不能孤立地、片面地、静止地、表象地认识事物，若如此，则会像盲人摸象一样，各执一端。苏共垮台、苏联解体有多种原因，但归纳起来，主要有三类：一是外因，即以美国为首的西方世界的"和平演变"和对其军事威胁；二是社会主义在实践中出现的失误和弊端；三是自赫鲁晓夫开始的对马克思主义和人民群众的脱离、背离乃至戈尔巴乔夫的最终背叛。在以上三类原因中，第三类就是事物的主要矛盾，并且是决定事物性质的矛盾的主要方面。我们在分析苏共垮台、苏联解体的根本原因时，抓住了这一主要矛盾，就很容易把其他矛盾捋清楚。

5. 一定要正确认识因果关系，不要倒因为果，也不能倒果为因

唯物辩证法认为：第一，任何结果是都是有原因的，没有无原因的结果。现象的因果联系是客观的、普遍的。对苏共垮台、苏联解体这一重大事件原因的唯心论、不可知论以及无所作为的思想，都是不对的。无论是在自然界还是在人类社会中，一个重大事件的产生，往往是多种原因所导致的结果。第二，原因和结果的联系，不仅是客观的，而且是辩证的。原因与结果既是对立的，又是统一的。原因与结果，首先表现为它们的对立性、排斥性。比如，苏共这个执政党内部出了问题，是这个原因引起了苏联的经济没有搞好、民族矛盾冲突、对美争霸等。我们绝不能倒果为因或倒因为果，说是由于经济没搞好等而党内出了问题。第三，原因与结果又表现为它们的统一性。它们相互依存，并在一定条件下相互转化。比如，事物具备了一定的原因和前提条件，就必然产生一定的结果。1991 年前后苏联所收获的"盛怒于土囊之口"的剧变"风暴"，正是苏共 20 大播下的全盘否定斯大林之风并不断发展的结果。苏联党内特权阶层的出现，既是苏共 20 大赫鲁晓夫集团开始背离、背叛马克思主义、人民群众的结果，又是人民群众对苏共进一步丧失信心的原因，以及最终从思想上、政治上形成一整套错误路线和政策的原因。

6. 一定要把对事物的认识最终上升到理论，上升到对事物规律性的认识

苏东剧变的重大事实，迫使我们必须对其历史进行一番新的研究。这就需要在理论方面做许多工作。因为只有进行清晰的理论分析，才能在错综复杂的事实中找到正确的答案。总结苏联解体的教训，从一定意义上讲，可以看到这样一条明显的脉络：苏联解体的主要原因出在苏联共产党党内，在党内存在的问题中，理论上的问题是源头。理论上出现问题的一个十分重要的原因，在于党的主要领导人的理论素养低下，理论上素养低下则必然导致其对共产主义理想信念的动摇。综观苏共历史，列宁是坚定、清醒而又伟大的马克思主义者；斯大林时期党的理论出现过问题，但所出的问题仍然是伟大的马克思主义者所犯的错误；到赫鲁晓夫时期，党的理论开始发生质的变化；从赫鲁晓夫到勃涅日列夫再到戈尔巴乔夫，逐步完成理论上对马克思主义的脱离、背离、背叛，所以最终导致苏联解体、苏共垮台。

前些年，笔者与美国经济学家莱斯特·瑟罗交谈，向他请教苏联解体的原因。他说："苏联解体前后，我正好在莫斯科。苏联解体的根本原因，是戈尔巴乔夫丧失了对马克思主义和共产主义的信念。"笔者表示不解。他又解释说："试想，保罗二世今天宣布上帝不存在，明天的基督教世界将是什么模样?!"应该说，他讲得很有道理。

有人说苏联演变的发端，来自苏共党内的理论。那么，这是不是说，一切历史变动的最终原因，应该到人们变动着的思想中去寻找呢？不是。马克思主义明确告诉我们，要始终站在现实历史的基础上，不要从观念出发来解释实践，而要从物质实践出发来解释观念的东西。这里就有三点分外值得注意：一是苏联社会主义不是凭空产生的，她是在旧俄基础上孕育、突变而来的。旧俄一方面遗传给苏俄一定的生产力、资金和特定的社会环境，从而规定其一定的发展并具有其特殊的性质（比如，无法跨越的商品生产、货币交换，以及赎买一些人的专长所必须实行的高额工资等）。二是以美国为首的西方强大的生产方式、生产体系的冲击和影响。在战争年代，人们凭着坚定的信念，进行着顽强的奋斗。在和平时期，在与美国为首的西方世界主动与被动打交道的过程中，尽管从综合国力上苏联与美国可以比肩，但由于所有制、分配方式及其生活方式的不同，使得一小部分所谓的社会精英，产生对西方世界少数人占有社会绝大部分财富的深深"爱慕"之情。三是以美国为首的西方手中握有的强大的物质财富即金钱的冲击。马克思说："刺刀尖碰上了尖锐的'经济'问题会变得像软绵绵的灯芯一样。"[1] 恩格斯明确指出："资产阶级的力量全部取决于金钱。"[2] 早在1918年12月，列宁在工人合作社第三次代表大会上的讲话中就指出：美国威尔逊之流"美元多得很，可以把整个俄国、整个印度以至整个世界都买下来"[3]。列宁还指出，收买就是整个问题的症结所在。1920年，列宁又指出："资本主义现在已经划分出极少数特别富强的国家（其人口不到世界人口的十分之一，即使按最'慷慨'和最夸大的计算，也不到五分之一），它们专靠'剪息票'来掠夺全世界。""这种大量的超额利润（因为它是在资本家从'自己'国家工人身上榨取的利润之外得来的）可以用来收买工人领袖和工人贵族这个上层。""这个资产阶级化了的工人阶层即'工人贵族'阶层……现在则是资产阶级的主要社会支柱（不是军事支柱）……因为这是资产阶级在工人阶级运动中的真正代理人……如果不懂得这个现象的经济根源，如果不充分认识这个现象的政治意义和社会意义，那么，在解决共产主义运动和即将到来的社会革命的实践任务方面，就会一步也不能前进。"[4] 马克思、恩格斯和列宁的这些论述，令人深思。西方强国不仅用美元收买本国的工人领袖和工人贵族这个上层，而且更加注重收买其他国家的"关键人物"。收买的方式也是多种多样的。据戈尔巴乔夫助手博尔金回忆说，戈尔巴乔夫上台后不久，就从西方得到许多奖金、奖品、稿费，其个人账户上很快就有了100多万美元[5]。2003年9月20日，笔者在莫斯科与历史学家、政论家罗·伊·麦德维杰夫交谈时，他说："毫无疑问，戈尔巴乔夫和叶利钦个人都拿了西方的不少钱。我的一本厚书，在英国出版，得了2000英镑稿酬；在美国出版，得了1万美元。据我所知，戈尔巴乔夫的夫人赖莎薄薄一本小书，在美

---

① 《马克思恩格斯全集》第5卷，人民出版社，1965，第543页。
② 《马克思恩格斯全集》第2卷，人民出版社，1957，第647页。
③ 《列宁全集》第35卷，人民出版社，1985，第346页。
④ 《列宁选集》第2卷，人民出版社，1995，第581~582页。
⑤ 〔俄〕瓦·博尔金：《戈尔巴乔夫沉浮录》，李永全等译，中央编译出版社，1996，第4页。

国出版，却得了 300 万美元的稿酬。叶利钦的第一本书在西德出版，就得了 40 万马克；在英国出版，得了 10 万英镑。"我们完全可以这样说，美元对苏联特殊阶层的贿赂在苏联解体、苏共垮台中起了相当重要的作用；西方的吹捧和收买是戈尔巴乔夫和叶利钦彻底背叛苏联社会主义事业的原动力之一；"戈尔巴乔夫和叶利钦们"在苏共党内的出现，也是以美国为首的整个西方世界收买的结果。列宁指出："所谓阶级，就是这样一些集团，由于它们在一定社会经济结构中所处的地位不同，其中一个集团能够占有另一个集团的劳动。"[①] 从这个意义上讲，"戈尔巴乔夫和叶利钦们"是靠出卖国家、民族和人民的根本利益的方式，而非法占有了国家、民族和人民的劳动的。以上三点，可以说是苏联社会主义社会尤其是苏共执政党内产生资产阶级意识形态的经济根源。经过理论的剖析，我们可以清晰地看到，一部苏联解体、苏共垮台史，同样是一部阶级斗争史，并且是一部特殊形式的阶级斗争史。

---

① 《列宁选集》第 4 卷，人民出版社，1995，第 11 页。

张树华：
苏共败亡的过程、原因与教训

在勃列日涅夫掌权的中期，也就是 20 世纪 70 年代中期以前，苏联发展达到"鼎盛时期"。社会生活稳定，生产发展较快，不仅在经济发展速度上超过美国，而且与美国经济实力的差距日渐缩小，在军事实力及尖端武器方面与美国不相上下，成为角逐世界霸权的两个超级大国之一。

20 世纪 70 年代中期以后，苏共领导阶层不思进取，害怕改革，体制逐渐僵化，社会发展陷入停滞。同时，苏共领导干部队伍老化、言行不一、以权谋私及浮夸奢侈之风盛行，引起广大群众和干部的不满。1982 年 11 月，勃列日涅夫病逝后，继任总书记的安德罗波夫听取苏联干部群众要求改变现状的意见，采取了一些"强化纪律，整顿涣散"的措施，并安排研讨经济领域改革的具体方案。然而，安德罗波夫执政仅一年多便因重病离世。继任的契尔年科总书记循规蹈矩又年老体迈，于 1985 年 3 月去世。之后，苏共中央选举 54 岁的米哈伊尔·戈尔巴乔夫接任苏共中央总书记。在此后 6 年多的时间里，戈尔巴乔夫先后提出了"改革、公开性、民主化和新思维"等口号，宣扬其所谓的"人道的民主的社会主义"思想。戈尔巴乔夫先是提出经济"加速战略"，接着便在思想领域提出"公开性和多元化"，并以"民主化、多党制"等为口号，着手推行全面的政治"改革"，在对外政策中宣扬"新思维"，对西方世界单方面地妥协退让。结果造成思想混乱、社会动荡、民族分裂、苏共丧失政权、统一的苏联国家分崩离析。

一　改革、民主化与新思维

1. 经济改革：从"加速战略"到休克疗法式的"500 天计划"
在 1985 年的四月全会上，苏共中央提出了"加速"战略（即"加速国家社会和经济发展战略"）。其主要目的是集中财力和物力，大力发展机械制造业，购买西方技术，实现工业部门的快速增长。"加速"口号反映了苏联人民要求发展和缩小与西方国家差距的愿望，但发展战略仍然是不计投入，只强调增长速度，忽视经济结构的调整，没有逃脱优先发展重工业和片面增长的老路。

1986 年 2~3 月，苏共召开第 27 次代表大会，在批准"加速战略"的基础上，又推出了《苏联 1986~1990 年及 2000 年的经济和社会发展基本方针》。这些战略的出台，反映了以戈尔巴乔夫为首的苏共新领导层急于求成和好大喜功的心理：乐于制定宏大的战略，而不是艰苦细致、脚踏实地推进改革与发展。几年后，随着政治斗争的激化，这些宏大的改革与经济发展战略便被束之高阁。

20 世纪 80 年代中期以后，苏共也尝试过在农业部门实行租赁或承包形式，1987 年准许个体农场经营合法化。1987 年 6 月，苏共中央全会通过了《关于根本改革经济管理的基本原则》。6 月 30 日，苏联最高苏维埃又通过了《国营企业（联合公司）法》。同年年底，又出台了关于计划、价格、财政、信贷、金融、物资技术供应、外贸等 10 个改革配套文件。这些文件的基本思路是"下放权力"，使企业实现"三自一全"（自筹资金、自负盈亏、企业自治，完全的经济核算）。1988 年 5 月，苏联通过了《苏联合作社法》，1989 年出台了《租赁法》。然而，这些旨在推行改革的法律实施后却有悖初衷：不仅没有增加生产，反而造成了管理失控、物价飞涨、商品短缺、通货膨胀等诸多新问题。

1989 年苏联的财政收入、社会劳动生产率、工农业产品的产量、大众消费品产量等计划指标均未完成。1990 年 8 月，戈尔巴乔夫在苏共中央全会上的开幕词中对经济形势作出如下描述："……消费市场的情况极为困难，经济关系严重失调，交通运输混乱，国家纪律显著松弛，围绕着所有权、自主权和职权范围划分问题的政治冲突有时具有极其尖锐的性质，犯罪持续增加——所有这一切都证明，目前危机仍在继续深化……"[1] 1990 年前 10 个月，苏联的国民收入、工业产值和社会劳动生产率分别比上年同期下降 3%、0.8% 和 2%。

经济形势的极度恶化造成社会日用消费品市场供应急剧紧张，各地商店货架空空如也，引发职工群众日益不满。1989 年前 7 个月，有 500 多厂矿企业先后爆发罢工。

---

[1] 〔俄〕叶·盖达尔：《帝国的消亡：当代俄罗斯的教训》，王尊贤等译，社会科学文献出版社，2008，第 237 页。

1990 年前后，苏共高层内部以及以叶利钦为首的俄罗斯联邦激进势力围绕选择和实施哪一种经济改革方案展开了激烈的较量。1990 年 8 月初，戈尔巴乔夫与叶利钦达成原则协议，同意以"500 天计划"为基础，快速向市场经济过渡。而以苏共中央政治局委员、部长会议主席雷日科夫为代表的稳健派则不同意"500 天计划"提出的经济全盘自由化和全盘私有化的休克疗法。这份由西方新自由主义经济谋士和美国情报部门共同参与制定的"500 天计划"以上千亿美元的经济援助为诱饵，逼迫苏联采取激进市场化手段，目的是促使苏联全面放开市场，将苏联国有行业全面私有化，将苏联经济纳入西方自由市场模式的轨道。

戈尔巴乔夫执政的 6 年时间里，苏联政府的外债从 130 亿美元增加到 1130 亿美元。戈尔巴乔夫多次向西方大国——首先是"七国集团"——的首脑乞求财政援助和经济援助，但西方国家的领导人却"口惠而实不至"，找出各种托辞，始终不肯给苏联任何实质性的资金和贷款支持。1991 年前后，苏联经济濒临崩溃。戈尔巴乔夫多次向英、美、德写信要求贷款或援助，而西方国家政府和商业银行均借口苏联国内政局不稳而拒绝提供财政援助和贷款。

戈尔巴乔夫担任苏共中央总书记后，政策朝令夕改，实施有头无尾，不能善始善终。经济改革裹足不前，反而造成新旧问题叠加，消费市场供应日趋紧张，经济速度年年下降。在公开性和舆论开放的背景下，经济改革的失败严重损害了"改革"和苏共领导的威信。而急于在国内外树立威信的戈尔巴乔夫便将目光转向"外交和政治改革"。戈尔巴乔夫认为，经济改革不见成效的根源在政治领域，改革不力源自苏联社会的"停滞机制"和苏共党内的"保守力量"。

2. 思想领域：公开性与历史反思热

扩大公开性原是十月革命胜利后列宁提出的口号，目的是扩大群众的知情权，防止布尔什维克党内出现官僚主义。60 多年后，戈尔巴乔夫借用"公开性"的口号，推行所谓"无限制的公开"和"意识形态多元化"，把舆论的矛头对准苏共、对准苏共历史、对准社会主义制度。1988 年初，戈尔巴乔夫在苏联宣传舆论负责人会议上主张"毫无保留、毫无限制的公开性"。在戈尔巴乔夫的默许和纵容下，当时主管新闻宣传工作的苏共中央书记雅科夫列夫有意识地放纵舆论，鼓励他们将批判的视角转向苏共和苏联社会的"阴暗面"，挖掘和暴露苏联历史的"空白点"。在戈尔巴乔夫的默许下，先后有一批有争议的文艺作品"被解禁"，公开出版发行。1986 ～ 1988

年，苏联一批有影响的报刊先后被"自由派"人士接管：《消息报》、《星火画报》、《莫斯科新闻》、《共青团真理报》、《论据与事实周刊》、《莫斯科真理报》、《莫斯科共青团员报》、《青春》杂志、《新世界》等报刊的主编被撤换。苏共中央所属的《真理报》、《共产党人》杂志、《经济报》等报刊的编辑部也大幅度调整。

在戈尔巴乔夫、雅科夫列夫发起的"公开性和民主化"的背景下，这些由西化、自由化头面人物把持的苏联报刊肆意歪曲历史，恶毒攻击苏共，经常发布"耸人听闻"的"黑幕"消息，其发行量和影响力极大，严重损伤了苏共的历史形象。1990 年 6 月 12 日，《苏联出版法》正式颁布，苏联允许反对派和私人办报。在《苏联出版法》的鼓励下，原来的国有报刊先后宣布"自主办报"，借机摆脱苏共和主管部门的束缚。在重新办理登记手续的报纸中，苏共掌握的仅占 1.5%。苏共不仅让出了重要的报刊阵地，而且在广播电视领域也放任自流。

在公开性运动中，苏联社会掀起了一股"历史反思热"，很快导致历史虚无主义泛滥。这股"历史反思热"的焦点在于"揭露苏联历史上的阴暗面"，目的在于怀疑历史，否定过去。一时间，苏联文坛和报刊上出现了大批污蔑列宁和咒骂斯大林的影视作品和文章。它们否定农业"集体化"、否定工业化，把十月革命称为"暴力和罪恶"，把苏联社会主义制度称为"极权主义"、"异化、变形的社会主义"、"兵营式的社会主义"。结果是，苏共成了历史的"罪人"，苏联制度成了"万恶之源"。苏联社会理想破灭，苏联人民心中的"偶像"坍塌，社会政治和舆论极度情绪化。20 世纪 80 年代中后期，苏共彻底失去了对意识形态的控制，导致各种反马克思主义思潮猖獗，严重动摇了苏共和社会主义制度的思想政治基础，苏联改革迷失了方向。

3. 对外政策中的"新思维"

为配合国内改革，宣传自己的世界观和对外政策主张，1987 年，戈尔巴乔夫在其亲信帮助下所著的《改革与新思维》一书在苏联和美国同时出版。戈尔巴乔夫在书中提出，社会主义与资本主义两种制度"和平竞赛"，声称要放弃世界上资本主义体系和社会主义体系相互对立的观点，提出在核时代"全人类利益高于一切，人类生存高于一切"，全人类价值优先于其他任何价值（民族价值、阶级价值等）。

戈尔巴乔夫提出"新思维"对于改善与外部世界特别是与西方国家的关系，缓和两个超级大国之间军备竞赛的紧张局势，有着一定的积极作用。随后几年间戈尔巴乔夫信任的苏共中央政治局委员雅科夫列夫和苏联外交部部长谢瓦尔德纳泽都积极参与了戈尔巴乔夫对外政策"新思维"的具体实施。

时任美国总统里根和英国首相撒切尔夫人及时利用了戈尔巴乔夫在对外政策思想上的转变，并软硬兼施：一方面提出"星球大战"计划，继续在军备上拖垮苏联；另一方面利用东欧、人权、民主、自由、宗教、民族等议题，对苏联继续施压。戈尔巴乔夫推行对外新思维，先是放弃与美国的争霸，逐渐演变为放弃原则的步步退让和妥协；压制东欧国家共产党领导人，放任东欧国家反苏、反共、反社会主义势力的政治夺权；任由西方势力公开支持瓦解社会主义阵营的种种行为；单方面取消《华沙条约》；配合里根"推到柏林墙"的号召，进而同意两德统一后继续留在北约军事联盟，等等。

人们通常认为，戈尔巴乔夫对外关系的"新思维"是推动东欧剧变的思想基础。而戈尔巴乔夫、里根、罗马教皇保罗二世、瓦文萨、谢瓦尔德纳泽等人在东欧剧变过程中起了关键性的作用。东欧共产党垮台和社会主义阵营破裂反过来又影响着苏联内部的政治进程，成为促进苏共垮台、苏联瓦解的一个重要的外部因素[1]。

4. 政治改组与苏共垮台

十月革命胜利后布尔什维克党一手创建了苏维埃政权。此后70多年的时间里，苏共一直是苏维埃政权的领导核心，苏联大厦维系在苏共这一重要的政治支柱上。戈尔巴乔夫上台后，打着"民主化和政治改革"的口号，采取了"非党化"的路线。苏共党组织先后被削弱、被边缘、被分化直至被抛弃。失去了苏共也就没有了苏联。

在政治领域戈尔巴乔夫先后提出"政治民主化、思想多元化"的口号。他认为，民主是改革的先决条件，而且是改革的本质。戈尔巴乔夫强调，苏联以往改革不成功，主要是由于没有发扬和扩大民主。而扩大民主的途径就是大规模地进行政治改组。

1988～1990年，从苏共第19次代表会议到苏共28大，苏共一共召开过13次中央全会，其中只有一次专门讨论经济问题（即1989年3月的中央全会讨论农业问题），其余全都主要讨论政治改组和权力分配问题。在此期间，还召开过三次苏联人民代表大会，进行过三次全国性的选举活动（选举苏联人民代表、加盟共和国人民代表和苏共28大代表），并对宪法作了

---

① 陈之骅等主编《苏联兴亡史纲》，中国社会科学出版社，2004，第726～739页。

两次重大修改，进行过两次以上的共和国和全苏范围的全民公决投票。在彻底改组政权的过程中，苏共被日益边缘化，苏维埃、政府的作用被忽视，而戈尔巴乔夫却由担任党的总书记，先后兼任最高苏维埃主席、苏联总统，最高统帅，甚至最后被赋予特殊全权——实行总统直接治理。而这些都是在戈尔巴乔夫改革和民主化的旗号下进行的。

自1987年以来，在戈尔巴乔夫"政治民主化和多元化"口号的鼓励下，苏联各地纷纷建立了各式各样的"非正式社会组织"，1987年12月有3万个，1989年2月增加到6万个，1990年发展到9万个。其中多数是有目标、有组织的反共反社会主义的政治组织。它们有的打着维护本民族利益的旗号，有的打着自由民主的旗帜，有的要求复辟沙皇贵族统治等。这些组织的活动地点有的在波罗的海地区，有的在高加索地区，有的在苏联的心脏莫斯科和列宁格勒。它们遥相呼应，斗争的目标一致对准苏共和联盟中央。1988年，苏联170个城市和居民点共发生2600次大规模行动，参加人数达1600万。1989年全苏共发生5300次群众性集会，有1260万人参加。而1990年前两个月全苏共举行1500余次集会示威活动，有700万人参加。

戈尔巴乔夫还"解放"持不同政见者，或明或暗地扶植"民主反对派"。1986年12月16日，戈尔巴乔夫亲自打电话，把著名的持不同政见者萨哈罗夫请回莫斯科，后来还帮助萨哈罗夫在苏联科学院选区当选首届苏联人民代表。随即萨哈罗夫成了苏联人民代表大会中的反对派——"跨地区民主议员团"——的重要领导人之一，成为反对苏共政治势力的精神领袖。

1989年5月，苏联召开第一次苏联人民代表大会，戈尔巴乔夫代表苏共当选最高苏维埃主席。而以叶利钦和萨哈罗夫等为代表的自由民主势力借助人民代表大会这一政治舞台，对苏共领导地位发起猖狂的进攻。他们几次提出废除宪法中有关苏共领导地位的条款。1990年2月4日，在苏共中央召开二月全会的前夕，在"跨地区民主议员团"的组织下，莫斯科市20万人举行集会游行，打出了"取消苏共领导地位、审判苏共、实行多党制"等口号。随后在5~7日召开的苏共中央二月全会上，戈尔巴乔夫表示认可西方式的"多党制"，并在政治报告中正式提出修改苏联宪法第六条，取消苏共对国家领导地位的规定。同时宣布苏联要实行总统制，由大选产生的苏联总统掌握苏联政治和军事大权。40天后，经苏共支持的戈尔巴乔夫顺利当选苏联第一任总统。

1990年7月，在苏共召开的最后一次代表大会也就是28大上，戈尔巴乔夫声称："苏共将起着议会党的作用。"苏共28大通过的纲领宣称，要放弃马克思列宁主义的指导地位，借鉴"全人类文明成果"，实行人道的民主的社会主义。此时，苏共从本质上已经彻底蜕化变质，指导思想、奋斗目标、阶级基础、政治角色、组织原则等都发生了根本性的改变。28大以后，苏共在思想上和组织上已经形同虚设、党员队伍四分五裂、党的各级组织失去了最后的凝聚力和战斗力，大批苏共党员退党，广大党员对党的前途失去信心。

据苏联《对话》杂志报道，1985年苏共退党人数为4万，1986年为4.5万，1987年为4.9万，1989年为14万，1990年上半年达到37.1万，而苏共28大以后7~8月又有31.1万人退党，出现了退党高潮。1991年7月，据苏共中央公布，在最近一年间共有420万党员退党。苏共由1900万党员减为1500万，退回1973年的水平。据苏联官方统计资料表明，在退党党员中工人党员的比重较大。1990年头5个月，在莫斯科的1.1万退党党员中，工人党员占57.4%。1990年6月15日，全苏矿工代表大会在通过对政府的不信任案的同时，声明矿工"不认为目前这种形式的苏共是工人自己的党"。

5. 民族冲突与苏联的解体

戈尔巴乔夫执政以来，苏联民族矛盾日益激化，民族流血冲突愈演愈烈，民族分离主义、地区分离主义成了瓦解苏联的催化剂。1986年12月的阿拉木图事件，是戈尔巴乔夫执政后发生的首次大规模民族动乱。1988年2月开始，亚美尼亚与阿塞拜疆围绕着纳戈尔诺—卡拉巴赫州的地位问题发生了愈演愈烈的冲突，持续多年。1990年1月又发生巴库流血事件。除土库曼斯坦共和国之外，苏联境内14个加盟共和国都发生了大规模民族冲突。1988~1991年，苏联境内共发生175起民族冲突事件，造成1万多人死亡，数万人受伤，几十万人背井离乡。

这些民族冲突是由民族分立主义势力操纵的，他们同党内的激进势力和社会上的政治反对派汇合在一起，对抗联盟中央，制造分裂。波罗的海沿岸三国立陶宛、拉脱维亚、爱沙尼亚的人民阵线以及白俄罗斯人民阵线、乌克兰"鲁赫"民族运动、阿塞拜疆人民阵线、格鲁吉亚民族解放运动等，纷纷提出民族独立的口号，反对苏共和苏联。这些民族分立主义势力与以叶利钦等为代表的俄罗斯"跨地区民主议员团"等激进势力遥相呼应，迅速成为能够左右苏联政局、动摇瓦解苏联基础的政治力量。

面对民族分裂势力和地区分立势力的进攻，以戈尔巴乔夫为首的苏共中央表现得优柔寡断、畏首畏尾、投鼠忌器，这样反而更加纵容了各地民族主义分裂势力。一个染上民族主义的党，是一个走向灭亡的党①。苏共的失败是从党内的分裂开始的，而民族分裂是撕开苏共的重要突破口。在20世纪80年代后期苏联各地民族主义分裂势力兴起之际，苏共当地党组织姑息、纵容甚至参与民族分裂活动。1989年末，立陶宛共产党首先宣布脱离苏共而独立，拉开了苏共分裂和苏联解体的序幕，随即一些加盟共和国党组织开始抵制苏共中央决议。1989年6月，为抗议戈尔巴乔夫为首的苏共中央的不作为，俄罗斯联邦建立了独立的俄罗斯联邦共产党。但这非但没能有效阻止戈尔巴乔夫削弱党的行径，反而客观上促进了脱离苏联的进程。

面临着党要丧失政权、联盟要解体、国民经济要崩溃的危险形势，苏共党内外要求稳定局势、制止危机发展的呼声不断增高。在苏联危在旦夕之际，戈尔巴乔夫继续妥协退让，为保住自己的权位，不惜掏空苏联的政治内涵，改变苏联国家性质，去掉"苏维埃"、去掉"社会主义"等内容，将苏联变成一个松散的"邦联"。

1991年8月19日，戈尔巴乔夫和叶利钦等人勉强妥协达成的新"联盟条约"签字在即，莫斯科发生了震惊世界的"8·19"事件。苏联副总统亚纳耶夫等部分高层领导成立"国家紧急状态委员会"，宣布代行在外休养不能理政的戈尔巴乔夫的最高权力，在全国实行"紧急状态"。但由于"国家紧急状态委员会"成员缺乏政治意志，也没有采取有效的军事行动，戈尔巴乔夫拒绝合作，政治局势骤然变化。以叶利钦为首的俄罗斯反对派势力很快赢得主动。3天后，"8·19"事件以"国家紧急状态委员会"的失败而告终。

1991年的"8·19"事件是在苏联政治、经济和民族危机日益深重的背景下发生的。然而它非但没能挽救苏联瓦解的命运，反而加快了苏联瓦解的进程。8月24日，回到莫斯科后的戈尔巴乔夫借机辞去苏共中央总书记的职务，并宣布苏共中央自行解散。随后，《真理报》等苏共报刊被停止出版，苏共中央大楼被查封，各地苏共党员从此失去了"政治归属"。至此，一个拥有93年历史、74年执政历史的国际共产主义大党——苏共——彻底瓦解。

"8·19"事件后，苏联也即将分崩离析。1991年12月8日，俄罗斯联邦、乌克兰、白俄罗斯三个苏联加盟共和国的领导人在白俄罗斯边境附近的别洛韦日森林里密谋，决定摆脱戈尔巴乔夫和苏联，公开宣布苏联作为一个

---

① 〔俄〕叶·库·利加乔夫：《警示》，钱乃成等译，当代世界出版社，2001，第284页。

"地缘政治体停止存在"。12 月 21 日，以叶利钦为代表的原苏联 11 个主权共和国领导人在哈萨克斯坦首都阿拉木图签署议定书，决定创建"独立国家联合体"，自此苏联不复存在。新成立的"独联体"，既不是国家，也不是国家之上的结构，它只起协调作用。这一过程被称为一场"文明的离婚"。12 月 25 日夜晚，戈尔巴乔夫通过电视镜头宣布辞去苏联总统职务。至此，克里姆林宫上空的红旗落地，已存在大半个世纪的苏联，走完了历史的最后一步。

二　苏联演变的原因

苏联曾经是两个世界性的超级大国之一，是国际共产主义运动的核心，是东西方对峙中社会主义阵营的中心。东欧剧变、苏联解体是 20 世纪重大的历史事件，它极大地改变了世界格局，对世界政治进程产生了巨大的影响。

苏东剧变不仅是通常意义上的统一多民族国家瓦解、社会主义阵营的垮塌，而且包含了社会制度改变颜色、道路改弦易辙、共产党的衰亡、国家政权更迭等含义。一般来看，导致苏东剧变的原因和因素复杂而繁多，可以罗列出政治的、经济的、社会的、思想的、历史的、现实的、军事的、民族的、体制的、主观的、内部的、外部的等诸多方面的因素。但是，正如毛泽东所言："任何过程如果有多数矛盾存在的话，其中必定有一种是主要的、起着领导的、决定的作用，其他则处于次要和服从的地位。因此，研究任何过程，如果是存在着两个以上矛盾的复杂过程的话，就要用全力找出它的主要矛盾。捉住了这个主要矛盾，一切问题就迎刃而解了。"①

为什么一个屹立世界 74 年、曾创造自己辉煌历史的、世界上第一个实现了社会主义革命的苏维埃社会主义共和国联盟，竟然在戈尔巴乔夫实施不到 6 年的改革中土崩瓦解？为什么列宁亲手创建的、以马克思列宁主义为灵魂的、领导了十月社会主义革命的、进行过社会主义建设和伟大卫国战争的苏联共产党，竟被自己的总书记宣告解散而悄然覆亡？为什么一个实施了半个多世纪的以公有制为主体、有着良好的社会保障体系、短时间里创造了巨大物质文明和精神文明的社会主义制度会突然夭折？

归根到底，苏东剧变的根源在苏联，而导致苏联解体的根本原因在于苏

---

① 《毛泽东选集》第 1 卷，人民出版社，1991，第 322 页。

共。苏共的衰败源于后期的蜕化、变质。苏共的变质又集中表现为苏共后期领导层在思想信仰上的背离、路线道路上的背离、政治组织上的背叛。

1. 错误的思想政治路线改变了改革的社会主义方向，从而将党和国家引入歧途

自 1985 年 3 月戈尔巴乔夫出任苏共中央总书记到 1991 年 8 月，短短 6 年多的时间，有着 90 多年光荣历史的苏共丢掉政权，统一的苏联多民族国家分崩离析，70 多年社会主义建设成果丧失殆尽。戈尔巴乔夫以"改革、民主化、新思维"为旗号，实施的却是否定社会主义、抛弃马列主义之路线，非但没有给苏联带来真正的"民主和人道"，反而导致亡党亡国，葬送了社会主义。

对于苏联社会主义制度中的弊端和错误，戈尔巴乔夫不去认真改革与完善，而是以偏概全，借机全面否定社会主义制度和社会主义道路。他甚至胡说"十月革命使俄国脱离了人类文明的正道"，社会主义道路是"历史的迷雾"。戈尔巴乔夫的"改革"，不是对社会主义的完善与革新，而意在推倒重来，全面否定，通过"改革"完全倒向资本主义，全盘西化。1989～1990 年，在苏联社会中"社会主义"已经开始失去吸引力。苏共领导和思想界认为"苏联社会主义"不可能改革，只能彻底打碎，苏联只有彻底转向西方文明世界才能有出路。戈尔巴乔夫的亲信、负责意识形态工作的雅科夫列夫写道："如果社会主义发展道路是条死胡同，那么要从死胡同走出来只有一个办法，那就是退回去，退到由于暴力革命而离开的那条大路上去。"[1]

在苏联社会后期极力"告别和摆脱社会主义"的同时[2]，苏共也逐渐抛弃了长期作为指导思想的马克思列宁主义。

在 1990 年举行的第 28 次代表大会上，苏共政治纲领中已经看不到"共产主义"、"国际共产主义运动"的字眼。苏共不再提以马克思列宁主义为指导，只提"利用进步的（隐喻'西方资本主义'）社会思想的成果"，用"全人类价值"代替了"共产主义理想"，用"议会党"代替了"领导党"。显然，此时的苏共已经不再是一个马克思列宁主义的政党，已经抛弃了科学社会主义的原则。后期的苏共企图试穿西方社会党的外衣，思想已经开始迷

---

[1] 〔俄〕亚·雅科夫列夫：《一杯苦酒——俄罗斯的布尔什维主义和改革运动》，徐葵等译，新华出版社，1999，第 274 页。

[2] 《叶利钦总统的讲话》，1991 年 11 月 28 日〔俄〕《消息报》。

乱，组织上出现分裂。这样，自掘坟墓的苏共离失败和灭亡的日子已经不远了。

2. 放弃党的领导、放任敌对势力的进攻是导致共产党丧权的政治原因

在国际共产主义运动历史上，苏共是一个有着光荣和悠久革命历史的大党。两次世界大战、东西方两大军事和政治阵营的长期对抗没能动摇苏联，反而使苏联成为与美国并列的世界性的超级大国。苏联的瓦解是由内部引起的，是党内外一小撮变节分子煽动、策划、瓦解、分裂造成的。他们口头上宣称要在社会主义基础上对社会进行改革，增强苏联实力和提高人民生活水平。实际上，权力斗争和个人恩怨使他们不顾国家和人民的利益，进而摧毁了苏联，埋葬了社会主义。

戈尔巴乔夫的政治改革不但没有提高苏共的战斗力，反而严重削弱了苏共。1987 年以后，苏共成为政治改革中"被改革"的对象。苏共成了戈尔巴乔夫"非党化"、"去党化"的牺牲品。在 1988 年的苏共第 19 次代表会议上，戈尔巴乔夫盗用和歪曲十月革命前夕布尔什维克党的政治口号，重提"一切权力归苏维埃！"实际上，其目的是摆脱苏共党内监督，使苏共政治边缘化，他自己则金蝉脱壳，进而转任最高苏维埃主席，掌握不受约束的政治大权。33

1990 年 2 月，戈尔巴乔夫提出修改宪法第六条，实行多党制和总统制。随即几百万党员退出苏共。在 1990 年夏天召开的苏共 28 大上，出现了三个不同的政治纲领激烈的较量。1991 年夏天，苏共中央内部已经出现了多个有着不同政治纲领的政治派别。

面对激进派、自由派、民主派、保守派等政治势力的进攻，以戈尔巴乔夫为代表的苏共领导人自乱阵脚、不知所措。苏共在苏共变节分子、社会持不同政见者、黑社会势力、影子经济势力、地区分离势力、民族分裂势力等境内外敌对势力的合力进攻下轰然倒下。

随着作为政治支柱和领导力量的苏共的垮塌，苏联国家和社会运行机构也几近瘫痪。1989～1990 年，苏联领导人愈益丧失了对国内局势的控制。苏联财政捉襟见肘，各类商品特别是日用消费品奇缺，民族流血冲突不断，民族分裂和地区分立势力乘机抢夺了国家政权。

3. 西方长期推行冷战政策和和平演变手段是苏东剧变的外部因素

自十月革命胜利以后，西方资本主义国家始终没有放弃对红色政权的遏制和干涉，一直进行着各种各样的反苏、反共宣传和渗透。第二次世界大战后，以苏联为首的社会主义阵营实力空前壮大。西方也改变了直接武装干涉的想法，转而采用和平演变战略，企图利用"水滴石穿"计划逐步渗透，配合"心理战"、"宣传战"等方式，最终颠覆共产党政权和社会主义制度。

长期以来，西方国家对苏东等社会主义国家开展了一场没有硝烟的战争：一是从经济上破坏苏联的经济收入，阻断其所需技术，激化其经济矛盾，加重其经济危机；二是展开军备竞赛，消耗苏军及苏联的经济实力；三是援助苏联东欧国家的反对派，从内部动摇社会主义国家的基础。

20世纪80年中后期，戈尔巴乔夫推行对外政策"新思维"，西方国家抓住这一有利时机，全面进行思想文化渗透，大力扶植亲西方的"第五纵队"，以求里应外合。1982年6月7日，在梵蒂冈，里根和罗马教皇保罗二世达成秘密协议，决定联手行动，从东欧国家入手，利用民族、宗教、人权等问题，外交和军事等手段并用，瓦解共产主义阵营。"政治上捧杀、经济上扼杀、思想上谋杀"——西方国家通过软硬兼施的各种办法，使苏联东欧国家领导层和知识精英一步步落入陷阱，最后将党和国家引向万劫不复的深渊。

三 苏共败亡的教训

20世纪80年代至90年代初，苏联东欧地区的政治剧变使世界上共产党执政的社会主义国家数量锐减，世界社会主义运动遭受严重挫折。柏林墙的倒塌改变了世界政治的力量格局，给国际政治思想领域造成了巨大冲击和影响。苏东剧变是一面很好的镜子。为保持共产党的永久执政地位和维护国家的长治久安，我们有必要深入总结苏东剧变深刻的历史教训，从正反两个方面总结共产党"掌好权"、"执好政"的经验和教训，加强思想、组织、作风等方面的建设，真正做到执政为民、廉洁勤政，防止重蹈覆辙。

1. 必须坚持共产党的领导

党的领导是社会主义事业之基。党的正确领导是社会主义改革成败的关键。在戈尔巴乔夫担任总书记的6年多的时间里，推行了一条"由削弱到放弃苏共领导地位"的路线。戈尔巴乔夫通过修改苏联宪法，取消了关于苏共作为领导核心的规定，盲目推行多党制和三权分立，搞乱了国家，搞乱了社会，结果导致地区分离主义和民族分裂势力甚嚣尘上。苏共在境内外反共势力的合力进攻下被搞乱、被瓦解、被搞垮、被摧毁。苏共作为国家政权的核心，作为凝聚苏联各民族的政治力量被削弱、被打垮，统一的苏联的瓦解也就不可避免。一句话，没有党的领导，就没有苏联，也就没有社会主义事业。

坚持党的领导必须高度重视无产阶级事业接班人的问题，使党的最高领导权始终掌握在忠于马克思主义、忠于党、忠于国家和民族的人的手里。必须制定正确的组织路线，高度重视培养党的事业接班人，必须坚持党的民主集中制，加强对各级权力机关的监督。苏共不是在战争中，而是在和平的条件下被击垮的；不是被下层群众起义推翻的，而是由党的领导人自己解散的。苏东国家共产党自己培养了"掘墓人"，并将党推进了"火葬场"。正是苏共后期高层领导人在思想上的背弃、在路线上的背离、在政治上的背叛才导致了苏共的败亡。

2. 必须坚持社会主义，积极推进改革与开放

在社会主义建设历史上，社会主义政治经济制度曾经发挥无比巨大的优越性，取得了辉煌的成就。但与人类历史上任何新生制度一样，社会主义国家在发展壮大过程中也会出现一些弊端。比如，对于历史上曾经起过巨大作用的集中计划管理体制，应当适时进行调整和改革。但改革应当是进行创造性的"兴利除弊"，而不是"毁掉崇高、泛起糟粕"。在改革过程中，要坚持社会主义不动摇，积极推进改革开放，正确处理改革、发展、稳定之间的关系。改革绝不是要否定社会主义，改革是社会主义的自我完善，改革必须坚持社会主义方向，改革必须在党的领导下进行，改革的目的是为了全体人民的根本利益。

3. 必须坚持和发展马克思主义

邓小平同志讲道："东欧、苏联的事件从反面教育了我们，坏事变成了好事。问题是我们要善于把坏事变成好事，再把这样的好事变成传统，永远丢不得祖宗，这个祖宗就是马克思主义。"① 马克思主义揭示了人类社会发展的客观规律，是我们认识世界、改造世界的强大思想武器。无产阶级政党应当始终将马克思主义确立为自己的指导思想。但马克思主义不是教条，我们要将马克思列宁主义的基本原理与本国的具体实践相结合，创造性地运用和发展马克思列宁主义，丰富马克思主义的理论宝库。正确的思想路线是马克思主义政党保持生命力的灵魂。20世纪80年代中后期，苏共在思想路线上却出现严重偏移，由原来的"教条主义、本本主义"思想严重的一个极端，跳向了"自由主义、历史虚无主义"的另一个极端。从思想信仰上的动摇到历史上自我否定，庞大的苏共最后变成了失去思想灵魂的"泥足巨

---

① 《邓小平年谱》（下册），中央文献出版社，2004，第1332页。

人"，在内外病毒的侵袭下土崩瓦解。无产阶级政党必须始终坚持马克思主义世界观，坚持历史唯物主义，珍惜自己的历史，公正、客观地评价历史人物。

4. 必须实行人民民主，坚持无产阶级专政

在马克思主义思想体系中，"民主"与"专政"是同义语，都是指一个阶级或集团独掌政权。无产阶级民主的实质就是无产阶级代表广大人民掌握国家政权。在达到"自由人联合体"的共产主义社会之前，国家和民主制度的消亡将是一个长期的过程。在国际共产主义历史上，列宁多次戳穿资产阶级"民主、自由、人权"等的虚伪性。列宁指出，民主、自由和平等从来都是具体的、历史的。列宁反对笼统而抽象地奢谈一般性或普遍性的"民主"与"自由"。列宁告诫人们，不要落入资产阶级"普遍民主"、"超阶级民主"或者"绝对的民主①"等政治圈套和话语陷阱。

冷战开始以来，西方国家积极利用"民主、人权"等借口，将其视为攻击社会主义制度的有效砝码和利器。西方称苏联是"共产主义专制"国家，时常祭起"人权"、"民主"、"自由"等旗号，对苏联发动猛烈的政治和外交攻势。20世纪60年代以来，美国政府利用苏美高层会晤的机会，将"人权"、"民主"和"自由"等问题列入会谈的议程，对苏联领导人施加强大压力。西方政要毫不掩饰地讲，美国和西方国家在苏联等社会主义国家推行"人权"和"民主化"，就是要改变这些国家的政治制度。而苏共在政治上的失败正是缘于戈尔巴乔夫等人落入了资产阶级"民主、人权"的圈套。

因此，必须处理好人民民主和人民民主专政的关系。没有人民民主，就没有社会主义；没有无产阶级专政就不能实现社会主义。要实现坚持党的领导、人民当家作主和依法治国的有机统一。要处理好国家、社会、公民等相互关系。要树立正确的民主观，处理好政治民主、政治稳定和政治效率三者之间的辩证关系，完善和改革社会主义政治体制，坚持走中国特色社会主义政治发展道路，确保国家统一、民族团结、社会稳定和人民安居乐业。

5. 必须发展经济，改善人民生活

共产党执政后必须大力发展经济，发展文化社会事业，提高人民的生活水平。社会主义时期，苏共在建设工业强国和军事大国的同时，也建立起了独一无二的社会保障体系。苏联人民享受的社会福利一度给西方资产阶级以

---

① 《列宁选集》第3卷，人民出版社，1995，第721页。

强烈的刺激。苏共执政后期，一方面由于美苏争霸，经济结构失调，商品短缺现象严重，人民日益增长的消费需求得不到满足；另一方面官僚阶层脱离群众的现象日益明显，官僚作风和特权腐败等现象引发了人民群众的不满。戈尔巴乔夫上台后，非但没能满足人民群众和普通党员的需求，反而专注于自己的政治得失和个人虚荣，盲目推行的改革恶化了经济局势，给敌对势力提供了口实和可乘之机，最后葬送了社会主义事业，他自己也遭到人民的唾弃。因此，社会主义建设必须以经济建设为中心，按照经济发展规律，发展生产力，完善生产关系。要坚持科学发展，以人民利益为重，积极发展社会事业，努力提高人民群众的物质文化生活水平。

"东欧剧变、苏联解体，最深刻的教训是：放弃了社会主义道路，放弃了无产阶级专政，放弃了共产党的领导地位，放弃了马克思列宁主义，结果使得已经相当严重的经济、政治、社会、民族矛盾进一步激化，最终酿成了制度剧变、国家解体的历史悲剧。"[1] 因此，苏联瓦解和东欧剧变，绝不是科学社会主义的失败，而是放弃社会主义道路的结果。世界上第一个社会主义国家在戈尔巴乔夫手里垮台了，最根本的原因就是以戈尔巴乔夫为首的领导集团背弃了马克思列宁主义，放弃了社会主义的基本原则，取消了党的领导，因此其对于我们的教训十分深刻。

---

① 《江泽民文选》第 3 卷，人民出版社，2006，第 230 页。

附 录：
俄罗斯最新出版的与苏共败亡和
苏联瓦解有关的文献

（1）С. Кара – Мурза Антисоветский проект. Издательство：Алгоритм，2009. 352. с.

ISBN 978 – 5 – 9265 – 588 – 4

《反苏计划》

卡拉 – 穆尔扎在《反苏计划》一书中认为："瓦解苏联是一场周密部署的犯罪行动。"作者描述了反苏计划的主要行动，分析了分阶段瓦解苏联的步骤，指名道姓地历数了反苏计划的组织者和这场犯罪的主犯。作者的结论是，实施"反苏计划"对俄罗斯人民和俄罗斯历史进程的发展带来了极为严重的后果。作者令人信服地指出："瓦解苏联这件事应该交由历史来审判"肯定是站得住脚的。

（李俊升）

（2）С. Кара – Мурза，С. Батчиков，С. Глазьев Куда идёт Россия. Белая книга реформ. Издательств：Алгоритм，2008. 448. с.

ISBN 978 – 5 – 699 – 37495 – 3

《俄罗斯向何处去？》

卡拉 – 穆尔扎、谢·巴特奇科夫、谢·格拉济耶夫合著的《俄罗斯向何处去？》是"改革白皮书"系列中的第四本。书中列举了截至 2007 年与俄罗斯生活的主要方面相关的 300 多项指标。这本书的最大特点就是补充了一系列很有说服力的指标，而把那些旧的指标删除掉了。因为旧的指标鲜为人知，也不容易被人们所理解。如果我们把这一新版与第一版比较一下的话，就明显地感到这一版很有可读性，因为书中对普京总统两个任期内所采取的社会政策带来的结果进行了论述。从 2000 年以后各项指标的变化过程就可以看出，20 世纪 90 年代的危机极为深重，而且积重难返。作者清楚地展示了那些危机依然十分深重的领域，尽管当前也采取了消除危机的相应措施。从总体上来说，本书以图表的形式对苏联后期（1970 ~ 1990 年）、激进改革时期（1991 ~ 1999 年）和"普京时代"（1991 ~ 1999 年）进行了对比，让人读起来一目了然，使俄罗斯读者和国外读者都很受启发。

（李俊升）

（3）Н. Рыжков Главный свидетель. Издательство：Алгоритм，Эксмо，2009. 256. с.

ISBN 978 – 5 – 699 – 37037 – 5

《主要证人》

尼·雷日科夫曾任苏联部长会议主席、苏共中央政治局委员。他是苏联解体的主要见证人之一。尼·雷日科夫的《主要证人》一书的史料价值极为珍贵，因为他在苏联国家身居高位，熟知普通老百姓不太了解的很多细节和事实。尼·雷日科夫认为："一个伟大的强国，不幸遭遇到一批败家子。他们携手行动，导致了苏联后期的经济危机、激化了当时的政治局面、挑起了民族仇恨。反苏阴谋活动把政治、科学和文化领域活动家中的很多'精英'代表都给发动起来。这是俄罗斯国家有史以来最为耸人听闻的一场阴谋。"

（李俊升）

（4）Б. И. Олейник，В. С. Павлов，Н. И. Рыжков Иуда. Анатомия предательства Горбачева. Издательство：Алгоритм，Эксмо，2010. 240. с.

ISBN 978 – 5 – 699 – 38828 – 8

《犹大——戈尔巴乔夫背叛行为剖析》

鲍·奥列伊尼科夫、瓦·帕夫洛夫、尼·雷日科夫三位作者，合著了《犹大——戈尔巴乔夫背叛行为剖析》一书。鲍·奥列伊尼科夫，国家奖金获得者，曾任苏联最高苏维埃民族院副主席、乌克兰文化基金会主席。瓦·

帕夫洛夫是苏联的最后一任总理、"国家紧急状态委员会"成员。尼·雷日科夫是帕夫洛夫总理的前任总理。他们三位都是苏联解体的主要见证人。戈尔巴乔夫在苏联民间有一个绰号——"有胎记的犹大"。书中展示了戈尔巴乔夫背叛行为的全过程：从戈尔巴乔夫的一个行动到另一个行动、从一个代表大会到另一个代表大会、从第一批总统令到最后一批总统令。瓦·帕夫洛夫在书中作出了补充：他披露了1991年"8·19"事件的内幕。"8·19"事件恰恰是戈尔巴乔夫一手周密操纵的叛乱，而"国家紧急状态委员会"成员却成了他这个惯于玩弄政治阴谋的政客的牺牲品。戈尔巴乔夫就像犹大为30个银币出卖耶稣一样，贪小财而变卖了苏联国家。

（李俊升）

（5）Лигачев Е. К. Кто предал СССР? Издательство：Эксмо，Алгоритм，2009. 288. с.

ISBN：978 – 5 – 699 – 37495 – 3

《谁出卖了苏联?》

本书作者叶戈尔·利加乔夫曾于1985～1990年担任苏共中央政治局委员，是戈尔巴乔夫改革时期的苏联高层领导人之一，同时他又在苏联高层领导人中最先意识到戈尔巴乔夫的改革是苏联的致命危险。他坚决反对瓦解苏联的政策，也不惧于同颠覆者进行斗争。利加乔夫与叶利钦之间尖锐的政治论争给当时的苏联人留下了深刻的印象。而利加乔夫对叶利钦的批评很快显示了他的先见之明。在历史评判之前，利加乔夫在本书中讲述了所有这一切，并与读者分享了他对俄罗斯的现在和未来的思考。

（高媛）

（6）Костин А. Л. Заговор Горбачева и Ельцина. Кто стоял за хозяевами Кремля? Издательство：Алгоритм，2010. 608. с.

ISBN：978 – 5 – 9265 – 776 – 5

《戈尔巴乔夫与叶利钦的阴谋：谁是克里姆林宫主人的幕后者?》

俄罗斯的历史充斥着阴谋，阴谋已成为争夺最高权力的工具。但是戈尔巴乔夫和叶利钦的阴谋带给俄罗斯的悲惨后果是不同的。作者提出，"改革"并不是最先由戈尔巴乔夫提出的，而是来自安德罗波夫借鉴中国经验所设想的政治经济改革方针。但是安德罗波夫的设想注定不能实现，他的早逝从根本上改变了局势，戈尔巴乔夫—叶利钦联盟最终走上了政治舞台，他们的阴谋最终导致了苏联的解体。但是，仅靠这些"克里姆林宫的主人"是不能在几年之内摧毁苏联这样一个超级大国的，他们的背后是能够利用其掌握的一切资源来毁灭苏联的西方势力。

（高媛）

（7）Проханов А. А. Свой－чужой. Издательство：Алгоритм，2007. 336. с.

ISBN：978－5－9265－461－0

《自己人与异己者》

在亚历山大·普罗哈诺夫的新著《自己人与异己者》一书中出现的都是当代俄罗斯社会最为人所熟知的面孔：失宠的寡头、在伦敦获得政治避难的鲍里斯·别列佐夫斯基，被指控刺杀丘拜斯的前军事情报员弗拉基米尔·科瓦奇科夫，逃亡的车臣分裂分子艾哈迈德·扎卡耶夫，白俄罗斯总统亚历山大·卢卡申科，哈马斯运动领导人哈立德·迈沙阿勒博士，前石油大亨米哈伊尔·霍多尔科夫斯基……他们每个人都有自己的观点、自己的真理，他们的看法在俄罗斯国内外引起了巨大的反响。这些是真正的时代人物。作者开诚布公地向他们提出了很多困扰着俄罗斯人的问题。在各自的回答中，他们谈到了今天俄罗斯和世界的政治形势。当代的问题是极端尖锐的。这些人中哪些是自己人，哪些是异己者，需要由读者自己来判断。

（高媛）

（8）Янаев Г. И. ГКЧП против Горбачева. Последний бой за СССР. Издательство：Алгоритм，Эксмо，2010. 240. с.

ISBN：978－5－699－43860－0

《"国家紧急状态委员会"反对戈尔巴乔夫——捍卫苏联的最后一战》

本书作者根纳季·伊万诺维奇·亚纳耶夫曾于 1990 年 7 月至 1991 年 1 月担任苏共中央政治局委员和苏共中央书记，1990 年 12 月当选为苏联副总统，在 1991 年的"8·19"事件中曾出任苏联代总统。由于参加了"国家紧急状态委员会"，亚纳耶夫被追究刑事责任，于 1991 年 10 月 4 日被解除副总统职务，并被捕入狱；1994 年获得国家杜马特赦。在长达 20 年的沉默之后，亚纳耶夫决定出版此书，在书中他讲述了 1991 年"8·19"事件的全部真相以及戈尔巴乔夫在这一事件中真正的作用。亚纳耶夫已于 2010 年 9 月去世，享年 74 岁。

（高媛）

（9）Лукьянов А. И. Август 91 – го. Был ли заговор? Издательство：Алгоритм，Эксмо，2010. 240. с.

ISBN：978 – 5 – 699 – 42090 – 2

《1991 年 8 月：阴谋是否存在?》

阿纳托利·伊万诺维奇·卢基扬诺夫曾于 1990 ~ 1991 年担任苏联最高苏维埃主席，因"1991 年 8 月的叛乱事件"而被追究刑事责任。卢基扬诺夫并没有加入"国家紧急状态委员会"，但是很多人认为他是"8·19"事件的发起人之一。1991 年 8 月 29 日至 1992 年 12 月他被捕入狱，在签署不离境保证书后获释。1994 年 2 月 23 日获国家杜马特赦。卢基扬诺夫在书中讲述了所谓"阴谋事件"的全部情况。根据他的描述，行动中根本没有阴谋存在，而搞阴谋的却是那些妄图摧毁苏联、破坏联盟体制的人。

（高媛）

（10）Майкл Бешлосс，Строуб Тэлботт Измена в Кремле：Протоколы тайных соглашений Горбачева с американцами. Издательство：Алгоритм，2010. 352. с.

ISBN：978 – 5 – 9265 – 726 – 0

《克里姆林宫中的背叛：戈尔巴乔夫与美国人的秘密协议备忘录》[①]

英文原版：

Michael R. Reschloss and Strobe Talbott, *At the Highest Levels*：*The Inside Story of the Cold War*，Boston，Toronto，London：Little，Brown and Company，1993（1ˢᵗ ed.）.

ISBN：0 – 316 – 9281 – 9

---

① 从本条开始，只列出出版物名称并进行翻译。均由高媛搜集并翻译。

（11）Дж. Годгейр, М. Макфол. Цель и средства: Политика США в отношении России после холодной войны. Москва: «Международные отношения», 2009. 520. с.

ISBN: 978 – 5 – 7133 – 1350 – 0

《威权与目标：冷战后美国对俄政策》

英文原版：

James M. Goldgeier and Michael McFaul, *Power and Purpose*: *U. S. Policy toward Russia after the Cold War*, Washington, D. C.: Brookings Institution Press, 2005.

（12）Исаков В. Б. Мятеж против Ельцина: команда по спасению СССР. М.: Эксмо: Алгоритм, 2011. 240. с.

ISBN: 978 – 5 – 699 – 48319 – 8

《反对叶利钦的暴动：拯救苏联小分队》

作者：弗拉基米尔·伊萨科夫

（13）Соломенцев М. С. Зачистка в Политбюро. Как Горбачев убирал «врагов перестройки». М.: Эксмо: Алгоритм, 2011. 224. с.

ISBN: 978 – 5 – 699 – 47526 – 1

《清洗政治局：戈尔巴乔夫如何踢走"改革反对者"》

作者：米哈伊尔·索洛缅采夫

（14）Легостаев В. М. Как Горбачев «прорвался во власть». М.: Эксмо: Алгоритм, 2011. 240. с.

ISBN: 978 – 5 – 699 – 449915 – 1

《戈尔巴乔夫如何"挤进权力圈"的?》

作者：瓦列里·列格斯塔耶夫

（15）Варенников В. И. Дело ГКЧП. М.: Эксмо: Алгоритм, 2010. 336. с.

ISBN: 978 – 5 – 699 – 38882 – 0

《"国家紧急状态委员会"案件》

作者：瓦连京·瓦列尼科夫

（16）Кравченко Л. П. Лебединая песня ГКЧП. М.：Эксмо：Алгоритм，2010. 304. с.

ISBN：978 – 5 – 699 – 41142 – 9

《"国家紧急状态委员会"的绝唱》

作者：瓦连京·瓦列尼琴科

（17）Широнин В. Агенты перестройки. Рассекреченное досье КГБ. М.：Эксмо：Алгоритм，2010. 240. с.

ISBN：978 – 5 – 699 – 39536 – 1

《改革的代理人：克格勃解密档案》

作者：维亚切斯拉夫·什罗宁

（18）Воротников В. И. Хроника абсурда：отделение России от СССР. М.：Эксмо：Алгоритм，2011. 320. с.

ISBN：978 – 5 – 699 – 46928 – 4

《荒谬大事记：俄罗斯脱离苏联》

作者：维塔利·沃罗特尼科夫

（19）Прокофьев Ю. Как убивали партию. Показания Первого секретаря МГК КПСС. М.：Эксмо：Алгоритм，2011. 240. с.

ISBN：978 – 5 – 699 – 46179 – 0

《加害于党：莫斯科市委第一书记的证词》

作者：尤里·普罗科菲耶夫

（20）Бобков Ф. Д. Как готовили предателей：Начальник политической контрразведки свидетельствует··· М.：Эксмо：Алгоритм，2011. 240. с.

ISBN：978 – 5 – 699 – 45985 – 8

《叛徒是如何培养出来的：政治反间谍组织的负责人如是说……》

作者：菲利普·博布科夫

（21）Олейник Б. И. Неизвестный Горбачев. Князь тьмы. М.：Эксмо：Алгоритм，2011. 224. с.

ISBN：978 – 5 – 699 – 47954 – 2

《人所不知的戈尔巴乔夫：黑暗大公》

作者：鲍里斯·奥列伊尼克

(22) Леонов Н. С. Холодная война против России. М.：Эксмо：Алгоритм, 2010. 240. с.

ISBN：978 – 5 – 699 – 41155 – 9

《反俄冷战》

作者：尼古拉·列昂诺夫

(23) Печенев В. А. Смутное время в новейшей истории России (1985 – 2003)：Исторические свидетельства и размышления участника событий. М.：Норма, 2004. 368. с.

ISBN：5 – 89123 – 792 – X

《现代俄罗斯历史上的"混沌时代"（1985～2003 年）：亲历者的历史见证与思考》

作者：В. А. 佩切涅夫

(24) Шевякин А. П. КГБ против СССР. 17 мгновений измены. М.：Яуза：Эксмо, 2011. 608. с.

ISBN：978 – 5 – 699 – 46722 – 8

《克格勃反对苏联：17 个背叛瞬间》

作者：亚历山大·舍维亚金

(25) Первышин В. Г. Развал Советского Союза. История СССР с 1946 по 1991 гг.：Историческое расследование. М.：Компания Спутник, 2007. 493. с.

ISBN：978 – 5 – 364 – 759 – 9

《苏联解体（1946～1991 年苏联史）：历史调查》

作者：瓦季姆·佩尔维申

(26) Зенькович Н. 1991. СССР. Конец проекта. М.：ЗАО ОЛМА Медиа Групп, 2009. 576. с.

ISBN：978 – 5 – 373 – 2629 – 1

《1991 年：苏联的终结》
作者：尼古拉·津科维奇

(27) Капто А. С. На изломе века：записки политика и дипломата. М.：Научная кинга，2006. 448. с.

ISBN：5 - 94935 - 095 - 2

《在时代的转折点：政治家与外交官回忆录》
作者：亚历山大·卡普托

(28) Безбородов А. Б.，Елисеева Н. В. и др. История России в новейшее время. 1985 - 2009 гг.：учеб. М.：Проспект，2010. 448. с.

ISBN：978 - 5 - 392 - 1153 - 7

《现代俄罗斯史（1985～2009）：教科书》
作者：亚历山大·别兹博罗多夫等

(29) Шевякин А. П. Как убили СССР，Величайшая геополитическая катастрофа. М.：Яуза：Эксмо，2011. 480. с.

ISBN：978 - 5 - 699 - 46222 - 3

《苏联是如何被消灭的："最大的地缘政治悲剧"》
作者：亚历山大·舍维亚金

(30) Распад СССР：документы и факты（1986 - 1992 гг.）：в 2 т. / под общ. ред. Шахрай С. М.；Станских С. Н.；Фонд современной истории. М.：Волтерс Клувер，2009. 1120. с.

ISBN：978 - 5 - 466 - 552 - 3

《苏联解体：文件与事实（1986～1992 年）》（两卷本）
编者：谢·米·沙赫赖、斯·尼·斯坦斯基赫等

(31) Суханов Л. Е. Как Ельцин стал президентом. Записки первого помощника. М.：Эксмо：Алгоритм，2011. 224. с.

ISBN：978 - 5 - 699 - 35267 - 8

《叶利钦是如何成为总统的——第一助理的回忆录》
作者：列夫·苏哈诺夫

（32） Безбородов А. Б. （Отв. Ред.） Отечественная история новейшего времени：1985 － 2008：Учебник. М.：РГГУ, 2009. 874. с.

ISBN：978 － 5 － 7281 － 1069 － 9

《现代祖国史：1985 ~ 2008 年 （教科书）》

主编：亚历山大·别兹博罗多夫

（33） Черняев А. С. Совместный исход. Дневник двух эпох. 1972 － 1991 годы. М.：Российская политическая энциклопедия （РОССПЭН）, 2010. 1047. с.

ISBN：978 － 5 － 8243 － 1025 － 2

《共同的结局：两个时代的日记 （1972 ~ 1991 年）》

作者：阿纳托利·切尔尼亚耶夫

（34） Гранатова А. А. Операция «Горби». М.：Эксмо：Алгоритм, 2010. 416. с.

ISBN：978 － 5 － 699 － 39476 － 0

《 "戈尔比" 行动》

作者：安娜·格拉纳托娃

（35） Лисичкин Владимир, Шелепин Леонид АнтиРоссия：крупнейшие операции Запада XX века. М.：Эксмо：Алгоритм, 2011. 224. с.

ISBN：978 － 5 － 699 － 49518 － 4

《反俄罗斯：20 世纪西方最重大战役》

作者：弗拉基米尔·利西奇金、列昂尼德·谢列平

（36） Челноков А. С. «Черный список» олигархов. Разоблачение крупнейших состояний России. М.：Яуза － пресс, 2011. 352. с.

ISBN：978 － 5 － 9955 － 247 － 0

《寡头黑名单：俄罗斯巨富揭秘》

作者：切尔诺科夫

（37） Север А. Сталин против «выродков Арбата». 10 Сталинских ударов по «пятой колонне». М.：Яуза － пресс, 2011. 480. с.

ISBN：978 – 5 – 9955 – 265 – 4

《斯大林清除"阿尔巴特街的败类"：斯大林对"第五纵队"的 10 次打击》

作者：亚历山大·谢维尔

（38）Островский А. В. Глупость или измена? Расследование гибели СССР. М.：Крымский мост – 9Д—ФОРУМ，2011. 864. c.

ISBN：978 – 5 – 89747 – 068 – 6

《愚蠢还是背叛：苏联死亡调查》

作者：亚历山大·奥斯特洛夫斯基

再版后记

　　苏联解体、苏共亡党是 20 世纪世界历史进程中的一个重大事件，对国际地缘政治和世界力量格局产生了重大影响。"前事不忘、后事之师。" 20 年来，国内外对这一重大历史事件的分析和研究从未间断。

　　20 年前，邓小平在深圳曾语重心长地讲道："苏联、东欧的问题，就是出在共产党内部……苏联这么强大，几个月一下子就垮了。如果中国不接受这个教训，在苗头出现时不注意，就如戈尔巴乔夫那样的'新思维'出来以后没有注意那样，就会出事"。①

　　2011 年受国际金融危机的困扰，加上正值议会选举和总统大选，俄罗斯新一代的领导人忙于"政治换班"和"王车易位"，对苏联解体 20 年这一历史性的事件没有组织官方性的活动。学术界和民间或忙于生计，或出于不愿触及旧时的伤痕，也有意无意地淡化了 20 年前那场惊心动魄的政治变动。但这并没有妨碍我们搜集、整理各类相关历史资料，密切跟踪和思考苏联解体和苏共败亡之谜。

　　最近两三年我们着力搜集了一些苏联政治人物的回忆录、亲历者的访谈录、解密的档案资料、学者著述、影像记录等新材料。在此基础上，我们筛选并翻译了最具代表性的 30 篇，精选成册。这些资料有的出自《独立报》、《共青团真理报》、《俄罗斯报》、《新闻时报》、《莫斯科新闻》等俄罗斯主流报刊，有的源自美国《外交政策》、英国《卫报》等报刊。其中多为亲历者的访谈录，而访谈对象又多是 20 年前苏联瓦解前后的当事人或亲历者：如原苏共中央总书记、苏联总统戈尔巴乔夫，原苏共中央书记、政治局委员

---

① 参见吴松营《邓小平南方谈话真情实录——记录人的记述》，人民出版社，2012 年，第 66～67 页。

利加乔夫，政治局委员、苏联部长会议主席雷日科夫，苏共中央书记处书记、最高苏维埃主席卢基扬诺夫，原苏联外交部长、格鲁吉亚前总统谢瓦尔德纳泽，原苏共中央委员、乌克兰前总统克拉夫丘克，原白俄罗斯最高苏维埃主席舒什克维奇，苏联元帅、原苏联国防部部长亚佐夫，等等。

有别于一些宏大历史叙事的枯燥，有别于支离破碎的档案解读，有别于苍白而缺乏历史逻辑的文本拼接，本书编者和译者选取权威性、可信性的史料，力图还原20年前那场历史性"悲剧"的真实细节和本来面貌，供同行研究，供国人思考。希望我们微小的努力能有助于国内有识之士更好地把握苏共蜕化、苏联演变的历史脉络，准确地厘清苏共失败、苏联瓦解的逻辑，汲取其中的教训并得出相应的历史结论。

两年来，在李慎明副院长的带领下，来自中国社会科学院文献信息中心、研究生院、信息情报研究院、俄罗斯东欧中亚研究所等单位的同志积极参与了本书的翻译和编选工作。除文中注明之外，还有张达楠、郭志法、李燕、张静、陈爱茹、徐海燕、景向辉、王文娥、杨莉、张莉、乔燕、李墨洋、刘毅、张晓东等同志。在此，对上述各位同行的辛苦付出表示真诚的谢意。

张树华

2012 年季春

世界社会主义研究丛书·相关链接

　　《世界社会主义研究丛书》是由中国社会科学院世界社会主义研究中心与社会科学文献出版社组织出版的一套以世界社会主义研究为宗旨的学术著作，分"皮书系列"、"研究系列"和"参考系列"。"研究系列"以国内的优秀研究成果为主，作者均为具有代表性和权威性的专家学者；"参考系列"以译著为主，收录国外著名学者的代表性作品。"皮书系列"主要是《世界社会主义黄皮书》，2006 年我们出版了首部《世界社会主义黄皮书》，此后每年"两会"期间出版。这套丛书于 2000 年开始出版，目前已出版数十种。

　　世界社会主义研究中心成立于 1994 年，是中国社会科学院会同中央党校、中央编译局、中央对外联络部、新华社共同成立的学术研究机构。在中宣部的指导和支持下，"中心"以马克思主义为指导，高举科学社会主义的旗帜，对当今世界范围内的社会主义思潮、理论、运动与制度做了大量的、多视角、深层次的研究探讨，撰写出版了一批高质量的学术研究成果。

皮书系列

李慎明　主编

2012 年 3 月出版

99.00 元

ISBN 978-7-5097-3156-7

李慎明　主编

2010 年 2 月出版

89.00 元

ISBN 978-7-5097-1296-2

李慎明　主编

2009 年 3 月出版

79.00 元（含光盘）

ISBN 978-7-5097-0657-2

皮书系列（续）

李慎明　主编

2008 年 3 月出版

98.00 元（含光盘）

ISBN 978-7-5097-0073-0

李慎明　主编

2007 年 3 月出版

80.00 元（含光盘）

ISBN 978-7-80230-509-0

李慎明　主编

2006 年 5 月出版

80.00 元（含光盘）

ISBN 7-80190-429-X

李慎明　主编

2006 年 3 月出版

68.00 元（含光盘）

ISBN 7-80190-971-2

相关链接

更多信息请查询：www.ssap.com.cn

研究系列

李慎明　主编

王立强　傅军胜　钱小平　陈爱茹　副主编

2012年3月出版

69.00元

ISBN 978-7-5097-2969-4

蔡文鹏　著

2012年1月出版

49.00元

ISBN 978-7-5097-1604-5

李慎明　主编

2011年9月出版

129.00元

ISBN 978-7-5097-2639-6

赵常庆　主编

2011年1月出版

45.00元

ISBN 978-7-5097-1462-1

何秉孟　主编　傅军胜　副主编

2010年7月出版

59.00元

ISBN 978-7-5097-1529-1

李慎明　主编

王立强　傅军胜　曹苏红　副主编

2010年7月出版

59.00元

ISBN 978-7-5097-1565-9

相关链接

更多信息请查询：www.ssap.com.cn

研究系列（续）

李慎明　主编

王立强　傅军胜　曹苏红　副主编

2010 年 7 月出版

59.00 元

ISBN 978-7-5097-1527-7

何秉孟　姜辉　张顺洪　编著

2010 年 5 月出版

59.00 元

ISBN 978-7-5097-1377-8

刘书林　蔡文鹏　张小川　著

2009 年 10 月出版

35.00 元

ISBN 978-7-5097-1086-9

李慎明　主编

王立强　傅军胜　曹苏红　副主编

2009 年 7 月出版　88.00 元

（上、下册）

ISBN 978-7-5097-0784-5

谭索　著

2009 年 6 月出版

69.00 元

ISBN 978-7-5097-0767-8

李慎明　主编

吴恩远　王立强　曹苏红　副主编

2008 年 11 月出版　89.00 元

ISBN 978-7-5097-0483-7

更多信息请查询：www.ssap.com.cn

研究系列（续）

王金存　著

2008 年 6 月出版

49.00 元

ISBN 978-7-5097-0207-9

聂运麟　著

2008 年 5 月出版

85.00 元

ISBN 978-7-5097-0173-7

李慎明　主编

姜述贤　王立强　副主编

2008 年 5 月出版　59.00 元

ISBN 978-7-5097-0171-3

周新城　著

2008 年 4 月出版

39.00 元

ISBN 978-7-5097-0148-5

研究系列（续）

姜琳　著

2008 年 3 月出版

39.00 元

ISBN 978-7-80230-984-5

9 787802 309845 >

周新城　张旭　著

2008 年 2 月出版

48.00 元

ISBN 978-7-5097-0049-5

9 787509 700495 >

聂运麟　等著

2007 年 11 月出版

38.00 元

ISBN 978-7-80230-875-6

9 787802 308756 >

谭索　著

2006 年 9 月出版

79.00 元

ISBN 7-80230-259-5

9 787802 302594 >

刘国平　著

2006 年 8 月出版

45.00 元

ISBN 7-80230-157-2

9 787802 301573 >

相关链接

更多信息请查询：www.ssap.com.cn

研究系列（续）

李慎明　主编

2005 年 2 月出版　80.00 元

（上、下册）

ISBN 7-80190-429-X

9 787801 904294 >

毛相麟　著

2005 年 10 月出版

28.00 元

ISBN 7-80190-740-X

9 787801 907400 >

靳辉明　主编

2004 年 5 月出版　58.00 元

（上、下册）

ISBN 7-80190-178-9

9 787801 901781 >

李慎明　主编

2001 年 4 月出版

58.00 元（精）

ISBN 7-80149-482-2

9 787801 494825 >

更多信息请查询：www.ssap.com.cn

参考系列

〔英〕莱斯利·斯克莱尔 著
梁光严等 译
2012 年 4 月出版
89.00 元

ISBN 978-7-5097-3055-3

9 787509 730553 >

〔巴西〕特奥托尼奥·多斯桑托斯 著
郝名玮 译
2012 年 2 月出版
79.00 元

ISBN 978-7-5097-2894-9

9 787509 728949 >

李慎明 主编
张树华 副主编
2012 年 1 月出版
59.00 元

ISBN 978-7-5097-3027-0

9 787509 730270 >

〔英〕拉斐尔·塞缪尔 著
陈志刚 李晓江 译
2010 年 8 月出版
35.00 元

ISBN 978-7-5097-1604-5

9 787509 716045 >

〔日〕中谷岩 著
郑萍 译
2010 年 7 月出版
35.00 元

ISBN 978-7-5097-1443-0

9 787509 714430 >

〔古巴〕萨洛蒙·苏希·萨尔法蒂
宋晓平 徐世澄 张颖 译
2010 年 6 月出版
39.00 元

ISBN 978-7-5097-1422-5

9 787509 714225 >

更多信息请查询：www.ssap.com.cn

参考系列（续）

〔法〕弗朗索瓦·巴富瓦尔 著
陆象淦 王淑英 译
2010 年 3 月出版
49.00 元

ISBN 978-7-5097-1338-9

〔俄〕罗伊·麦德维杰夫 著
王晓玉 姚强 译
2009 年 6 月出版
39.00 元

ISBN 978-7-5097-0791-3

〔英〕张夏准 / 著
2009 年 1 月出版
29.00 元 （修订本）

ISBN 978-7-5097-0593-3

〔英〕张夏准 / 著
2009 年 1 月出版
39.00 元

ISBN 978-7-5097-0592-6

〔埃及〕萨米尔·阿明 著
杨明柱 杨光 李宝源 译
李宝源 杨光 校
2008 年 11 月出版 79.00 元

ISBN 978-7-5097-0426-4

〔古巴〕菲德尔·卡斯特罗 著
2008 年 10 月出版
49.00 元

ISBN 978-7-5097-0386-1

更多信息请查询：www.ssap.com.cn

参考系列（续）

〔日〕伊藤 诚 著

孙仲涛 宋颖 韩玲 译

2008 年 5 月出版 29.00 元

ISBN 978-7-5097-0193-5

〔英〕唐纳德·萨松 著

姜辉 于海青 庞晓明 译

2008 年 1 月出版 138.00 元

（上、下册）

ISBN 978-7-80230-881-7

〔俄〕A. T. 雅科夫列夫 著

孟秀云 孙黎明 译

2007 年 5 月出版

58.00 元

ISBN 978-7-80230-636-3

〔保〕亚历山大·利洛夫 著

马细谱 葛志强 余志和 赵雪林 选译

2007 年 9 月出版 48.00 元

ISBN 978-7-80230-752-0

〔英〕张夏准 著

肖炼 倪延硕 等译

2007 年 1 月出版

35.00 元

ISBN 978-7-80230-362-1

〔俄〕弗拉基米尔·卡尔波夫 著

何宏江 等译

2005 年 9 月出版

85.00 元(精)

ISBN 7-80190-701-9

参考系列（续）

〔俄〕罗伊·麦德维杰夫 著

王晓玉 姚强 译

2005 年 1 月出版

25.00 元

ISBN 7-80190-263-7

9 787801 902634 >

〔俄〕谢·卡拉－穆尔扎 著

徐昌翰 等译

2004 年 2 月出版 66.00 元

（上、下册）

ISBN 7-80190-085-5

9 787801 900852 >

〔俄〕B. A. 利西奇金

JI. A. 谢列平 著

徐昌翰 等译

2003 年 9 月出版 28.00 元

ISBN 7-80149-874-7

9 787801 498748 >

〔澳〕科伊乔·佩特罗夫 著

葛志强 马细谱 等译

2001 年 6 月出版

28.00 元

ISBN 7-80149-528-4

9 787801 495280 >

〔古巴〕菲德尔·卡斯特罗 著

王玫 等译

2000 年 11 月出版

27.00 元

ISBN 7-80149-336-2

9 787801 493361 >

D.施诺卡尔 P.A.塔维奥 编

宋晓平 杨仲林 译

2000 年 11 月出版

10.00 元

ISBN 7-80149-419-9

9 787801 494191 >

图书在版编目（ＣＩＰ）数据

亲历苏联解体：二十年后的回忆与反思/李慎明主编；
张树华等译.—北京：社会科学文献出版社，2012.5
（世界社会主义研究丛书．参考系列）
ISBN 978 - 7 - 5097 - 3366 - 0

Ⅰ.①亲…　Ⅱ.①李…②张…　Ⅲ.①苏联解体 - 研究
Ⅳ.①D751.25

中国版本图书馆 CIP 数据核字（2012）第 083562 号

世界社会主义研究丛书·参考系列 51

亲历苏联解体：二十年后的回忆与反思

主　　编／李慎明
译　　者／张树华 等

出 版 人／谢寿光
出 版 者／社会科学文献出版社
地　　址／北京市西城区北三环中路甲 29 号院 3 号楼华龙大厦
邮政编码／100029

责任部门／编译中心（010）59367004　　责任编辑／祝得彬
电子信箱／bianyibu@ ssap. cn　　　　　责任校对／宋建勋
项目统筹／祝得彬　　　　　　　　　　　责任印制／岳　阳
总 经 销／社会科学文献出版社发行部（010）59367081　59367089
读者服务／读者服务中心（010）59367028

印　　装／三河市尚艺印装有限公司
开　　本／787mm×1092mm　1/16　　　　印　　张／19.5
版　　次／2012 年 5 月第 1 版　　　　　 字　　数／338 千字
印　　次／2012 年 5 月第 1 次印刷
书　　号／ISBN 978 - 7 - 5097 - 3366 - 0
定　　价／59.00 元